U0909524

北京印刷学院传播学重点建设学科项目

高等学校编辑专业教学参考书

20世纪
中国著名编辑出版家
研究资料汇辑

10

宋应离　袁喜生　刘小敏　编

河南大学出版社

目　录

曹辛之

陈　原

萧也牧

黄秋耘

龙世辉

曹辛之

曹辛之(1917～1995),江苏宜兴人。早年曾就学于江苏省立教育学院。1936年,为宣传抗日救亡,与友人创办文艺期刊《平话》。抗日战争爆发后,去山西入民族革命大学。1938年去延安,入陕北公学、鲁迅艺术学院学习。1940年去重庆生活书店,在邹韬奋主编的《全民抗战》周刊任编辑,以装帧设计为自己的专业。抗日战争胜利后到上海,继续在生活书店工作。还和友人合办了星群出版社,并主持其工作,又与臧克家合作创办《诗创造》月刊。1948年曾与辛笛、陈敬容等创办《中国新诗》杂志。

新中国成立后,先后任三联书店编辑、人民美术出版社编审。1985年被选为中国出版工作者协会装帧艺术研究会首任会长。

曹辛之的装帧艺术清新淡雅,明丽挺秀,着眼于弘扬中华民族文化传统,也吸收西洋现代艺术技巧,具有独特的艺术风格。他设计的《苏加诺总统藏画集》曾获1959年莱比锡国际书籍装帧设计金奖。著有画册《韬奋画传》、《曹辛之装帧艺术》等。

我与书籍装帧[①]

曹辛之

从小，我便爱好书。

从小，我便喜欢写写、画画。

自从我的习作被排成铅字，被制成铜锌版出现在报纸、杂志上，我便梦想能成为一个作家，或一个画家。

时代的激荡，生活道路的曲折，使我少年时代的理想没有能完全成为现实。但是，我毕竟没曾偏离自己所追求的方向，在为作家、画家服务的出版岗位上，我工作了快半个世纪。现在，虽然我已年近古稀，已经领到了国务院制发的“中华人民共和国老干部离休荣誉证”，但我依然没放松编辑、出版，特别是书刊的装帧设计工作。

我开始和出版工作接触，是在1936年，那年我19岁，在家乡江苏宜兴，为宣传抗日救亡，在中共地下党员吴启璋（吴伯文）同志领导下，与沈毅（孔厥）等同志办了个文艺刊物——《平话》，但只出版了两三期，便遭到了查禁。其间虽只有几个月，但这是我学习编辑业务和印刷技术知识的开始，是我从事文化出版事业的起点。

抗战爆发，我赴抗日前线——山西。1938年到延安，入陕北公学和鲁迅艺术学院美术系学习。1939年夏，由组织调派到著名的爱国民主战士、社会教育家李公朴先生率领的抗战建国教学团，开赴敌后——晋察冀边区工作。1940年夏，教学团结束，大部分团员留在边区工作，我则随团长李公朴先生回重庆。公朴先生是读书出版社的创办人，他原想留我在读书出版社工作，后因生活书店更需要美术干部，我便被调到当时在国统区广大读者中有着巨大影响的生活书店。在这以前，我便是生活书店出版物和其他进步书刊的经常读者。我之参加党所领导的抗日救亡运动并走上革命道路，是这些进步书刊给了我很大的启发和教育。由于我爱书，又爱写写、画画，早就向往着能够参加文化出版工作，使自己的爱好和专长得到培育和发挥。当得知我将要到生活书店工作，夙愿得偿，我感到无比的喜悦和兴奋。书店负责人徐伯昕同志第一次和我谈话时，我便表示：不管工作条件怎样困难，书店的生活如何艰苦，我都要好好学习，努力工作，愿意终生为出版事业服务。

从此，我正式投身于文化出版事业，成为这条战线上的一名战士。

我进生活书店的初期，是在邹韬奋同志直接主持下的《全民抗战》编辑部工作。《全民抗战》是16开本、土纸铅印的周刊。每期的封面上都有一幅结合当时形势的漫画，漫画大部分由特伟同志创作。由于当时制版条件差，周期长，而周刊的排印时间紧迫，封面图版往往不能适应出刊的要求，因此，我那时的主要工作，是将画稿复制成木刻，用木刻版直接上机印刷。此外的工作，是协助处理读者来信来稿、绘制题花、设计封面、计算稿酬……

韬奋同志是生活书店的创办人。他对书店员工，不论其职务高低，都平等看待，关切备至，充满着同志爱。他严肃认真对待工作，也要求同事们都这样，从收稿、看稿、改稿、送审、发稿、校对、印刷、装订到发行、宣传（刊登广告），每一个环节，他都作出严格要求。比如校对工作，韬奋同志就曾宣布要以“没有一个错字”为“鹄的”。他聚精会神看校样，就像他认真对待写作一样。所以，在生活书店出版的书刊上，很少或没有错字，成为一个显著的特色。韬奋同志对书刊版面的安排也同样严格要求，务必做到整齐、大方，层次清楚，方便阅读。有时为了调整版面，他还亲临现场，与拼版人员共同研究。遇到字数多了排不下或少了排不满时，便即时改稿；若版面留出的空白较大，就加上适当的补白或广告。韬奋同志尤其重视读者来信，他曾说：“做编辑最快乐的一件事就是看读者的来信，尽自己的心力，替读者解决或商讨种种问题。把读者的事看做自己的事。”因而亲自拆阅和认真答复读者来信，是韬奋同志办刊物的一项极其重要的工作。后来，随着读者来信的增多，他一人实在来不及答复了，才由专人来相帮，但他还是要尽可能亲自过问。凡根据他的意见拟出的复信稿，都要再经他审阅修改才寄发。当年，韬奋同志办《生活》周刊的销数从数千份激增至打破当时全国杂志的发行纪录的十五万五千份，生活书店由一个周刊社在十六七年中发展到在全国各重要地区建立起五十多个分支店，员工增至四五百，出书千余种、出刊十余家的巨大规模。这是在党的领导下，在韬奋同志身教言传中培育起来的“生活书店最可宝贵的八种传统精神”的结晶。这“生活精神”，“一曰坚定，二曰虚心，三曰公正，四曰负责，五曰刻苦，六曰耐劳，七曰服务精神，八曰同志爱”。

我刚进入出版岗位，亲聆的便是韬奋同志的亲切教诲，受到的是“生活精神”的直接熏陶，使我养成了从事进步和革命的文化、出版事业所必须具备的工作作风和工作态度。另外，在具体的编辑业务上，当时还得到《全民抗战》的主要编辑、为韬奋同志处理日常业务的程浩飞同志的指导和传授。他帮助我懂得各种印刷字体、字号及其应用，懂得版式安排，使我认识到版面设计在出版工作中的重要性，培养起对书籍装帧的兴趣。

1941 年 1 月，国民党反动派制造了震惊中外的“皖南事变”，国统区的进步文化事业遭到摧残，生活书店设在全国的五十余处分支店除重庆外都被查封，一些工作人员还被逮捕。韬奋同志对国民党反动政府的这种法西斯暴行提出了强烈抗议，愤然辞去“国民参政员”职务，并秘密离开重庆，出走香港。生活书店员工也不得不精简、疏散，书店总管理处被迫迁移香港。我的任务是护送韬奋同志的夫人及子女去香港。此时，原负责装帧设计工作的莫志恒同志已被疏散到桂林，他的工作便由我接替。自此，我便专门从事书籍的装帧设计工作。

对书籍装帧，我在学生时代便发生了兴趣。常常把心爱的书用白纸或带色的纸包上个护封，在护封上画点装饰图案，有些厚本的平装书，还用布或绸糊在厚纸板上作个封面，与书芯粘牢，改装成“精装本”。一方面是为了保护书，另外也想使书增加点“美”。当然，那时的审美趣味是很幼稚的，不讲究画的图案及色彩是否与书的内容相谐调，只单纯地为了“好看”。随着年龄的增长，读书范围的扩大，对书籍封面的审美水平也逐渐提高。当时，我最爱看陶元庆、郑川谷、钱君匋、莫志恒等美术家所设计的封面；从他们设计的封面上，能感受到书的内容和倾向。生活书店所出版的图书的封面设计，也具有明显的时代特色。

当我接替了莫志恒同志的书刊装帧设计工作后，由于当时总管理处人手少，我还要兼做宣传(设计广告)、出版和印刷等工作。当时，书店的总经理徐伯昕同志，是韬奋同志的亲密战友，他对生活书店的创建和发展有着重要的贡献。他不仅在经营管理上运筹帷幄，进退有方，显示出了卓越的领导艺术，而且对于书籍的装帧设计，以及印装、纸张等都十分考究，严格要求。[②]在伯昕同志热情具体的教导和帮助下，我不仅从事装帧和广告的设计，还经常和印刷厂、装订所、纸行打交道，有时还要协助门市部布置橱窗和卖书。通过这些实践，我较全面地熟悉了编辑出版业务——从书稿到成书的全过程。这对于一个出版工作者，尤其对一个专业的装帧设计工作者是十分必要的。

1941 年 12 月，太平洋战争爆发，日军攻陷香港，我随书店领导经东江抗日游击区撤退到桂林。1942 年回到重庆。当时，生活书店仍处在国民党反动派的迫害下，书店业务无法正常开展，经济上也很困难。书店很多员工不得不暂时疏散隐蔽，我也只好到一家烟草公司工作，直到抗日战争胜利。在这段时间里，我一直与生活书店保持着密切的联系，并继续为书店担负装帧设计工作。徐伯昕同志在桂林期间，经常给我来信，关心我的工作、学习、生活和思想情况，其中一封写道：

我总感到国内还没有产生一位出色的装帧家……这任务我希望你能担负起来。平时对学习方面能多看这类书报，和搜集这方面材料，能学习一种外国文更好。

最近武弟处的几幅，都还新颖，字体和风格上盼望你有更新的出现。

公司里虽有工作，但目前恐不能维持你的生活，你有暇盼能以你的日常生活告诉我。再会。

遵照伯昕同志的嘱咐，我便尽量挤出时间来钻研装帧业务，多方面提高自己的艺术修养和思想水平。当时重庆的生活书店领导——方学武（即伯昕同志信中的“武弟”）、薛迪畅等同志把书店（包括所用的其他牌号，如文林出版社、峨眉出版社等）的装帧设计任务交给了我；同时，读书出版社和新知书店领导黄洛峰、沈静芷同志也经常要我为他们的出版物设计封面。我的业务水平就在实际工作中逐渐得到提高。抗日战争胜利后不久，生活书店在上海恢复正常的出版业务，被疏散的员工陆续回店，我也于1946年春调回生活书店，负责生产部门的工作，并继续从事图书、杂志的装帧设计。

我爱好文艺，更喜欢写诗。抗战胜利后，在我国著名诗人臧克家同志的大力支持下，我与友人林宏、辛笛、沈明等同志创办了星群出版社。出版过小说、戏剧、诗歌等文艺书籍，还出版了《森林诗丛》8册和由臧克家主编的《创造诗丛》12册；并创办了《诗创造》和《中国新诗》两个月刊。1948年11月，诗刊被查禁，出版社被迫停业。我第二次流亡香港。在上海这三年多时间，可说是我的生命力最旺盛的时期。白天在生活书店上班，晚上和假日在家写诗、编诗刊、设计封面。我先后出版过诗集《噩梦录》、《火烧的城》，长篇政治抒情诗《复活的土地》。设计的封面和装帧的书籍也很多，其中如《华伦斯太》、《莎乐美》、《手掌集》、《北望园的春天》、《泥土的歌》、《卖艺人家》等等。

1948 年 10 月，生活书店、读书出版社和新知书店在香港正式合并成立了三联书店。我参加了三联书店的书籍装帧和美术方面的工作。这期间我设计了《战后欧洲录》、《太阳照在桑乾河上》等书籍的封面，还为迎接广州解放画了一幅三米多宽的宣传画。

1949 年夏天，我被调到北京，先后任三联书店总管理处美术科、宣传科科长。1951 年，人民美术出版社成立，我又被调到该社，先后任宣传科、版权科科长，设计组组长和编审级美术编辑。我的错划右派的帽子是 1961 年摘掉的，到 1978 年才恢复正常的工作和生活待遇。1983 年 12 月我离休了。

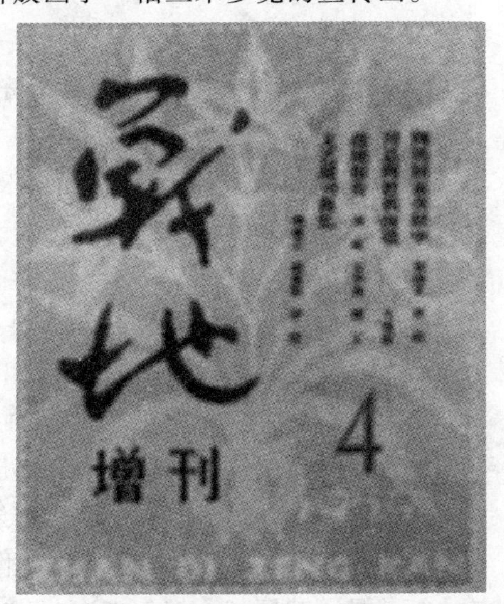

《战地》增刊书影

在装帧设计队伍里，我算个老兵。新中国成立之前，出版界搞装帧设计的专业人员寥寥无几，工作条件也很差。建国后，社会主义的文化出版事业受到中国共产党的重视和关怀，蓬勃发展，装帧设计工作者的队伍也逐渐壮大，工作条件也得到显著的改善。这要感谢当时出版总署的领导胡愈之和负责指导装帧工作的王仿子等同志，他们为装帧设计工作提供了很多方便。尤其在党的十一届三中全会以来，各项政策逐渐得到落实、贯彻，装帧设计工作也在国家出版局的领导下，清除了“左”的影响，把装帧设计工作从条条框框中解放出来，装帧艺术面目一新，呈现出从来没有过的丰富多彩的局面。我们能够取得今天的成绩，当然不会忘记王子野同志和出版局其他领导同志所给予的鼓励和支持。近几年来，优秀的装帧作品不断涌现，而更值得高兴的是，这些作品中不少是出自从事装帧工作不久的青年，这说明我们的队伍后继有人，并且后来居上。

承蒙文艺界的老兵和装帧界的同行的关注，以及岭南美术出版社的支持，今将我历来的装帧作品编选成册，以供参考，并为我国的出版史积累一些形象的资料。著名摄影家和设计家潘德润同志花费了将近一年的时间，才完成了整册的摄影和设计工作。由于我平时不注意搜集和保存自己的装帧设计作品，再加上几十年生活的奔波，我手边留存的由我装帧设计的书刊只有百余种，靠了许多老朋友的热情支持，才找出一些建国前出版的由我装帧设计的书籍，像作家姜德明同志便将他保存的星群版好几种书刊借给我拍照。尽管如此，40 年代和建国初期的书籍找到的还不到 1/20，特别是抗战时期在重庆出版的那部分，因大都是土纸本，封面用纸也极差，仅能找到的几本又都已破烂不堪，就只好挑几种请我的老伴赵友兰同志依原样重新描绘过以供拍摄了。如《多角关系》、《丽贝珈》、《论第二战场》、《太平洋形势手册》、《从防御到反攻》等就是。建国三十多年来，和我合作共事装帧设计工作的许多同志，如在三联书店时期的叶然、赵友兰；在人民美术出版社时期的陈允鹤、李文昭、曹洁等，都曾在我的一些装帧设计作品中出过不同程度的力。如《苏加诺总统藏画集》封面和环衬的图案纹样，是请曹洁同志帮助勾描的。作为我的装帧设计的组成部分的书名题字，有些是书稿作者手书，有些则是我提出具体要求而请书法家写的，后者和我合作最多的是黄苗子同志，如《中国文艺年鉴》、《清泉集》等书名都是苗子同志的手迹。他的书法富于装饰美，给我的装帧设计作品平添了不少艺术魅力。至于图案设计，有自己创作的，也有用古代图案纹样或现成图案资料加工取舍而成的。因为书籍的装帧设计工作，不等同于单纯的绘画或图案创作。通过深入生活、获得感受、摄取形象而进行创作，这当然是装帧设计的主要方法，但如果选用的图案（或图版）精当，构图和色彩处理适切，也不失为优秀的装帧设计。这样的范例在国内外的出版物中是常见的。关于我的书籍装帧艺术观③，在我撰写的《装帧设计》（见《出版业务知识》第二章，文化艺术出版社出版）中已有较详细阐述，这里就不多谈了。

1985 年 5 月北京

注释：

① 录自《中国当代装帧艺术文集》（章桂征主编，吉林美术出版社 1998 年出版）。作者曹辛之（1917～1995），装帧艺术家，江苏宜兴人。1938 年到延安，入陕北公学和鲁迅艺术学院学习，1940 年调重庆生活书店工作。新中国成立后，先后在三联书店、人民美术出版社任编辑、编审等职。出版有《曹辛之装帧艺术》等书。

② 抗战时期，邹韬奋在生活书店《店务通讯》上称徐伯昕是"多才多艺的伯昕先生，简直'出将入相'"。他从经营管理到出版、印制、发行都有贡献与创新。王仿子回忆说，徐伯昕"对于装帧艺术、书籍宣传推广工作，亦无所不通。在上海这段时期内，经我手约请池宁、特伟等美术家设计的封面，最后都是伯昕同志审定，而且时常提出一些精辟的见解。有的书就是由他提出设计方案由我经办的。如骆驼书店创立时，他叫我到望平街刻两方印章。一个方形，刻'骆驼书店'四字；一个长方形，刻'骆驼版'三字，并指定要刻钟鼎文。前者用在封面上，后者用在书脊上。他又请马叙伦先生写了《约翰·克里斯朵夫》、《高老头》、《亚尔培·萨伐龙》等几本书的书名题签，放在封面的正中，印黑字（加一点蓝墨），配上朱红的印，既朴素、庄重，又典雅大方，花的力气不多，效果很好"。（《我的良师益友》，载《怀念出版家徐伯昕》一书，书海出版社 1988 年出版）

③ 王子野的《曹辛之装帧艺术·序》中说："装帧艺术的效果很大程度上取决

于构图的色彩的好坏。辛之同志在构图上讲究简练,色彩讲究淡雅,这是为人所称道的。他不喜欢繁琐的设计,他认为简练才有意蕴,才有含蓄。在色彩运用上他不常用强烈的色泽,不赞成用商业广告那种争奇斗艳的手法来搞书籍装帧。因此他的作品给人以淡雅、明丽、清新、挺秀的印象。总的说来,他的作品书卷气比较浓。"黄苗子在《曹辛之的装帧艺术》一文中说,曹辛之的设计风格,"既不同于20年代陈之佛(主要是《东方杂志》)那种以古图案为主的朴厚的作风,又不同于30年代陶元庆那种富有神秘色彩的、以一幅装饰画为主体的设计,也不同于钱君匋雍容挺秀讲究匀称的风格。辛之的设计风格,把人带入一种明净华丽的境界"。

选自宋原放主编、吴道弘辑注《中国出版史料》现代部分第2卷,山东教育出版社、湖北教育出版社2001年

如饮芳茗　余香满口

——谈曹辛之的装帧艺术

方　平

《红楼梦》第二十三回中有一节写林黛玉第一次亲近文学名著《西厢记》的情景,十分生动:她从知己的手里"接书来瞧,从头看去,越看越爱……却只管出神,心内还默默记诵"。多愁善感的少女的心完全陶醉在那清词丽句的诗意中了。此时此际,她忘了自己捧着的是一卷书,只觉得自己仿佛端着一盅用雪水沏的香茗,在细细地品尝;她的满心喜悦,抿不住的笑意,似乎只能借这样两句话来表达了:"词句警人,余香满口。"

细细想来,"余香满口"这四字的评语,真有意思。我们的祖先不满足于饮水解渴,还发展了喝茶的艺术——所谓品茗,所谓"茶道"。从"饮"到"品",如果可以提高到美学的角度来认识,那

就是经过了长期锻炼,我们的以味蕾为主体的感受能力、审美能力,提高了,发展了。也就是说,在我们日常生活中早已熟悉的"五味"(那单纯明快的甜、酸、苦、辣、咸)之外,努力开拓出一种新的境界:那清涩、那清香。把并不是那么好上口,但是有余香、有回味的香茗引进到日常生活中来,这应该是我们生活艺术中一个来之不易的成就。

我们把品茗比附于艺术,反过来,我们的文学艺术不是同样可以从茶道得到有益的启发吗?那就是我们习惯了的艺术口味和艺术境界的开拓的问题。明快、单纯、容易上口,固然好,是需要的;但如果一成不变,仅止于此,有时又会觉得还缺少点什么。经过长期熏陶,习惯了的口味会形成为发展了的、提高了的口味,于是给我们带来更大的艺术满足、更高的精神享受的,将是那独特的艺术风韵了。

这样说来,对于优秀的艺术作品,那耐人咀嚼、有回味、有余香的艺术风韵是多么重要啊,不可抗拒的艺术魅力正是来自这里。这也说明了为什么古今中外优秀的艺术家总是不断地在磨练自己,在探索路子,另辟蹊径,不断地提高表现能力,务必使自己的作品有更多的含蓄、更大的深度,也许不那么容易上口,但必须经得起咀嚼,这一切都是为了一种自觉的追求啊——追求自己的独特的艺术风韵、艺术风格。可以那么说,不论是诗人、画家、音乐家、电影导演,只有当他开始树立了个人的艺术风格,他才是一位才华趋于成熟的艺术家。

在艺术园地里,书籍的装帧设计这一株花,除了有它自身的特殊要求外,艺术风格对于它应该是同样最可珍贵的。这就不由得使我们想到了我国当代著名的装帧艺术家曹辛之同志的许多优秀之作。明丽、清新、挺秀,这就是他独特的艺术风韵,这就是四十多年勤奋的艺术生涯所凝结成的一种艺术风格。因此读他精心设计的封面,我们只觉得如饮芳茗、余香满口,进入了一个美好的艺术境界。

法度和法度之外

装帧设计首先是一门装饰性的艺术，书籍需要装帧，是因为作品需要有一个美观悦目的外形。但是书籍的装饰应该和偏向于花花绿绿的商品的包装设计又有所不同，它更注重合适、得体，讲究形式与内容的紧密配合。这样，读者在还没打开书本之前，先产生了一种预期的心情，所谓“未成曲调先有情”——书籍的装帧设计的一个目的，就是像一首序曲引导读者在正剧还没开场之前，先在情绪上和思想上有一个良好的准备。

但是另一方面，一幅优秀的装帧设计，可以同样具有相对独立的艺术生命，具有它的单独欣赏的艺术价值。就像一首序曲可以脱离原来的歌剧，作为音乐会上单独演出的一个节目一样。如果要表述得更完整些，似乎应该是这样：装帧设计既是服务于书籍的装饰性艺术，同时，在艺术范畴内，又是一个相对独立的艺术品种。

正是考虑了书籍装帧本身的多重性的特点，以及它的特殊的艺术规律，曹辛之在他长期实践的过程中，对于装帧艺术形成了一系列基本的看法——实际上这就是他丰富的创作经验的一个总结，可以分这样几点来谈：

正像前面介绍的，他作为一个有修养的、自觉地追求艺术风格的美术家，首先要求作品耐看、有回味，有一种书卷气。这就是说，要有内在的美，不能过于浅露，一览无余。正因为这样，他不太喜欢把过于写实的图像引进他的画面；画面的表述多了，含蓄就少了，韵味就淡薄了。

其次，作为一个具有深刻见解、善于思考的艺术家，他对于装帧和书籍的关系是十分明确的。他强调装帧设计对书籍内容的从属性。对于作品本身的理解是装帧设计工作的出发点。当然，方尺之间的装帧设计有它的局限性，不可能对作品内容照顾得面面俱到，让人一目了然；但是，通过精练的艺术手段，概括地把作品的基本面貌勾勒出来，还是有可能做到的。否则，至少不要脱离了作品本身，喧宾夺主，片面追求封面的漂亮，以致和内容很不协调。譬如说，给一卷历史文献画一个花花草草的封面，花红草绿不能说不美，在这里却显得浅薄了，并不可取。最成功的设计总是和它所装饰的作品成为一个完美的整体。

以上两个看法是相互联系的。这就是说，作为一个艺术作品，装帧设计应该力求有自己的风格；但是作为从属于书籍的装帧艺术，它应该做到：既是艺术家本人个性的流露，又能给读者启发，去更好地领会作品本身的风貌。把美术家的个人风格和原作的精神面貌完美地统一在一个装帧设计中，这应该说是一个很高的要求，但值得为之而努力。

上面介绍的两个看法，是外露和内涵的关系——以内涵为主；是装帧和书的关系——以书为主；接下来，是设计和画的关系——以设计为主。这就是曹辛之着重提出的：量体裁衣的设计思想。

他明确地认为：书籍的装帧工作，首先要重视设计思想。只懂得绘画，不懂得设计，装帧工作就做不好。设计，就是艺术构思，就是艺术语言的选择和独特的运用：怎样才能最富于效果、最深刻地把作品的内容表达（或者暗示）出来。优秀的装帧在艺术意境和艺术风格上取得成功，说明了下笔之前设计思想的周密成熟，其次才是那笔墨色彩——即艺术技巧的功力。

当然，绘画——尤其是装饰性绘画和图案造型，是装帧工作者必须掌握的一个基本功；但是更有成效地使用画笔，却必须先有审情度势以立体的指导思想。诗人写诗，必有构思，文人著书，立意在先；艺术原贵乎匠心独运，装帧设计作为一种艺术创作，如果没有基于对作品很好理解的设计思想，画得再漂亮，也不过是一种平庸的打扮，是搽粉抹胭脂罢了，那格调就不高了。这就像兴建一座大厦，如果没有周密的整体设计，那就谈不上什么建筑艺术，只是把一砖一瓦堆叠起来的土木工程罢了。

以上三条可贵的经验,就是怎样处理好前面提到的三个关系,总结到一点,就是怎样更好地去掌握装帧的特殊艺术规律。除此之外,装帧作为艺术中的一个门类,有必要进一步探讨一些带有普遍性的艺术规律,像继承和创新,民族化和借鉴外国的艺术手法,抒情性的色彩和表达性的形象的相互关系,等等;这在其他艺术领域里,像音乐、绘画、舞蹈,等等,也都会接触到,这里就不再单独提出讨论,而将在下面结合着艺术家的具体创作实践来谈。

古人云:"纸上得来终觉浅,绝知此事要躬行。"(陆游:《冬夜读书》)这是说:学诗并不止于诗道,诗道以外还有处世为人之道,于诗艺的增进,同样密切有关。对于装帧艺术,我想其理也是相通的吧。一位装帧艺术家取得的成就,并不尽在于装帧艺术本身的规律之中,还有取自艺术法度以外的东西吧。对于愿意以装帧设计为终生事业的年青同志,这法度以外的东西意味着一些什么呢?曹辛之这位前辈艺术家从他切身的体会出发,简明地提出了三个"要"字,其实是三点建议,值得有志者深思:

"要爱书"。装帧设计既是一门"书的艺术",就应该对书培养一种深厚的感情,和书交上朋友。曹辛之很强调这一点,曾几次谈起他自幼爱书,每逢得一本他心爱的书,出之于天性地热爱,总要自己动手替它们另外打扮一番,加个封面、加个书套什么的,乐此不倦,俨然是一位小小装帧家。他虽不是藏书家,但收藏丰富,好书不少,每个月的书报费着实可观。总之,他大半辈子和书打交道,对于书籍有着深厚的感情,这深厚的感情之所以可贵,正因为它加深了装帧设计者乐此不倦的工作热情。就像一个舞台美术工作者,对本职工作的热爱,很大一部分来自他对戏剧的热爱。

曹辛之的许多作品都以情致高雅、富于书卷气而受到赞美。这不是偶然的。难道可以期望一个向来不爱书的人而他的作品却富于书卷气吗?

“要和作家交朋友”。这是前辈艺术家的另一个有益的建议。装帧设计讲究融洽的配合,主体是著作。和作者交朋友,有机会听听他们谈自己的创作思想、艺术见解、写作背景,等等,那你就为自己的创作作了良好的准备。这很有些像肖像画家给自己的亲人、挚友作画,更能传神,更易于准确地捕捉住对象的性格特征。

浏览一下曹辛之设计的许多作品,我们可以注意到一个特点,那就是其中好些书籍都是他熟悉的朋友的作品(有些还是几十年的深交),很多封面,都是作者亲自约请他设计的。

这里可以特别提一下《曹雪芹》的封面设计。这是端木蕻良写的一部长篇小说,但是光看书名,读者会以为是部学术性的评传。曹辛之在进行设计时考虑到这一点,就和作者一起商量,于是在封面底脚加上一行:“长篇小说 · 插图本”,使版面结构更为丰满。整个封面采用紫红色调,配以浅灰色瓦当图纹;封面中央嵌上一方“上卷”二字的朱文印章,在典雅大方中透露出滋润温暖的感觉,增添了文艺气氛,又具有一种民族风格。设计者主动和作者商量,多出些点子,使封面设计为作品服务得更好些,这是一个好例子。

“要不断地提高你的修养”。对于著作本身的理解,是装帧设计的出发点,它同时又在艺术上具有相对的独立性。因此,十分自然,装帧设计工作者加深自己的艺术修养和文学修养,是更好地取得工作成绩的一个非常重要的前提。

曹辛之真可以称得上多才多艺,是个多面手。我们钦佩他,把他看做装帧设计的老专家;也许对于他自己,更可珍重的是他那以“杭约赫”为笔名的诗人身份。在解放前,他先后出版过《复活的土地》等四种诗集单行本。这使我们明白,为什么他为一些诗集像《九叶集》、《黎明的呼唤》等设计的封面,总是那么富于诗意和神韵。

杭约赫的诗品清新含蓄,曹辛之的装帧设计又以清丽明净的风格为识者所推重，这二者间——作为装帧设计家的造诣，和作为诗人的成就——难道没有内在的联系吗？

这里还特别要提到书法和装帧的关系。书法对于装帧设计工作者，不仅是一种艺术修养而已，还应该看做是必须掌握好的一门基本功。曹辛之不以书法名家自居，而下笔风清骨峻，正、草、隶、篆各体应付自如。现在有些搞装帧设计的同志，往往不太重视书法，以为画封面、画美术字，和书法没有多大关系。其实封面上的美术字并不是仅仅做到整齐划一、方方正正，就算尽了能事，它同样要讲究笔画间架、姿态神情、统一和变化；它的设计同样需要艺术思想的指导。而对于这方面的审美能力，书法艺术正是一种潜移默化的熏陶。有些封面上的美术字，经不起推敲，字体经过随心所欲的“加工”后，不是美化了，而是别扭化了；有些书名采用手写体（书写题词），却不知选择，任意涂写，不入品流，真使人感到不是味儿。如果有了书法的修养，这方面的遗憾原是不难避免的。

曹辛之设计的封面，书名以美术字体居多，不作过多的变形，只将现有的印刷字体加工改写。但眉清目秀、骨肉均匀，自有大家风度，十分耐看，这自然和他在书法上的造诣分不开。

这里只谈了诗、书法和装帧艺术的内在关系，自然，一位装帧设计工作者加深他的文艺修养是多方面的，我们不妨留在后面再谈。现在，让我们怀着如品芳茗的喜悦心情，来欣赏曹辛之的独具风韵的艺术创作吧。

画 廊 漫 步

打开最近由岭南美术出版社出版的《曹辛之装帧艺术》这本精致的画册，犹如进入琳琅满目的展览会场，一时之间真会感到美不胜收，顾此失彼；那么就让我暂时充当画廊中的一个讲解员吧。我愿意首先给读者介绍曹辛之的代表作之一，为沈钧儒老先生的诗卷《寥寥集》所作的装帧设计。

这幅作品着墨不多，色调淡雅，虽说书的开本不大（长32开），却给人一种屋宇轩敞、眼前为之一亮的感觉。“寥寥集”三字清秀大方，脱胎于宋体。书名和作者署名，按传统格局，直排，偏居左方，一丛米色的墨兰，姿态优美，如吐清香，隐约衬托着画面。整个作品，格调高雅，富于韵味。

最值得注意的是艺术家在空间布局上的苦心经营。古人原有“惜墨如金”之谓，在这里，“惜墨”就是为了务必留出更多的空白，在方尺之间造成空阔开朗的艺术境界。

在色调上也很有讲究，文字用古雅的姜黄色，浮现眼前，花蕊兰叶舒展于大半幅画面，只用淡彩，仿佛十分谦逊地向后退隐，这样就把空间拉开，形成两个层次。更有意思的是，书脊画成一道姜黄色，印上黑色，显得很浓重，这是利用狭长的书脊，构成一道深色边框，通过对比，加深封面（以及封底）的空间感。

兰花原是我国人民所珍爱的花卉，是“四君子”之一。而沈钧儒先生当年作为爱国民主战士，和国民党反动派进行斗争，连同邹韬奋、李公朴等六位战友，有“七君子”之誉，用兰花衬托，寓有深意；而书籍的整体设计，又处处从素雅显豁着眼，富有书卷气。因此让人自然而然地联想到诗人的高风亮节。品味《寥寥集》的装帧设计的情致和意境，你不禁会感到“余香满口”的喜悦。

前面谈到，艺术作品应该力求有自己的风格，但对于装帧设计艺术说来，还不能以此为满足，能做到既是艺术家本人个性的流露，同时又能给人启发，去更好地领会作品本身的风貌，这才是它的理想。《寥寥集》装帧设计的成功，正是在于艺术家在创作过程中，把自己的俊逸的风格和诗人的高风亮节很好地融合在一起了。因此这本书和他装帧的另一部书——《新波版画集》，曾在1979年全国装帧艺术展览中同时获奖。

请继续欣赏《党和国家领导人论文艺》的装帧设计。

这是一本集中谈文艺问题,对于文艺工作者有着现实指导意义的集子,政治性、政策性、原则性都很强。为这样一本意义重大的理论书籍设计封面,一般说来,只须衬托出一种庄重严肃的气氛也就可以了,艺术美在这里没有太多发挥的余地。正是在这里,曹辛之作为装帧设计家,显示出了他善于深入思考的特点。自从十一届三中全会以来,我国的文学艺术在党的领导下,比过去任何时候,都更显示出欣欣向荣、一派生气的局面;因此,艺术家在铺纸下笔之前,首先寻求的是,怎样用生动的形象来突出党对我国文学艺术事业亲切关怀的一面。

一株婀娜多姿的垂柳,披下一绺绺吐芽的丝条,装点了整个版面;垂柳和四周的一圈边框,又都是用的清新的嫩绿色,更给人冬尽春来、生机盎然之感。由于杨柳的形象在变化中保持对称,加上构图简洁、画面明净,因此整个封面仍然给人大方、端庄的感觉。

艺术家充分领会党和国家领导同志的一系列讲话的重要意义,但是为这集子设计封面时,他作出的选择是:形象化地表达这些讲话所产生的重大而有益的影响——给文艺界带来了春风化雨般的滋润和复苏。这样就突破了凡是重要的政治性读物一律光光的白底红字或黄底红字的老框子。

的确,过去很少看到同类读物设计得这样大方,而又这样富于诗意、富于笑意、富于装饰性的艺术情趣!更值得称道的是,这艺术情趣,这美的感受,并没有背离政治性;并不是艺术性的片面追求,而是艺术性和政治性的亲密融洽的结合。还要看到,这一使人耳目一新的优美的设计本身,就是对党的百花齐放的正确方针的一种无言而又是衷心的歌颂。

我想,一位有心的读者在欣赏这样一幅优秀的封面设计时,不免会有所触动,引起深思。他会想到,并不是必须正襟危坐,千篇一律,才算突出政治。在艺术领域内,没有理由拿政治性来排斥艺术性。这二者的关系,并不是鱼和熊掌不可得兼的关系,是到了应该肃清极“左”的文艺思潮的流毒的时刻了。容许艺术家在总的社会主义方向的前提下,从他自身的感受,从他所选择的最佳的观察角度来唱出社会主义的赞歌——这样做,艺术将因为有了正确的政治方向而显示出经得起时间考验的生命力;而融合在艺术形象中的政治也将因而获得了加倍感动人、说服人的力量。《论文艺》的别出心裁的设计,为我们提供了一个多么好的实例啊!

别出心裁而又并不故作怪异,让人产生一见如故的亲切感,这又是《论文艺》的封面设计值得称道的地方:艺术表现手法上的民族风格的问题。

我们可以注意到,《寥寥集》封面上的墨兰,《论文艺》封面上的翠柳,都不是现成地从书名上的某一个字搬来的(当然根据书名来构思也是设计封面的手法之一);艺术家创造性地以墨兰、翠柳为主题,引进画面,是为了更好地引导读者去体会作品内容和内在的风格,或者为了更生动地表达艺术家自己的感受。

蕙兰和杨柳,历来入诗入画,引起美好、丰富的联想;我国人民中间,很多以“兰”以“柳”为名,我们的民族对于兰和柳是有特殊的感情的。再看西欧,兰花很少为诗人所吟咏、画家所写生,它只是草本植物的一个品种而已;而垂柳被称为“泣柳”(Weeping Willow),在他们的诗歌中是哀伤的象征(例如莎士比亚的悲剧《奥瑟罗》中的女主角苔丝德梦娜临终前伤心地唱着小曲《杨柳歌》)。这样看来,兰花、杨柳,在我们的传统艺术语言中是特有的艺术词汇。

为了给予迎春的垂柳以优美的造型,艺术家吸收了西洋的图案化的变形的艺术手法。这图案化了的垂柳已不同于我们传统艺术中的杨柳的形象;尽管这样,我们还是可以把《论文艺》的封面设计看做是一种民族化表现手法的成功运用的一个范例,就像《寥寥集》以国画中的墨兰入画,是成功地运用了民族化表现手法一样。为什么这样说呢?这是因为画家通过作品向读者传达信息,他所使用的艺术语言,正是那种最富于民族色彩,最能为人民所接受、领会、来自传统的语言。

既是传统的,又是创新的(当然同时又是十分贴切的、并非随意套用的),像《论文艺》的新意,《寥寥集》的书卷气,这样,民族化风格就获得了格外隽永的艺术表现力量。

现在,我乐于向读者介绍曹辛之为三本新诗集所作的封面设计。三个作品各具特色,但都向我们阐述了一个道理:作品在艺术意境和艺术风格上的成就,与设计者在下笔之前先有了周密成熟的设计思想密切相关。

先说《九叶集》。这是九位诗人的合集①,他们诗风相近,注重含蓄,力求把内在的感情和清新的意象结合起来,在艺术手法上又都显示出较多的探索和进取精神。本来,为新诗集作封面画,很自然地会产生替一个漂亮的女孩子刻意打扮的心情,好使她在人前格外显得花枝招展,仿佛"诗"就是"美"的炫耀。

但收在《九叶集》中的却并不是那类使人眼花缭乱的诗,所以装帧设计者洗尽脂粉,没有让玫瑰和夜莺进入画面,而是用满版带有泥土气息的草绿给封面和封底铺一层底色,封面居中是一株枝杈参差的粗壮老树,有九瓣饱满的叶片分布枝头。岁月在树心刻下的道道年轮,以及叶片的对称的脉络都清晰可见,一律用粉绿衬托,形成一种民间剪纸式的拙朴的情趣。整个画面的格调宁静深沉,而又透露出一派生气。

如果看得更深一些,我以为设计者显示了这样一个构思,借洗练的老树的形象来表达这九位诗人的诗作,脉络连贯,互为呼应,有不少相通的地方,不妨作为一个整体来看——就是说,当时(40年代后期)在国统区的诗坛上,它们形成一个颇有特色、富于生机的诗歌流派。它从不为自己的存在大叫大喊,但是又很自信,执着于自己的艺术见解,珍惜自己在诗坛留下的踏实的脚印。所以我们看到,那株老树虽然占满大部分画面,却并不顶天立地,给人以压迫的感觉,而它的形象又确然浑厚稳重。那挂着九叶的树,并不是书名"九叶"的简单图解,而是情深意长的艺术形象。

书名用阴文,三个大字挺秀大方,也加深了我们已经得到的印象。《九叶集》的装帧设计,形象洗练而富于含蓄,是曹辛之的优秀的代表作之一。

40 年代后半期曾经是灾难深重的岁月,国统区的广大人民在水深火热之中呻吟、挣扎,在凄冷的黑夜中巴盼着黎明的来临。收入诗选《黎明的呼唤》(圣野、曹辛之、鲁兵编选)中的一行行诗歌,可说就是当时的历史见证。将近四十年前,曹辛之(杭约赫)用他的诗笔为历史写下见证,现在回首当年,又拿起他的画笔,去抓住那深沉的历史感。的确是这样,这一封面的设计思想首先着眼于表现出一种深沉的历史感。拿起这本诗选,还未打开书页,重温旧梦,曾经是过来人的读者,先就被引入感慨万端的沉思之中了。

一头昂首挺胸、准备用歌声迎接黎明的大公鸡,占有了整个版面,它的形象饱满、雄伟,而轮廓线条又流畅多姿,产生一波三折的韵律感。富于造型美的淡褐色块(公鸡的形象),把一片浅灰(黑夜的形象)分割成好几个不成形的碎块群,包围在上下左右。整个布局,在错落、变化中见出呼应、对照,构思既严谨,又极为精巧。

图案的左上区和右上区两小块空隙的处理,尤其见出匠心:加上疏密相间的几点闪光的星星,就像安插了窥视宇宙的广角镜似的,顿时给人一种夜色苍茫、无限深远的感觉。特写的公鸡是那么逼近,仿佛向后退去的星空又是那么遥远——这寥寥几笔,使你产生空阔的幻觉,使你浮想联翩的表现手法,是多么简洁!

特别使人赞叹的是,艺术家似乎有意无意之间——其实是兴来神会,灵感的闪现——用轻轻一抹,为大公鸡的造型添上一个细节:圆睁的眼睛。于是这怒目而视的公鸡,在我们心目中转化为夜不能寐、忧心忡忡,在黑暗正浓时,巴盼曙光的志士的形象。

还可以这样说,这半月形的一抹,不仅突出了主题思想,而且大大丰富了艺术情趣。就像镜中物像，一弯银月是圆睁的眼球的反映，夜心的弯月和守夜的圆眼叠印在一起了。通过公鸡的眼睛，我们看到了和满天星光辉映的月明，看到了这阴森的黑夜，并非漆黑一片……我们向来只谈画家、诗人的名作“画中有诗，诗中有画”，现在我们吟味《黎明的呼唤》的封面设计，觉得在优秀的装帧艺术家的笔下，同样可以达到画中有诗、诗中有画的意境。

整个画面的色调是故意压低了的，正像一张褪了色、发了黄的旧相片，使我们意识到时光的流逝，这带点朦胧的柔和的色调：淡褐和浅灰，也带来了从尘封的回忆中追寻过去的情调。

于是整个封面设计来到它的最后部分：题词。凝聚在画面底下的艺术家的激情，这时就像地下的一股潜流，一齐涌上来了。他用上了最浓重的、对比强烈的、火红似的色彩，为诗集题上书名：“黎明的呼唤”。

这本诗选的装帧设计，得到了当年共同奋战在国统区诗歌战线上的诗友们的激赏。

为艾青的诗集《域外集》所作的装帧，构图十分耐看。几条稀疏的直线和曲线，象征着地球上的经纬线，纵横交错，把画面切割成许多不等边的色块，从方形到梯形，以至三角形。形体、色彩，都在不断地变奏，都各自区别于上下左右的色块。最有意义的是象征着地球轮廓的一弯曲线，把画面的左右上角，切成两个呈三角形的空白块。空白块和色块的对比，这又是一个意外的变化。

整个构图、色调，给人一种明朗、温暖、安宁、视野宽广的感觉，每一根线条，每一个形体，每一个色块，都在不断地运动着、变化着，这静（整体的稳定感）和动（局部的不稳感）构成了一种特殊的情趣。

收在《域外集》中的，是诗人艾青多次出国访问，在海外写的和写海外的诗篇。他把中国人民的友情带给了不同肤色、说不同语言的世界各地的人民。因此，经纬线构成了不同的色块，给这样一个诗集做壮阔的背景，艺术表现手法是十分简练而又十分贴切的。特别引人注目的是，一只具有民族风格、富于装饰美的银鸽，衔着象征希望的橄榄枝飞翔在地球的上空。美术家在创造这一艺术形象时，是饱含着感情的，这展翅飞翔的银鸽，也就是诗人浮现在美术家的心目中（同时也是在读者的心目中）的一个美好的形象。

艾青的《诗论》，也是由曹辛之装帧设计。用满版湛蓝色作底，衬出两个手写体白文大字："诗论"，给人一种质朴、苍劲，深沉如大海的感觉，仿佛通过色彩和形象，再现了作者艾青的艺术风格。整个画面在粗犷中又有严谨细密的地方：书脊上的书名、封底上的出版社名，文字地位的安排和图像（方格笺稿）配合得恰到好处，犹如金石家的匠心布置，极见功力。

现在，请继续欣赏曹辛之为方平翻译的两部世界文学名著所设计的装帧吧：《莎士比亚喜剧五种》和《抒情十四行诗集》。

莎士比亚的喜剧，女主人公个个外秀中慧，机智活跃，挑一幅喜剧性的插图，替封面增添效果，当非难事。然而曹辛之没有这么做。他的设计偏重于宁静、抒情的诗意境界，而不取热闹强烈的戏剧效果。也许他这样认为：装帧设计的美德在于恰如其分的装饰，是为了激发人们美的联想，给人以美的感受，而不必像电影海报似的，旨在挑逗人们好奇的兴趣。过分追求情节趣味，特别是地道写实的插图引进封面，将会把人们的注意吸引开去，扰乱了审美活动的正常进行。抒情性和戏剧性，本是西洋艺术风格的两大类型，而曹辛之的艺术风格和设计思想，以至他作为艺术家的气质，再没有像他为《喜剧五种》所作的装帧设计表现得那样清楚了：他是一位清醇明净的抒情男高音，而并不是舞台上唱尽了悲欢离合的歌剧演员。

一幅英国伊丽莎白时代的舞台图样被采用作《喜剧五种》封面的背景。对称的建筑物具有装饰的意味，当初莎士比亚喜剧就是在这“环球剧场”的舞台上演出的，所以又很“切题”。加上使用带紫意的淡灰作底色，更增加了柔和、典雅的感觉。

书名像两行通栏大字标题，真有气势，但使用的是鲜丽的玫瑰红，又把喜剧的明媚轻快的格调点染出来了。这轻快的情绪来到书名的最后二字，进一步活跃起来。本来，书名和图像分割了封面的空间，成为上下两截，会给人“一刀切”的感觉，现在多亏“五种”两字起了变化，尤其“5”这个阴文阿拉伯数字，是个突变，最为奇特，打破了平板的趋向。这突如其来的“5”，倒是有些像莎士比亚喜剧中少不了的插科打诨的丑角，他们百无禁忌，不受礼节束缚，给喜剧增添了欢乐诙谐的气氛。“种”，体积小了许多，好像给淘气的“5”做个配角，一个捧哏，一个逗哏，成为一对可笑的滑稽演员。这样，我们看到，封面上并没有出现穿花绿衣服的丑角形象，而只是通过文字的设计，平添了不少喜剧性的生趣。

“5”的空白阴文，又像给整个画面开了一扇窗子，剧院的尖屋顶和旗子冲破了文字和图像的无形界限，从“窗子”中透露出来了，形成了电影手法中的“叠影”。这是一个生动的、富于新意的艺术细节。

设计者又考虑到：莎士比亚一生写了十多个喜剧，读者自然关心：这喜剧集收的究竟是哪五种呢？于是又对封底进行了设计，把五种剧名印成玫瑰红，横列下方，配合四行线条，大方悦目，取得很好的装饰效果，又和封面书名遥相呼应，成为一个整体。这打破常规的设计，正是说明艺术家用心细密的地方。

伊丽莎白·白朗宁夫人的《抒情十四行诗集》是一本历来被人传诵的情诗集，写得委婉细腻、情真意切，是一位感情丰富的妇女出自内心深处的倾诉。如果封面设计的要求仅仅在于向读者表明这一本名著写的是爱情，那是比较好办的，玫瑰、小爱神等，都是现成的题材，但不免空泛些；曹辛之反复思考的是，怎样从这一段不平凡的翰墨姻缘、不平凡的爱情中概括出最本质的东西，又怎样用最合适的艺术手段把它表现出来。为这本诗集他先后作了好些设计，下了不少工夫，我们从最后的定稿（现在的封面）上看到的是：

封面、封底，联结为一整片近于透明的天蓝色，用最简练，也最富于暗示性的色彩语言来象征爱情的纯洁性。真正的爱情，经得起考验的爱情，应该具有这样一种一尘不染的纯洁性。

素雅、明净的色调，使整个诗集笼罩在一种恬静、抒情的气氛中。但是色彩的语言究竟是一种抽象的朦胧的语言，虽说富于暗示性，却缺少表现力。如果说，天蓝使人想起"纯洁"，那还是一种象征，一种抽象的概念，它需要具体的形象，需要有所依附。总之，它还是未成形的、等待着大匠雕琢的璞玉。

一整块未成形的大理石，在雕刻家的凿子下，舍弃了多余的块块屑屑，把孕育在自身内部的一个完美的形体显示出来了；现在，同样地，满版的天蓝，像经过大匠的镂刻，这儿那儿透露出了空隙，于是一片天蓝，衬托着皎洁的纯白，获得了它的具体的形象——显示出一弯穹门，显示出阳台前一对情侣的倩影，显示了一幅琴声荡漾、富于诗意的画面。于是读者的想象就有了依附；"纯洁"，抽象的本质，有了它的对象——和"爱情"结合起来了，成为可以亲切地感受到的东西了。

同样，在封底，一圈纯白，就像在版心打开了一扇圆窗，我们窥见了一个可爱的女性的侧影，窥见了她正在素纸上倾吐情思的内心世界。我们又一次看到，整块色彩转化为局部的形象（剪影），而局部的形象又从属于整块色彩，孕育于那一整片色彩之中。抽象的本质再一次获得了丰富的细节，而成为可以亲切地感受到的实体。

整个封底只有天蓝和纯白两色（从印刷工艺的角度，其实只有一色），多么单纯的色调；但是在一位优秀的艺术家手里，那最简练的色彩语言成了最富于暗示性，同时又最富于表现力的艺术手段。

这个诗集的装帧设计,最值得注意的,就在于它不完全依赖叙述性的形象。色彩,并不仅仅用来给画面涂抹一层悦目的背景——不,它用抒情的、音乐性的色彩语言作为最主要的艺术表现手段,配合了优美的形象(剪影),于是爱情的纯洁性得到了最富于诗意的渲染。这正是艺术家构思立意不同凡俗的地方。富于诗意的封面设计,和女诗人委婉真挚的情诗,结合成为一体,在读者的心灵里留下了美好的印象。

利用封底作画面,常常不容易处理得好,有时会显得多余,成为画蛇添足,更多的场合,会和封面的画面发生冲突。而《抒情十四行诗集》的封面和封底,两重构图,近远、大小,对照成趣,又融合在整体的色调中,十分和谐,很少看到配合得这样好的封底设计。可以这样说吧——这成功的封底设计更清晰、更完整地显示了设计者的整个艺术构思,我们读者因而能更好地欣赏整个封面设计的艺术性。

诗集的书名和女诗人的姓氏,用挺秀醒目的长宋和扁宋美术字体,分列两行,鲜丽的玫瑰红,衬着淡蓝,分外艳丽,使人联想到爱情的浓艳和幸福。这里又是一种富于表情的色彩语言。

最后,艺术家选择了厚重的墨色,在书名下加上译者名和出版社的社名,那是为了使偏于清轻透明的色调保持平衡,加强画面色彩的稳定感。

用色彩语言作为重要的艺术表现手段,不仅这一抒情诗集的装帧是这样,其实在曹辛之的许多作品中,都可以看到,色彩总是充分发挥了自己的表情作用。我们还可以说,他的设计不仅构图洗练,用色也非常洗练,然而色彩效果却十分丰富,很有讲究。像二十多年前为诗集《和平的前哨》(刘岚山著)所设计的封面,只用一个绿色,但整版阴文和局部阳文交叉穿插,取得了两套色的对比效果。解放前,他为《莎乐美》(胡双歌译)作的设计,只用两个颜色:玫瑰红和宝蓝。封面以蓝色为主调,红色镶嵌其间;封底图案与封面对称,却反过来以红色为主调,用蓝色镶嵌。这原是唯美派的名作,装帧设计采用纤丽的装饰风格,色调安排极其精致,又善于利用统一与变化的规律,所以虽然只用两色,却取得了意想不到的五彩缤纷的效果。

由于深厚的艺术修养,曹辛之具备了像油画家一般细腻、敏锐的色彩感。画家配色就像音乐家之配器,不在于喧闹,而贵乎呼应、协调,曹辛之的设计在色调的配合上(一般不超过四色)总是那么准、那么有把握,他喜欢用和谐的中间色调,产生一种抒情的调子。色彩,在他手里,成为长笛般明净清亮的音色,成为一种特殊重要的表现手段,这是我们在他的优秀作品中一再看到的。《美国短篇小说选》(王佐良编选,"中青"版)的封面,四周有一圈宽广的装饰边框,那银灰、粉红相间,疏密相邻的花纹组成了一个雅致细腻而又似乎富于变幻的色彩网,使我们可以"爱不释卷"地欣赏半天呢。

书籍装帧,并不止于替书本画一个封面。曹辛之十分注重整体设计:除了封面(包括书脊和封底)之外,还要考虑到环衬、扉页、正文版面,以及插图、开本的选择。要把装帧设计作为一个有自己完整的体系的艺术来研究。不妨以《石头记人物画》为例来谈一下曹辛之的整体设计思想。

全书共人物画40幅,配诗40首(刘旦宅绘图,周汝昌题诗),除宝玉一人外,其余是一群正在妙龄的少女少妇,所以曹辛之为这本画册作整体设计,抓住了一个"秀"字。首先是特别修长的开本(长24开),令人喜爱,封面又配上亭亭玉立的黛玉的形象,给人灵秀挺拔之感。书口上角是仿线装书的笺条,书名系郭老手笔,更显得有书卷气氛。

封底是满版题诗,白文,浅灰底,十分素雅;正中加盖一方朱文"人民美术"印章,增添亮色,又加多了装饰效果。这样,一底一面,就是一秀一雅,一画一诗,照顾既周密,又配合得恰到好处。

打开画册，题词、扉页、目录的设计，继续保持我国传统的线装书的情调，文字直排，一律加套色边框，留出空旷的天地头，自有一种从容舒展的气度，采用的都是瘦笔的仿宋或长宋字体，给人面目清秀的感觉。唯独“出版说明”因与全书有主客之分，不加边框，表示是报幕员的开场白，但注意到并不打乱版心适中、天地宽余的统一格局。

进入“正文”，左画右诗，表示以诗配画，画为主体。为了衬托彩画，边框色调从原来的泥金降为不惹眼的浅灰，这是设计者色感敏锐的表现。从那些微小的变化里，我们看到了整体设计几乎要求一种情人般的体贴，不是那样用心细密，就不可能和书籍的内容配合得那么贴切、融洽。把整体设计仅仅理解为增加书籍的美化成分，那其实是降低要求了。

由于目前印刷条件、物质条件的限制，一般书籍的开本、版式、纸张等都是规定了的、受限制的，很难作特殊设计，艺术家的用武之地并不太多。为了遵守“书的规格”，有时就不大能照顾到“书的艺术”。但是这并不能难倒一个有抱负的装帧家，和印刷厂打了几十年交道的曹辛之，熟悉印刷工艺的基本知识，所以他总是能根据现有条件，在开本的选择、色彩的调配、版面的安排等方面，做到运用自如，既不逾越“书的规格”，又不放松对“书的艺术”的追求和执着。我们可以经常听到曹辛之跟年轻的同行说起：我们搞装帧设计工作，不仅要学画、练字、提高政治思想水平、加深文学艺术修养，还必须懂得编辑、出版、印刷等业务的基础知识。我们是美术家，也是出版工作的里手。

现在，请继续漫步画廊，让我为读者们再介绍一组各有特色的封面设计吧。有特色，在曹辛之的作品中，就是意味着秀雅、明净、诗意、清新。在他的不少作品中都带有这样的特性，所以其实应该这样说才对：让我在那么多有特色的作品中，随意地介绍一小部分作品吧。

“设计封面”和“画封面”，在我们心目中往往看成同一回事。但是当年鲁迅亲自设计封面时，很着重质朴、庄重的风格，宁可以墨代彩，以文字作画，例如他设计的《呐喊》、《引玉集》就是这样。

曹辛之为《鲁迅研究》（丛刊，1981 年设计稿）作封面时，有意识地使它能够再现出（或者接近于）鲁迅当年所喜爱的那种朴实无华的风格，以文字作画，屏弃画像的装饰。只见“鲁迅研究”四个挺拔的宋体黑字整齐地排列在上下两行，俨然形成一块方形阵地，在严谨的法度中见出精神。书名底下加一行泥金拉丁拼音小字，四周再配以一圈泥金色边框，作为色彩的调节，十分大方。这样，封面既有一种适合于学术气氛的质朴风格，而作为刊物，又不至显得过于冷清，太不显眼。

一张优秀的封面设计，有时也可以像金石艺术，以经营位置作为它的最主要的艺术表现手段。但有些同志看到一帧没有图画的封面设计，就像听到一曲无伴奏的合唱，总以为这里还缺少些什么，感到不习惯（其实只有高水平的合唱团才能胜任无伴奏的演唱）。这一件设计稿后来没有被采用，是很可惜的。

《李白凤印谱》的封面设计的特点是，不另立主题，即以金石为图，保持印谱本色。布局紧凑，以柔和的银灰作为底色，几道白纹（阴文）像整齐的界线似的，左右对称，两边各画出四块小方格，每一方格内各打上一枚印章，中间留出一条长行，正好作为签条，题上书名。醇厚的书法下面，压一枚小印章。封底又加盖一方较大的印章作为呼应。印记都用降低了色调的暗朱（不是鲜红），更见古雅，书法也就更显精神。整个封面以民族风格取胜，就像一页富于装饰性的印谱，工整而不露安排痕迹，给人一种稳重、朴实、淡雅的感觉。

《阿英散文选》（钱小云、吴泰昌编）的封面，在浅灰蓝的底色上，用几绺对称的微微飘荡的杨柳丝作衬托，仿佛柔和的春风拂面而来，恰好和茅盾的清秀的直行题词互为呼应。这里就有一种行云流水、从容舒展的散文风格，一种书卷气息。

在曹辛之所设计的作品中，也许要算《中国戏剧年鉴》(1981年)用色最为浓艳了。封面封底满版图案，在湖蓝色的丝绒幕布上用金丝绣出一丛丛繁茂的花朵，给人有置身剧场的感觉。书名居中，六个饱满的阴文大字："中国戏剧年鉴"，分三栏横排，十分醒目，不失年鉴的气派。这一作品只用两套色，就达到色彩绚丽、如同披上节日盛装的效果，而又并不染上市井俗气，这是更为难得的。

和《中国戏剧年鉴》相比，曹辛之为1981年《中国文艺年鉴》作的装帧，又另有特色。银色绸面，鲜红的书名，下面排列金色的拉丁文拼音字，取得一种华丽典雅的效果。书脊上，烫金书名，压印在朱红色块上，非常鲜明；三组白地金色花纹图案，精致秀美。"文艺"两个朱文篆字，作为一枚椭圆形印章，重复出现在封面、书脊、护封、扉页上，那可以看做美术家为了前后呼应，加强整体感而设计的一个"书徽"。可以说，在我国近年来出版的图书中，难得见到像这部年鉴的装帧那样精美考究的。

最后，我们来谈《郭沫若全集》和《茅盾全集》。这两部全集的问世，是我国出版界的一件大事。曹辛之是郭沫若著作编辑出版委员会和茅盾全集编辑委员会的艺术顾问，由他担任这两部全集的装帧设计，可说是最合适的人选。为中国现代文化史上这样两位有影响的作家的卷帙浩繁的全集担任装帧工作，这是一个光荣的、但也是非常艰巨的任务。全集的装帧要在气派、格局、情调上和这样两位文化巨匠相称配——这不仅要求装帧设计家具有很高的艺术才华，深厚的文化修养，丰富的工作经验，而且还须熟悉印刷工艺的每一个环节。全集的设计工作是一门精深的学问，应该有很多东西值得一谈，不过却不是我这样一个不搞装帧专业的人所能道尽的。这里只能略为谈一下我的粗浅的感受，那只能算做买椟还珠罢了。

全集(或文集)的封面，最常见的是用作者头像——或浮雕、或木刻、或照片。曹辛之为这两部全集的设计却避开了这个惯用的手法,《郭沫若全集》用郭老的签名,《茅盾全集》用的是茅公的印章。这两部全集的封面用料、色彩、图案纹样虽都不同,但设计风格相近。又统一,又有变化。

《郭沫若全集》分为《文学编》、《历史编》和《考古编》,共38卷。前两编为横排,大32开本;《考古编》的内容多是图版和郭老的手稿,因此用直排16开本。各编学科不同,开本也不尽相同,又分三家出版社出版。各编的设计自然也应有所区别,《文学编》用绿色调,《历史编》用棕色调,《考古编》用褐色调;但图案纹样、排式完全一致。护封用满版厚实、沉静的彩色铺底,覆上织锦似的银线隐花;右上方是一行作者签名(阴文),郭老的流转遒劲的书法线条融合在满版锁绣图纹之中,十分融洽。作家的个性化的签名,不仅富于一种图案美,也可以说比他本人的肖像更能传神,更令人想见风度。移去护封,只见封面上,烫金签名;书脊上的书名,用庄重的魏碑体(是设计者手书),烫金,以黑色铺垫,使书名更为醒目;三道整齐的金色环带纹,将书脊装饰得端庄而典丽。

三编的环衬页的图案,再现了我国古代的青铜器及石刻的车、马、凤等图像,各编不同,既是优美雅致的装饰,又各具个性,配合各编内容,十分得体。

《茅盾全集》共40卷。大32开本,封面用明快的黄色绢丝纺,上烫朱红色"茅盾"二字篆书阳文印章(印章为设计者所制),靠钉口处,轧印一条垂直的凹线,质朴大方,很有气派。书脊上一长条朱红色块上烫金字书名,书名为行书体(也系设计者手书),清秀挺拔,与茅公的作品风格很谐调;上下两道精致的装饰花边,使书脊明净、秀雅,富于浓郁的文艺气息。

护封用满版实地的浅灰色,上印银灰色的作者手稿,右上方是"茅盾"的朱红印章,柔和、文静,格调高雅。

《郭沫若全集》和《茅盾全集》的装帧,都具有多卷本图书所需要的整体感，传统的民族色彩亦都很浓厚，而又各具特色：前者浑厚宏大，后者典雅隽秀。这两套全集的出版，在一定程度上，显示着我国出版事业的兴旺发达，也标志了我国书籍装帧可能达到的新水平。

曹辛之在40年代初期便开始从事他所心爱的装帧设计工作，这四十多年来，除了1958年无辜遭受挫折，被迫放下画笔，去北大荒劳动，以及民族浩劫的那十年外，他始终坚持在自己的专业岗位上，勤勤恳恳发挥他的专长，为祖国的文化出版事业贡献自己的力量。经他装帧设计的书籍和期刊，约有两千多种：《曹辛之装帧艺术》选载了近两百种，而我只简要地介绍了其中的二十来种，真可说是挂一漏百了。许多优秀的有代表性的作品都没能来得及谈到，如他为卞之琳的诗集《雕虫纪历》（香港三联版）所作的封面，质朴的构图、古雅的色调，和卞诗的清涩凝练的风格，可说吻合得体。还有，如叶圣陶的《日记三抄》、姜德明的《书叶集》（两书都在1982年中南五省［区］书籍装帧年会中获奖）、王朝闻的《再再探索》、辛笛的《手掌集》等书和好多种期刊的封面设计，都曾获得读书界的赞赏，限于篇幅，只好从略了。

在介绍了作品之后，我想接着简单地向读者介绍一下艺术家本人和他的艺术生涯。

艺 术 生 涯

曹辛之今年已67岁了（1917年生），中国美术家协会会员，中国作家协会会员。江苏宜兴人。在学生时代就爱好文学艺术，早在1936年，为宣传抗日救亡，与吴伯文、孔厥等合编文艺刊物《平话》。1938年到革命圣地延安，入陕北公学和鲁迅艺术学院学习。1940年调到重庆生活书店，从此投身革命的文化出版事业。先在邹韬奋同志主编的《全民抗战》编辑部工作,不久便调任书刊的美编和装帧设计工作。抗战胜利,从重庆到上海,除了在生活书店担任本职工作外,在老友臧克家的支持下,还和友人创办星群出版社,出版了不少在当时得到好评的文艺书籍,并主持《诗创造》和《中国新诗》月刊的编辑、出版业务。1948 年 11 月,诗刊被国民党反动派查禁,出版社亦被迫停业,他于是出走香港。1949 年调到北京。

解放前,他以"杭约赫"的笔名发表过不少诗作,出版的诗集,主要的有《噩梦录》(1947)、《火烧的城》(1948)和《复活的土地》(1949)。他的短诗清新、隽永,他的长诗气势宏大,善于以不同的语言风格,处理广阔的社会生活图景。他的作品曾引起海内外诗坛的注目,被认为"是四十年代的重要诗人之一"②。

50 年代以来,在颇长的一段时期里,党的"双百"方针没有得到全面贯彻,过分狭窄的艺术尺度,使曹辛之中断了新诗的创作。从此,他一心致力于装帧艺术,为提高我国出版物的装帧质量,做出了很大的贡献。他负责设计的巨型画册《苏加诺总统藏画集》,在 1959 年莱比锡国际书籍艺术展览中获装帧设计金质奖章,为祖国赢得了荣誉。

在十年动乱期间,祖国的文学艺术遭到空前的灾难,10 亿人民无书可读,一个装帧设计工作者还有什么用武之地呢?然而正是在那"不务正业"的年月里,在生活条件十分恶劣的情况下,曹辛之多方面地表现了他的艺术才华。先是在湖北咸宁"五七"干校开始刻竹,那儿盛产毛竹,取材方便,他在劳动之余,拣拾废弃的竹根、竹片,刻制了一批笔筒、臂搁,一件件都是精雕细镂的艺术品,为他的好友们所珍藏。从此他跟青翠挺直的竹子结了缘,他把自己的斗室称作"抱竹轩",还将王安石的两句咏竹诗,"人怜直节生来瘦,自许高材老更刚"刻在臂搁上,借此述怀。

从干校调回北京后,他一头钻进了篆刻的艺术天地中。在那昏暗的现实环境里，他需要有一个艺术天地来寄托他痛苦的心灵。在两三年中，他应师友之请，为茅盾、叶圣陶、夏衍、俞平伯、姚雪垠、艾青、端木蕻良、聂绀弩、钟敬文、徐懋庸、吴世昌、辛笛、朱丹、黄永玉、黄苗子等文坛名家治印二百余方。1977 年，刻陈毅的《满庭芳》印谱，齐燕铭为之题词，茅盾题签。艺术家亲自拓印，装订了百余册，分赠文艺界友好，得到一致的赞赏。印谱由大小二十余方印章组成，结构笔致各异，或端庄，或清逸，无一重复；最后一方，白地朱文，为"无情历史利己必凶终"，字体质朴严谨、笔道刚健凝重，有如镂刻在青铜器上的铭文，可作历史见证。艺术家寓有深意焉。1983 年元月，《红旗》杂志用封底的整块版面、双色套印，公开发表了这一组篆刻。

篆刻，是在方寸之间，使用线条和色块分割空间的艺术，最讲究布局构思，和封面设计自有内在的呼应，只是用心更见细密，偶一失误，差以毫厘，将导致全局性的失败，对于美术工作者可说是一个特别严格的锻炼，不少装帧设计家都熟谙篆刻，决非偶然。

经过一段无师自通的摸索，曹辛之又学会了我们传统的装裱技术。他刻竹，这和工艺分不开（需要刨、磨、打光等）；治印，也是这样（边款拓印这道工序特别有讲究）；装订，一本磁青绫面线装印谱，更是把装帧的工艺结合起来了。对于琐细的工艺，曹辛之总是一丝不苟，干得那样欢，那样出色。经过他的手，成品于是达到了令人赞叹的专业水平。

在这里，我要提出的是，工艺和艺术的界限并不总是那么截然分明的。翻读一下西洋艺术史就可以明白，在意大利文艺复兴时期，画家要自己动手配制颜料，要爬脚手架（绘制壁画）；雕刻家更辛苦了，不仅要自己剖石，还整天手拿凿子、锤子，干着几乎和石匠差不多的营生。他们当时的社会身份，并不是什么专业画家、专业雕刻家，而是金银匠等手艺工会的会员。那时艺术还没有和工艺分家呢。

装帧，书的艺术，其实也是书的工艺。书脊的宽度、开本的大小、纸张的厚薄、版面的安排，等等，无不需要计算。当试印的样张送来时，曹辛之就像一个经验丰富、一丝不苟的工艺老师傅，只要发现文字或图案的位置比原稿有半厘米偏差，就千方百计要求校正。这种认真、仔细、负责的工作态度，凡和他合作共事过的同志都是熟知的。

前面说过曹辛之的书法风清骨峻，而他尤其醉心于草书。从他的草书和他常以古拙的金文入印，我们可以揣摩，他极力想突破自己已经取得的成就，扩大自己的艺术意境，向雄浑、奔放，甚至粗犷的方向发展。当然，还有一个更深的原因，带着像燃烧般的感情的狂草，更能宣泄一个正直的知识分子在那风雨如晦的年代里内心感到的抑郁，所谓狂歌当哭。有一次，朋友求他的书法，他情不自禁，奋笔疾书，那是龚自珍的七律，中间有一联在当时是触犯禁忌的，特别使人触目惊心："避席畏闻文字狱，著书都为稻粱谋"。仿佛这位晚清诗人写的并不是一个世纪前的黑暗政治，而是对"四人帮"的控诉。他还借陆游《草书歌》中的两句诗，嘲讽"四人帮"的肆虐，他以流畅的草书将这两行诗刻在砚盒上："神龙战野昏雾腥，奇鬼摧山太阴黑"。曹辛之的耿介不阿的性格，很使友人为他担心。也正是他的这种个性，在 1957 年招致了长达 20 年的苦难和磨练。

在 60 年代初，他从北大荒调回北京，在一家印刷厂劳动。他头上套着紧箍咒，被剥夺了继续从事装帧设计工作的权利，但他念念不忘我国的书籍装帧事业，仍一心想为提高书籍的艺术水平，贡献自己的力量。他无权设计封面，便钻研起与装帧有着密切关系的印刷字体来。他利用有限的业余时间，精心设计了几种适用于报刊标题和书版的字体。我曾带着敬畏的心情翻阅过他亲手书写的那一本厚厚的设计字样和设计方案（初稿），真不知道每一页、每一字、每一笔上凝聚了艺术家的多少心血！请看"大雨落幽燕"

那一套长体书版字，真是清新、丰腴、挺秀，兼而有之。他在设计方案里写了他当时的一些设想：

试图把图案的描绘技法和书法艺术作有机的结合，使其方中带圆、刚柔相济，秀雅而不单薄，浑厚而不臃肿，既有规律，又富有变化，既符合于印刷字体的科学要求，又能保持一定程度的中国书法的笔意，并带有雕版书和碑帖的那种质朴圆润的雕、刻、印、拓的效果。

他如何来设计这套字体的，也作了简要的叙述：

在体形上，基本上和宋体字一样，横平竖直、横轻竖重、轮廓显明、个性突出。起笔落笔渗入一部分楷体的笔姿，使有些笔触带有毛笔书写的韵味；并参照仿宋体的粗细适中的笔画形态，把宋体字的横画和竖画的粗细比例作了适当的调整，增强横的笔力，以耐压印；减弱直的粗壮，使体形秀美。在间架上，运用宋体美术字的图案结构，使字画刚劲峻拔、疏密合度。

要创制一种新的印刷字体，必须经过反复试验，经过科学的鉴定，不是一个人的力量所能做到的。曹辛之在这方面的努力没有能持续多久，他的这些美好的设想没能得到实现（这原是意料中事）。但他尽了一个装帧艺术家的责任，他为日后整修和创制新的印刷字体，提供了可贵的资料和范例。

1979 年，曹辛之度过了他的最艰难困苦的岁月，像全国大多数的中老年知识分子一样，为祖国的否极泰来而心中重又充满着希望。他的错划得到了彻底的改正。他又能重新拿起笔来，写诗，编书，为出版物装帧设计。

今年,他作为1938年参加革命的老干部被批准离休了。但每天他依然要工作十多个小时,新出版的书籍和杂志上,还经常见到他的名字。看来,这个在文化出版战线上战斗了将近半个世纪的老兵,艺术生命力还很旺盛呢!

回顾和瞻望

比起古代来,我们这个时代是一个文学艺术得到很大普及的时代,而且从来没有像今天这样,美化生活表现为一种强烈的愿望——因为它已得到了承认:对于生活日益富裕起来的人们,它应该是一种正当的、合理的愿望。书籍的装帧艺术,正是适应我们这个时代的美的需要,随着近年来文学艺术事业的繁荣而得到了长足的发展。

我们必须从这样一个笼统的观念下解放出来:说到艺术,总是认为手工操作的古代比机械生产的现代更强。诚然,马克思谈到古代希腊艺术和史诗时,称许过它"就某一方面说,还是一种规范和高不可及的范本";今天学习书法,我们仍然从临摹唐宋名家的法帖着手。一个时代往往有它特殊的艺术成就,那个时代过去了,从属于那个时代的文学艺术也就成为绝响。然而我相信,如果就其大体而言,那么文学艺术是随着社会的发展而向前发展的。物质生产的发展和精神生产的发展,二者的关系固然有不平衡的一面,但应该看到,也有形影相随、相辅相成的一面。对于新生的、富于生命力的艺术品,如书籍装帧艺术,尤其是这样。

在装帧艺术领域里,我们不必拿某一个今人去和某一位前人作比较。但一定要看到,从整体来说,我们这一代所达到的设计水平胜过了上一代,解放后大大超越了解放前。可以预期,在党的关怀和鼓励下,随着印刷技术、物质条件、工作条件的逐步提高、改善,将会人才辈出,把装帧艺术推向一个新的高度。

在60年代初期,我国出版了第一部装帧作品集:前辈艺术家(也是金石家、书法家)钱君匋的《书籍装帧艺术选》;1981年出版了《鲁迅与书籍装帧》。而这部《曹辛之装帧艺术》,则是我国出版的第三部装帧专集。在不算太短的六七十年的发展过程中,三个专集,似乎是少了些。但是,第一部与第二部的出版时间,相隔了近二十年;现在,不到三四年,便出版了这第三部,从这里,我们不是可以越来越清晰地听到我国装帧艺术在前进中的脚步声吗?这是加快步伐的前进啊,不是吗?装帧设计在出版工作中的作用越来越被社会所认识,并逐渐得到应有的重视;而且,一支能力颇强的专业队伍已经形成,并开始有了为之贡献出毕生精力的老专家(曹辛之就是其中具有代表性的一位),当然,更多的是精力充沛、满怀热情的中、青年美术工作者。我们预期着在《曹辛之装帧艺术》之后,将会有各种丰富多彩的有关装帧的专集、合集陆续问世。

谈到这里,不禁使人想到曹辛之艺术创作的另一个特色,或者不如说,曹辛之作为装帧艺术家的另一特点,因为那是在笔墨以外、法度以外,和艺术修养更为有关的问题。前面谈到,曹辛之结合自己切身体会,向有志于装帧艺术的年青同志提出三个"要"字,语重心长。现在这里也是一个"要"字,却是对他自己提出的严格要求,那就是:"要精益求精,永不自满。"

纵观曹辛之一生的创作道路,最使人感动的一点,是他从没有到顶的思想,从不满足于过去已经取得的成就,那种"永不自满"的精神表现为他的艺术创作不断地呈现新的境界。他的一些感情充沛、形象饱满的最优秀的作品,像《寥寥集》、《九叶集》、《黎明的呼唤》等封面设计,都是他进入了花甲之后的创作。这说明了他本人同样在"向前看";说明他接受了许多有才华的年青一代的装帧工作者的有力的挑战,和他们一起在前进。这样,他自己的艺术创作道路的发展,和我国整个装帧艺术的发展,紧密地联结在一起了，并都表现为一种上升的势头：不断地后来居上。从他的艺术实践中，我们也能约略感知，我国书籍装帧艺术的前程是多么美好。

“老去渐于格律细”，而并不贪图“得来全不费功夫”，单凭这一点，也足够使我们对这位前辈艺术家油然起敬！

今年期逢甲子，是曹辛之的丰收年：装帧艺术结集的出版，由他担任装帧设计的《茅盾全集》的出版，解放后他的第一个诗集《最初的蜜》亦将问世。可喜可贺。我祝愿他画笔常健，诗意常青！

1984 年 3 月 29 日深夜

注释：

① 九位诗人是：辛笛、陈敬容、杜运燮、杭约赫（曹辛之）、郑敏、唐祈、唐湜、袁可嘉、穆旦（查良铮）。

② 见香港中文大学出版的《现代中国诗选》。

原载《文艺研究》1984 年第 4 期

转益多师是汝师

——从书籍装帧家曹辛之治印谈起

张习广

1990 年秋，曹先生赐我一部亲笔签名的篆刻作品集《曲公印存》。

曹先生的篆刻名重京师，不仅很多文人高士喜与相交，就连东瀛日本的朋友也久闻其名。日本讲谈社国际室负责人热心治印，为求教曹先生，借到中国出差的机会，挤出时间让我陪同，三年内前后两次登门拜师。曹先生也不顾年迈暑热，将自己多年治印经验娓娓道来，并几次由我秉烛到隔壁的藏书中寻找与讲解相关的图书，诲人不倦之精神感人至深，作为旁听的我亦受益匪浅。

一　治印之道

曹先生治印始于小学，以后至政治风云变幻之年中断。1972年返京，于是且运铁笔，凝神思于章法、刀法、书法之间，寄情于顽石之上。正如诗人所云：凸出的是笑纹，凹下去的是不平。

叶圣陶先生说：印之善者，布局舒服，疏密映衬，罔不合变？为一事。而分析观之，笔笔咸有韵味，点画莫不生动。叶老讲的是治印规则，实在也是对曹先生作品的褒扬。曹先生治印先学赵之谦，后来则不论今人古人，像吴昌硕、黄牧甫、赵古泥、齐白石、邓散木，包括今人钱君匋在内一一学过。所以，治印风格多样，有时大刀阔斧信手直冲，有时追方逐圆刻意求工。钱君匋先生叹之：雍穆深厚胜，出入于铸铭，所作如力能扛鼎之壮夫。聂绀弩先生则又叹之：温如寡母抚幺儿。

曹先生说："治印，我总认为除了它的实用价值外，就篆刻艺术而言，它本身便具有装饰性。因此，我在治印时，不只单单着重于它的'古趣'、'金石味'，在章法上，我更力求它的装饰美。"《曲公印存》一卷，处处表现出装帧家独具的职业性品位和超脱凡庸的装饰美感。

二　铁笔勾勒

封面设计构图中离不开图案纹饰，描绘图案亦是设计者的日课。然而多数只是达到线条均匀流畅而已。曹先生所作装饰纹样，由于有刻竹勒石练就的功底，含蓄浑厚，有力透纸背之感。不少设计者在封面需用图案时，采用复印手段十分快捷。曹先生则从作品内在需要出发，坚持亲自绘制，虽费心力时日，却融进作者心血,经过再创造给图案注入生命力。例如《战地》一书,装饰花草纹犹如白文印,运笔如运刀,苍劲肯定。《曹雪芹》一书封面书名字好似瘢剥残印的印痕,显出历史的深沉。《文史知识》封面装饰犹如作者那件刻竹作品,因袭青铜器古朴、雄浑风格,表述了该刊物在学术界的分量。《党和国家领导人论文艺》一书的封面设计受到装帧界的赞誉,却还很少有人谈到那几笔妩媚飘逸的细线“矫若游龙穿壑”,全来自朱文印所用“玉箸书体”的锻炼。试看“方管”、“古兆申”诸印,“纤细不乏有力,均匀却不板滞”。《文献》、《书叶集》、《八方集》等纹饰都有勒石之感。对照曹先生所刻陈毅《满庭芳》词百余字释文,字字结构严谨、点画生动、一气呵成,魏碑体似从龙门十三品脱胎。正如那句通俗而有哲理的话所说:“磨刀不误砍柴工”,“功夫在诗外”。曹先生在篆刻方面所取得的成就,为他自己的主业——书籍装帧工作沉积着沃土。

三　移花接木

曹先生把直接用印于封面作为装饰的重要手段,着意于洗炼蕴藉的笔调,体现设计作品的书卷气。

曹先生认为:“无须都要花团锦簇金碧辉煌,朴素淡雅也许更显得大方端庄。”他的不少封面设计作品执著追求的是装饰美、意境美。曹先生善于把别种艺术门类中的艺术手段和艺术形式借鉴过来,移花接木,来为自己的作品营造简洁清新的风格。读来如吟诗一般怡情。

曹先生用印于封面而起到装饰作用的作品,最为成功的是1962年《燕雏集》一书的封面设计。在暖灰底色上有一块白色长方形,其上用棕色印栏线,作者名不用铅排字而是押在书名三个仿宋体字的右下角上的一枚朱文印章。这种构思是极为特殊的,因为一般除书法作品外,作者名很少用印,而曹先生此举的确大胆而有理性,增强了作品的装饰美。

曹先生早年投身革命,受到革命传统的熏陶。尤其是在邹韬奋先生所领导的生活书店工作时,培育了负责、刻苦、耐劳的品质,并在他所从事的书籍装帧工作中体现出来。从他的作品中可以看到很多可排字的书名、作者名,他都一笔一画亲笔写成。比如《曹雪芹》一书上下卷的标法,就不是简单运用照排字,而是用了一方朱文印,十分得体又不同凡响。在《毛主席诗词》一书的设计稿中可以看到"三十七首"字样亦不用铅排而用朱文印章。设计稿虽几经修改,但起重要装饰作用的这枚印章始终放在很醒目的位置。曹先生广采博收、移花接木,使得自己的设计作品独具匠心,底蕴深厚。

四 细雨润物

曹先生说:"我这种不拘一格的治印风格,是受了我的专业——装帧设计工作的影响。"语言中蕴含着对装帧设计形式美感的求索,深藏着一种崇高的敬业精神。细雨润物虽无声,却能浇灌出灵感之花。艺术的审美法则有相通之处。治印至关重要之点在于章法。前人云:章法如名将布阵,首尾相应、奇正相生、起伏向背,各随字势。错综离合、回互偃仰,不假造作,天然成妙。而装帧设计中将文字、纹饰(图片)、色彩有机构成在一起时至关重要的亦首推章法。从曹先生的装帧作品中可以看出他把治印有关章法的心得融进了他的专业。

治印有疏密、挪让、离合、计白当朱、边框变化之法则,曹先生均利用于装帧之中。

《诗论》一书的封面除作者名外只有诗论两个字为手写体,字虽少,却处理成深底色翻白字且尺寸很大,显得深邃豁达。底纹则是细密的稿纸方格,意在将这两个大字纳入规矩之中。由于疏密得当，使画面充实而有变化。

《戏剧与电影的剧作理论与技巧》一书封面装饰别于它物，只靠书名字断句、排列及缩小助词、连词的字号，引发节奏，求得视觉美感。《东北蹦蹦音乐》一书封面上长方形剪纸装饰，没有按一般平正垂直布局，而是采用近45°角的倾斜，让出空间随之产生跳动感，具有韵律美，可称是：挪位得法，牝牡相得。死法活用，轩举有致。

《茅盾全集》一书的封面没有安排书名，只在右上角押“茅盾”两字长方形名章，在其对角线的右下角印有偏宋体的各卷卷号。正所谓“分之使宽展而不散漫”。而《艾青叙事诗选》的章法与之大相径庭，封面正中有翻白的古希腊竖琴图案，其上有浅棕色橄榄枝图案，再其上又有灰色拼音字母，最其上才是深棕色长仿宋的两行书名。加上底色可谓五层叠印，因其难度大，少见有人敢用。这种处理又可称之为：逼之使结合，而不迫促。

《以色列政治幕后》一书的书名，前五字为黑字，后两字为白字。在黑白造成的强烈对比之下，“幕后”二字更为醒目。同时由于计白当朱比例适度，书名的整体感很强。

《外国短篇小说选》每册封面四周以精美的单线纹饰组成较宽的边框，极富域外风情。《再再探索》一书封面亦留有狭边框，其间为一个充满封面、装饰性很强的篆字“美”。边框与文字色彩相同，犹如一枚单字印痕。

总之，曹先生将自己在篆刻生涯中所顿悟的有关共通的审美规律，以拿来主义的精神，在创造个人风格的书籍装帧艺术实践中，拓展着视野和思路。胡乔木在看了曹先生的作品集后说：“这些大大帮助了我认识一位可惜早没有认识的革命者、诗人和艺术家。”曹先生虽然离我们而去，但他为自己本职工作转益多师的精神，值得更多的人了解和学习。

原载《中国出版》1995年第12期

虔诚的文学、艺术家——曹辛之

鹿耀世

一

1985年初，我去曹老家看望他，只见他正伏在桌上，校看一份墨迹未干的小报清样。李可染题写的“诗书画”三个遒劲的行书一下子跳到了我眼前。“这是哪儿办的报？”我惊喜地问。曹老摘下花镜，顺手将报递过来，反问道：“你看怎么样啊？”我把报展开，迅速浏览了四个版面：头版是李可染的力作“九牛图”、启功的题诗；二版、三版、四版有茅公的字和诗以及评介，有全国美展的国画、油画、版画、壁画、漆画，还有艾青等名家的新诗和风格多样的篆刻等等。真是佳作荟萃、目不暇接，而且用道林纸套色精印，十分高雅。我情不自禁地称赞：“办得好！”

曹老缓缓地说：这是山西人民出版社创办的，黄苗子、郁风策划，李平、刘勇主编，我是执行主编。今年是牛年，办好这张报，让读者看了喜欢，还真得有点牛劲啊！曹老问我愿不愿当个业余编辑，帮助他做些工作。我愉快地答应了。

开始，我每个星期六的晚上和星期天去他家熟悉版式设计，联系有关作者，帮助审稿，整理、编排稿件。我在初审文稿时，曾为某些稿件潦草的字迹、生涩的句子和不时出现删改过的段落头疼过，处理得也不细致。曹老审看时皱起了眉头，立刻批评了我。他捏着笔，沉稳地在文稿字里行间移动着，他间或停下来，逐句逐字地指导我应当怎样进行文字的编辑加工：遇到生僻的字，根据字形查字典，再核实字义和全句是否和谐连贯；计算文稿字数、决定版面尺寸要十分精确，以免因壅塞或松散造成返工；在决定行数时要考虑版面的美观，既参差错落又不支离破碎。有一次我为了便于计算，把一篇文稿的每行字排长了一些，曹老立即叫我纠正，并说明，这样排即使是社论也不妥当，读者左右扭头的幅度大，应该有的读书之乐没有了。我辩解说，某某大报确实这样排过。“那也是错的！”曹老话虽严厉，可很在理，我服气了。

在编辑图片稿时，曹老教我如何选画家的作品，如何选照片，编简介，怎样使图版与相关的文字紧密配合，相得益彰。曹老主张要根据画面的布局、形象决定版面的经营位置，做到突出重点疏密相间。有的画面较简洁，就可缩小制版，构图较繁复就可适当放大(一般不超过原画尺寸)，甚至在一幅画的名称、类别、作者的文字标注和尺寸距离上，在装饰线的选择上，曹老也一再强调要眉目清楚、一丝不苟。他说，编辑工作就像绣花，一笔一画如同一针一线，绝对马虎不得。只有这样做了，才会给读者以美感。

曹老还亲自教我画版式。他在斗室里支起方桌，把台灯拉过来，伏下身子，用尺子反反复复地比量着，平心静气地谋划着。那老花镜后面，是一双严肃专注的眼睛……

当有些稿件不适用，需要退给作者时，曹老叮嘱我一定要亲笔写退稿信，要用诚恳的口吻表示对作者的尊重和歉意。有的留用稿，回信时也不要笼统地写“此稿留用”，而是具体地写清第几期采用。有一位作者的诗稿排版后因故撤下来了，作者来信表示不满意。曹老叫我立即回信致歉并说明一定在下期发表。作为执行主编，他除了在春节那期为活跃版面发表了一件自己的篆刻以外，就再没发表自己的任何作品。他说：“在这个位置，就要出以公心，如果通过自己负责的报刊获取私利，就不好了。”

《诗书画》报在向全国发行的一年之中(后因经费不足停刊)，由于黄苗子“不论老中青，月亮伴星星”编辑方针的贯彻，以及诗、书、画作品的高雅格调，作品编排和版面设计的落落大方，受到了文艺界人士和广大读者的热情称赞。《人民日报》、《文艺报》、《诗刊》等报刊也陆续发表文章评论这张小报。之所以造成这样的反响，是和黄苗子称之为“我们的主将”——曹辛之的兢兢业业的工作分不开的。

二

曹辛之是江苏宜兴人，在家乡这人才辈出的福地，他从小就养成了酷爱书籍和写写画画的习惯。1936 年他 19 岁时，即在中共地下党员吴伯文、孔厥等领导下，创办了文艺刊物《平话》，开始和出版工作有了接触。1938 年，曹辛之奔赴延安，入陕北公学和鲁迅艺术学院美术系学习。1940 年夏，被派到韬奋直接主持下的生活书店工作。当时他夙愿得偿，十分喜悦。因为正是生活书店发行的进步书刊，引导他投身于党所领导的抗日救亡运动，并走上了革命道路。

在生活书店《全民抗战》编辑部工作时，曹辛之既要处理来信来稿，又要将画稿制成直接上机的木刻，还要绘题花、画封面、算稿酬……在那段充满革命之情和同志之爱的难忘的日子里，曹辛之经受了庄严的洗礼。韬奋对工作是极为严肃认真的，从收稿、看稿、改稿、送审、发稿、校对、印刷、装订到发行、宣传等等，每一个环节，都有严格要求。他要求书刊“没有一个错字”，他要求编辑回复读者的信要像写情书那样认真；他言传身教亲手培育出了“生活书店最可宝贵的传统精神”。在这种亲切教诲和直接熏陶下，曹辛之养成了严谨的工作作风和勤恳的工作态度。

在繁忙的出版工作之余，曹辛之最爱阅读文艺书籍，更喜欢写诗，而且为数很多。年轻时写的一首情歌，颇具神韵，令人回味：

因为爱上帝，你爱了我，
因为爱你，我爱了上帝。

你送给我一架银十字，
钉在我心里的却是你。
你生活在我的梦里，
我生活在你的心里。
等到梦破了，心碎了。
再分不清是我、是你。

40年代初，他写了长篇叙事诗《仇恨的埋葬》。在这首诗的宏大的构思里，饱含着渔民的困苦和民族的灾难。情节的铺排、气氛的渲染、语言的锤炼都显示了作者不凡的功力。1946年，曹辛之到了上海，他用"杭约赫"这个笔名写了不少诗。《在世界上有多少人在呼唤我的名字》这首诗里，诗人对劳动者寄予了深切的同情：

"杭约赫，杭约赫，杭约赫……"
这吃力的呼声是那样亲切，又是那样沉重。
我多么渴望，渴望着有一天——
他们能为自己的生活、自己的幸福而劳动；
这些麦粉会搬运给饿肚子的人们，
这些木材会送给没有屋子住的人们，
这些矗立起来的宏巍的石像，
　　会一个个都是为祖国和人民舍身的英雄。
在荒凉的旷野上，再见不到
　　被野狗啃嚼的尸体……
…………

他还创作了《最后的演出》、《严肃的游戏》、《噩梦》、《伪善者》、《丑角的游戏》等诗篇，反映了社会现实中深沉的悲剧。面对国统区劳动人民悲惨的生活，他自然地向往着“山那边呀好地方”，在《神话》、《拓荒》等诗篇里赞颂了“在苦海上开辟自己乐园”的边区。他在《黎明之前》预言：“别信这黑夜没有底，眼前的路无穷无尽地长，绕过这重山，跨过这道水，山那边已透出曙光。”他与方平合作的《岁暮的祝福》中，这样写道：

……

相信：明年——
我们将会有晴朗的蓝天，
我们将获得丰衣足食，
我们将用响亮的歌声
　　来迎接第一个属于自己的新年。
相信：明年——
我们所喜爱的人
和我们一样受苦的人们
　　都会生活得幸福；
我们的孩子
　　都能找到他的金苹果……

抗战胜利后，在臧克家的支持下，曹辛之与友人林宏、辛笛、沈明等人创办了星群出版社。出版过小说、戏剧、诗歌等文艺书籍，还出版了《森林诗丛》8册和由臧克家主编的《创造诗丛》12册；并创办了《诗创造》和《中国新诗》两个月刊。曹辛之则出版了《噩梦录》、《火烧的城》、《复活的土地》等诗集。由于囿于书斋的小天地和自身的清高气，他们最初的创作不免对社会生活抱有超然的态度，但他们诚挚的爱国心和强烈的民主倾向促使他们总是试图投入到变革社会的时代洪流中去，逐渐成为党所领导的进步文化战线的中坚战士。曹辛之（杭约赫）与辛笛、唐湜、陈敬容、杜运燮、郑敏、唐沂、袁可嘉、穆旦自然形成的九叶诗派,就是这样一个在40年代很有影响的诗人群体。其中,曹辛之的《复活的土地》是一首巨型的史诗。此诗写于1948年7月,由上海森林出版社出版。诗人唐湜曾著文说:“杭约赫的长诗《复活的土地》是一幅巨大的政治意象画,几乎勾勒了当时世界与中国政治斗争的整个面貌,其概括力之强,当时还没有第二首长诗可比。应该说是一篇笼盖一代的巨作。”

1948年11月,诗人们办的出版社和刊物被国民党特务查封了。曹辛之在1949年2月10日这个黎明前最黑暗的时刻,为《复活的土地》写的一则附记里,愤怒地记述下了这场迫害:“1948年11月26日夜深,上海寓所突为恶客所抄,予适因事在乡,未蒙此难;予妻则被架走,逾二十四小时后始释出,致一岁之乳儿,几啼泣至昏厥;予则已成亡命徒矣。诗稿之注释,亦遭散失……”九叶诗派作者们的主要活动亦到此结束。

三十余年后的今天,九叶诗派和他们的作品又得到发表和重新评价。九人合集《九叶集》出版之后,在文坛引起了很大反响;近几年,他们个人的专集也相继问世。1985年10月,文化艺术出版社出版了曹辛之的诗选《最初的蜜》。这本诗人自己设计的、格调高雅、造型挺秀的小书一呈现在读者面前,就得到了好评。书中收录的虽是40年代的作品,但是,那些寄情、言志、咏物的小诗情真意切、蕴含哲理;那一篇篇交织着血与火的长歌,无情地暴露了旧时代的黑暗,强烈地反映了千千万万劳苦人的心声。著名的文艺理论家和诗人们称《最初的蜜》是“令人赞叹的”、“出类拔萃”的“艺术精品”,“是一本真正的诗”!

三

40年代初,曹辛之即从事书刊美术设计工作,当时,生活书店的崇高使命、艰苦环境及繁忙的业务，把他培养、锻炼成为一个出版战线的多面手。经他设计的书刊，封面典雅、字体精美、版式大方。

解放后，他专门从事书籍美术设计工作。他像辛勤的老农，在我国的出版园地洒下了一滴滴汗水，培育了一片生机盎然、清姿丽质的装帧之花，也形成了自己鲜明的艺术风格。他认为，装帧是从属于书籍的装饰艺术，要根据书稿所反映的国家、时代、民族、地域等内容及作家气质、写作风格来决定整体设计构思和封面的立意。他不主张轻易采用具象的绘画和摄影作封面素材，而强调要简约、含蓄、意蕴深厚，要有令人回味的书卷气。他说，读书是一种人们在恬淡、平静的情绪之中的思维活动，设计者在封面上设置的色调、图案、字体要和这种氛围相协调；要寄作者之情，传书稿之神，要引人联想，力避一览无余。因此他从不为了刺激读者的感官，无的放矢地在书刊封面上采用花花绿绿的字体和图案。

图案之美，在于具象与抽象之间。如果不去反复观察、深入研究生活中具象的美，就难以抽出共性的美的形象来。对此，曹老是了然于心的。在他的代表作中，《中国文艺年鉴》上的花卉、卷草纹样，线条那样流畅，构图那样凝重，与轩然大度的书名及错落得体的字体组成了无声的乐章。整个艺术效果既有熠熠殿堂之门的华丽，又有煌煌史书之冠的庄严。《中国戏剧年鉴》那粗犷、变形的适合纹样，布满封面封底，金光灿灿、气势夺人，宛若繁花组成的一座丰碑。《曹雪芹》封面上部画像砖般古朴的图案和浑然壮美的三个宋体书名大字，使人联想到传统之源、时代之新。《九叶集》封面上那生于沃土之上的大树，干粗壮、枝遒劲、叶翠绿，蕴藉了九位诗人多么深挚的赤子之情，显示了多么顽强的生命力！《黎明的呼唤》封面上那顶天立地的雄鸡图及如同炉火锻造出来的坚实有力的橘红色书名大字，真切地体现了国统区进步诗人们的心声。而《清泉集》封面上那借鉴了视幻图案特点的三道曲曲弯弯的淡蓝色水纹，仿佛汩汩流淌，闪着晶莹的波光，发出了清脆的音响……这一件件令人赞美、引人回味、推陈出新的佳作，体现了艺术家数十年积淀的文化素养，对生活深刻的观察及表现手法的独具匠心。

曹老说，有些年轻的美术工作者在设计封面时，总想画点什么，好发挥一下自己的水平，结果搞得不伦不类。这些同志还不太理解书籍美术特有的艺术规律，缺乏应有的艺术素养，需要勤于思考、善于学习，潜心到设计实践中去。他曾经给我看过几本设计较差的诗选：有的封面上布满写实、刻板的花卉，有的图案零散、书名潦草、十分紊乱；有的不注意颜色的明度、纯度、色差对比，不是混沌一片就是十分娇艳……他说，诗歌创作是以一当十，最讲精炼的。偏重意象表现的封面设计也应是这样，要用"减法"、要淡泊、要余韵无穷。几十年来，作为一个老诗人的曹辛之，已经把自己对美的追求的缕缕情思，融进了数千件装帧设计的色彩和线条之中了。

曹老在装帧设计中成绩斐然、有口皆碑，以为数众多的代表作和艺术观方面的著述，为我国书籍美术事业做出了卓著的贡献。除此之外，他还精于书法、篆刻、竹刻、砚刻、书画装裱和字体设计等，是一位多才多艺的专家。他应国内外友人之约，先后治印数百方，那结体严谨、清峻、婉约的篆字博得了广泛好评，曾先后在《红旗》、《新苑》等刊物发表，茅盾故居也陈列有两方。他收藏的书画，大多由自己动手装裱，其工艺之细、水平之高，令人叹服。他积多年之功，精心设计了一本印刷用字，其造型之新颖、笔画之挺秀，可见老艺术家的一片殷殷心血。为了表明自己的艺术观，曹老于1985年12月在《人民日报》发表了《装帧工作者之歌》这首诗：

一本书如果没有封面，不经过装帧，
就像一个人赤身裸体——没穿衣裳。
作者给书以生命、智慧、思想……

我们来为它设计形态，配上合适的服装。

把鲜花裹着春天的信息献给少男少女，
让美丽的翠鸟飞来为孩子们歌唱；
几根弧线、直线，将你的兴趣引向太空，
那片片色块，你会感到它潜在的力量。

“士兵们”需要穿戴得整整齐齐，
年轻人喜欢把灿烂的彩虹披在身上。
无须每件服饰都要花团锦簇、金碧辉煌；
朴素淡雅，也许更显得大方、端庄。

诚然青年人不爱穿那过时的长袍马褂，
但花里胡哨的时髦，也只是短暂的漂亮。
愿这些精神食粮，都有它完美的形体，
我们以虔诚的心，来为他人作这嫁衣裳。

曹老之所以在装帧设计方面有不同风格的独到的见解，能设计出一批出类拔萃的代表作，在于三条成功的经验：

“要爱书”。装帧设计是一门书的艺术，设计者必须培养对书的深厚感情，要尽可能多涉猎、浏览一些各个门类的书，有选择地精读一些好书。在了解一本书稿的大致内容和风格特色之后再进行设计。曹老数十年与书为伴，阅读书、编辑书、设计书、出版书、写作书……和书可谓有深交矣！他在幼年时，就喜爱收藏小书，见了破损处总要精心修补一番，而且包上书皮。这习惯一直保持到今天。现在曹老收藏的书总是排列得整整齐齐，而且毫无折页卷角。如果是一个不珍爱书籍的人，怎么能搞好书的装帧呢？

“要和作家、编辑交朋友”。在设计工作中，书稿是主体。要想产生好作品，设计者必须和著作家、责任编辑交朋友，认真听取他们介绍自己的创作思想、艺术见解、写作背景、编辑心得等等，为设计作好思想准备；待设计初稿完成后，再与作者、编者磋商，进一步加工为比较好的作品。曹老就是这样做的。即使作家、诗人、理论家们经常登门约稿，他也不马虎从事。曹老的设计稿画得非常精细的，有的几乎和正式印样相同。那一片片色彩、一条条花纹、一排排字体都蕴含着他对艺术虔诚的心！

"要不断提高你的修养"。一个设计者，如果只有绘画技能，没有广泛的社会知识、深湛的艺术修养，就不会对书稿有较透彻的理解，也不易产生好的设计构思。曹老的作品所以清新悦目、高雅庄重、具有大家风度，是和他的修养密不可分的。他的诗歌作品，无论抒情、叙事，都使人不忍释卷；他的书法墨迹，无论真草隶篆，都显得娴熟洒脱；他的美术字体，无论长仿扁黑，都那样间架严谨、一丝不苟……即使春节之前为亲朋好友寄出的贺年片，曹老也都要精心绘制，给对方一种特殊的美的享受。

近几年来，曹老为了传播装帧艺术的种子，应邀到几个省的出版单位传经讲学，受到了人们的欢迎和敬重。岭南美术出版社于1986年年初出版了《曹辛之装帧艺术》。这本画册，全部用铜版纸精印，荟萃了曹老四十余年来近二百件设计作品，书前印有老一辈出版家王子野作的序、著名翻译家方平的长篇评论，书后还附有曹老的竹刻、砚刻、篆刻、字体设计等作品。这是继建国以来出版的钱君匋先生《书籍装帧艺术选》、《鲁迅与书籍装帧》之后第三部令人喜悦的装帧画集。展卷细读，你会陶醉于琳琅满目的艺术世界之中，会看到我国出版事业和装帧艺术不断发展的清晰的脉络，会探究到曹老由悠久深厚的民族传统之源逐渐生发开来的当代装饰艺术之流。正如王子野先生所说，曹辛之的代表作现在拿到国内外展览，也"属于第一流水平"。

曹辛之50年代设计的《苏加诺总统藏画集》在1959年莱比锡国

际书籍艺术展中荣获金奖,这以后,不少代表作在国内各种装帧设计展览中获奖。1993 年,曹辛之先生荣获出版界最高奖——韬奋奖。

曹先生虽然已经故去,但给我们留下了许多优秀的文学、艺术作品,而且也留下了老一辈艺术家虔诚敬业的高尚品格。我们将永远怀念他!

原载《人物》1996 年第 5 期

五十年友爱的回忆

——曹辛之同志逝世周年纪念

王仿子

第四届全国书籍装帧艺术展在中国美术馆开幕,进进出出许多装帧界的熟面孔,唯独没有曹辛之,使我想到再也见不到他了,顿时感到他一走带给装帧界的寂寞。

我和曹辛之是生活书店的同事。抗战时期他在重庆《全民抗战》周刊,我在桂林分店,无缘见面。1946 年在上海初次见面时,许觉民是这样介绍的:“曹吾,书店同事。”

那年头只要一声“书店同事”,一股暖流马上涌上心头。生活书店经受国民党的残酷迫害,书店同事有被摧残致死的,有流离失所的,好不容易熬到日本投降,一见面,自然会爆发出一种相逢于劫后的情感。

那几年他用曹吾这个名字,写诗用笔名杭约赫。他创办星群出版社,出版装帧华丽、开本别致的诗集,在 40 年代后期的上海出版界别具一格。

杰出的书籍装帧艺术家曹辛之多才多艺,不仅写诗,编诗刊,对于书法、篆刻、绘画亦无所不能。抗战时期在《全民抗战》的美编工作之一是把韬奋先生选用的漫画,复制雕刻到木板上,替代锌版作印版。胜利后,生活书店在香港复业,徐伯昕同志请他为韬奋先生画一幅油画像,挂在门市部。熟悉韬奋的朋友都认为这幅肖像画生动地勾勒出韬奋先生的外貌特征,通过外貌特征又传达出韬奋坚忍不拔的战斗精神。韬奋夫人沈粹缜女士也很满意。

解放后与曹辛之见面,多半有关书籍装帧的事。如一起参加某次装帧研讨会;又如为中央工艺美术学院书装设计专业编教材《出版业务知识》,请他撰写《装帧设计》一章;再如 1959 年首次参加莱比锡书展,邀请几位书籍装帧艺术家选拔出国展品。当时他的一句话我至今记忆犹新。他说:书籍装帧一定要有书卷气,不能搞得像工艺品一样。那次确有一本书在封面上挖了一个圆洞,贴上一层薄纱的。最后,这本在封面上开“窗口”的书落选了,因为几位书籍装帧家都不欣赏这样的设计。

“文革”的“史无前例”之一,除毛泽东著作和《红旗》杂志外,出版工作全面停顿。文化部所属出版社,包括曹辛之所在的人民美术出版社全体干部下放湖北咸宁文化部“五七”干校。说是干校,实际上是农场,一个通过农业劳动改造知识分子的农场。因为由军宣队管,所以按军队的编制,分编为大队与连、排。我和曹辛之不在一个大队,只有星期天在高低起伏的丘陵地带散步时才能碰见。几次见到他和夫人赵友兰在阳光下漫步时,他都抱着一个竹根在打磨,他在利用业余时间开展他的业余创作。

咸宁多竹,利用做竹椅、竹床、竹篮、竹扁担剩下的废料竹头、竹脑雕刻笔筒、臂搁,是咸宁干校群众性的一个热流,是咸宁干校第三个,也是结束前最后一个热流。第一个是刚下干校时利用空罐头盒制作小煤油炉;第二个是挖何首乌和采灵芝。雕刻笔筒虽然也热闹了一阵,可是有耐心把一个粗糙的竹根打磨到油光锃亮,刻上花卉或诗词的人毕竟不多,其中佼佼者就数曹辛之、邹雅和王子野了。

有一天曹辛之突然送来一个笔筒，上面刻了草书“一万年太久，只争朝夕”。落款是：“老木匠大雅为仿子同志书。1972年冬，曹辛之刻于向阳湖畔”。木刻家邹雅自称老木匠，画山水画时署名大雅。我和他曾经是中宣部出版委员会的同事，他又是人民美术出版社的创办人之一。他题赠“一万年太久，只争朝夕”，我的理解是他在抗议“文革”拖得太久了，在干校的日子太长了。他和其他的“五七”战士一样，渴望回到文化出版工作岗位上去。他表达了全体“五七”战士的心声。

事情就在这一年起变化，一夜之间老干部成为国家的财富。动作比较早的是文物口，在周总理批准《文物》、《考古》和《考古学报》三个杂志复刊后，王冶秋抓住这个机遇，立即派吕朗到干校来为《文物》杂志商调编辑干部。一见面，吕朗第一句话就是“老干部是国家的财富”。这句话才是顶一万句，立即传遍干校，全体“五七”战士振奋起来了。

对于“五七”战士，真正的好日子是在十一届三中全会之后。解放思想，实事求是，改革开放，给文化出版工作带来新的生机。曹辛之施展才华的日子来临了，《郭沫若全集》、《茅盾全集》、《田汉文集》等多卷集，艾青的《诗论》和《域外集》，还有钱钟书的《管锥编》等等，充分展示他的高雅、端庄、富有书卷气的书籍装帧艺术风格。最最令我喜爱的是他为自己的诗集《最初的蜜》的设计。这本书的整体设计全面展露他典雅、明丽、精致的格调。从包封、环衬、扉页、目录到版权页，无不经过精心设计。对开本、字体、甚至标点也有细致的安排。我觉得这本书的装帧设计最能体现曹辛之的风格和个性，是他的代表作。

1983年，中国出版工作者协会组织部分装帧工作者学习中共中央、国务院《关于加强出版工作的决定》。会上曹辛之、张守义、郭振华、张慈中等对于《决定》强调书籍装帧工作的重要性以及对人才培养的重视，深为振奋，提出了许多建设性的意见，如建立书籍装帧研究会，授予装帧工作者职称，加强人才培养工作，提高书装设计稿酬等等。一向比较冷落的书籍装帧工作热闹起来了。紧接着，中国版协举办第三届全国书籍装帧展览，建立装帧工作者自己的组织——装帧艺术研究会，推选曹辛之任会长；接连举办书籍装帧工作者个人作品展；还曾经计划出版《书籍装帧艺术年鉴》。

在举办两个十人作品展之前，我把分层次举办几次个人作品展的设想征求曹辛之的意见，并请他考虑什么时候举办曹辛之装帧、书法、篆刻展。新中国成立后，在装帧艺术界出现了许多高水平的好作品，涌现了一批有才华的书籍装帧工作者。老的书籍装帧艺术家如钱君匋、曹辛之不断有作品问世。我认为在钱君匋先生的装帧、书法、篆刻展之后，既有新一代的书籍装帧艺术家的个人作品展，亦应该有老一代曹辛之的个人展。

到举办任意、张守义、陈新三人装帧、插图展的时候，又一次提起这个设想，他还是不作肯定的回答。当时我想，他一贯严谨的作风，没有充分的准备是不会轻易肯定时间的。想不到一拖又是几年，如今成为一件永远无法补偿的憾事。

中国装帧艺术界在十一届三中全会之后，冲破拘谨死板、单调乏味的设计框框，走向大胆创新，发挥个人艺术构思的新时代，出现了一个绚丽多彩的新的装帧艺术世界。曹辛之在这个转变中做出了他的贡献。他一生在装帧艺术创作和理论上的成果，将成为中国书籍装帧艺术史上的瑰宝。

原载《中国出版》1996 年第 11 期

《曹辛之装帧艺术》序

王子野

《曹辛之装帧艺术》即将出版，有心人当作一件喜讯辗转相告。我为它的出版表示由衷的祝贺。

辛之同志长期从事书籍装帧工作，是我国当代著名装帧艺术家之一。他四十余年如一日，埋头苦干，精心创作，所取得的工作成绩是很突出的，这部作品的出版就是证据。书中选辑了他四十多年来所作近二百件作品。还有附件，包括竹刻、砚刻、篆刻和印刷字体设计等。证明作者艺术爱好很宽广。不仅如此，他还是一位诗人，在40年代便曾写过许多诗，出过诗集，编过诗刊。诗人的丰富想像力对书籍装帧是很有用处的，没有这一优点，他的许多意蕴深厚的作品就产生不出来。

全部作品，一律彩印，翻开书来就给人以琳琅满目、美不胜收之感。其中引人注目的那几卷精装的巨型画册《苏加诺总统藏画集》，壮丽、典雅、朴素大方，可称得上书籍装帧中的大型建筑工程。1959年在莱比锡国际书籍艺术展览会上获得装帧设计金质奖章不是偶然的。像这样的作品，即使现在拿到国内或国外去展出评比，还是属于第一流水平。

还有《中国历代绘画——故宫博物院藏画集》的装帧设计，也堪称匠心别具，使人爱不释手。他主持设计的《新波版画集》，1979年在全国书籍装帧艺术展览上获整体设计奖，当时我也是投的赞成票。辛之同志不仅长于设计巨型工程，而且在小型工程设计上也是高手。像《寥寥集》这朵精致夺目的鲜花，并不因为它是一本小册子而被人放过，也在同次展览上获得二等奖。

在报刊评论上，辛之同志的作品获得好评的那就太多了，只能列举其中的几种:《毛主席诗词》注释本、《曹雪芹》、《九叶集》、《诗论》、《石头记人物画》、《华伦斯太》、《莎士比亚喜剧五种》、《再再探索》、《雕虫纪历》、《中国文艺年鉴》、《郭沫若全集》以及丛书《外国短篇小说选》、《花城文库》等等。

《毛主席诗词》注释本书影

辛之同志的装帧特点很多,主要的据我看有以下几点:

首先是他非常注重整体设计。所谓整体,就是不要只顾搞一个好看的封面,而且还要考虑到书的开本、版式、扉页环衬、字号、用纸以及插图、题花尾花等等。他认为只管画封面,不顾其他条件配合,不可能搞出完美的装帧。

第二,他很懂得装帧艺术不同于一般的艺术,它要为特定的对象——书服务,而书的种类千差万别,采用一种手法、一种形式去装帧当然是不行的,就得像成衣师傅那样善于量体裁衣。装帧的体是书,设计时一切美的追求都离不开书的内容和性质,离开了它,不管什么形式的设计都达不到美的效果。

第三,他的装帧艺术刻意追求意境美、装帧美和韵律美,所有这些要求又都同民族性、时代性结合起来,而这个结合又都要具有勇于不断创新的精神。把他历年的作品加以比较,这个特点,便看得很明显。

第四,装帧艺术的效果很大程度上取决于构图和色彩的好坏。辛之同志在构图上讲究简练,色彩讲究淡雅,这是为人所称道的。他不喜欢繁琐的设计,他认为简练才有意蕴,才有含蓄。在色彩运用上他不常用强烈的色泽,不赞成用商业广告那样搞争奇斗艳的手法来搞书籍装帧。因此他的作品给人以淡雅、明丽、清新、挺秀的印象。总的说来,他的作品书卷气比较浓。

书籍装帧艺术在我国源远流长，我们的祖先给我们留下丰富的遗产和优良的传统，一想起来都不能不感到自豪。从1949年全国解放后，又有新的发展，取得了重大成绩。“文革”十年的动乱，遭到严重摧残。粉碎“四人帮”后，特别是党的十一届三中全会以来，随着整个出版事业的发展，装帧设计工作又更上一层楼，这是令人高兴的。但是我们决不能自满，对成绩总是一分为二，既要肯定它，又要看到差距。

要工作不断提高，首先还是统一思想，提高思想认识。对书籍装帧工作不够重视，这是多年来存在的客观事实，特别是从事这行工作的同志感受尤深。应该说，近几年来经过多方面的努力，情况有所改变，这是好现象。但问题并不能说已经完全解决。装帧艺术没有像其他艺术一样受到应有的重视，事例很多，我只举一件作证。《辞海》艺术分册内有工艺美术的词目，虽有“书籍装帧”一条，数了一下，不足一百字，能解决什么问题呢？而陶瓷工艺、雕刻工艺、织绣工艺每一词条之下还有小词条，所占篇幅比书籍装帧多10倍、20倍。书籍装帧词条在《辞海》这样权威性的辞书中所占的地位，反映了一部分人对这门艺术的看法。我以为这样的安排是不公平的。借着写序言的机会我想来呼吁一下。同时我也听到一个好消息：《中国大百科全书》的计划中将编《新闻·出版》卷，而且已组织力量进行工作。出版工作（包括书籍装帧工作）受到这么重视，谁听了不欢欣鼓舞！

现在，岭南美术出版社如此重视装帧艺术，认真出版这部《曹辛之装帧艺术》作品选集，这对于大家进行装帧艺术研究，推动装帧艺术的发展，无疑是一件应该热情支持的工作。我们殷切希望这部作品选集能早日问世。

1984年3月10日

选自《王子野出版文集》，中国书籍出版社1997年

回忆大师

——我所知道的曹辛之先生

章桂征

辛之先生的艺术和文学成就，举目共仰，无须我再赘述。此文记述的仅是我与辛之先生十多年交往中留下的一些难忘片断的回忆，虽然多是一些琐事，但从其中却能窥见先生超凡脱俗的风范与人格。

1959年我到出版社从事书籍装帧设计工作，当时我刚刚19岁，初出茅庐，知识空疏，渴望学习，一到出版社就扎进了资料室。在我首批挑选的几部画册中，有一部就是辛之先生的装帧力作《苏加诺总统藏画集》。当时我还不了解辛之先生，同志们向我介绍说，这部设计不久前荣获了世界金奖，我翻看之后，虽然还不能全部理解其艺术真谛，但确实使我感到耳目一新，爱不释手。

20年之后，1979年春季，全国第二届书籍装帧艺术展览会在中国美术馆开幕，在众多的展品中，我又见到了辛之先生设计的《寥寥集》、《新波版画集》、《中国历代绘画》、《法国短篇小说选》等封面作品，那明丽、清新、挺秀的艺术风格，使我久久站在它的面前，留连不忍离去。当时我作为吉林省的代表，参加了展览期间在北京召开的会议。在会上，我第一次见到了仰慕已久的辛之先生，他身着一套黑呢子中山装，满头乌发，精神矍铄。当他上台发言时，代表们向他热烈鼓掌。记得他当时讲话很激动，他直言不讳地对当前我国书籍装帧设计工作的发展和亟待解决的问题谈了自己的精辟见解，赢得了代表们的一致赞同。一天下午，春雨过后，我在王府井大街上偶然遇见辛之先生。由于他在展览会上看过我的十多种参展作品，留有较深的印象，因此当我自我介绍了之后，他立即想起了我是谁。辛之先生出于对年轻人的爱护，非常热情地邀我到他家去小坐片刻。那时他住在协和医院东侧的校尉胡同62号，我随着他走进了一座幽静的四合小院，正房是他的工作室和卧室。他招呼我坐下之后，依照他的待客习惯，先为我泡上了一杯茶，然后坐下来和我聊天。我仔细地观看了他墙壁上挂的字画，有茅盾、叶圣陶、周汝昌、张正宇诸先生的手书。其中张正宇先生写的是一联唐诗："江流天地外，山色有无中"，我顿时感到这诗句所表达的正是辛之先生在艺术创作中的广阔胸怀。在这次晤面中，辛之先生还给我看了他正在设计的几幅作品，并有幸直接聆听了他宝贵的创作经验。

1984年盛夏，东北三省的装帧艺术研讨会在长白山下的延吉市召开，会议邀请了辛之先生前来讲学，同时应邀前来的还有邱陵、郭振华、张守义、王卓倩等著名的装帧艺术家。辛之先生应与会代表们的要求，在会上讲述了他四十多年来的创作生涯，充分展现了先生高超的艺术品格和不断创新的艺术造诣，使大家深受教益。会议期间，与会代表们与辛之先生一同登上了长白山的顶峰，呈现在艺术家们面前的是绵延无边的林海，蔚蓝如镜的天池，奇幻瑰丽的景色使人仿佛坠入了一个远古的梦中，许多年轻的艺术家激动地说："我们好像进入了曹老昨日讲的艺术境界。"翌日，全体会议代表到朝鲜族农村与村民联欢，辛之先生也兴致勃勃地去了。那天他非常高兴，吃过朝鲜风味的饭菜之后，又和朝鲜族村民一起跳起了朝鲜族舞蹈，大家热烈地为他翩翩的舞姿鼓掌。这时一位黑龙江的代表因过度兴奋，心脏病突发，晕倒在地上。此地远离城市，情况十分危急，在场的人几乎都束手无策。在这人命攸关之际，辛之先生镇静地拿出他自己备用的急救盒，迅速打开给病人用上，终于使病人苏醒过来，脱离了危险。当时在场的东北三省出版界代表及朝鲜村民无不为辛之先生这种救人于危难之中的高贵品质所感动。

辛之先生不但是一位成就卓著的书籍装帧艺术家，而且也是一位著名的诗人、书法家、篆刻家。1981 年和 1985 年，辛之先生两次赠送给我他新出版的诗集《九叶集》和《最初的蜜》。后者是他的个人专集。我读过之后，才知道他就是三四十年代著名的新派诗人杭约赫。由于辛之先生从来不愿意炫耀自己，所以这件事在建国以来的中国装帧艺术界，很少有人知道。辛之先生的诗，同他的装帧作品一样，清新、隽永，充满激情且意境深邃，在 30 年代中国诗坛曾经征服过无数青年读者。辛之先生的多才多艺，还表现在他对书法、篆刻艺术的匠心独运上。在我与他十多年的交往中，我多次观赏到过他为好友书写的条幅。辛之先生的书法，风清骨峻，气势恢宏，行书、草书、隶书、篆书各体都能挥洒自如。1984 年 6 月的一天，我拿了一本册页到辛之先生家去请他题字。当时刚从捷克访问归来的范一辛先生也在坐。辛之先生非常谦虚，他一再推让，请一辛先生先题。直到一辛先生在册页上写下了"以文求友，以画求友，今则以字求友"这样几句话之后，辛之先生才拿起笔来，在下页十分潇洒地写下了放翁的诗句："天机云锦用在我，剪裁妙处非刀尺。"这天先生书兴大发，又信手在签纸上用篆书题写了册名:《芳草集——桂征同志珍藏》。这是我收藏的第一本册页。有幸的是辛之先生在以后数年中又送给我多幅墨宝。

辛之先生治印，质朴刚劲，清逸端庄，超脱平庸，深具功力。他先后曾为我刻过两方名章，其中一方正好是他 70 大寿那天为我刻的。那一天装帧界的几位朋友，记得有邱陵、郭振华、张守义、卫水山、余秉楠、王卓倩等出于对辛之先生的敬重，聚集在先生家为他祝寿。我毛遂自荐地当了主持人，大家畅叙了先生 50 年的艺术生涯，并逐个地或清唱京剧，或高歌一曲来为他祝贺。辛之先生自己也站起来朗颂了他的得意诗作《最初的蜜》，博得大家阵阵喝彩。辛之先生已结集出版的有他的作品集《曹辛之装帧艺术》和诗集《最初的蜜》。一次我去看望他时，他将多年来积累的印谱拿出来给我看,并已经将它编选成册,取名《曲公印存》,连封面、环衬、扉页、版式都设计好了,希望能在我工作的时代文艺出版社出版。他说:“我就这一部书了,把这段生活的足印留给后人,或许对学习篆刻的朋友有所帮助。”我在出版社工作多年,深知一些专家、学者出书的难处,更理解辛之先生此时的心情,我当即向他表示,我可将《曲公印存》原稿带回长春,将全力以赴地促成它的出版。我回来后,将这件事向我社的总编辑魏克信先生作了汇报。魏克信是一位文艺评论家,他对音乐、美术、书法、烹调等都有一定的研究,他和辛之先生交往虽然不多,但对先生的艺术成就却颇为了解,当我将带回的原稿交给他后,他看了两天,就让我转告辛之先生:决定出版他的这部印集。同时尊重辛之先生自己的设计方案。1988年8月,《曲公印存》精印出版,在全国发行。辛之先生收到样书后非常满意,又自费购买了一些分赠他的亲朋好友。不久,先生又将各报发表的几篇评论寄给了我社,评价都很不错。今天回想起来,《曲公印存》的出版,既了结了辛之先生的一个心愿,又出版了一部品位高雅、装帧优美的好书。

在辛之先生担任中国出版工作协会装帧艺术研究会会长期间,装帧界的理论研究是个非常薄弱的环节,为促进这一工作的开展,我与郭振华、余秉楠两位先生商议计划编选一部包括国内外优秀装帧艺术论文的汇集出版。辛之先生听了这一设想,非常赞同,他不但对编选方案提出了许多宝贵的意见,而且提供了50年代一些很难找寻的文章。《中外装帧艺术论集》出版之后,辛之先生特地在《编辑之友》上发表文章,给予了很高的评价,热情赞扬此书是“我国建国以来出版的第一部装帧艺术的理论汇编,反映了我国装帧艺术理论研究的学术水平,填补了出版界的一个空白”,认为这部论集是“我国书籍装帧艺术理论建设的里程碑”。几年之后,我着手准备把自己写的一些论述装帧艺术的文章编选成集出版,辛之先生更是非常认真地为此书作序,给予我很大的鼓励。可见辛之先生十分重视书籍装帧艺术的理论建设。

辛之先生虽年过花甲，但热情豪爽，宽宏大度，心直口快，乐于助人，而且不计较个人得失，不谋私利。在京和各省的许多同行，都愿意和他联系，向他请教。每当外地邀请他参加专业会议，他从不要求条件，平易随和。1990 年在太原召开的北方八省市装帧艺术研讨会之后，辛之先生和与会代表们去了五台山游览。他当时虽患心脏病，但从不让会议特殊照顾，走路、爬坡他尽量自理。我们几位与他随行的朋友有时搀扶他上山，他总是一再推辞，不愿给别人增添麻烦。当登上山腰的一座庙宇时，先生兴致勃勃，竟然请人扶他上马，让我给他拍照留念。下山时辛之先生很有感慨地对我说："这恐怕是我最后一次与大家旅行了，力不从心啊。"

近几年来，我一直有个希望，就是出版界能为老一辈的装帧艺术家多召开一些学术研讨会。我感到，中国是个文明古国，书籍艺术有着两千多年的辉煌历史。五四之后，特别是在鲁迅先生的倡导下，书籍艺术有了突破性的发展，老装帧艺术家较早地继承了这一艺术传统，并取得了丰硕的成果，如果把他们学术上的宝贵经验进行总结予以弘扬，岂不是对我国装帧艺术事业的繁荣与发展大有好处。为此，我向出版界的同行们提出建议；在 1995 年之内，首先召开曹辛之先生与邱陵教授的学术研讨会。此议得到中国出版工作者协会及装帧艺术委员会的首肯和支持。1995 年 5 月 15 日，我专程来京参加由中国版协装帧艺术委员会和中国美协插图装帧艺术委员会召开的关于举办"曹辛之、邱陵书籍艺术学术研讨会"的筹备会议，并决定由我起草会议《通知》。5 月 18 日，我受装帧艺术委员会的委托，去辛之先生家征求他对《通知》的意见。辛之先生见我来到很高兴。半年没见，先生衰老多了，他一直患心脏病，脸和眼还在浮肿，行走也很缓慢，但精神依然很好。辛之先生说他不久前曾住院治疗，现在家吃药调养。先生看了《通知》，谦虚地说："提得高了吧。"我说："这是会议讨论的，待修改后打印好，明日我把正式的给您送来。”他听了很高兴。辛之先生一贯非常重视友谊，这次见到我，又像往常一样向我问到东北装帧界朋友的近况，辽宁的安今生、李勤学，黑龙江的姜士录，吉林的吴井文……我就我所知道的情况一一向他做了回答。随后，辛之先生又谈了他去美国的见闻和感受，他说：“语言不通是个最大的障碍，没有朋友谈心，住长了不行，还是自己的家好啊。”我怕他话说多了过于劳累，几次想告辞，他都按着我的手，非让我再坐片刻，他说：“你不在北京，来了就匆匆回去，难得一见哪。”我们又叙谈了一会，我站起身来说：“明日我还要来送《通知》，那时再好好聊聊。”告辞之后，辛之先生还像每次那样把我送到屋门口，当我从他家四楼楼梯下到三楼拐弯处时，先生还像每次那样微笑着向我招手送别，也还是那句话：“走好。”但是，我怎么也没想到，这次见面竟成了我与他的永别。而且我想：大概我也是装帧界最后一个见到辛之先生的人了。

第二天即5月18日中午，我将印好盖章的《通知》兴致勃勃地送到辛之先生家，按了门铃之后，开门的是他的夫人赵友兰女士，得知辛之先生正在午睡，我说：“不打扰了，请交给他吧，明日抽空我再来。”5月20日早晨6点多钟，在京工作的女儿匆匆来招待所敲我的门，进屋就说守义先生让她速转告我，辛之先生昨晚已不幸去世了，让我马上去辛之先生家。噩耗袭来，真如晴天霹雳，前天上午我和辛之先生还在一起呢，怎么这么快就离开了我们。一路之上，辛之先生的音容笑貌不时地浮现在我的眼前。当我来到辛之先生家，守义、水山、辉煌、永德等几位同志已坐在那里，赵友兰女士正悲泣地述说着昨晚辛之先生心脏病突发抢救无效逝世的经过，大家万分悲痛。我们安慰一番辛之先生的家属之后，即刻聚在一起研究料理辛之先生的后事。

向辛之先生遗体告别仪式定于5月25日在北京医院举行，我决定留在北京，最后为辛之先生送行。那日，我带着一束白花，跟着长列告别队伍缓缓来到先生的遗体面前，当我见到安详地躺在花丛中的先生时，情不自禁地流下泪来。辛之先生还是生前那个样子，乌黑的头发，慈祥的面容，只是到了一个不该到的地方。我向他的遗体深深地鞠了三个躬，不禁悲从中来：中国装帧艺术界的一代宗师，杰出的书籍艺术家、诗人、书法家、篆刻家辛之先生永远地离开了我们。辛之先生的一生，真正是坎坷的一生，战斗的一生，光辉的一生，奉献的一生。

在辛之先生逝世半年之后，1995 年 11 月，全国性的“曹辛之、邱陵书籍艺术学术研讨会”在山东省淄博市召开了。中国出版工作者协会的领导、山东省与淄博市的有关领导及来自全国各地的装帧艺术家五十多人出席了会议。辛之先生的夫人赵友兰女士带着辛之先生的遗愿被邀请到会。全体与会的艺术家们，在对辛之先生的逝世深表哀悼的同时，对他一生的学术成就给予了高度的评价。曾经受益于他的许多装帧界的学生和朋友，在发言中都流下了怀念的眼泪。研讨会自始至终充满着浓郁的学术气氛与缅怀的激情。

辛之先生为我国的书籍艺术事业贡献出毕生的精力，他留给后人的是丰硕的成果和不尽的追思！

原载《编辑之友》1998 年第 1 期

存　目

著　作

曹辛之　《曹辛之装帧艺术》

岭南美术出版社 1985 年

论　文

雨　文　《曹辛之的装帧艺术》

《战地》1979年(增刊)

方　平　《曹辛之和他的装帧艺术》

《读书》1982年第1期

鹿耀世　《他在抒写无声的诗——记书籍装帧艺术家曹辛之》

《装饰》1983年第6辑

诸天寅　《诗人·编辑·装帧艺术家——访民进中央宣传部副部长曹辛之》

1985年11月15日《人民政协报》

丁国成　《吟边慢记曹辛之》

《诗人》1985年11月号

银　儿　《"记忆给我们带来慰藉"——记著名诗人、书籍装帧艺术家曹辛之》

1993年1月9日《光明日报》

鹿耀世　《生命之树常绿——记出版家曹辛之》

1993年11月13日《北京日报》

刘丰杰　《曹辛之先生悼忆》

《编辑之友》1997年第1期

潘小庆　《诗画融合,文质彬彬——浅论曹辛之的装帧艺术》

《书与人》1997年第2期

盛寄萍　《曹辛之的装帧艺术》

《出版广场》1997年第4期

严　集　《曹辛之:借鉴和创造》

《出版广角》1999年第10期

鹿耀世　《艺术之子曹辛之》

《出版史料》2005年第1期

陈 原

陈原（1918～2004），广东新会县人。1938年毕业于中山大学工学院土木工程系。先后在广州新知书店、国际反侵略会广东分会、广西桂林新知书店、桂林实业书局、上海和香港的生活书店、北京新中国书局从事编辑工作。新中国成立后，主要从事编辑出版工作。曾任三联书店编辑室主任；1951年起，先后任世界知识出版社副总编辑、中国国际书店副经理、人民出版社副总编辑、文字改革出版社总编辑、文化部出版局副局长；1972年6月起，为中华书局商务印书馆负责人之一；1979年10月起，先后任国家出版局党组成员，商务印书馆党委书记、总编辑、总经理。从上世纪80年代起，以较多的时间从事语言研究，曾任国家语言文字改革委员会副主任、中国社会科学院语言文字应用研究所所长、国家语言文字工作委员会主任等。

陈原是杰出的编辑出版家、韬奋出版奖的获得者。他在出版工作岗位上，参加了“知识丛书”、“汉译世界学术名著丛书”和《汉语大辞典》等众多书籍、词典、杂志的规划、设计和编辑工作，他设计印行的“汉译世界学术名著丛书”在学术界、教育界产生了广泛影响。

编辑的社会职责和自我修养

陈　原

【题解和思考】　我主持商务印书馆工作时，开办了一个编辑干部业务讲座，邀请出版界老一辈的专业人员讲课。我讲的一课内容主要是编辑的社会职责，附带谈到编辑的自我修养。随后我在好几个地方也讲过同一题目，用的也是这份提纲，但每次讲话都针对不同对象举不同的例子。本想写成文章，但后来因为太忙，加以有些同志对此有不同看法，认为我讲得“太不政治”，因此一直没有发表。现在收入本集的，是一份详细的提纲；我的观点仍然没有改变。

(1)编辑的社会地位问题，是个老问题。“人心思所，人心思院”。编辑也实在不好当。“代人受过”(特别是帽子棍子乱飞的时代)，“为人作嫁衣裳”，“看人眼色办事”，“无名无利”。去年六一儿童节《人民日报》发表一篇小说，描写编辑与作家，很可以看一看：编辑给作品花了那么多力气，作者受奖了，而编辑还是——还是个无名英雄。编辑应当是受人尊敬的，但现在并不，至少不够理想。可是，社会还是不能没有编辑。读者同作者之间——这里就是编辑的岗位。编辑，在这样的关系上说，是个有益的不可少的无名英雄。当编辑的多少要有点自我牺牲的精神，特别是在编辑的社会地位还不理想的场合。编辑是个高尚的人，是个真正的人，是个革命的人。希望各种组织要采取措施来确立并提高编辑的社会地位(例如评定职衔,进修,政治待遇,物质福利,等等)。当编辑的确实要有点"我不入地狱,谁入地狱"的精神。社会分工是必要的;要用自己的劳动取得群众的公认。如果能够用事实反复证明自己是个好伯乐,对社会做出了一定的贡献时,人民将不会忘记而会给予恰如其分的评价的。

(2)在革命的进行中,在建设的进行中,编辑——作为读者与作者的桥梁,永远是革命事业的鼓吹者,永远是进步事业的鼓吹者,永远是先进思想的鼓吹者。我们有过很多这样的前驱。伟大的鲁迅,是个著名的编辑。商务出过不少这样的先驱者:张菊生,沈雁冰,胡愈之,周建人,叶圣陶,郑振铎,沈百英,等等。三联书店:邹韬奋,张仲实,艾寒松,胡绳,林默涵,艾思奇,等等。编辑部是出人才的。

(3)编辑的社会职责,第一是当好"伯乐"。"千里马常有,而伯乐不常有"。要发现作者(这里作者指著作家,创作家,翻译家,等等),挑选作者。对老作家要尊重(但不盲从:"吾爱吾师,吾尤爱真理"),对新作者要爱护(不采取老爷式的态度,也不吹捧,不迁就不护短,扬长避短),要依靠作者办出版事业。

编辑不但善于发现"千里马",还要善于培育"千里马"。编辑是作品的第一个读者(第一个严肃的、认真的、锐利的,同时是同情的,爱护的好心读者)。工作得好,编辑将是作者的"良师(!)益友"(钱钟书先生的《管锥编》,力举周振甫先生做他的编辑,这不是证明编辑可以成为作者的"良师益友"么)。编辑不是作者,但在一定的条件下,编辑能给作者发现作者自己往往看不出的缺陷。这是因为:①"旁观者清,当局者迷"。②作为编辑的角度。③编辑的工作习惯。编辑要比任何人都爱护作者,关心作者,保护作者(不护短,不抬轿,但是保护)。举例。因此,编辑的头脑不能陷入激情(这在作者常常是不可免的),经常要保持清醒("众人皆睡我独醒"呀!这说法可能有点自负或骄傲)。要善知形势,顺乎历史潮流，而决不可当风派。对作者负责与对人民负责的一致性。

(4)编辑另外一个社会职责是：负责(严肃、认真)向社会、读书界提供(推荐)尽可能优秀或比较优秀的作品，决不能“向钱看”。不搞“唯利是图”。出版社把利润指标分到编辑室去的做法，应当受到舆论的谴责，应当受到真正的编辑的抵制，最终将会受到历史的惩罚。我们进行的是社会主义出版事业。出版社赚点钱是应当而且可能的，但坚决反对“向钱看”。编辑一心想着为赚钱而出书，他就没有完成他的社会职责；而他本人最好不做编辑(当然，也不是说编辑非出赔钱的书不可，完全不是)。注意：负责向社会推荐。不负责，不行。出书要坚持“一步一个脚印”。

要做到负责推荐，编辑就不光要意识到自己是第一个认真的读者，而且应当作为作品的第一个评论家(“鉴定家”)。他凭着①眼光(没有派性，不搞关系学，不避亲疏，“真理面前人人平等”，有个并非对所有作者都“一刀切”的衡量标准，等等)；②劳作(提出建议，提出意见，加工整理，但不因为自己持与作者不同的学术观点而抹杀或删改作者的学术观点)；③胆量(敢不敢正视现实，敢不敢坚持真理，敢不敢顶住似是而非的“人云亦云”，但不是不讲究策略，不讲究社会影响，不讲究效果地蛮干)；④理想(对社会的文明，对建设社会的物质文化和精神文化做出贡献，而不是仅仅为了赚钱)，将质量优秀或比较优秀的作品介绍给社会。

(5)编辑为履行他的社会职责，首先要出好题目(认真地、恰当地确定选题)。出书是一件严肃的政治工作，是意识形态领域能传之久远的神圣工作，书是长时期磨不灭的，出书是“斧子也砍不掉的”工作。必须认真对待。那种不问效果，不问影响，贪多，追求多品种的倾向，对于一个严肃的编辑，是不可思议的。反对马马虎虎地，随随便便地，偶然地，不经过深思熟虑地确定选题。反对风派，一窝风出书(出同样的书)是一种懒汉的行为，对于认真的编辑是一种侮辱。反对从自己的兴趣出发(不要把感情当政策)，反对搞平衡,反对只求照顾(当然可以从种种不同角度,比如从统战角度,从恢复作者名誉的角度,从扶植一种新生学科等角度出发考虑问题,但是必须负责,认真,严肃)。

为此,编辑在确定选题时必须缜密地考虑:这个选题出过书没有?已出的书有何特点?为什么还要出新的?有必要么?如果有,新的作品应当具备什么特点?如果已有稿子,对它要作出基本评价,确定同已出的同类书籍比较有无新的贡献?确定选题要有“立体感”——例如要出一部苏联人写的关于西欧共同市场的作品时,心目中必须考虑到美国人写的,英国人写的,西德人写的……等等。一时找不到书,慢慢找,要“立体”地考虑问题。确定选题,组织稿子,审查原稿时要注意到它的社会影响,社会反应(学术的?外交的?人事的?政策的?……等等)。有了作者,有了作品,要考虑如何评价,如何加工(或完全不需要加工)……总之,确定一个选题,必须使这部书出版将有利于把读书界提高到一个新的境界,有利于物质生活和精神文明的建设,有利于文化积累,或填补读书界的一个空隙。决不能为出书而出书。

(6)为了很好地履行他的社会职责,编辑还必须学会加工(略)。提高质量是保护作者最好的方法。提高质量不能靠三审制(三审制主要不解决一部具体书稿的质量问题,它主要解决对书稿的基本评价问题),要靠编辑的艰苦劳动。反对不问质量而出书,但对作品的质量要求,不要一刀切(对新作者,对新学科,对边缘科学……同对老作者,对已有很多贡献的学科要求不一样)。

在社会主义出版事业中倡导所谓畅销书是没有意义的(在资本主义社会,畅销书是一种生意经,不详述)。我们反对只看得起大路货,畅销书的倾向。要看重常销书,少销书(特别是质量好,对社会文明有贡献而印数少的)。所有书籍3个月销完(一年资金周转4次)是不合理的,是违反出版规律的(应当有不同的合理库存量,牛津的学术书有5年合理库存量,即一般可以销5年);黑格尔的《大逻辑学》同《福尔摩斯侦探案》,不能在销路上来比,甚至还不能同一本优秀小说比,小说通常是销数大得多的。因此也不能有同样的"周转率"。只注意畅销书,忽视甚至排斥常销书,说得严重一点,是摧残文化,是犯罪,至少在建设精神文明的过程中是一种犯罪行为。我呼吁:对畅销书要作分析,对常销书要采取保护性措施。

(7)编辑还要学会认真地定题目,改标题,加标题。大至书名,小至章名节名和插题,都要认真考虑。这也是编辑的社会职责的一个重要部分。题目反映思想,这是一;题目必须同内容相适应,这是二。首先是确切,然后讲究吸引人(吸引人读你的作品)。

《近代现代外国哲学社会科学名人资料汇编》,这个书目太"谦虚",引不起人家问津的兴趣,可否改为《近代外国学术家词典》?去年香港印了一版,书名改为《近代世界名人词典》,吸引人了,但不确切,也不适宜。《光荣与梦想》这个书名太抽象,人家不知是什么书,可否把副标题《1932~1972年美国实录》移作书名?(或改成《当代美国史话》)

参考:恩格斯的名著《反杜林论》,原书1878年初版以《根·杜林先生在科学中实行的变革。哲学·政治经济学·社会主义》的书名印行。这个题目是恩格斯讽刺地套用了他所批判的对象杜林于1865年出的一本书的题目(《凯里在国民经济学说和社会科学中实行的变革》)。恩格斯后来删去了副题(《哲学·政治经济学·社会主义》),后人印此书改题为《反杜林》(中译本用《反杜林论》,有人对"论"字有不同意见),原题移为副标题。为什么?

标题反映编者的思想(如果这标题是编者加的),试举一例。丁玲致孙犁的信谈文艺创作和评论工作,其中说:"我并不是希望大家只写过去,我认为要写现在,写动乱,写伤痕,写特权,写腐化,写黑暗,可是也要写新生的,写希望,写光明。不管你怎样写,总要从生活出发,写的深,写的热,写的细,写的豪迈。不管怎样令人愤怒发指，但终究是要给人以力量，给人以爱，给人以前途，令人深思，促人奋起！……”丁玲讲得很全面，包括很多层意思，有说服力。某报转载时加一条标题《写希望，写光明》，这6个字不能包括作者丁玲原意。说得不好听，这只反映了编辑的思想，而对作品则几乎可以说是歪曲。这样，编辑就没有尽到他的社会职责。

反对模仿。秦牧写了《艺海拾贝》一书，题目新颖，耐人寻味。近有书名《科海拾贝》，何必呢？将来不知有无《林海拾贝》，《技海拾贝》，《医海拾贝》，《×海拾贝》——使用标准化元件对于意识形态的创造是有害的。

(8)编辑要很好地履行他的社会职责，必须进行修养。政治的，思想的，学术的，专业的，编辑业务的……等等方面的修养。培养(组织上应当有计划有选择地进行)，我今天不谈，只强调自我修养。专靠学校培养，自己不下功夫，也不能提高和成熟。故强调自我修养。(至于政治修养和专业修养，这些方面尽人皆知，此处不啰嗦)

作为一个编辑，最起码的修养是什么？是爱书。做一门钻一门。要钻进去，首先，起码要爱这一门。不爱书不能当编辑，或者说，决计当不好编辑。书籍是知识的源泉(当然知识是从实践中来的，但人的知识不能完全靠自己的实践，在很多场合靠书本)。如果还不爱书，应当培养自己爱书的习惯。

(9)编辑的自我修养的重要方面，就是要获取最广泛的、深厚的知识面。是面，而不是点，不是线。

列宁说得好："我们需要用基本事实的知识来发展和增进每个学习者的思考力。"没有知识就无法思考，或无法很好地思考。

一个专业研究家，当然他要有各方面的知识，但是他对一个"点"的知识可能钻得很深。一个编辑对于一个"点"的知识一般地说比不上这个"点"的专业研究者(也有例外)，至少可以说，不能同所有"点"上的各种专业研究者的知识深度一样。不，不能这样要求。但编辑一定要有广泛的知识面,这才有利于工作,有利于履行社会职责。一个文科的编辑,不但要钻研文科知识(包括逻辑思维方面的东西和形象思维方面的东西),还要适当涉猎理科的技术的知识(常识)。编辑在进行自我修养时,应当有意识地扩大自己的知识面。在扩大知识面时,除了广泛阅读之外,还要在某一些学科中选取二三本作品进行"攻坚"。

没有广泛的知识面,编辑不能对"千里马"及其作品作出判断。

(10)自我修养的另一个方面是广交朋友,随时随地进行调查研究,熟悉你所处的社会。历史知识——社会知识——理论知识;理论与实际结合,然后才有利于推荐或协助创造新的有利于社会发展的新作品。

(11)思想修养当然是重要的方面。反对思想僵化(100%盲从某人说的,盲从某一本书说的,等等),提倡解放思想。实事求是,解放思想;摆脱束缚(封建的,资产阶级的,教条主义的,修正主义的束缚)。

(12)语文修养是不可少的。提倡新的文风,健康的文风,反对又长又臭,反对强加于人(不能改掉作者自己的语言风格——你喜欢不喜欢是另一个问题)。要"文起一代之衰"。编辑要练笔。写不出通顺文章(最起码的条件)是当不好编辑的。练笔包括练习写作和练习写字,编辑写字不要"龙飞凤舞"(当然不能写错别字),那是书法家,不是编辑——编辑写字重在明晰,不会读错,容易认出。

1981年1月7日

选自《陈原出版文集》,中国书籍出版社1995年

编辑的语言文字修养

陈　原

【题解和思考】 1988年《中国语文》杂志编辑部跟中国文化书院合办了一个全国文字编辑讲习班。我应邀在结业式那天讲了一课,题目就是编辑的语言文字修养问题——我的演讲不是课堂讲授那样有着严密的系统性,只谈了一些作为一个老编辑多少年来遇到的语言文字问题。这里所载,不是讲稿,也不是记录稿,而是事后根据我讲话提纲写成的文本。当时听讲的不只有出版社的文字编辑,还有地方报纸的文字编辑;讲话后他们提出了若干问题,我即席作了答复——所有这些,也都纳入现在写定的文稿里。根据这份讲稿提纲,我在近两三年又在其他地方讲过几次,各次内容都略有不同,现在的文本是偏重对一般编辑讲的,而不只是针对专做文字修饰工作的编辑讲的。

我是一个编辑。半个世纪以前,当我初入社会参加进步的出版工作时,我就做编辑。虽然我现在从事语文规范化的工作,但我自己认为我仍然只不过是一个编辑,或者说,是一个广义的编辑。我爱编辑这个行业。我今天要讲的题目,就是一个编辑的信条;当然可以说是一个文字编辑的信条,或者是一个编辑在处理语言文字时的信条。几年前,我在好几个场合演讲过编辑的“自我修养”——政治上,思想上,学术上的自我修养,我不重复我过去讲过的那些话;我今天着重讲语言文字方面的修养。

一

编辑的首要任务是驾驭语言文字。

我这里说的“编辑”，是广义的，不只指文字编辑或书稿编辑；我指的是所有方面的编辑，包括报刊编辑、技术编辑，甚至美术编辑，我认为，做任何方面的编辑工作，都应当而且必须驾驭语言文字。

我这里说的“驾驭”，也是具有广泛意义的。我指的是一个编辑应当而且必须能够熟练地掌握语言文字。

所有这一切都是因为：语言文字是一切编辑工作的基础。语言文字是报刊或书籍编辑工作最基础的东西。

在今天这个信息化时代，人们都可以理解：语言文字是信息载体，当然它本身又是信息系统。语言文字是当今人类社会最常用的、甚至可以认为是最重要的信息载体。没有语言文字，就很难想象如何进行信息交换和思维活动。对于一个编辑来说，没有什么东西比之语言文字更重要了——凡是要准确地、精确地、有效地传播信息、交换信息、处理信息，就必须首先熟练地运用或掌握语言文字这个工具，这个系统。

刚才我讲信息活动时，我用了三个定语：准确地、精确地、有效地。这是借用信息论的论点和术语；其实就是从前我们常常说的三个更通俗的词语，即准确性、鲜明性、生动性——这三性其实就是要真实（不真实的信息是编辑的大敌），确切（如果不能用恰当的语言来表达信息，即使这信息是真实的，也达不到原来预期的目标），动人（如果加上打动人的因素，那么，信息传递就更加有效了）。

运用、掌握、驾驭语言文字，这是作为一个编辑首先要意识到的。

从前,旧社会的刀笔吏——“讼师”——也很会运用语言文字来达到他的卑鄙的目的。大家可能听过一个恶棍讼师的故事:

有一个阔少在镇上跑马,伤了人,被人告到官府去,状子指控这个阔少“驰马伤人”;一个恶棍给阔少帮了忙,把告他的状子上“驰马伤人”四个字改成“马驰伤人”——没有改一个字,只不过换了换两个字的次序,〔驰马〕改成〔马驰〕,不是阔少“驰”马伤了人,而是那匹野马在镇上乱跑(马驰),以致撞伤了人,与阔少有什么关系呢?这位阔少不过碰巧在马驰伤人的一刹那在镇上走过罢了。

这种恶棍专门为阔人的利益而巧妙地(当然卑鄙地)运用了语言文字这个工具,把白的说成是黑的,而且证明他这样做是符合逻辑的。

这个故事也许是旧时有良心的知识分子为表达对恶棍的愤恨而编造出来的;我讲这个故事是提醒各位:语言文字对于一个编辑是多么的重要。

不久以前,一个著名的作家——萧军辞世了。我看到一则电讯的导语,用了不寻常的语调来传播这个信息。导语说这位老作家“默默地告别了他那坎坷的八十一个春秋”。既及时(电讯发于老作家辞世的第二天),又准确,用字不多却富有情感。说他默默地辞世,而不是像大人物那样在众多的首长、部下和贵宾的注视下离开人间,他默默地去了,正是一个朴素的形象;坎坷的一生,精确地(只用“坎坷”两个字,表达了千言万语)写出了这位老作家在几十年间所遇到的不公平待遇,而毕竟他活下来了,并且活了81个春秋——老作家带着信心、顽强地而且一定是达观地度过了艰难的岁月:这句话精确,因为它符合老作家的性格。就这么短短的一句话,多么的动人心弦啊!这就叫做语言的艺术。每一个合格的编辑,都应当是一个语言艺术家;如果一时驾驭不住语言文字,他就应当努力去学会驾驭这基础的工具,然后努力成为一个能把语言文字运用自如的文字编辑。

西方有这么一句惯用语，叫做 The devil is in the details，我不知道这句话该怎样翻译才最确切。它的意思是说，文本(外交的，贸易的，法律的或其他方面的照会，协议书，合同，契约等文书)的细节(字，词，短句，字序，等等)里有个魔鬼。文本中的细节就是文字；广泛地说，所有谈判(口语)和文本(书面语)的细节就是语言文字(或语言文字要素)。在这中间，常常有个魔鬼在作弄人。你一不小心，就会被藏在语言文字细节中的魔鬼打败。近年在开放的社会条件下，我们吃这魔鬼的亏已经屡见不鲜了。因此，凡是运用语言文字来进行信息传递和信息交换的活动，都应当有一个能驾驭恶魔的编辑。

二

如果说驾驭语言文字是编辑的第一条信条的话，那么，编辑的第二条信条是时刻要记住规范化三个字。

现在，愈来愈多的人理解这样的一种论点：

语言文字规范化的程度，在很大程度上，反映了(或表现了)一个民族、一个国家、一个社会的文明程度。

这样的一种论点是完全符合社会发展的需要的。难道一个社会的成员，说着完全不规范的语言，难道一个社会充满了错别字或随便乱写的不是字的“字”，能够很好地有效地交换信息么？难道可以把这样的混乱现象称为文明现象么？

请注意：我这里用的是语言文字规范化，而不用标准化三个字。规范化和标准化，是两个层次，标准化是更高的层次，或者说，标准化是带有强制性的层次。规范化有更多的规劝成分，而更少的强迫成分。任何一个称为“国家标准”的规范文体，是不得违反的；而规范化却意味着希望人们在最大程度上向这个规范靠拢。

我为什么在这里宁用规范化而不用标准化三个字呢？因为语言文字带有浓厚的社会性，语言文字是同社会习惯紧密地联系在一起的。正因为如此，语言文字是一种顽固的力量，因为社会习惯正是一种十分顽固的、顽强的力量。例如随地吐痰是旧社会的一种很不好的习惯，要改掉这种社会习惯则是十分不容易的。规定吐一口痰罚五角钱，也收效不大；到处张贴“不许随地吐痰”的标语，也不见得很有效。可见社会习惯的力量是一种可怕的顽固力量。

语言文字是一种顽固得惊人的习惯。如果不清醒地认识这一点，想在非常短的时间内改变这种习惯，那就达不到目的，不只达不到目的，有时甚至招惹使用这种工具的社会成员的反感。但是在另外一方面，语言文字这种信息系统却无时不在变动中——这在社会语言学叫做“变异”，因时，因地，因人，发生变化，这种变化使语言文字现象变得复杂起来，有新有旧，新旧并存，或新代替旧；因此要进行规范化的工作，让这个交际工具的功能发挥得更加有效，从整个社会来说，这样做的结果就是从一个方面巩固甚至提高了这个社会的文明程度。

语言文字是不是在某些场合要实行标准化呢？答案是肯定的。在某些场合，是要标准化。比方术语就应当提标准化。一个概念用一个公认恰当的术语来表达，这就是标准化。地名的写法也必须标准化。但是即使在这里，也还要记住语言文字的社会性——有时，两个术语表达同一的概念、同一的事物是完全可能的；即：表达一个概念的两个术语同时并存的局面在一定的场合是可以容忍的。例如叫做“电子计算机”或简称“计算机”的东西，海外称为“电脑”，现在这两个术语事实上是同时并用了，严格地说，计算机还没有进到脑的程度，所以我从前主张淘汰“电脑”而用“电子计算机”或“计算机”，但前年我在东京参加一个国际社会语言学讨论会，同几个国家的学者切磋以后，我改变了原来的想法，认为即使在术语领域，两个不同术语（表达同一概念）在一个时期并存的可能性是存在的。德语、俄语、英语、法语都曾经发生过这样的现象——随着时间的推移，一个被淘汰了，只保留了另一个，这就标准化了；有的却分别用在不同的层次（例如其中一个常用于报刊或通俗论著，而另一个则在专门著作中使用）。

对于此时此地的中华民族来说，规范化的口语指的是普通话。《宪法》第19条规定：

“国家推广全国通用的普通话”。

请注意，普通话应当是全国通用的，即包括汉语方言区，也包括少数民族语言区。每一个公民都有义务在一切社会交际场合使用规范化的语言——普通话。这是商品经济新秩序的需要，是开放性社会的需要，是现代科学技术发展的需要，也是社会主义精神文明建设的需要。推广普通话不排斥方言，更不同少数民族语言相对立。

那么，回到编辑的角度看这个问题。音像编辑当然应当时刻记住这规范化的语言（普通话）；但文字编辑碰到方言土语的词汇进入文字的现象，特别在文学作品中常会遇到这种现象。怎么办？在必要的场合（例如在小说中为表现某特定人物的特征时），可以容忍若干方言词汇或表现法。可以容忍的意思是在数量的比例上应当不是压倒多数的，必要时（或用汉字写成方言词汇会引起歧义时）还要由编辑加上注释。

滥用方言土语是对于语言文字健康发展的一种障碍。我这里说滥用，不要把这理解为不准使用。

提倡语言文字规范化，不是说编辑加工过的稿子都千篇一律，那样，就没有作家或翻译家的个人风格——而文学作品（推而广之，不只文学作品，举凡写出来的东西）没有个性，就不能打动人，也就是降低了它的交际功能。试想想看，社会上只有一张脸孔，行么？所以，编辑千万不要养成一种“好为人师”的习惯，一拿起稿子就大笔一挥，或增或删，那样，不只伤人，而且会造成上面提到的千篇一律的局面。

我在这一节开头说过，编辑心中时刻要记住规范化；我说的是"时刻要记住"，而不是必须往一个框框里套。所谓语言文字的规范化，简单地说就是用字用词和语法都要符合约定俗成的"规范"，而不是完全依据某一部著作或某一派学说。语言文字的语音、语汇、语法都会变的，都会随着时间和空间，随着说话的人和听话的人，随着社会生活的变化而发生变异的。变异的结果，往往又趋于稳定——靠约定俗成来稳定的，有时也靠字典词书（字典词书是记录语言变异的工具，同时也是规范的工具），但字典词书归根到底还得服从约定俗成。语言变异是社会语言学的基础论点，我甚至说过，没有变异，或者不研究变异，那就没有社会语言学。不过这已经超出我今天要讲的范围，就不往下讲了。

编辑要记住规范化，首先的而且是基本的东西，恐怕是字和词的问题。字和词在现代很多外国文是一个东西，而在现代汉语，却是两个东西。一个单字，可以是一个词，也可以是一个词的组成部分（词素）。这一点大家都很清楚。比方"大"是一个字，也是一个词；"家"是一个字，也是一个词；由两个单字"大"和"家"合起来成为"大家"，那就变成另一个新词——"大家"，这个词是由两个单字构成的，这两个单字却也分别能独立成词。编辑不能允许生造的、谁也不懂的，甚至会引起歧义的"新"词出现，但要注意，编辑必须容忍在社会上流行，或者可以被公众接受的"新"词进入稿子。例如"投诉"一词，过去不用，现在由南而北使用开了，那就不能排斥它。这样，摆在编辑面前的任务是很难的：既要容忍，又要清除——哪些应该容忍，哪些应该清除，是很辩证的，不能死扣。机器翻译常常会得出很不可解的结果，那是因为人的大脑比计算机强过万千倍，大脑可以辩证地解决问题，而计算机尽管向着人工智能发展，离开大脑的"运算"还是很远的。编辑是人，不是计算机；编辑对待语言文字规范化是能够作出灵活反应的。

三

编辑一定要学会用字，写字和认字；这是第三个要点。

上面已经讲过，在现代汉语，字和词不是同义语——词是由一个或不止一个（通常由两个）汉字组成的；在这个意义上说，汉字是基本粒子。

古往今来汉字不下五六万——谁也没有一个精确的数字，由于我国社会历史长久，汉字发展的道路也很长很长，更由于书写工具的变化，产生了不少异体字。一个字有不同的写法，这就是异体字。这是中国文字一个很独特的现象。看来全认得这五六万个汉字的人，是很少很少的，如果不说绝无仅有的话。有一次我同瑞典一位汉学家谈话，他说起高本汉（世界著名汉学家）认得七八千个汉字。真是一个了不起的欧洲人。在外国，常有人问：究竟认得多少个汉字，才能够自由自在地通晓现代汉语写成的文章。过去总是说 3000 字，4000 字，5000 字，6000 字。近年来语言学界用现代技术（电子计算机）对大面积的语料（往往超过 1000 万个汉字印成的各种各样书、刊、报）进行定量分析，得出了一些（不只一种）近似值，看来在这个数值范围内的汉字，对于编辑是很有用的。

一般认为今年发布的《常用字表》和《通用字表》对于编辑来说是极为重要的案头必备材料。常用字表是用计算机将 1100 多万字的语料作定量分析，求出汉字出现的频率以后，再考虑到汉字分布状态加以选定的，包括常用字 2000 个，次常用字 1500 个，共 3500 个。教育部门认为小学毕业要学会常用字 2000 个，初中毕业要学会其余的 1500 个。国家规定的扫盲认字标准在城镇为 2000 个，在乡村为 1500 个，这两个数字按理应主要在常用字范围，当然可以加上适当的次常用字组成。众所周知，受过基础教育的公民应当通晓这3500字的简体(简化字),简化字总表是1986年由国务院重新发布的。也许受过高等教育的公民还需要认识3500常用字的繁体字,因为古书,港澳台出版物,解放前的书刊,用的是繁体字(新加坡却完全用简化字)。甚至我还希望文字编辑也应当学会这3500个常用字的繁体字。这不是世界上独一无二的例子,德文在战后改用了拉丁字母,从前印书却是用峩特字母的,德国受过高等教育的知识分子都熟练地掌握这新旧两套字母(当然,汉字比字母表多多了),编辑似乎也毋需抱怨要花加倍劳动,实际上汉字写法转换历史上已经出现过多次了。这是现实的需要,这也是社会发展的需要,埋怨也没有用的。

至于通用字表则比常用字表多一倍,共7000字,应当说它包括了全部当今社会交际用字在内。这个字表是在国家标准信息交换用字符集基本集(即0集)6763个字符的基础上,根据实践的结果制订的,去了若干字,加了若干字。一般地说,现代汉语写成的文章,这7000个字已经够用了;当然,有些专业的字没有包括在内。

通晓3500个常用字,这是一个编辑的起码条件。如果他连3500个常用字也不能掌握,这就大大妨碍了他进行的编辑工作。如果一个文科编辑能通晓7000个通用字,那么他就是称得上很不错的编辑了。

编辑要懂得一条真理,文章的好坏不决定于用字的多少。一部《毛泽东选集》1~4卷总共只用了3000个字(不完全是常用字)。老舍的著名小说《骆驼祥子》,用了不到2000字——当然不是2000个最常用字。一个编辑还应该时刻记住:一般地说,通俗读物和儿童读物最好不用3500个常用字以外的字。文化程度愈低的读物,编辑愈应当把用字字数压低,低于3500字。当然,这句话不能够反过来说,认为水平高的高级读物就非用3500字以上不可,完全不是这样的。

除了用字以外，对于字，一个编辑还要有两个方面的修养，其一是写字，其二是辨认字。

做编辑哪能不会写字呢？我说的一个编辑要学会写字，是指做编辑的要会写"编辑体"。那就是说，一笔不苟，规范化，任何人一眼看上去就能认得出的字；编辑的字不一定是书法家的字，甚至大部分不是书法家那些颜柳欧苏的字，也不一定那么美，可是容易辨认，而且规范。看看鲁迅、茅盾等大作家（同时也是著名的编辑）改稿时所写的字，便可捉摸到编辑体的神韵。当然，也不能要求每个编辑都写得出像鲁迅、茅盾那一手好字，但应要求每个编辑都学会这种一丝不苟的精神。

辨字也是一个编辑决不可少的"技能"。辨字有两层意思：一层意思是一看见铅字，就知道这个铅字是什么印刷字体（例如老宋体，仿宋体，长仿宋体，黑体，楷体等等），是多大的字形（例如汉字的六号，新五号，老五号，四号，新四号……拉丁字母的多少"磅"point，如 11 磅，12 磅之类），发稿时知道有时并且指定哪一行哪一段哪一章哪一处用何种字体和多大的字形。如果做了多年编辑，连这一个技能都未熟悉，那么，就不能认为他是个合格的编辑。

辨字还有一层意思，即无论遇到什么作家写的文章，都能够辨认出来他写的是什么。作家写得快，因为他的思路来得快，想得快，因此写得快；既写得快，就必然有他自己的一套写法，比如有的作家写"的"字就不那么规规矩矩，他写成一个勾，两边点两点，或一点，他以为他已经把"的"字描得完全了，乍一看，辨认不出来，上下文多看两遍，你就能掌握这个作家的特定写字方法，这样，你才能读他的书稿——外国，用拼音文字的国家，原稿用打字机打得端端正正的，一个编辑可以省掉辨字之苦；但在此刻的中国，虽有电子中文打字机，但未流行，作家基本上还是手写。所以识别手写体是目前一个编辑所必需的"技能"，也许再过十年八年，作家用打字机写作普及之后，编辑就无需乎拥有这种"技能"——那时，他又要获得另外一些“技能”，例如他该学会使用电子计算机，会用计算机做编校工作，排版工作，他那时的“技能”决不比现在轻松些。

以上所说的这些，决不意味着一个编辑可以“无视”他所遇见的一切新词语和新表现法。语言文字随着社会生活的变化而变化，这是不以人的意志为转移的规律，所以编辑没有权利去阻止这些变化，其实就是他要阻止，也没有可能。对于文稿中接受的新词语或新表现法，不能采取一概排斥的态度，当然也不能采取置之不理的态度。“择善而从”，这是编辑的信条——不过说来容易做来难，这与编辑本人的素质、修养有关。千万要认真对待，就是容忍了不该容忍的新因素，也要做到心中有数。

有些新出现的事物，常常超出编辑平常接触的语词疆域。前几年有个编辑把 telex 误作“电报挂号”，因为他从未知道有自动电传的物事。新近流行的 fax，《参考消息》译作“文传机”，报纸广告作“图文传真机”，普通口语又叫“传真”——人称编辑为“杂家”，确实不错；因此做一个合格的编辑，就必须认真对待他所遇见的新词语，才能作出正确的取舍。

四

第四，做编辑不要过于自信，必须经常请教字典（词书）这个永恒的老师。

人的知识是有限的，人的记忆更是有限；而社会生活的变化却是无穷的。人的记忆意味着将信息存储在大脑的数据库里，以备必要的时候拿出来应用。人脑数据库所存储的信息，调不出来，用通俗语言来说，就是忘记了——忘记了可能有两种意思，或者是根本没有将信息存到数据库去，因为人接收的信息太多，很大的一部分信息在人脑中只作短暂的停留（从几秒到几十秒），没让它记住;或者是已经存入人脑的永久记忆库,然而由于现在还不太清楚的原因(或机制),某些信息在需要的时候硬是调不出来。前一种是没记住,后一种倒是真的忘记了。其实某些信息一时虽已忘记,可是在某种条件的刺激或诱发下,忽然又记起来了——这就证明这些信息本来已存储在数据库里。还有一种奇怪的现象,存储在数据库中的几个信息搞混了,张冠李戴,或者时间人物换错了。所以人们常说:记忆往往是骗人的。某事你记得是1931年发生的,而别人却记得发生在1932年。除非有文献资料或旁证核实,这种记忆的混乱往往得不到正确的答案,正是公说公有理,婆说婆有理。很多回忆录之所以互相径庭,就是因为记忆往往是不准确的。

编辑不能单凭记忆来处理文稿,如果他图省事,只凭主观记忆去改稿,十之八九要出错的。他如果怀疑文稿中某个字用错了,某句引语引错了,某个注解的出处搞错了,某个典故用得不确切,某个年月可疑,某个人物不清楚——他只能去请教老师,决不可自以为是,决不要过于自信。

请教老师:这老师可能是活的——那是人;比较多数的场合这老师却是"永恒"的——那就是字典、词典、百科全书等等统名叫做"工具书"的那种出版物。所有字典词书都是信息存储库,同现在用电子计算机作数据库是一个道理。在信息化时代,人们在电子计算机上查核数据,就如同多少年来我们用字典词书来查核数据一样。

在编辑室里陪伴着编辑的是"永恒"的"老师":字典词书。经常去请教这些"永恒"的老师,这是一个合格编辑必须养成的习惯。我说,查书是编辑的习惯;要成为一种习惯,这就好了。

我这里讲一件真事,50年代初有一位受人尊敬的老同志看新印行的《封神演义》时,发现有这样的句子:

棋逢敌手,将遇作家。

句子同记忆中的“棋逢敌手，将遇良才”不一样，他没有去查字典词书，却相信自己的记忆，认为“将遇作家”肯定是“手民之误”。武人（“将”）怎么会同文人（“作家”）势均力敌呢？一定是那位责任编辑搞昏了，时刻记住作家协会的作家，给良才改成作家了。这位老同志让我向编辑部提出改正的建议。我呢，一则底子薄，才学浅；二则懒，过于自信——不肯去查书。倒是给一位有基础的编辑揭穿了：“将遇作家”的作家，在一千几百年前不是中国作家协会的作家，而是“内行”、“里手”之意。其实查一查例如《辞源》这样的类书，便可以立即解决这个先入为主的误解。这个事件给我很大刺激，很大教训，对于像我这样学问底子不深厚的编辑，要避免错误，首先就要打破过于自信那种观念，同时要不怕麻烦，经常去请教字典。

当然，字典词书也不是万能的——你要查的，偏偏没有；你不想查的，满纸都是。不要去挖苦词书的编辑们，挖苦他们是不公平的，因为人世间的信息如此之多，到现今人们常说已达到了“信息爆炸”的程度，你怎能怪编辑不把所有信息装到一部或几部词书里去呢？我就碰到一个十分十分常见的外国字，却花了我十几年工夫才给找到了精确的语义——这也是一个真实的故事。1966 年 8 月，文化部的“头头”们，被圈到“牛棚”去——我那时在文化部工作，自然也被圈进去了。有一位“棚友”（不能称为“难友”吧，因为这虽是一场灾难，究竟这“牛棚”不算“监牢”）问我手表背面有几个外文字，其中一个 incabloc 是什么意思。一看，我的手表背面也有这么一个字。我不认得这个字。后来“牛棚”的戒律稍稍开放，人们允许查阅字典词书，没有一部书收录 incabloc 这个字，从“牛棚”到“干校”，我在一切场合向所有我接触到的“永恒”的老师请教，也没见到这个字的影子。俗话说，光阴似箭，好容易这场灾难过去了，大约是在 1979 年或 1980 年，我在瑞士苏黎世住了一夜，无意中在旅馆的宣传品中发现了 incabloc 这个字的释义，真是踏破铁鞋无觅处，得来全不费功夫，原来 incabloc 是瑞士钟表行业用语，是一种申请了专利的防震机制。好家伙！incabloc 一字费了我15 年！我连忙写信告诉我那位“棚友”——幸而他还健在，他还记得问过我这个字而不曾得到解答。

查字典成为一种习惯，对于读者可能只是有益的，但对于编辑，这就不仅仅有益，而且是必需。

五

第五，千万不要强加于人。

编辑没有任何权利把自己的语言文字习惯强加于别人，强改别人的文稿。我这里不是讲学术观点，编辑不同意原稿的学术观点，而作者又言之成理，持之有故时，一个合格的编辑也必定尊重作者，决不要求他改动观点。我此刻讲的是语言文字：如果一个编辑拿到文稿时，他按照自己习惯的那一套语言文字用法加以“统一”，那么，他改过的所有文稿都只有一种风格，一种文风，一套语汇，无所谓个性了——且不说被“统一”了的作家心里不服气，就是看到印出来的文稿千篇一律，“定于一”，定于这一个编辑，那也不太舒服吧？

合格的编辑从不“好为人师”。一个合格的编辑，绝不轻易改动人家的文稿——尤其不轻易改变作家惯用的语言文字用法；但是一个合格的编辑知道，他必须改正文稿中偶尔写错的，用错的字或词，他必须坚决改正原稿中的一切笔误或明显的或常识性的错误。哪怕是名作家，哪怕是治学十分严谨的作家，也会发生意想不到的笔误或错误。一位名家前文写了一个电影名字《望乡》，下文讲同一部电影时却写了《故乡》——改还是不改？当然改。因为作者是名家，以为他两处讲同一事物而用不同的用语必有深意，所以不敢改动——这是不必要的顾虑。除非你有怀疑,查考以后也确定不下来,你可以向作者提出疑问或建议,这种审慎的态度是受到作者称赞的,总之,不要把个人语言文字习惯用法强加于别人。

不强加于人,尤其适用于对待翻译文稿。比方英语中这么一句话:

There is a book on the table.

十个翻译家可能有十种(甚至不止十种)翻译法,例如:

桌子上有一本书。
有一本书放在桌上。
……

你可能熟悉或惯用其中的一种。但你最好不要按照你自己惯用的框框去改动别人的译法。除非文稿中译成:

桌子上有一个苹果。

你当然应当把"苹果"改成"书",这是用不着踌躇的,这绝非强加于人,因为原文本来是"书"而不是"苹果"。

这个道理说起来似乎都可以接受,但一到实际,就不那么容易办了。每一个编辑都顽强地认为自己所熟悉的表现法为最优方法,因而他有一种强烈的愿望要把他这一套劝说别人照他的办,劝说自然可以,但不能强加。劝说而人家不听,那即使你自认为人家的表现法不及你的表现法,也不能随意去更动人家的。这是一个合格编辑的美好品德:宽容,尊重,而又不失时机进行规劝。

至于高级文字活动(例如译诗),那就更不能强加于人。诗的翻译不说不可能,至少可以认为要译出“神韵”来是太难了——按字翻译自然容易些,但那也是因人而异。语言学大师赵元任教授翻译 Caroll 的《阿丽思漫游奇境记》的续编《阿丽思漫游镜中世界》,是花了很大气力的,这部续编最后一首类似打油诗的跋诗,有两句译得简直妙绝了:

梦里开心梦里愁,
梦里岁月梦里流。

仿佛如见其人,如临其境,如闻其声,如得其神。可是请看看原文:

Dreaming as the days go by,
Dreaming as the summers die.

如果一个不熟练的编辑,把上引两句译诗改为一个字一个字直译,例如末句你写作:“一个夏天一个夏天消逝去”,白则白矣,可没有传神。为什么一个夏天又一个夏天?而不是春天,秋天,冬天?the summers 不过是表达“岁月”,不是指具体的那么一个又一个夏天;die 是死去,逝去,消逝,上文用了个“岁月”,下文正好用个“流”字,因为现代汉语惯用“岁月如流”这样的表达法。把 dreaming(在做梦,做梦之时,梦中,梦里)拆成“梦里”“梦里”,符合汉语诗词习惯,读起来不单顺口,而且传神。万一把这两句改成按字直译,恐怕就没有“神”了,而原作者那种“打油”味道则更消失了。

这是个极而言之的例子,我引来无非提醒大家,千万不要将自己所熟悉的语言文字习惯用法强加于人——不是怕得罪人,而是不利于文学事业的开展。

六

最后一点，编辑要会做文字宣传工作——例如写广告。

编辑要让你所编的报纸，刊物，图书能够为读者所了解，并且吸引读者来占有你的产品，那就要学会做文字宣传。因为谁最熟悉所要推广（推销）的文稿内容呢？不是别人，正是编辑。编辑是一切作品第一个读者，而且是具有鉴别能力的第一个读者。他知道作品的长处和短处。宣传，在某种意义上说，就是做广告。宣传完全不是贬义词——“王婆卖瓜，自卖自夸”；这王婆有她高明之处；总得说出她的瓜多么好，才能吸引人去买。不过给出版物做广告，有时却不能都说好，说得百分之百好，人家反而不信。有什么不足都兜出来，反而使人觉得你坦率，可信。既使人认为可信，就达到了宣传目的。

编辑学会写广告，看来是一件微不足道的小事，甚至还会被误解为“市侩气”。不应当这样理解。商品交换按商品的规律办事，怎么能称之为“市侩气”？

凡是干编辑这一行的都知道我国现代最大的两位作家——鲁迅和茅盾，都曾不止一次为他们所编辑的书稿做宣传文字。鲁迅编完瞿秋白的集子，取名《海上述林》时，他亲自撰写那一则著名的广告：

> 本卷所收，都是文艺论文，作者既系大家，译者又是名手，信而且达，并世无两。其中《写实主义文艺论》与《高尔基论文选集》两种，尤为煌煌巨制。此处论说，亦无一不佳，足以传世。全书六百七十余页，玻璃版印画九幅。仅印五百部，佳纸精装，内一百部皮背麻布面，金顶，每本实价三元五角。四百部全绒面，蓝顶，每本实价二元五角，函购加费二角三分。好

书易尽，欲购从速。……

好一个"作者既系大家，译者又是名手"；好一个"信而且达，并世无两"；好一个"好书易尽，欲购从速"。只有编完文集的编辑，才能够写得出如此确切而生动的广告来。我说，一个编辑可以而且应该为他所编过的文稿，写出实事求是而又吸引人的广告或提要、征订单来，应当把这看成编辑工作的延续。

茅盾为他所主编的《中国的一日》所起草的广告，也是一个编辑在这方面所应做到和所能做到的极好的范例。

他写道：

《中国的一日》

现代中国的总面目

这里有 富有者的荒淫与享乐
饥饿线上挣扎的大众
献身民族革命的志士
女性的被压迫与摧残
从本书18类中所收的500
篇文章里面，可以看出现中
国一日的或不仅限于此一日
的丑恶与圣洁、光明与黑暗
交织成的一个总面目。

一个编辑所要做的宣传工作，当然不止写广告——做注释，做索引，都可以归入广义的宣传，特别是做索引，这项工作要大大提倡。——检索是信息活动的最重要环节之一，不做好这个环节，就会降低信息交换的效率。不过这些方面的问题也很多，我看今天就不讲了。

上面讲了六点，时间太长了。作为结尾，我想提出编辑要练笔。

有一家出版社出过一个供编辑练习作文的内部刊物，这个刊物在十年浩劫后复刊时，我写过一篇短短的代复刊词，现在念给大家听一听：

> 一个编辑好比一个医生：他不但会确诊，他还得会用药或开刀。编辑不仅要判断一部稿子的好坏，有时他还必须拿起笔来帮助作者润色或者修改。因此，编辑必须练笔。
>
> "笔"是练出来的；不下苦功，"笔"是练不出来的。天生就会写文章或改文章的事，是从来没有的，宣传这种邪说的，是江湖骗子！从前一句老话："英雄乃苦练得来"，真可谓讲透了。
>
> 希望在出版社工作的每一个同志——特别是编辑同志，都来练笔，三年五年，把"笔"练出来，那就会把我们的工作水平大大提高，不是吗？

编辑练笔不是副业——写作是编辑工作的延伸，或者可以说，写作和编辑常常是"同步"进行的（我这里用"同步"是用得不对的，近来报刊上喜欢用"同步"、"反馈"、"倾斜"、"衰变"等自然科学术语，有时也像我这里似的，用得不那么确切），编辑练笔时不要觉得自己理亏，好像见不得人；当然，也不能说，所有编辑都必须写作，我不这样认为，现实生活也办不到，我这里是提倡编辑应当"练笔"。编辑有成为作家的，或兼为作家的，也有一辈子为别人"作嫁衣裳"的，默默地为作者服务一生，这也应当受到人民的尊敬。但是，即使默默做服务工作，也提倡他练练笔，练笔，只能有利于他的服务。

今天就讲到这里，谢谢各位。

1988年6月30日

选自《陈原出版文集》，中国书籍出版社1995年

总编辑断想

——演讲备忘札记

陈　原

【题解和思考】　1993年初,我应香港联合出版集团李祖泽总裁的邀请,给这个集团所属的若干出版机构的"老总"们讲一次话——我就作了差不多两个月的准备,写了两次提纲,然后向包括集团总裁副总裁在内的许多"老总"们讲了两小时,他们当中也有几位作了即兴发言。我写的提纲共30段——学维特根斯坦的哲学著作那样,尽力写成一些"警句";但力不从心,成文很不理想。讲时没有照念,给"警句"加了几倍的注释,才只讲了六七段。这里是根据我的两次提纲以及所能记忆到的当日发言的精彩论点,写成17段,没有头,没有尾,故名之曰"断想",作为我在出版部门工作半个世纪的结尾。

开　场　白

感谢你们给我一个机会,使我有可能回顾一下半个世纪以来走过的道路。我从来没有作过——也从未打算对我这方面的工作做个总结;因为我自知并非如我所敬仰的前辈那样,毕生全身投入这项工作,我不是一个配称为出版家的人。我是在民族危亡的时刻投入工作的,既不是为了找个职业糊口,也不想在这里"立言立功";我不过想通过这个工作,把我的一切献给祖国。我很少想过我能在这方面积累多少经验,即使有不少挫折和教训,那也已经时变境迁,甭说在你们这里,即在我们那里恐怕都已被认为过时。但是,今天我仍然硬着头皮来讲——请你们当作相知的朋友间坦率的谈心。我将要讲的句句都是真话,这是主要的。我讲,你们也讲。不求系统,不讲章法。我按照我写下的“警句”式的提纲,讲我往日很少讲而只能在朋友间谈心时讲的话。这可以说是我在过去五十几年工作的感受,多半是感觉上的,甚至是感情上的抒述,缺少理论性的分析。我首先请求你们原谅,我只能一段一段地不连贯地讲,讲到下班就算讲完,预先谢谢你们各位。

一 “书 迷”

十多年前,当“四人帮”的文化专制主义统治崩溃以后,有一段时期称做“拨乱反正”时期——那时,我曾在好几个场合做过关于出版工作者自我修养的演讲。我说,自我修养的头一条,应当使自己成为“书迷”。讲了几次之后,有人提醒我说,这样说不妥当。我请教这位贤者,怎样才妥当呢?贤者说,还是“政治第一”——出版家自我修养的第一条应当是政治修养。我想,也许这是对的,没有人能离开“政治”,不管你愿意不愿意,“政治”这个玩意儿无所不在,无所不能,你不管它,它要管你。因此,我后来再也没有讲那个题目了,讲稿也从未发表。今天,事隔十年,我又重新讲这个问题,并且坦率告诉诸君,经过又十年的探索,我仍然认为,作为一个编辑,作为一个老“总”,他的自我修养头一条还是应当成为“书迷”。如果他是从一个“书迷”走上老“总”岗位的,那么,他会体味出我的说法的涵义。如果在这个岗位上而还不成“书迷”,那么,我请他冷静地考虑考虑我的说法是否有点道理。

世间有球迷,有影迷,有歌星迷,他们——这些被称为“×迷”的人们,不为名,不为利,只是迷上了他们所爱的事物或人物——正所谓“爱我所爱,无怨无悔”!着了迷——就是爱到入迷——这些“迷”们，连性命都可以不顾，去“捍卫”他们所爱的“理想”，所爱的人和事，在这个世界上随处可见。(球迷闹事，不是在文明国家中也时有所闻吗?)书迷也属于这一族(这一“族”，香港式的说法)。书迷同球迷、影迷的定义、遭遇和景况，大致是相似的——不过书迷从不闹事，绝对不会大打出手。迷了，即失去了“名利场”的所有诱惑，只是迷恋叫做书的这种东西。古语云：“书中自有黄金屋，书中自有颜如玉”——这不叫书迷，这两句反映出一个钱迷和色迷的那种低级形象。书迷所迷恋的，决非“黄金屋”，亦非“颜如玉”，他们寻求的不是这些——也许他有点钱，也许他很穷，也许他有个天仙般的情人，也许他还是个光棍，但不论怎样，他仍旧见了书就着迷。迷什么？天知地知，你知我知，每一个书迷自己也知。古语又云：“开卷有益”。这句话有点劝善味道，当然同时也有点功利主义味道。我不反对这句话。但一个书迷却不怎么看重这句话，因为书迷心目中并不遵从这么一种功利主义的论断。迷了，着迷了，有益无益，大益小益，全然不管，这才叫做“书迷”。今语有云：“读书读得愈多，就愈蠢。”如果这是真的，那就首先要消灭书迷——但书迷却是自古到今都没有被消灭，而且历史证明书读得多不见得会变蠢，倒是不读书，或叫人不读书，那才愈变愈蠢。这是显而易见的道理，不必说明，其理自明的道理。所以书迷们不崇尚这样的箴言——他着了迷，风风雨雨，他还是迷上了书，他在这里有所得，得到的是一种高尚的情操，一种向上的理想，一种人生的乐趣，一种奉献的品格。有所得即有所失——失去了尘世的明争暗斗，失去了低级趣味的欲望，失去了愚昧和无知，失去了冷漠和无情。

有志之士一旦变成书迷，这说明他已将自己的一生奉献给这个事业——各种各样的奉献，倒也不一定成为出版家或名编辑，虽然也许他从事另外的职业，但成为书迷，则他已将自己献给书的行业了——他甚至变成收藏家、鉴赏家、书评家或者诸如此类的人物，甚至不是“人物”，而只是成为有高尚情操、有教养的文明公民，但这仍然是书迷。反过来说，把自己奉献给出版事业者，无一不是书迷。迷上了书，即迷上了这事业，百折不回头。局外人有耻笑者，管他呢——因为迷上了书。局外人有打击者，管他呢——水来土挡，因为迷上了书。钻入书林，迷上了书，然后知书味，知了书味，则什么闲言闲语，什么风险，什么打击，什么挫折，什么什么，都不怕了。

我极欣赏刚刚辞世(1993年1月6日在巴黎辞世)的一位世界著名男芭蕾舞大师——报上誉他为“本世纪最伟大的舞蹈艺术家”——雷里耶夫(按：香港报刊不知为什么译成这个名字，原名为 R. Nurayev 1939～1993)的一句名言。他说过：“从六岁起，我就娶了舞蹈。我就像一个天主教神父，我没有权利再结婚。”他终生不娶——只娶了“舞蹈”。他是舞迷。

所有伟大的出版家(或者自己愿望成为一个伟大的出版家)都自幼就“嫁”给或“娶”了书这个行当。他不是天主教神父，他也结婚，但他确实将灵魂嫁或娶了书这事业。他爱书胜过一切。他为书而生，他为书而受难，甚至为书而死。这种人是十足的书迷。没有这种痴情，成不了气候。打开中国近代出版文化史，举凡张元济，夏粹方，高梦旦，胡愈之，邹韬奋，叶圣陶，徐伯昕，黄洛峰，华应申，以及章锡琛，陆费伯鸿，汪原放，张静庐，无不是书迷。为书奋斗终身！

孕育这种“迷”情或“爱”情，各人有各人的出发点，不尽相同，但最起码的是对人类文明的向往和投入。书迷与文明共生，甚至于过着一种淡泊宁静的自我牺牲生活，具备一种虔诚的殉道者精神。默默地勤劳，做出无私的奉献。不是为了黄金屋或颜如玉，决不只是具有“职业”道德，书迷已超越了“职业”，他的职业性的责任感，已升华为对人类文明的奉献。

这就是为什么做一个真正的(如果暂不称为伟大的)出版人，

都应当成为“书迷”的道理。

二 系 统 工 程

我们所从事的出版工作，是一个非常复杂的系统工程；其所以非常复杂，首先是因为这项工程不是一般的物质生产，它是一项必须时刻具备创造性（或者充满创造性）的工作。出版这个系统工程不是一个简单的，或单纯的物质运动过程，而是一个富有创造性的精神产品转化为物质形态的复杂运动过程——也就是说，将创作物转化为书本的过程。

这个系统工程是由很多个子系统组成的，但它决非这些个子系统的简单和。出版——印刷——发行，通常都把这三个子系统作为这个系统工程的基本模式。在中国近代，由这三个互相关联非常密切的子系统构成一个复杂的系统工程基本模式，是由商务印书馆的创办人之一的张元济于1915年建立的。这一年——距今将近80个春秋——张元济在商务印书馆实行所谓的三所一处制，可以认为是这个系统工程的基本形态。所谓“三所”，即编译所，印刷所，发行所；所谓“一处”，即总务处，也就是现代用语“办公厅”。我要声明一下，出版这个系统工程，虽然常常表现出可以时时见到的三个子系统，但这个系统工程却是由不止这三个子系统——还有其他多个子系统所构成。

在这个系统工程中，每个子系统的运转，必须同前一个和后一个子系统协调一致，而且应当力求协调得完善无缺。这种前后互相衔接的，类似循环状态的子系统工程，完善无缺地协调的结果，不只保证了效率，而且更重要的是，保证了质量。而在出版这样一个复杂的系统工程中，质量是生死攸关的决定性因素。大而至于评论这个系统工程对文明文化发展的贡献，小而只论这个系统工程对社会公众（读者）的服务，质量始终是决定性的一环。质量不是抽象的(或者说,不只是指抽象的文化内容),而是具体的。任何一个子系统的任何脱节或任何失误,哪怕是很小的失误,都可能导致整个系统工程的溃败(如果不说溃灭的话),至少会使整个系统工程黯然失色。而光彩却是出版这个系统工程所以有别其他物质生产的系统工程的特征。记住:光彩是从质量来的;黯然无光,自然也是由质量引发的。

因此,首先要求出版这个系统工程的决策者,必须全局在胸;但这样还不够,还必须要求决策者尽可能多地关注并协调每一个子系统的运转。关注并协调子系统的关键之点在于,决策者应当了解并设法使得前一个子系统提前进入(或提前关注)后一个子系统的运行——这是一种颇为奇特的运行形态,或者可以更明白地说,两个必须互相衔接的子系统,应当提前交接,而不能将这两个互相衔接的子系统,在时间上和在细节上作简单的机械划分。1951年、1952年时,那阵管理出版的最高机构出版总署正在调节这个系统工程的一些子系统,我当时提出过一种见解,用那时的语言来说,叫做编辑工作必须挪前(即是说,编辑部的工作不是等稿子来了以后才开始,它应当在原稿形成的过程中开始),这是针对苏联马尔库斯关于出版社工作的组织领导那种机械运行(机械划分)的形而上学观点提出的,也是我主持编辑第一部《世界知识手册》(后来称为“年鉴”)的实践提供给我的启示。不过那时我仍然懵懵懂懂,未曾学过控制论和信息论(当时苏联教条主义把这些新兴学科一律斥之为“为帝国主义服务的资产阶级伪科学”),还不懂得最起码的系统工程涵义。

全局在胸,不失时机地协调子系统的衔接(交接)运动,这就是出版决策者最重要的思考——大机关、小出版人都应当作如是观。

三 文 化

出版物——我在这里特别指图书——是文化和文明的集中表现。一个时代的文化,一个社会的文明,在很大程度上蕴藏在图书里,当然,它——文化和文明——最初表现在图书里,然后传播到这个时代这个社会的一切角落;尔后蕴藏起来——这时叫做文化积累。图书,在任何情况下,都是传播文化和积累文化的最有效的工具。

我这里说的文化、文明,是广义的,而不是狭义的。这是指全社会在一定时期内精神方面和物质方面所创造的意识、习惯、知识、智慧……各个部类的总和。我故意说得抽象些,目的是使各位的思路往更广阔的空间走去。

到此刻为止,可以说再没有比图书这种媒介更能打破时空限制,打破物质条件限制更为有效,更能传之久远的东西了。中国是保存古代图书最多的处所——因为中华民族最初制成了纸张,最早发明了印刷术,同时得加上负面效应,即两千年来对文字的灵物崇拜(请想想旧时代的标语:"敬惜字纸",凡有字的纸都是值得膜拜的对象),图书被神圣化了——好的一面是保存古书最多,如上所说;不好的一面是重收藏而不重传播:图书馆往往被称为藏书楼,其义在于"藏"。兵灾火灾水灾以及文化专制主义的统治,确曾毁了很多书,但现今保藏的古书恐怕仍占世界首位。古代埃及阿历山大图书馆藏书也很多,抄本也很多(历史学家威尔斯说,那时规定凡到此港的船只,如有图书或稿本,都必须给这个图书馆留下一份抄本——那时没有复印机),但被入侵的大将军一把火烧掉了。在这个意义上说,我国的文化积累,靠着图书完成得比较好,因此,从理论上说,文化和文明应当是很高的。其所以不够现代化,一因王朝封建统治太长,禁锢了文化的发展;二因近代以来,列强入侵常常破坏了文化积累和流传;如果说有第三,那就该是那场史无前例的“文化大革命”带来的灾难性后果。

历史上曾经辉煌灿烂的玛雅(Maya)文化,玛雅文明突然中断了。现今世界上只剩下三部完整的书,是用玛雅文明的图形文字写的——而这三部书都被欧洲入侵者劫掠了去,存放在欧洲三个国家的图书馆。玛雅文明的突然中断,其原因至今还是一个谜。10 年前我去中美洲,带着浓厚的兴趣顺便去找寻文明忽然中断的答案。众说纷纭,莫衷一是。什么学说都有,比如天灾人祸,乃至外星人或地球外的毁灭力量等等,没有一种理由能使人信服。也许将来要靠发掘考古,才能找到正确的答案。由于没有传下来的书(可恶的入侵者曾大规模烧书),这个谜就更加不好解决了。

这似是题外话,但也是题内话:没有书的世界将是一个谜样的世界;没有书的社会将是一个不文明的社会;不重视书的民族,将不能积累自己的文化,提高不了自己的文明程度。

因此,书迷的本质意义就是沉醉在文化与文明的海洋中,为保存、发扬文化传统而作种种的活动。书迷,其所以着迷,决不是由于一己的偏爱,而是因为他全身心浸淫在文化与文明中,为这文化与文明所滋养,同时为保存和促进它的发展而作出没有功利之心的奉献。

文化——这是人类在自身的历史经验中创造的包罗万象的文明综合体。图书,就是这个综合体的储存库,传播媒介,解释工具以及把它自身推向前进的推进器。

四　导　航

当我初入出版界,很天真,也很幼稚——我直觉地认为生活书店只要有一个邹韬奋,就能够“起飞”了。我初入“新知”,后来才去“生活”;我在“生活”工作时,邹韬奋已经辞世了,其实我从未见过他，但我钦佩他，甚至崇拜他。我做了 20 年工作，然后知道，生活书店如果只有一个邹韬奋，“起飞”不了，还必须有一个徐伯昕——一邹一徐，然后事业才能兴旺起来。但直到那时，我还没有觉悟到，仅仅邹、徐奋力苦干，生活书店也只能厕身“书林”，而它本身决不能成为“乔木”。又 20 年，我才隐隐感觉到在这两个志士的背后，还有一个表报上看不见的人物，那就是胡愈之。直到胡愈之辞世，我才顿时发现，生活书店的“腾飞”，其实是一邹一徐一胡。胡愈老亲口跟我说过，他在生活书店什么职务也没有，什么名义也没有，但很多事情都有他的“轨迹”，即如把“生活”办成一个合作社性质的人民文化机构，这章程也是他起草的，但把这种设想变成现实的，则有邹有徐。这个看不见的人物，在生活书店是胡愈之。“胡愈之”可能是一个真实的人，也可能意味着一群人，这一群人是先进的思想者，他们或者是松散的组合，或者是紧密的组合，视具体条件而定。总之，需要这么一个或一群思想者在那里“导航”。

实际的（或抽象的）胡愈之是导航塔；而邹韬奋是机长（和机组），徐伯昕是地勤。导航——机组——地勤，这当然是个不十分确切的比喻，但我想用这样一个容易了解的比喻，来说明我干了 40 年才懂得的浅显道理。

证之对中国近代文化教育有过重大影响和作用的商务印书馆，其道理也是如此。有一个时期，我曾以为商务印书馆只因为有个张元济，才能从零生长起来成为有声有色的大事业。只要有一个张元济，便能创造出一个商务印书馆。——正如没有经历过本世纪头 30 年的一般人，以为商务就是王云五，王云五就是商务。商务之所以能成为商务，因为有个王云五；有个王云五，就能创出一个商务。直到 80 年代初，很少人知道创业艰难时期，幸赖一个张元济。这些且不去管它。我说的是只要有一个张元济（或者后来人们所说，只要有一个王云五），商务印书馆就能腾飞，这种认识其实只是合乎表面的实际,或者说合乎实际生活的表层。

近年人们知道张元济了,但又忘记了与他合作无间的夏粹方。张元济说过,是夏把他“拉”到商务来的,他们合作了 12 年(1902 ~1914 年),用张元济的话说,是两人“情意相投”,真可谓到了乳水交融的地步——一个张元济,加上一个夏粹方,这就奠定了商务印书馆腾飞的基础;其后的“黄金”时期全凭这坚实的基础。1914 年夏被暗杀,如果没有高梦旦,仅仅一个张元济,也很难支撑这个刚刚开始“腾飞”的局面。从 1902 到 1926 年——这可说是商务的“黄金”时刻——经历了辛亥革命和五四运动,其后还经历了“五卅”爱国热潮,商务在这多难的时代中,对中国文化教育科学事业,确实做出了难以估量的贡献。这是历史已经证明了的。但是在探索商务的馆史时,往往忽略了一个“看不见”的人物,即蔡元培。蔡元培是商务的精神支柱。蔡元培——精确地说——不是一个人,他代表着上个世纪末到本世纪头一个时代先进的智者群。商务印书馆的张元济——夏粹方(高梦旦)——蔡元培,正像生活书店的邹韬奋——徐伯昕——胡愈之。这样的“结构”,也只有这样的“结构”,一个出版机构才能在“书林”中长成为“乔木”;只有如此,才能“腾飞”。如果没有这种“结构”,无法想象令人目眩的“腾飞”。也许这是近代中国出版事业的特色!?

五 金 字 塔

人是最活跃的生产力。无论在什么场合,都如此。

一个人,带领一班人;一班人,指挥一群人。这就是现代出版事业的金字塔式指挥系统。即使在信息化时代,金字塔指挥系统也还是有效的生产方法。

处在金字塔最高处——尖端的那一个人,是个关键人物。历史证明:既不能夸大个人在历史运转中的作用,也不能缩小或不承认个人在历史进程中的作用。这个人,不是神(神永远是正确的,但他是人,有时在决策上也会犯错误),不是土霸(土霸永远是蛮不讲理的居高临下的恶棍,但他不是,他是众人中的一员,他发号施令,但决不专横跋扈),不是帮会"头领"(头领任意生杀予夺,集体所得的一切都首先甚至完全归他享用,但他不是"头领",只不过是在事业上指挥一切,而在人际间处于手足之情的地位,他"从善如流",并且如俗话所说,把艰难留给自己,把荣誉送给别人)。

这样一个人,作为指挥者,必须视野无垠,胸怀全局;而作为一个"人",他必须心胸广阔,虚怀若谷;且时刻关心他手下的一切兵将,分享手下所有人的苦乐,他从心底里"爱"着他们。

这样一个人,必须有巨大的魄力,但他决非独裁者,不独断专行——何况他还有一班人,一班人的智慧集中到这个人的脑际,作出决策。制定决策时是果敢的,实现决策时更需要果敢。在这个时候,从隐喻的角度说,他是一个"独裁者"。在指挥战斗下决心的那一刹那,他必须运用他高瞻远瞩和全部经验与智慧,非常果断地主宰一切,命令一切,指挥一切。

那一班人是这一个人的参谋部;但又不是通常意义的参谋部,要比一般所认为的参谋部重要得多,是参与而不只是参谋。一班人参与决策,而不仅仅是"参谋参谋"。

这一班人率领着一群人为实现决策而无私无我地劳作。这一群人来自五湖四海(不是各级领导人的子女,不是他们的亲信或"死党",不是他们的"自己人"),却又能"万众一心"。只有这样,才能"千方百计"地实现决策,但他们决非唯唯诺诺之辈,更非阿谀奉承之徒——他们必须有创造力。没有创造性的劳动,是奴隶劳动,达不到腾飞的境界。

六 原 动 力

这个系统工程的原动力是什么？或者换一种说法，起动这个系统的力量是什么？这是个抽象问题，可同时也是个具体问题。在西方世界，或者我们称之为资本主义世界，也不能把这个问题的答案简单归结为：驱动这个系统工程的原动力是利润。不，不能，即使是在西方，也不能如此简单化论证。否则就不能想象剑桥大学出版社会支持李约瑟博士去搞那惊人的巨大工程（中国科技史）；否则就不会让一部描述西方要消灭的“幽灵”的书《红星照耀中国》(Red Stars over China，即《西行漫记》)在纯商业性出版社蓝灯书屋(Random House)出现。

在我们中国，积弱百年而今一旦崛起的中国，情况更是如此——更不能把这个系统工程理解为利润驱动一切。抽象地说，此时此地，我们系统工程的原动力是一种对自己的民族，对自己的家园，或者扩而大之，对整个社会进步的爱和关注。没有这种“爱”，没有这种“关注”，就缺乏起动和驱动的原动力。所以张元济以“开发民智”、“振兴中华”为已任；所以他和他的同事们，在长达数十年间，在荆棘丛生的漫长道路上，在风风雨雨的日子里，从未间断（至少在主观意志上）推动这个事业前进。

如果单纯把利润作为这个系统工程的唯一原动力，那就必定导致社会的蜕化。这当然是可悲的，而且时常是短视的人们所想不到看不见的。但是不要误解我的论点——真理再走过头一分便变成谬论，哲人这样说。要驱动这个系统工程，它必须及时取得利润——否则何来再生产？否则这个系统工程就没有经常维持继续前进的动力了。

革命家梦寐以求的是改变现实的秩序；追求更加完美的境界。

学问家梦寐以求的是创造精神财富，以创造性的探索和创造性的劳动,使人类社会的精神世界更加美满。

事业家梦寐以求的是要增加物质财富,凭借这增加了的物质财富,使社会成员的物质生活更为丰富多彩。

那么,出版家呢?出版家梦寐以求的则是将精神财富变为物质力量。这说得太抽象了,但也只能说得如此抽象。

没有原动力的系统工程是没有生命力的,没有后继力的系统工程则难于往前不断推进,生命将会完结。

七 凝 聚 力

凝聚力不只是测量一个决策者水平高低("本领")的标尺,而且必然是促使这个事业兴旺发达的关键。通常说凝聚力,指的是事业单位内部人员的团结,然而就整个事业而论(或者就这个事业的决策者而论),凝聚力还不止于内部成员的聚合——它包括一种吸引力,吸引著译者(作者)乐于为这个事业服务,因为这个事业像对待自己人那样尽力为他们服务;凝聚力还意味着将一批一批读者吸引到你的周围,到你的事业的周围。而凝聚力往往不是一天能够养成的,它主要(或很大程度上)决定于在金字塔顶端那一位决策者。那一个人,他的品格(品格包含着多方面的意义)甚至于形成一种西方思想家所称的"个人魅力"(charisma)——个人魅力不是个人崇拜,不是个人迷信,魅力不是要别人膜拜,魅力是一种令人衷心诚服地凝聚在他身边的那种气氛。中国一句老话,"士为知己死"——你可以批评这句话带有浓厚的旧式士大夫味道——我在这里用作隐喻:知己,就是一种魅力的表现。它包含着相互理解和相互支持,不但是理性的,而且是情谊的。可见绝对不能或不应把凝聚力单纯归结到情感方面,即现下所谓的"感情投资"。感情是重要的,但不作为投资;感情在形成凝聚力上是重要的,可不是主要,或不是最主要的。主要的是决策者那种献身精神，那种“爱兵如子”的精神，一往无前而又在任何方面千方百计保护和壮大他的队伍那种创造性。惊人胆识，雄才大略，果敢，严厉，再加上人性的关怀和温暖。

当一群人自觉自愿地也沾染上这种精神，当一群人意识到自己不是被雇佣或甚至被奴役的“工具”时，他们就不知不觉、自然而然地凝聚在金字塔的周围。这不是个人崇拜，不是个人迷信，不是感情“投资”，而是带着崇高理想的“人性”复归。

凝聚力强则事业兴旺发达，历尽坎坷而由衰转盛；失去凝聚力则整个罗马也会在大火中化为灰烬，如尼罗王朝那样。这似乎是抽象的，但它是可以捉摸的。

当凝聚力强到一定程度时，决策者应当警惕：过大的凝聚力会导致排外的宗派倾向，导致关门倾向。

试翻开商务印书馆头30年的历史，或生活书店从创立到并入三联书店的历史，都可以为我的抽象议论——所谓“凝聚力”——作证。

八 “衣食父母”

“作家是出版社的衣食父母”。

这是50年代初一个哲人留下来的箴言——从60年代起，即从“阶级斗争为纲”成为每一个人所必须“信服”并实行的年代起，这句箴言就不断挨批判，到那绝灭文化的一场“大革命”中被彻底否定了，多少人因为仅仅传播了这句箴言挨斗啊。不幸，我是头一个传播者，因为是我最初亲耳听到那位哲人这样说的，我认为这隐喻很有启发，于是把它向所有的“金字塔”传播了。

了得？作家是我们的“衣食父母”，那么，人民呢？党呢？你把人民扔了，把党扔了，你做“作家”的孝子贤孙去了——这不是反人民反党了么？

极“左”思潮貌似君子，尽说冠冕堂皇的上纲上线的大话。谁扔了谁？谁也没扔谁。只不过说，如果要办出版社，决策者以及他那“金字塔”的人们，心目中时刻要记住依靠作家（广义的写作者）。“人民”，“人民”，是个抽象的集体，怎么依靠？况且作家不就是“人民”中的一分子么？没有石油，能采石油？没有煤炭，能采煤炭？开采公司没有原料，没有技术，没有生产工具，没有工程师，没有技术工人，能开采么？同样，出版社没有作家，换句话说，所有著译者都抵制你——光有一个人，一班人，一群人，办得成么？这本来是很浅显的道理——而“衣食父母”只不过是一种比喻，比喻终归是比喻，上纲上线也没用。

作家无论如何过去是，现在是，将来仍然是出版社的“衣食父母”。

或者换句传统说法，更容易被人接受，也许能避开极左思潮的袭击。那就是伯乐与千里马的说法。千里马常有，而伯乐不常有——古人如是说。出版社应当是伯乐。它用种种方法去找寻千里马，甚至用种种方法去孕育千里马。前句是近景（找寻），后句是远景（孕育）。

可以举出很多出版人“发现”千里马的故事。中国有，外国有。胡愈之和叶圣陶“发现”和“推出”巴金，这就是近人都记得的例子。现在世界上都知道有个李约瑟博士（Needham），他以研究中国科学技术发展的历史，并且跟西方的发明相比较闻名于世——但当年如果没有剑桥大学出版社社长（金字塔顶端那个人）柏巴列治（Peter Burbridge）的“发现”和“支持”，李约瑟能做出这样的成绩么？

这位出版家确信沟通中西文化的重要性，当李约瑟从重庆当科学外交官后回到伦敦时，这位出版家确认只有像这位博士学者，才能担当起这重任。当无人愿出资去支持这项眼见不会获得巨额利润的研究写作计划时，他出钱为这事业开拓一条路，建立了一个以此为目的的“东亚科学史图书馆”（这个图书馆直到几十年后即1987年才迁新厦改名“李约瑟研究所”）。

我早年去访问东亚图书馆时，蓦地想到张元济办的“东方图书馆”——可惜这个藏有许多珍本善本和万千卷方志的图书馆，毁于日本军国主义者的炮火。

也许这是从某一个角度去了解“作家是出版社的衣食父母”的涵义。但这样说，是为了反对那种近视的说法，作家是出版社的负担，或者说，作家不过是出版社获取利润的工具（从另一个角度去了解这句箴言，也可以得出作家是出版社赚钱的资本——这也不坏）。

出版家以作家为“衣食父母”。他“找寻”并“发现”了千里马，然后支持他——从精神到物质——使他成为众所公认的“千里马”。出版家拥有的千里马愈多，愈能把出版社办成积累文化和传播文化的“大学校”。上面说过从精神到物质去“滋养”千里马，那不就是把他当作“衣食父母”么？

不能用“慧眼”发现千里马的出版家，跟已“发现”了千里马而不肯依靠他为“衣食父母”的出版家，同样不能算作一个有远见、有卓识、有胆量的出版家——甚至可以略为夸大点说，他一开头就被打败了。

九 “晒 鱼 干”

“书存放在仓库里，就等于鱼晒在太阳光下”。这就是我说的“晒鱼干”。

那是在“一面倒”的日子里，一个洋出版家说的“警句”。确实是警句，它使我几十年记忆犹新。

书——变成鱼干。太可怜了。书印成后，销不出去，或者不是销不出去，而是发不出去，只好放在仓库里，像鱼晒在阳光下一般。

书变了鱼干。鱼晒干了可以腌成咸鱼，但书不能晒成“咸书”。（广州话“咸书”还有另一层意义，即黄色读物，那就更糟。）书被晒干了就消失了自己的作用。多么令人伤心啊！

书出不去，通常有两种情况，一是发不出去——销不动；一是不发出去——前者是价值问题，后者是方法问题。不发出去，那好办，渠道不通，就开通渠道；人力不足，就雇临时工，钟点工；甚至采用香港市场所惯用的方法“疯狂贱卖”（crazy sale），“清仓大甩卖”，一折八扣，总可以解决。伤心的是发不出去——没人要。出书不对路，或者跟着别人屁股后面走，往“热门”钻，人家“热”过了，你才来“热”，过时了。这还好，只不过人家手疾眼快，你大少爷不在乎，“一慢二看三通过”。最可悲的是出了一堆没有生命力的书，没有生命力的书因而就没有生命，没有生命的书，有谁要？没有生命力，就是没有质量，没有创造性，没有知识，没有文化。而精神产品所必需的，都没有。那变成一堆垃圾。垃圾能“发”出去么？对出版家来说，再没有比这更悲哀的事了。

能不能由这一警句得出如下的推论呢？——推论是，仓库中不存放一册书才好，或者根本不设仓库。不能也不应作出这样的推论。从出去不出去的角度看，书有两种，一种是畅销书——书一出来就被抢光了，无书可入库；一种是常销书——年年月月都有新读者要买。比如古典学术名著，决不能像一部古本《金瓶梅》那样，一上市就卖完了。古典名著总得有一批存在库里，每年投放若干，也就能满足市场需要。牛津大学出版社有一位出版家曾告诉我，这类书大致每次印 5 年的销量，例如估计每年能销 600 册，就印它 3000，5 年后再考虑重版。总之，常销书因品种不同，因内容不同，因读者群的水平不同，每一种书都可能有不同的存储量，这叫做合理存储量，不能称之为“晒鱼干”。

出版家一发现晒鱼干现象，他必须深刻自省——是什么障碍使鱼不能得水呢？是市场不需要？是一阵风吹过了？是书本身没有生命力？是书名不能吸引人？是被人遗忘了？是人手不得力？……

务必消灭“晒鱼干”现象——仓库中只能保留某些书的合理存储量。

十　名　利

出书无非为名为利。

乍听,这句话似乎不是我说的——我上面讲过多少动听的话;乍看,名和利这两个字俗不可耐,完全是市侩气。但细心思量,不能不为我上面那句话拍手叫绝:说的是真话。

无论是作家,无论是出版家,出书都是为名或为利,或名利双收。当然这有个前提,这是微观。还有宏观的看法——出书是为了济世救民,为了文化积累,为了开发民智,为了在知识大厦添上一砖一瓦。这都对。如果单纯为求名而出书,故作惊人姿态,其结果仍不得名,甚至相反,得一臭名;如果单纯为求利而出书,伤天害理,搞西方所谓“成人”出版物,或者推出平庸而毫无存在必要的书,或花言巧语骗取读者一时的信任,其结果也许成百万富翁,可是我劝这些投机家不如拿钱去炒股票,炒地皮,炒什么都成,可千万不要炒“书号”,炒书号就是炒人的灵魂——何苦呢？不就是为了求利吗？何苦炒人的灵魂,就算没有炼狱,何苦去炒灵魂？干脆做一本万利的玩意儿,心安理得,别干这一行。

那么,为什么又说出书无非为名为利呢？因为这是一个严肃的出版家在日常生活中所必能遇到,并且必须遵循的“规律性”东西。——书,固然不能希望每出一本都能赚大钱;但也不能设想专门为亏本而出书,那样做,即使你有个金山银山,也命不久矣,何况你还没有。能不亏本,或虽亏本而能立招牌,那就叫做“为名”;不害人的灵魂而能赚几个钱,可以进行再生产,那就叫做“名利”双收。一部亏本书也不出，文明亦将绝灭——只出亏本书，文明亦将绝灭。正是：所为何来？

为名也好，为利也好，重在一个词："质量"第一。没有质量，名也利也都是空谈。前时这行业羞于谈"为名为利"，近时这行业却热衷于"唯利是图"——悲也乎，奉劝误入这行当者行行好，快改行罢！

十一　市场"导向"

没有市场观念，就没有现代化——现代化离不开商品交换。因此，对于我们这样一种系统工程，市场观念是很重要的，甚至是极重要的；但市场观念决不等同于市场导向。对于我们中国大陆此时此刻来说，也许提加强市场观念比之提市场导向更为有利些；而以我本人的经历，始终认为像出版这种系统工程，决策者加强市场观念是十分重要的，但我始终怀疑我们这样的系统工程，是否必须依循市场导向。也许在例如香港这样狭小的图书市场，我的经历是完全不适用的；也许在比较狭小的空间来说，市场导向有极重要的意义，但对于具备大空间条件的社会，尽管其他系统工程可以百分之百依循市场导向，可是我们这个精神产品的系统工程，我以为不能那么绝对化。

如果没有市场观念，势必为生产而生产，不知道公众的需要，生产出公众所不需要的东西，其结果就必然导致"晒鱼干"现象。但是以开发民智和积累文化为目标的出版家，决不百分之百地服从这个市场导向。他必须有十分深刻的市场观念，还不止此，他还要有更大的抱负，即在某种形势下（或者说，具备一定条件的现实环境中），他要"导向"市场——即诱导市场，也就是创造一些条件，采取一些有效的措施，把读者诱导到他出书的方向上去。当然，这需要有远见并有魄力的"大手笔"。

市场观念从何而来？不是从天上掉下来的，不是决策者本人主观臆测来的，而是在实际生活和实际调查的基础上，加以认真的比较研究和理性的推断，才能形成正确的市场预测（或市场评估）。抽样调查只能给出有限的数据，还必须对这些数据进行正确的处理。看不见当前的市场需要，等于瞎了眼乱闯；看不见市场的未来，那就是近视眼，要赶快戴上近视眼镜。

新近"失足落海"的国际出版商麦克斯威尔（Maxwell）曾对我说，决策不能百分之百按照计算机的数据和一般的程序所给出的结论。他的话饶有兴味。他的话是 14 年前在他家里跟我说的，这句话包含着对市场导向和市场观念的辩证观点。他"自行"失足落海，据我看，另有复杂原因，至少不单纯是市场问题，这且不去管它。

出版家当然明白，书出后变成"晒鱼干"，那等于自杀。但单纯追逐市场需要（而不加具体分析推断），那是一种危险的"投机"。出版社不能只出亏本的书，但出版社也决不能出只能赚大钱的书。每一本书有每一本书的作用——那种把利润"指标"分给每一个编辑的做法，是不可取的，连资本主义经营也不能允许的，且不说对于文化和文明只能（或者极有可能）造成的负面影响。这样分指标，本质上还是僵化了的计划经济模式所遗留下来可笑的残余。

十二　敏　感

必须有敏感。必须具备很高的敏感力。一个成功的出版家——或者说一个有重大建树的出版家，必须养育出超人的敏感；甚至比炒股票还要有更高的敏感！俗语说，"一嗅即灵"——只要用鼻子去嗅一嗅，立即能分辨这个可以做，那个不可以做，这就是超人的敏感。这不是神话——更不是迷信，不是玄之又玄——敏感是长年累月的经验总结加上对一切方面(环境的,市场的,作者的,读者的,主观的,客观的)理智分析的结果。敏感绝对不是过敏——过敏是极"左"思潮的产物。过敏因而也是极"左"分子(香港叫做"左"王)借以排除异己、"捍卫"自我的产物。看到了事物刚刚露头的开端,便能推断它的发展,它的成长或它的溃灭,正所谓见到开头便预测到结尾,且往往百发百中——这就要有超人的敏感。而过敏的"左"爷们则如鲁迅所谓,见到女人的裙子,就立刻想入非非。过敏症在国内肆虐了几十年,惨矣哉——不知多少人受过这种患者(不幸他们又有权有势)的摧残。见到 A、B,不推论为 C、D,却立即联想到字母表末端的 X、Y、Z,而这几个字却都代表未知数。50 年代我和亲人说过笑话,我说《人民日报》每天有天气预报,它说今日下雨,即使是大晴天,你也得相信今日下雨——因为你若在事实面前(即使有驳不倒的事实)不相信报纸上的天气预报,那你就不相信党报;你不相信党报,那就意味着你不相信党;你不相信党,就是反党;反党,就是反革命！唉唉,过敏症得出的结论多么令人战栗！我的亲人往往哈哈大笑,一笑置之,未向外人讲过,设若讲过,则过敏症患者(随时随地都有)必定首肯我的惊人的推断力,而我或者早已做了大官,或者北大荒去也。无论前者还是后者,总之都不能像今日一样,与各位老"总"畅叙了。

话说回来。一个传播单位的决策者必须有超人的敏感,这一点我深信不疑。有敏感才能避免近视,避免因小失大,避免平庸,避免因循苟且。五六十年代我们那里的老"总",首先要有异乎寻常的政治敏感,那时是"政治第一",政治第一的深层意思不是别的,而是"阶级斗争一抓就灵"。80 年代以后,我们那里的敏感,可能完全不是,或可能不全是政治性的,或者许多决策者具备的敏感,已经完全不是政治性的——不过我以为还是多少带一点政治性,未始没有好处——这合乎常理。但愿春常在,阿弥陀佛！如今的出版家恐怕头一桩事就是对市场要敏感。(至少不比炒股票的差！）对市场的需要麻木不仁，对市场的冷热摸不准，对市场的趋势猜不透，对市场的潜力看不见——特别是对潜力看不见——事业必将导致全军覆没，至少是一蹶不振。辛亥革命前夜，张元济看不到民国兴起后的市场趋向，把日趋兴盛的商务印书馆一下子推向失败的边缘；而从他手下杀出来的陆费逵，却比这位伟大的智者对未来的市场具有更大的敏感，拉出小小的队伍便成了大气候，这便是中华书局，与商务对峙了整整一个大陆的“中华民国”时代。敏感是多么可贵啊。有经验有见识的出版家，鼻子真灵！中国如此，外国何尝不如此！30 年代“企鹅”丛书的老板阿伦（Allen），以一包香烟的价钱买了一本平装书的新“措施”，在最保守的英国掀起了纸面平装书的热潮，他的鼻子可灵啊——对市场潜力的敏感，不是明明白白有很大作用么？

对潜力的敏感，是极重要的。过去，现在，未来——前两者是基础，有这基础，然后才能推断未来。没有科学头脑，谁也不能知未来；但没有过去和现在，则科学头脑也不能知未来。油田是亿万年就存在的，发现油田，却是难矣哉——伯乐不常有，而千里马常有。——发现油田而要测出它的蕴藏量，则难上加难——不知油田的未来而盲目开采者，大有人在，然而不可取。敏感在这里成了科学计量，敏感不是直觉（有时当然也包括了直觉）。

一个老“总”对成品出去以后，也应有敏感——别听之任之，更不能麻木不仁。忽视和漠视产品在人世间的“命运”，那也会产生严重的后果，不过当日看不见就是了。

没有对作者潜力的敏感，这个事业将得不到辉煌的发展。作者的现状是摸得着的，而作者的潜能则要靠敏感。发现和驾驭千里马困难，但要求千里马驰骋沙场或跋涉长途——更难，没有敏感，成不了大器。

嗅一嗅就知道现在未来，应当作科学地理解。

十三　自我调节

比起提倡出版社开饭店,办卡拉 OK 来,我认为提倡“以书养书”更为有益。“以书养书”者,即在一定期限内,出一定比例能赚钱(以便扩大再生产)的书,来弥补一定比例不能赚钱甚至亏本的书(在学术上或在社会需要上有价值或有急需的书),这当然是一种可取的方法。中外古今,无一例外。“一面倒”时期,我问过苏联最“高”的出版社(国家政治书籍出版社)的老“总”,我说,你们书价特低,印数特多,赔本怎办?他说,有“保险”。“保险”不是保险公司赔偿损失的那种保险,而是有一两个品种“保险”能赚大钱。我问他你们有什么?他说靠每年出案头知识性日历,这种日历是垄断性的,只许它一家出,别的出版社不得出。这日历的一面载日常需要的信息(月日,星期,日出,日落,节日……),另一面载知识性读物(是日生卒名人传记,是日古今大事,是日在历史上发明发现,等等)。这种“保险书”,人人每年都必买一“本”,机关也得买,而且不用行政命令,彼时彼地不容你比较选择,保险赚钱。他说各个出版社都有“诀窍”,看来这办法还是上面定的——这就是计划经济产物——现在这办法不行了。但出版一部或几部“保险书”的思想、精神(当然不是靠“钦定”)却是可取的。

我把这叫做“自我调节”。自我调节是一切有机体生存和发展的内在因素。生理学家坎农(Canon)本世纪初提出的生物体都有 homeostasis,即自我平衡,自我稳态,或叫内稳态,本质上就是自我调节。控制论提出“反馈”观念,反馈就是为了调节。自动机是建立在仿生学上的——仿制生物体的机制——因此自动机也时常自我调节。冰箱(香港叫雪柜)也自我调节,温度总保持在一定的程度,既不过分耗电,又不致妨碍保鲜。出版这个系统工程也必须有自我调节——而决策者,老“总”们,要充分地利用自我调节。

任何出版事业都可以在自己走过的历程中,找到自我调节的杠杆——这要靠决策者的聪明、才智、经验、魄力。对"实绩"("演绩"'Performance'对不起,我用了控制论的术语)进行认真地、长期地、细致地观察和概括,决策者总能找出自我调节的杠杆。

我在研究商务印书馆的档案资料时发现了一个前人未曾提到过的史实——原来商务曾经设立过一个"益智"玩具厂。商务有印刷厂,仪器厂,文具厂,甚至电影厂,人们都提过,但从前没有人注意它有一家专出"益智"玩具的工厂——生产能动的车子,火车,各种棋子,万花筒以及诸如此类的儿童喜爱而价值不高的各种玩具。我还发现每年结账,这个玩具厂的生产码洋(产品总值)很不低——当然,利润也不低。在那个时代(20 世纪头 20 年),这个"机制"是符合自我调节原理的——商务印书馆没有办舞厅(那时上海最赚钱的机关),却办个玩具厂,可谓深得我心矣! 张元济之所以成为张元济,我由此略悟一二。

十四 "杂 家"

30 年前,一句名言:"编辑是杂家",诱发了一场"大批判";这句名言同现实政治有什么关系呢? 甚至同"阶级"或"阶级斗争"也没有什么关系。但它却被"四人帮"(那时还没有结成"帮")的文痞姚文元带头大张挞伐——硬说这种论点就是"反党"。警句闯下一场大祸,多少人因此而受到精神上的折磨,文网之密,可谓到了极点也矣。极"左"思潮之可怕,可笑,可恨,可憎和可鄙,由此可证。

编辑是杂家——现今看起来,对,也不对。

其所以对,因为编辑是作品的第一个读者,第一个鉴赏家,第一个评论员,第一个影响决策者(如果他上面还有决策者的话);而"作品"是千变万化的,即使一门学科,也是很杂很杂的。比方你这位编辑是个历史学博士,那你也会遇到你所不内行的稿件——你也许是罗马史专家，可是你碰到一部希腊史，怎么办？退稿乎？不看乎？闭目签发乎？一推了之乎？通通都不是办法。所以，编辑的对象是“杂”的，也就决定编辑是个“杂”家。这是很浅显的道理。编辑主要不是专门研究家（当然也不妨碍一个编辑成为某一个专门学科的研究家），编辑主要也不是作者（当然也不妨碍一个编辑成为一个很好的作家），编辑面对的是十分“杂”的原稿，各门各类的著作家，他不能不“杂”起来。在这点上说，编辑是“万金油”。但这丝毫没有一点点贬义。有万金油比没有万金油总好一点吧——否则万金油怎能到处畅销？既如此，则编辑生来就是“杂”家，他必然“学贯中西”、“博古通今”，这本是褒语，有时却也令编辑悲哀，一辈子“打杂”，岂不悲乎？

上面说，这句名言又对又不对——其所以不对，是不完全。它只道出了编辑的一面，编辑不能只有这一面，或者更准确地说，编辑应当有自信力有能力有耐力有毅力冲破“杂”的一面。杂家与杂文是两回事。编辑可以成为杂文家——那时他已冲破了“杂家”的一面。编辑完全有可能在“杂”的基础上“专”起来，“专”起来仍旧从事“杂”的工作，这就是一个高级编辑——叶圣老（圣陶）常自称为“编辑”，其实他已经“专”到无人敢说他不“专”的程度了，但他仍旧爱好并坚持“杂”的行当。

“专”了一门，一通百通，百理自融，然后可“博”。博而能“杂”。杂与专是辩证的对立，不要害怕“杂”。

十五　始和终

最初的一步（始）和最后的一步（终），对于决策者来说至关重要——对于以出书为自己职责的决策者来说，则尤其重要。俄谚云：量七次，裁一次。踏出最初的一步关系到全局的成败兴衰；但绝对不能忽视最后一步——这一步是自己的系统（在一定时期内可能是个封闭系统）迈向社会公众的决定性一步。“亡羊补牢”，将在迈出这一步之前一刹那实现；跨出最后一步，一切都成定局，只能等公众的判决了。

最初的一步就是出题目——行话称“选题”，提出一个选题（不论还没有成稿或已经有了成稿）是极严肃的事。经过比较，探讨，争论，作出最后的决定——要，或不要；接受，或放弃；只能有正和反两种选择，这是“命运”的斗争，决不可掉以轻心。应该考虑到这个选题是否符合公众的需要（或者是大众的普遍需要，或者是专门家的急迫需要），是否有过前人的成果（能不能超过这成果？或者虽不能超过，却有它自己独特之处？或者竟是与前人成果对立，自成一家之言），能不能产生社会效益，或增加精神财富（哪怕在文化积累上稍有贡献），有无可能获得经济效益（市场价值在很多场合下是重要的，可是在某些特定条件下，它不是决定性的；以经济效益作为每一本书的决定条件，对于真正的出版家是不可思议的）；是否能够找到适合的作者（著者，译者，编者）……所有这些因素，以及我上面举例所不曾列举的因素，在踏出最初的一步时必须予以全盘的综合的辩证的合理的考虑。国内流行所谓“卖书号”，当然不必考虑这许多，甚至什么也不必想，有钱就是，钱，钱，钱——行政上怎样处理这些“卖书号”的人，我管不着；作为一个出版从业人员，我奉劝他们最好退出这一行业。世间能轻易赚钱的行当多得很，何必选上这一行？话转回来，所有的因素，在系统开始发动（也就是“开机”Start）之前，宁可考虑得复杂些，艰难些，决不可草率从事。

出题目（定“选题”）对杂志的主编最为重要，这是很多人都知道的；至于出题目对出版家（书籍的主编）来说，同样也是极其重要的。甚至于书名的确定，都会给书籍带来不同的命运。西方人取名《光荣与梦想》，东方人绝不欣赏它，不知它讲什么——更难理解这部书是讲美国现代史的极通俗的著作。东方人取名《元白诗笺证稿》,连文化素养不那么低的读者听来也茫然。我不反对这两个题目——我只想证明书名的学问是很奥妙的。至于有好题目而写不出好作品来,比比皆是,那又是另一个问题了——《文化大革命史》,这个题目太好了,能写出一部好书的,尚未出现。这自然而然牵涉到选择作者的问题。能译好屠格涅夫的未必能译好杜思退益夫斯基。当决策者定出的题目,恰好与他所选择的著译者身份、素养、意愿、条件相符合时,那就往往会产生奇迹般的效果。

决策者注意到系统的运行,但常常忽视了最后一刹那。一个哲人说过,一投放社会,这产品(书籍)就像斧子砍在树上,抹也抹不掉的。切不可放过最后审视的机会,很多"笑话"都是在决策者最后一步中发现的。上下两卷的书,上卷印出来时,封面、书脊、扉页,都没有标明"上卷",这是常识性的,微不足道的错误(往往只承认是"一时疏忽",是"疏漏"而不是"错误"),却给严肃的出版家留下"笑话",斧子也砍不掉的——的确如此。在很多场合下,决策者审视这最后一步时,常会带着几分遗憾,予以"放行"——不如人意呀,或者说不尽如意呀——可是他做到"心中有数了","死而无怨"矣。

我这里说的决策者有时是一个人,有时是几个人。

十六　求　才

"千里马常有,而伯乐不常有"。

求才——这是金字塔那一个人和他周围那一班人甚至下面的一群人(或其中一部分)在运转我们这个复杂的系统工程时,从最初到最后,或者说优先地、永恒地追求的目标。

求才不唯亲。唯亲的结果是办大宗祠,是"近亲繁殖",用现代政治术语,是往往(不是必定)走向某种排外的小团体。近亲繁殖是有机体蜕化的重要原因;近亲繁殖必然是现代化的大敌。个人资本家可以父传子,但也常常见败家子。现代化大系统的决策者所求的才,必定是五湖四海的贤人君子,大智大勇者。

求才不求全。世间没有全才(像达·文西那样的不是“全才”的全才,已经很少很少了,如果不能斩钉截铁地说:“根本没有”的话)。求全是理想主义,是空想家。黄金也没有百分之百的“足金”。一技之长加上应有的品德,足矣——品德也不能求全,只需有抱负,有事业心,正派,足矣。

求才不在多。世人常说:贵精不贵多,这是千百年实践得出的箴言。特别在精神生产方面,决不能贪多。“宁肯少些,但要好些”。这是一句名言;“大跃进”那个疯狂的年代,忘记了这句名言,记起了的又以为它“过时”了,是保守派,用政治术语讲,是右倾机会主义。痛定思痛,人们才知道这八个字的分量。真才实学,有一个收一个,庸庸碌碌者虽多而于事无补,徒然引导到人多事多人事问题多。

求才不在名。不务虚名,但求务实。名片上印一百个衔头,常常无济于事;名片上衔头愈多,对他愈要警惕。物理学博士不会开汽车,这不是坏事,不叫做书呆子——他没有学过开汽车嘛。有博士衔头而有“博士”之才,好极了;无博士衔头而确实广闻博识,决不可因他无衔头而排斥他。清华国学院四大奇才中间,陈寅恪这饱学之士似乎没有什么“博士”衔头,而赵元任怕有几个“博士”衔头吧,都不失其为饱学之士。

人才是开放性的,不能要求生死与共,但一班人,一群人,要求相对的稳定。稳定是相对的,人手日日变动,别说形成不了一种“风格”,甚至如俗话所说,形成不了一个“拳头”。既然是开放性的组合,则必须求新。有了新的血液,一个有机体才能“永葆青春”。要物色新人。老人是可贵的,有抱负,有经验,有卓识;但新人是更加可贵的,带来了新的观念,新的理想,新的识见,新的智慧。一个杂志切忌每期都是几个人占着大部分版面(要是同人杂志，这却未可厚非，我说的是公众杂志）。一个出版系统比一个杂志版面更要时刻吸收新血液，千万不要论资排辈，那样整个系统就会僵化，老化，甚至于“圆寂”。尊重老者的卓识，很对很对；吸收新人的智慧，至少同样是十分重要的。新人决不可见老者即目为僵化的代表，不，思想的新与旧常常不以年龄划分；老人决不可轻视青年有为者“缺少经验”，让他们去“闯”，帮他们去“闯”，突破往往是壮年而有力者所为——而老者为他们开路，做石子铺路，助成他们突破。这才会带来希望！

十七 自 信

人必须有自信心。人的能力有大小，但他必须有自信心，才能办成一桩事——这桩事有大有小，这无关紧要，只要对人类社会有些微的好处，就算“问心无愧”了。人自己都信不过自己，何来事业？且不说抱负或理想了。自信心强，则遇到多少甜酸苦辣，也能够顶得过去。一碰到巨石挡路就往回走的人，成不了器。

自信从何而来？从修养来，从素养来；当然也必须有自己的抱负，但主要是要有素养。俗话说得好，“英雄乃苦练得来”。不是英雄，也得“苦练”，才能成为一个有用的人。唯有刻苦“修行”，始能成“正果”。政治思想素养是需要的，是重要的，中国知识界自古以来就忧国忧民，这是好传统，时人斥之为文化罪人，我认为这是昏话。政治思想素养在极“左”思潮支配下被扭曲成为畸形人——由是患了过敏症，绝不可取。但没有思想，没有政治，那就没有社会——连文明也没有了。畸形的政治思想“第一”，即取消了文化，没有文化素养，没有学术素养，即没有进步，没有文明，更无所谓“现代化”，非恢复到穴居野处不可。

素养是积累的，是从勤学苦练得来的。不读书，不看报，不调查，不研究，不思考，不反省，不积累，不存储，不实践，不求教于人，那就很少可能有什么“素养”。“智者千虑”，尚且有一失的可能；何况没有素养，哪能成为“智者”？

自信心过强，过分，走到了反面——那也很危险。自信过强则会导致刚愎自用，危险在前面不考虑对策，必败无疑。但是我以为决策者多半是自信心不足，其原因之一是素养不够，或者说，是素养不能与日俱增，结果慢慢成为一段呆木头。

决策者的素养必须随时日的消逝而增长——这就需要每日每时地吸收。吸收是头脑的input（进），没有input（进），则没有output（出）——我借用计算机的术语来说明，则吸收的重要可以容易了解了。如果一个决策者不时刻记住input，“日理万机”，尽管忙得一佛出世，二佛涅槃，他就会迷失方向，所谓“晕头转向”，这是多么令人沮丧的事呀！

吸收必须随时随地进行。吸收是一个缓慢的过程，必须有累计剂量，才能发挥效能。举一个例，午夜以后有那么一两小时属于“自己”的时候，决策者在这万籁俱寂之际，就有机会向前人或时人请教，我指的是读书。这不过是举一个例，并非说这样一读就能有足够的“素养”了。我不过想指明，当人的脑袋（这台由100亿神经元组成的世间最复杂最微妙的计算机及其储存库）被榨干了的时候，人就成了废物，还讲什么“决策”呢？

素养不能全请教书本。“三人行必有我师焉”，这指的是随时请教于人。这也是增加素养的一个方面。如果手懒，腿懒，思想也懒，必然出废物。甚至失败的经验也不可小看，因为这也是构成“素养”的另一个方面。吃过亏的人知道什么能使你吃亏——《蟹工船》（日本最著名的“普罗”文学作品）作者小林多喜二说：只有从黑暗走出来，才懂得光明的可贵。

1993年1月

选自《陈原出版文集》，中国书籍出版社1995年

从陈原的编辑活动得到的启发

王　土

要是有个年轻人在图书馆的作者目录中查到“陈原”项下，难免感到困惑：一个人何以能写出这么些门类各异的著作。大量的是地理著作：《中国地理基础教程》、《现代世界地理之话》、《世界地理基础》、《世界政治地理讲话》……此外不乏国际问题论著：《战后美国经济剖视》、《战后世界》、《变革中的东方》……两本与地理、国际看来全然无关的语言学著作：《语言与社会生活》、《社会语言学》。居然还有《英语常用词汇》、《外国语文学习指南》等纯粹实用的图书。好几本散文、随笔：《平民世纪的开拓者》、《书林漫步》正续编、《海外游踪与随想》……不要以为这个目录可以就此结束，这里至少还漏掉了他的全部翻译作品：谢德林、斯各特、赫赛等人的小说，柴可夫斯基的回忆录，甚至还有一本《苏联歌曲集》……更详尽的目录，包括他用笔名发表的译著，各种论文，外文作品，那只能靠“联机检索”(Online Searching)来提供了。

英国作家威尔斯近八十岁时曾自豪地说：“在那宏伟的文物圣殿大英博物馆阅览室的目录里，可以找到在‘威尔斯’名下的著作达600种。”这里不想把陈原同威尔斯相比。陈原的作品数量可能还不到六百种，这也因为他还远没到八十岁。但是要知道，陈原不是职业作家，一生的精力，至少到现在为止，主要投入编辑活动中。他1938年大学毕业未久就参加进步的出版社当编辑，桂林、重庆、广州、上海、北京，先后在新知书店、生活书店(包括以后的三联书店)、世界知识社、人民出版社、文化部出版局、商务印书馆工作。假如加上他在这些岗位上所编辑的稿件目录，那怕不止上千种哩！即使他在当领导的时候，仍然亲自审处书稿，不当签字画押的名义领导。《韬奋文集》三大卷编印过程中，虽然有范长江同志负责主编，许多出版界前辈参与工作，然而陈原作为出版社一员，仍然一字一句将百万余言的三大本读完，提出详尽的意见。50 年代中期开展解放前学术著作选择重印的工作，他也是逐本审读，提出意见。50 年代后半期以后，他管理出版行政，精力主要放在开会、起草文件上，但是仍然很精心地指导出书，包括当时的《读书月报》和《出版通讯》的编辑工作……

人们从他的经历可以发现一个值得注意的事实。他在近著《社会语言学》中说："作者的研究工作是在节假日或工余的深夜间进行的。"编辑工作的需要，往往使他在这一段时间"写下了五六十万字的笔记"（《世界地理十六讲》），那一段时间里"写下了四卷语言笔记，凡百万余言"（《语言与社会生活》）。他初当编辑时：住在一个破庙里，"天蒙亮就起床，为了省钱不吃早饭，拼命写我的地理"（《一九三九年春桂林杂忆》）；当了出版局长后："卧病在一个医院里，偷闲细读了好些中外史籍……胡乱写下二十余册笔记"（《书林漫步》续编）。只有经过这样艰苦的劳动，才能发为文章，终成巨帙。

一个编辑应当怎样进修、提高，我们从这里可以得到一些启发。

40 年代初，二十多岁的陈原在桂林编写了两本实用性质的书：《外国语文学习指南》、《英语分类词汇》。这在陈原的业绩中可能是最不起眼的，不过从这两本奇特的书中，我们却确实可以发现陈原的一些特色。解放前学外国语的书汗牛充栋，但是怕很少有书在谈外语学习时说出这样的话："学习外国语的目的，是要把握一种武器"，因为"在现代的中国"，"有介绍新思潮的任务"。又说，一个人懂得好些外语，并不一定就伟大，"卡尔是伟大的"，但这伟大在于"他的学说"，而不是因为他懂多种语言。"卡尔"是谁？当然是马克思。在另一本词典式的书中，居然列入“共产主义”、“阶级斗争”、“布尔什维克派”等单词，“来供给中上学校的学生和自修英文的查考用”。这些内容在解放后的书刊中当然常见，但要知道，当他编这些书时，华南正是“文化的禁城”，对进步书刊的查扣，在“检查史上是空前的”（《书林漫步》）。

陈原何以会对地理发生兴趣？偶然读到他的《一九三九年春桂林杂忆》，讲他写第一本地理著作《中国地理基础教程》的经过，才知道他写中国地理书的目的，是想“从经济地理角度，讲明中国的半封建半殖民地性质”，“同时又驳斥反动派散播的所谓地大物不博，抗战抗不下去的悲观投降论调”。循此线索，再进而看他的世界地理著作，才知道，他在这里所做的，同样是想透过地理，不时地同读者讨论政治，研究经济，驳斥反动滥调。他在一本书中也说过，他关心的不是历史地理、自然地理……而只是“现代变化的世界”。

陈原的语言学研究也许是很早就开始的，但到 70 年代，因为他在商务印书馆主张重印“文革”前编的《现代汉语辞典》，遭到“四人帮”的攻讦，这使他重新开始大规模的语言学研究工作。他说：“恶棍姚文元借着一部词典狠狠地给我打了一棍子，黑线回潮啦，复辟啦，大帽子铺天盖地而来，晕头转向之余，很不服气。于是一头扎进语言现象和语言学的海洋……”我们这些非语言学工作者，读他的语言研究论著往往也具有极大的兴趣，除了他掌握深入浅出的写作方法以外，恐怕同他出于批判极“左”思潮，坚持马克思主义而写作这些书的目的分不开的。

从这几件例子可以看出，在陈原门类繁多的工作业绩中，有一种一以贯之的东西。以介绍“新思潮”而鼓励学习外语，为反对投降主义、研究“现代变化的世界”而写地理，要批判极“左”思潮而“一头扎进语言现象和语言学的海洋”——这中间，不是有一条很清楚的线索么？正是这条线，使陈原成为进步的、党的编辑和出版家。

陈原在出版界以谙熟"洋务"著称。他精通多种外语，经常出国，读过的外国书尤其多，特别了解国外出版界情况。他前不久单身一人去奥地利，比利时，联邦德国，苏联参加几个国际会议，访问几个研究所，竟可不带翻译。

陈原还是世界语界的前辈，现任中国世界语协会副主席。

同陈原谈工作，论世事，常见他引述外国的事例；读他的论著，常常见到他声明，某事某说曾得益于某个外国学者，甚至某章某节据某本外国书编译而成。

1958 年商务印书馆恢复业务，确定以翻译外国学术论著为主要任务，有一位领导同志戏称它的任务是搞"洋务"。十几年后，陈原主持"商务"的工作。因此，如果也戏称陈原为"洋务派"，似乎也可以。

但是，陈原不是那种以崇洋为务的"洋务派"，在他吸收国外经验的活动中，显然也有一条主线，一种一以贯之的东西。这用现在的语言来说，可以称之为"洋为中用"吧。

陈原在 60 年代初期当出版局长之余，忽然研究起近代中外关系来，写了好多篇中英、中美关系的文章，在鸦片战争前后的帝国主义侵华、中国人民抗争史的研究上，颇具新见。其中一些文章收在《书林漫步》正、续编中。陈原在 1982 年 7 月，特地为《书林漫步》续编写序说明他的一个见解："作者力图用科学的观点去剖析史实，特别是对外国入侵加以无情的鞭挞，也许动了感情，因而引文不免有偏颇或疏漏的地方。作者在研读历史文献时深感要剖析这段史实，必须从中华民族的尊严和解放斗争的基点出发。这几年看到少数几篇论述中外早期关系史的文章，不敢苟同，它们有意无意把那个时期一些不那么光彩的事实都美化为'友谊'，这不是科学的态度。友谊不是屈膝的同义话；不能把欺压误认为友谊。"

这里，请注意“从中华民族的尊严和解放斗争的基点出发”一句，这是这一段里的点睛之语。

陈原所研究的社会语言学，可以称得上是十足的舶来品。他在论著中忽而谈论申农的理论，忽而研究语言信息的“比特”，不少是外国的货色。但是，他并没有照搬外国。前不久，他在给笔者的一封信中就指出，不能过分强调语言（即使是自然语言）的非社会因素，“语言作为‘信息’同申农信息论中所处理的信息（information）是不完全一样的，不一样就在于语言的社会性。用纯自然科学的方法（包括统计物理学的方法）去分析社会语言，往往会得出超社会的结论。我的社会语言学体系与西方社会语言学体系不同的根本点，也许就在于此。”（重点为笔者所加）

陈原当然竭力拥护开放政策，反对闭关自守。早在50年代中，他就在人民出版社同戴文葆、史枚等一起具体草拟外国哲学社会科学名著翻译规划，打算翻译一亿二千万字，二三千种。以后这个任务转给了商务印书馆。十年动乱，完全打乱了这个工作。二十多年后，他主持商务印书馆，又提议出版《汉译世界学术名著丛书》。出这套丛书可真所谓是“扛鼎之举”。短短几年，出书不少，议论也不少。但不论人们对这套书的个别问题有何看法，1982年陈原在刊行这套丛书之际所写下的那些话，仍然是大有意义的：“这许多书的作者都是一个时代、一个民族、一个阶级、一种思潮的先驱者、代表者，他们踏着前人的脚印，开拓着新的道路；他们积累了时代文明的精华（当然有时亦不免带有偏见和渣滓），留给后人去涉猎，去检验，去审查，去汲取营养。”

当一个编辑，永远会遇到执行开门政策和批判分析西方思潮的问题。经常采取“去涉猎，去检验，去审查，去汲取营养”的态度，不忘记“中华民族的尊严”，常常注意到彼此在体系上“不同的根本点”，是重要的。

编辑是无名英雄，而陈原的“知名度”颇高，但他实以学人名世，因而人们也很可能忽略他的行政能力，特别是他的出版行政能力。

举个小例子，50年代中，人民出版社编辑部领导聚会，常常叹息会议太多，看稿子时间太少。某次会上，陈原忽然提出一项统计材料：自某日至某日，他开会若干小时，与人谈话若干小时，处理行政杂务若干小时……最后看稿子仅剩下若干小时。证据凿凿，无可争辩，于是引起普遍重视，立即采取解决措施。

在管理上，无情的统计的确比深情的叹息更能解决问题，陈原看来深谙此道。

1955年，在曾彦修、王子野倡议下，陈原在人民出版社负责拟订一些编辑工作制度，当时被称为出版社工作的“根本法”。这些制度，经过1957年的风波，1958年的“跃进”，1962年后的斗争，以及1966年后的浩劫，人们大概已经遗忘。但这些制度中关于审读、加工书稿的许多思想，今天仍然有用，值得写进将来的“编辑学教程”。

例如，关于审读书稿，提出十点要求，强调“审稿应注意不被原稿拘束，应对原稿作一鸟瞰，避免随着某些原稿钻牛角尖。”“在学术问题上作者的一说与众不同，但能言之成理，持之有据，在审稿意见书中可以指出，但不要遽加否定。”“要适当注意主题要求阐明的内容是否充分，是否有说服力，但不要偏于找寻原稿所没有接触到的问题”……这一些，都是当时工作中实际问题的总结和概括，有着相当丰富的内容。

陈原在编辑工作管理安排上，强调“把工作挪前做”。这看来是很简单的几个字，却值得他为此演讲了好几个小时，说得头头是道，令人折服。当时做编辑工作，习惯于零敲碎击，不能通盘安排，特别是在约稿之后，往往把稿件置之脑后，到交稿时加以处理，经常发现问题不少，于是事后弥补，费力不少。其他环节，都有类似情形。陈原提出“挪前做”,就是说前一环节要考虑后一环节的工作,安排前后左右的关系。用现代管理语言来说,大概就是一种运筹学或线性规划的思想吧,然而当时大家都不懂这些,由陈原用简明通俗语言出之,对改进工作极其有益。

陈原富有现代观点,他对编辑出版工作管理的见解,到七十、八十年代,想必更有发展。但这要另有行家来阐述。当写这篇短文的时候,见到他正在收拾行装,准备赴墨西哥参加关于出版工作电子化的会议。希望此行归来,能带给我们更多新的信息。

1984 年 2 月

选自《编辑记者一百人》,学林出版社 1985 年

关注图书出版形式

——陈原出版实践研究之一

于淑敏

深层次地关注思考图书的出版形式,是陈原作为编辑出版家的个性化特征之一。这不仅纵贯他半个多世纪的出版活动,而且横向地延展在他编书、著书、评书、话书等出版实践的多个层面。他不仅以随感、札记、论文、报告等形式较深入系统地研究出版形式的理论问题,而且自觉地投身出版形式创新的实践中。其求索道路、其编著作品都是中国当代出版文化的动人景观,给出版人及研究者以启发与思考。

陈原的出版形式观内涵丰富,涉及了出版物的多个方面,如重视书籍的整体设计,在出版实践中关注图文的双重传播效应等。现分两节作一阐述。

一 整体设计:图书外在形式与内容的和谐统一

陈原在主持商务印书馆的几年间,在主抓出书规划、出书规模和质量问题的同时,十分重视图书的装帧设计,对书籍艺术常抓不懈。一个很有意思的事实是:

1979 年 8 月 11 日,陈原任商务印书馆总编辑兼总经理。8 月 18 日,他主持召开第一次总编会议,在听取了出版部负责人关于当年 1 ~ 7 月完成出书计划情况及存在问题、今后工作安排等汇报后,讨论了出版、校对、封面设计人力不足等问题,提出装帧设计要有独特风格。(见《馆讯》1979 年 8 月 27 日,第 2 号)

1984 年 1 月,陈原退出商务第一线时,在同出版部谈话时即兴讲了 22 点意见,后撰为《关于封面设计和版式设计若干意见》,提出了商务图书要有自己的风格。

上任与卸任,他都谈了商务图书的装帧设计问题,可见其重视程度。

其实,在 1959 年,他就对书籍艺术提出自己的见解。他认为,一、书籍艺术要求适合书籍的内容,反对那种为装帧而装帧的思想;二、书籍装帧要做到经济实用,又照顾到美观,既吸收中国传统书籍艺术的精华,又吸取外国好的经验。“出版社要注意到送到读者手上的书,不但内容要好,而且形式也要美”。(《中国的书籍艺术》,见《陈原出版文集》)

这可以说是他的理想。他将书的形式看得同内容一样重要,特别注重形式与内容的和谐一致。在主持商务的几年间,他把这一理想进一步付诸实践。

1980 年 3 月 18 日,在商务印书馆召开的封面评议会上,陈原谈了自己的三点意见,一、适应潮流,解放思想;二,推陈出新,形成风格;三、创造条件,改进工作。这是他重视图书整体设计的理论基础。很有意味的是，他在1959年对书籍艺术的要求是“经济、实用、美观”，20年后，他提倡“美观、实用、经济”。这种变化，是社会经济发展的需要，也是时代审美趣味变化的需要，反映了他适应潮流，解放思想，推陈出新的发展轨迹。

陈原是出版界的“洋务派”，他常常以国外的出版实践来审视中国的出版现状。70到80年代，他频繁出国，是“带着虚怀若谷的精神去的”，“看了听了很多东西，拿回来不少资料”，然后“研究消化，参考人家的长处，改进我们的工作”（《访英观感》，见《陈原出版文集》）。正是这种开放的眼光和汲取国外营养的魄力，使他在出版管理工作、研究图书设计时，多了一种参照，因此，视野也就相当开阔。

追求装帧设计的雅致大方，强调一个出版社的（集体的）风格，是陈原一直努力倡导的目标。他提出“商务印书馆的封面设计要逐渐形成自己的风格。风格不是标准化，不是划一，也不只是一个馆标，或统一图案。可以有多种表现方式，不同类的书当然可以有不同的表现方式，但归根到底要有一种风格，这就是说人家一看就认得这是商务的出版物，因为有这么一种风格，有显著的特色。”在具体的设计中，他强调“要注意整体的设计，如环衬、插图的安排，正文的文字编排，标题题头装饰等，从里到外，是一个不可分割的整体”。他关注图书的扉页、包封、勒口和书套，因为这些小细节往往影响一本书的成功。他的“《语言与社会生活》有香港三联版，北京三联版，再版和日本译本共四种版本。北京三联初版本书一打开就是内封，前后环衬都没有，整个设计使人看了很不舒畅，不像一本书。日本版比较讲究，虽然封面用色也未必很好，但从整体设计来说用过一番工夫，从里到外设计都很认真、周密。至于香港版封面图案是现代派，但看起来还像一本书”。

基于此，他认为《辞源》的装帧是有风格的，“《辞源》的封面装帧（作者姜梁），用了深褐色分格花草图案来表达一种深沉的，坚实的，代表着几千年累积下来的丰富语言与灿烂的文化——中嵌‘辞源’（叶圣陶题）两个金字，显得大方朴素而同书的内容配合。……版面设计（设计者季元）是动了脑筋的，符合辞书的要求：版面清晰，悦目，容易查找词目而望上去不觉得密麻麻一大片，同时还注意纸张利用率，一点也不浪费，这里用的空铅和字体字号都经过考虑，使查阅者感到清新如意，这是不容易的”。

对商务倾力出版的《汉译世界学术名著丛书》，他认为，“这套书封面装帧庄严而又简洁，封面上只有一朵烫金的向日葵图案，使人觉得它朴实无华，而内容精湛，耐人寻味。”该丛书“外封经三人小组同意已经付印。式样以简单大方为主，采用了白色日本布纹封面纸，封底和书脊分别用四种不同颜色区分政、经、哲、史地四大类，正面上方用《汉译世界名著丛书》全称，书脊用‘世界名著’四个字，在左下方有蒲公英金色装饰代表丛书，有勒口，在勒口上登与本书同类的书目”（《馆讯》第 74 号）。这其中，蕴涵着他的心血和努力。据《馆讯》记载，该丛书由商务出版部设计组提出封面设计草图，交民主评议，由总编辑陈原裁决。

事实证明，陈原所倡导的“老老实实，朴素大方，不矫揉造作的作风”，“美观、实用、经济的倾向”，“浑然一体的整体感”，得到出版界的认同，也得到作者和读者的欢迎。一个最有权威的评价是，1981 年 7 月 2 日，著名翻译家、文艺理论家钱歌川先生致信陈原，说“收到尊处寄下《翻译的技巧》样书二册，至为兴奋，生平刊印拙作百余种，尚未有如此精装者。此书除用纸略逊外，排版装帧，皆臻精美，封面设计尤为雅致大方。”（《馆讯》第 101 号）

这种褒奖，应该说不是溢美之词，他实事求是地肯定了商务图书设计的整体风格。

与重视图书的整体设计相关，陈原很关注版式设计。他认为，版式设计是书的外形中的重要部分，有心理学的因素（不能有紧迫感），而且要同书的内容相适应。他编纂的《商务印书馆百年大事记》是他实践版式理论的一个典范。该书在商务印书馆1987年纪念建馆90周年时出版的《商务印书馆大事记》的基础上修订完善，增加了重点图书、重要的报刊资料，人物照片，书影等插图，形象地反映了商务百年的历史概貌。该书“采编年纪事体裁，为使眉目清楚，每年排成两页，左页为大事记录，右页刊有关资料”，记事简明扼要，突出重点，突出个性。陈原独创年度页码方法，精要、大气，版式设计更是独出心裁，大胆使用空白艺术：对“文革”十年，《大事记》以整页的空白控诉了“四人帮”对出版的粗暴践踏和严重干扰，比大段的议论和说明更能证明出版文化的荒芜。

二　图文传播：对散文图书出版体裁的新突破

在图书的外在形式方面，重视书籍的图文同步传播是陈原作为出版家毕生努力的方向。他曾撰写《“图＋文”书记》申述他的出版形式理念：

> 我要说的这样一种书籍，它有很多很多插图，却又不是看图识字；它本身是词典或百科全书，却又不是每条词目都有一个相应的插图；它当然更不是我们平常所说的“插图本”。总之，当读者在读完一段文字或一条释义之后，觉得还是不甚了解时，文字旁边便出现了图，这个虽然缩得很小的图像，却使你恍然大悟，原来是这么一个事物。

他倡导一种“图＋文”的合成式书籍，图＋文是这种出版体裁内容主体的构成方式。在图与文的比例上，它有两个特点：①图片占有一定比重，②图片随机穿插，并非图文一一对应，图与文字浑然一体，使读者耳目一新。

陈原的几部散文随笔著作（译著）图文并茂，可称为“图＋文”

的代表作。详见下表。

书　名	出版社	出版日期	总页码	总字数	图　片	
					张数	备　注
书林漫步	生活·读书·新知三联书店（1962年12月上海人民出版社初版）	1979年4月	254	12.4万字	20	多为与文章内容相关的图片
海外游踪与随想	湖南人民出版社	1982年12月	158	8万字	47	图片多是域外美术作品或摄影
在语词的密林里	生活·读书·新知三联书店	1991年6月	232	11.3万字	103	多为装饰性插图，有甲骨金文，碑刻石刻，也有玛雅、阿兹特克古文书，希腊、埃及古图案和文艺复兴前后的书籍插图
记胡愈之	生活·读书·新知三联书店	1994年6月	220	12.4万字	38	多为胡愈之工作照及所著书影、题词、手迹等
书和人和我	生活·读书·新知三联书店	1994年7月	403	24.5万字	43	关于书与人的漫画及速写
柏辽兹	生活·读书·新知三联书店	1998年2月	111	7.6万字	61	多是柏辽兹及友人的画像、速写、漫画及乐谱片段
我的音乐生活	生活·读书·新知三联书店	1998年2月	298	18.6万字	32	包括23个乐符片段
贝多芬：伟大的创造性年代	生活·读书·新知三联书店	1998年2月	311	19.9万字	146	包括120个乐符片断

陈原这一出版观的形成有一较长时期的积淀过程。早在40年代，他就做过相关的探索。1947年，他的关于人物述评的结集《平民世纪的开拓者》由开明书店出版。他分别写了罗斯福、斯大

林、加里宁、法兰克林等 9 人，每章随文刊用了各位人物的画像。他在《后记》中说："为增加读者的兴趣起见，选用了好些插图。"1948 年，他撰写的《封面杂记·陀莱和他的插图版画》一文中引用鲁迅《连环图画辩护》的一段文字："书籍的插图，原意是在装饰书籍，增加读者的兴趣的，但那力量，能补助文字之所不及，所以也是一种宣传画。这种画的幅数极多的时候，即能只靠图像，悟到文字的内容，和文字一分开，也就成了独立的连环图画。"关于图书等出版物的插图，陈原受鲁迅的影响是无疑的。

陈原这一观念的形成，与他融合中西、放眼世界的交游有关。欧风美雨的沐浴，使他特别了解国外出版界的情况，因此，从国外归来的"旅行纪事"，他笔下常常是关于出版、关于图书的文章。他曾述及：

> 改革开放之初，我第一次踏上新大陆，正好赶上《美国传统英文字典》新版（大学生用版本）特价发售，便连忙花掉我那时可以自己支配的十元美金，捧回一册，贪婪地察看每页左边（或右边）的插图，那么丰富的插图，那么清晰的插图！我曾经有过一部影印的旧版（那是在我们参加世界版权公约之前的所谓"海盗版"），插图完全看不清，每幅插图或照片，都像处在黑夜里，根本不知是什么东西。好了，十块美金换来了极大的满足和极大的快乐。

这满足，不仅是一个读书人淘书的欣喜，更是一个出版人对新的出版形式发现的惊喜。

对国外新的出版实践，他采取"去涉猎，去检验，去审查，去汲取营养"的态度，"洋为中用"，他深刻地认同了图片的传播功能。他主张，"没有形象的历史叙述和分析，尽管内容很充实，却不能引人入胜，特别是通俗著作更需要形象。"图片"正是一部真正的创造性著作应具备的有机组成部分”，因此，花心血“寻找适当的图片”是书籍作者和编者应负的职责（《吴国盛著〈科学的历程〉》，见《陈原书话》）。在他那里，图片的价值主要集中在两个方面：

（一）意义生成与阐释。图片能传播信息，甚至比文字更准确更生动地传播信息。他说“我历来认为，图像可以传递文字有时不能表达的微妙信息”（《柏辽兹·译者前记》），“文字有时确实难以解释清楚的东西，一张简单的图表或图像，一下子就使人完全明白过来，省却许多猜想或错误的感觉”（《“图＋文”书记》，见《陈原书话》）。由此可见，陈原重视图片，强调的是读者准确全面地接收信息，作为文字的有效补充，直接阐释、传播内容。他的《在语词的密林里》一书，“选取了几百幅与随感并无直接关系的图片，插编在小书里，也许某些形象会引起读者某种联想——而我却并不——但愿他们只作为‘浑然一体’的美的享受，不去深究也罢”（《在语词的密林里·后记》）。但若细看起来，这些插图能补充、丰富、突出文字的内容与表现力，有的能以独立的艺术形式供读者欣赏，所以不仅仅起装饰效果，还具有很高的艺术欣赏价值。如《小草》一节，插图题为“无题”，即是一株细草，文图对照，可理解为无名小草是也，而文中正有“我是一棵无人知道的，却又在顽强地生长着的小草”的句子。文图对照，相映成趣。《婴儿也会思考》一节，插图是一男童沉思的图片，也题为“无题”。图片只几笔简单的勾勒，但形象逼真，正对应文中“他有思考，尽管他没有足够的语言材料”之意。

（二）版面构成与美化。陈原多次强调：“插图如何安排，很重要，放在哪里，如何放，都要很好研究。”他还主张以图片美化版面，甚至单独构成书籍页面。他很赞赏韩国学者送他的两本小诗集：《自我牺牲的树》和《我寻找我失去了的……》，“其可爱之处是在每页只印一句或一段，却有很动人的插图，有时连一个字也没有，只有图；图是用线条画成的，好像在计算机屏幕上画的东西，很简

单,很耐人寻味。”(《掌上书记》,见《陈原书话》)

在注重图片可读性、丰富书籍趣味性的同时,陈原更关注读者阅读的视觉规律,符合读者阅读习惯。“空白有时是很必要的,天头或地头稍稍宽一点,使读者少一些压迫感。”《在语词的密林里》一书中,所插103幅图片,有的单独占一个页面,有的附在文尾,最小的图仅占三行,全部印在奇数页面上。这是因为读者翻书时,视线最先触及的正是奇数页面。为便于读者检索,该书后还附有《图片索引》,注明页码、图题和出处。这细微、精当的设计处理,可见其匠心。

原载《出版广角》1999年第10期

刊和人和“我”

——陈原出版实践研究之二

于淑敏

陈原在信息研讨会上演讲

陈原作为一位杰出的出版家,在建国前参与编辑的期刊很多,如《国际英文选》、《少年战线》、《新华南》、《反侵略周刊》、《民主世界》、《世界知识》、《读书与出版》等,也撰写了很多期刊评论文章。他的期刊评论与他众多的图书评论一样,大多是融介绍、评点和抒情于一体的随笔形式。有以人评刊,以刊忆人等,大都围绕“刊和人和我”这一主题,或道出文坛掌故,如忆史枚、陈翰伯等,或态度诚恳,率真直言，写出刊物与时代之沧桑。

在“刊和人和我”中，“我”常常是作为特定的读者代表。在陈原这里，刊物体现了时代意义，并与时代一起前进；读者同刊物一起成长。因此，无论是读刊、评刊还是编刊，他都重视刊物体现时代精神、传播知识，重视与读者的交流和与读者的联系。这些对今天的期刊界也有启示意义。

一　读者：同刊物一起成长

读者是刊物的传播对象。一种反映时代精神，为读者着想、为读者服务的刊物，能起到传播知识、教育影响读者、培养作者的作用。读者能从中学到知识、受到启迪，从中体味人生的意义，并随着刊物的成长而一起成长。

陈原在《扮演一个促进角色》一文中，曾比较中华书局和商务印书馆所创办的杂志。他说，在讨论或论述出版文化史的人们，很少说到读者和作者对这两个出版机构的“感觉”，这虽是“感情”而不是理性或理智的东西，却值得思索。

> 我童年时宁读《小朋友》而不太喜欢《儿童世界》，不是因为后者内容不好，而是感觉到前者对我有更大的吸引力。例如寄给它一张自己的相片，如果有幸给选登在封三里，它就给你寄来这张相片的小小铜版，这片铜网版那时对你毫无实际用处，但在小小的心灵上却多了一份说不出的情谊。这就是我说的吸引力。反之，我订了一年《儿童世界》，却给我寄来了那时对我毫无用处的《英语周刊》，任凭我去了多少封信要求改正，却始终得不到答复，每周收到《英语周刊》只能引起我生气。

童年的记忆是刻骨铭心的。也许,正因为童年时产生的这一“感觉”,促使他编辑刊物时,更多地从读者角度考虑,让读者生出“亲切感”,对读者产生“吸引力”。

1938 年,他还是一名未毕业的大学生时,就与匈牙利世界语学者布劳恩在香港注册了杂志《东方使者》(Orienta Kuriero),该刊是一本反对日本侵略者的国际世界语杂志。在商定刊名时,陈原提出种种热情的象征性的刊名,而布劳恩认为,刊名要平淡无奇,不要刺激性的东西,才能争取尽可能最多的读者,最后取了一点宣传味也没有的实实在在的刊名。陈原从中留下深刻的印象:那就是,办刊,从刊名开始就首先要想到读者。

1939 年,他在新知书店接办《国际英文选》(International Herald)杂志时,为吸引读者,把刊物改成很特别的开本,便于印插图和注释,还在每篇文章后都加上汉文注释——特别是字典中查不到的新字,都给加注。这些都是为读者着想的实例。

陈原是伴随着进步刊物成长起来的。1992 年,三联书店纪念出版革命工作 60 周年,他撰写了《生活、读书、新知三家出版社的杂志和我》一文,回忆了他同三联书店的《生活周刊》、《中国农村》、《读书生活》、《世界知识》等几种杂志的关系,抒发自己的感谢之情。对邹韬奋创办的《生活周刊》,着重谈了它从创刊到改版,从“修身”到救国救民对青年一代的熏陶。他说,“我从念初中起,就是《生活周刊》的忠实读者;我随着《生活周刊》的成长过程而成长”。在另一篇文章中称该刊是“新的启蒙时代的武器,教育群众、鼓舞群众、武装群众的头脑,引导他们走向抗击侵略,变革社会的大道”(《三个读书人:一部书史》)。因此,这许多杂志“吸引了我,教育了我,并且把我培育成为一个出版、文化事业的工作者”。对叶圣陶主编的《中学生》,他在 1947 年就肯定该刊在传播知识方面对他的积极影响:“有的人说,《中学生》是一种平淡无奇的杂志。……然而平淡不等于衰萎。《中学生》对于一般青年读者，也恰如对于中学生似的，它可能成为每一个人的恳切而善良的教师、朋友和同志。当你不知不觉地从它那里学会了呼吸正义，诅咒黑暗的时候，才会惊骇于一种平淡的刊物竟也会在人的心中唤起一种力量来。”1984 年 12 月，他又写了《我与开明书店》一文，称赞该刊朴实无华、平易近人的风格。对胡愈之创办的《世界知识》杂志，陈原认为，他的世界观是在《世界知识》的诱导下逐渐形成的，对他进入社会甚至一生都起着决定性的影响。曾有一段时间，他加入了该刊的编辑阵营中，使它继续影响更多的年轻人认识爱国主义和国际主义相交织的意义。他在《〈世界知识〉和我》中说，

> 也许，对我们这一代年轻人来说，从这个杂志得到的不仅仅是知识，而是一条路，生活和斗争的路，50 年过去了，我还依稀记得我和我的伙伴们那种激动的心情——因为我们这一代靠着它（当然不只它）指引的路走过来了，向着年轻人所盼望的目标，一步一步地走过来了。

这种评论，可代表一般读者的心声。

二　期刊：同时代一起前进

陈原认为，一种期刊的创办，都是特殊时代的需要，应和着时代的脉搏。“《读书》是在龙卷风过后，穹空露出一角蓝天的日子里诞生的”，“是同‘读书无禁区’共生的”。《读书》杂志创刊号，第一篇文章的标题就是“读书无禁区”！它“当时震撼了整个读书界，引起许多读书人的共鸣”。当时，《读书》的创办者想办一个“以读书为中心的思想评论杂志”，就是从时代的巨人发出的“实事求是，解放思想”的号召那里得到启发的（《读书》1999 年第 4 期）。

这正应了陈原在谈到另一种杂志《读书与出版》的看法:“一个时代结束了;另一个时代即将开始。”

关于《读书与出版》,陈原在《不是杂志的杂志》一文中说,有两个标志说明这份出版物主要不是杂志,然而它确实又是杂志。其一,它在后期的杂志篇幅上,约有三分之一到四分之一刊载了有关孙起孟主持的香港持恒函授学校的信息和某种形式的讲义。其二,该刊团结了广大的读者并且形成了一个富有感情的联系网。“有了这两个标志,《读书与出版》已经不是单纯的刊物,而变成不是杂志的杂志了。”

《读书与出版》1946 年 4 月 5 日在上海复刊出版,由史枚主持,是指导学习方法,提供各科知识、介绍优良读物、报道文化动向的综合性月刊。

当时上海出版界的现状是杂志有 187 种之多,“进步的作者与编者和进步的读者在相互追求,可是他们之间常有咫尺天涯之感,所以巡视与选择成为读者们所必须经过的程序了。”(孙璧如《上海杂志巡礼》)据对当时读者分类情况看,三分之一是大、中学生,三分之二是职业青年。读者强烈需要的是与现实生活有关系的文字,包括时事性质的,工作学习方面的,喜欢实而不浮的有血有肉的论文。

基于此,《读书与出版》的宗旨之一就是与读者通讯讨论,解答一切读书上的疑难问题,帮助读者丰富学问,增进读书兴趣,做辅导青年学习的好朋友。它继承了韬奋《生活周刊》为读者服务的优良传统,主要栏目有“笔谈”、“书评”、“信箱”、“新书汇目”等。为增加读者的兴趣,从第 6 期起特辟“其人及其著作”专栏,在栏下题为“读其书不知其人,可乎?”这栏名和栏头语一下子就吸引了读者的注意。

这一年(1946 年)共出了 8 期,每期连封面 20 页,没有目录,只在正文中刊出每期“要目”,版面分三栏或四栏,用 6 号字,行距很小,是油印的,显得密密麻麻,像书店的宣传品。1947 年史枚到香港后,由陈翰伯、陈原编辑。

从第二年第一期(1947 年 1 月 15 日出版)起,该刊改版,内容与形式都发生较大的变化。每期篇幅增为 60 页,版面或分三栏或分两栏,5 号字或宋体或楷体,行距加大,看起来疏朗大方。封面增加了图片和要目,封二是目录和版权页。比第一年可说是成型了。

查出确切资料说明陈原从第几期开始主持《读书与出版》杂志并不重要,有三个事实证明他对该刊之用心:

一、为该刊挑选封面图片,并撰"封面说明"文字。

这大概是 80 年代报刊界流行的"封面故事"的源头。他既介绍其人其画,还说明相关背景材料,传播美术知识。如 1947 年第 5 期内文有《华莱士一门三杰》,封面便选了华莱士的照片;第 6 期内文刊登《高尔基论文艺写作问题》,封面选的是高尔基的照片;第 7 期内文有纪念韬奋先生的专辑,封面选的是韬奋的照片。第 10 期封面是"米盖朗琪罗雕塑《奴隶》的一部分",内文"封面画说明"介绍说,"在文艺复兴时代的意大利,有一位伟大的画家、雕塑家、建筑家和诗人。他就是稍稍和美术接触过都能知道的米盖朗琪罗(1475 ~1564)……看他的画能感到人类的庄严,他的雕塑宏伟壮丽。本期封面图片便是他的雕塑《奴隶》的一部分,原品是石像"。1948 年第 1 期封面是拉布雷《巨人世家》的插图,内文是《陀莱和他的插画》,"本期的封面画,是采自陀莱给法国古典作家拉布雷的《巨人世家》所作的无数版画插图之一"。他后来精选其中 6 篇,汇成"封面杂记"收入《书林漫步》书中。

二、认真回复读者来信,加强与读者的交流。

这一点,他完全继承了韬奋精神。陈原回忆说:"作为执行编辑的我,以及艾明之和许觉民,很多精力都花在答复读者来信上。凡是读者来信,都竭力按照读者的要求去办——或复信,或代买书籍等等。读者提出的问题,无论是关于时局的,还是有关学术的,以至私人生活的,我们都分别情况,或者直接作复,或者在刊物上的专栏中刊出原信摘要和复信。——这个专栏最初取名《信箱》,后来想容纳更多的内容,改为《简复》。”

陈原在复信中常用的笔名是“贝逊”或“逊”等。1947 年第 4 期“信箱”专栏,他以“逊”的笔名发表《关于妇女问题》(外简复六则),是对一个在家养病的女孩子的复函。来信的女孩子本对文艺有兴趣,但因在家养病,只好在理论上求发展,研究文艺理论、妇女问题等,但她又犹豫不决,便给编者写信求教。复函简要地概述了中国妇女所处的地位及研究妇女问题的重要性,明确提出,研究妇女问题应当参加实际的妇女运动。然后向她推荐几种研究妇女问题的图书,并列出一个研究大纲(共十二条)。同时指出,研究妇女问题“必须从切近的实际情况开始。因此,把妇女问题‘和历史联系起来研究’,就不是惟一适宜的方法”。回信态度温和,但立场鲜明,采取迂回曲折的方式,对来信的女孩子及更多的妇女从思想上指出一个方向,一个道路,起到宣传鼓动的作用。

该刊还利用空白发一些书讯、刊讯,具有生活书店“书报代办部”的性质。如第二年(1947 年)第 5 期介绍“英文出版的期刊”和“学习英文的期刊”。从第 8 期起增设“问题解答”专栏,并上了封面要目。尽管该栏大多刊登国际政治和经济方面的问题,但从读者对该刊的改进意见看,多半读者收到刊物最先读的是“问题解答”、“笔谈”和“简复”等专栏。由陈原执笔回答的问题,1947 年第 8 期是《马歇尔计划的由来、内容与反应》;第 9 期是“日内瓦国际贸易会议如何举行的?”“泛美联防会议,泛美联盟”;第 10 期是“关于联合国大会”等。以最通俗的答问方式传播信息,是刊物沟通读者的一个重要渠道。用陈原自己的话说,“每天晚上一摊开读者的信,就如同打开了窗户,同社会上各个角落的群众谈天。眼前展现出一个错综复杂的世界——我顿时觉得我好像有很多朋友,他们的受难使我痛苦，他们的欢乐使我愉快，他们求知的迫切使我感动。这时，我感到我不是一个人在编杂志，也不是五个人在编杂志，而是成百成千的群众，聚集在我们身边，跟我们一起编杂志。这真是一个编辑所能得到的最大幸福”。在读者参与和为读者服务的过程中，编辑得到一种精神上的满足，期刊发挥了最大的作用。

很有意思的是，该刊1948年5期刊登《致读者》，与今天期刊的“改版致读者”和“读者评刊”很相像，可以说是较早的同类文字了。

一、第三年的本刊也快出了半年了，从七月号起，为了使刊物的内容更加适合读者的需要，我们打算有若干的改进。因此，我们除了征求作者的意见外，还希望读者们热烈提出意见来，作为本刊改进的依据。下面我们提出几个问题，希望你仔细想一想，把你的意见写下来寄给我们。

1. 你一接到本刊，会先看哪一类文字？

2. 在本年五期里面，你最爱读哪几篇文章？

3. 哪几门类的文章你觉得太深、太浅、无兴味、太枯燥？

4. 你以为哪一类文章应该减少？哪一类应该加强？或应该增加什么专栏？约请什么人写？

5. 你对于编排形式觉得怎样？封面如何？

6. 现有的专栏（从人物看现代中国、修养月谈、国文班、时事特讲、问题解答、理论探讨、书市散步、国际文化风景线、简复、其人及其著作等）你认为哪一栏应加强或如何改进？问题不必抄录，信末最好载明年龄和职业通讯处。希望每一个读者立即给我们写信！读者的意见我们在六月号里汇集起来，下半年就可以开始照多数读者的意见改革了。

二、本刊第一次征文已在评阅中，假如来得及，结果将于下期发表。

第6期刊登《关于本刊第一次征文》,公布征文揭晓消息、题材分布、地域分布、读后感想和希望。第7期刊出《改进本刊的意见》(一篇读者来信),又《致读者》,向读者汇报了"我们的兴奋"、"读者职业分类"、"读者的意见",特"向读者报告几件事":对读者感到枯燥的"国文班决定暂停";对读者认为深奥的关于逻辑的论文,"下期再登一篇,就不刊了";对读者要求增加的"科学论文和小品由六月号起就开始加强了";重要的一个改进是,"接受多数读者的建议,由下期起,提前到每月一日出版,八月号再过半个月就可以和读者见面了"。

第8期是1948年8月1日出版的,令人遗憾的是,第9期9月1日出版后,《读者与出版》被迫停刊,陈原的一些改刊计划也无法实行。

三、撰写专栏文章,评介国外出版物及文化动态。

陈原在该刊常撰文的专栏有"广播·国际文化风景线"、"书堆里的漫步"等。他在介绍国外进步报刊时,大都是全景式介绍刊物特色与个性,关注的重点与他编辑的刊物有着某种联系。如《华莱士当编辑的第一天》(1947年第3期)中说"华莱士接编后的《新共和》,面目一新,封面改了,篇幅由原来的20页(连封面)增至32页,插图也大量的增加"。《梭斯达可维支自我批判》(1948年第3期)题下,介绍了苏联的《儿童真理报》(1925年创办)、《科学与社会》、《劳动月刊》和《群众与主流》等,"本栏上期报道过《新群众》停刊,与《主流》合出月刊。新的刊物叫做《群众与主流》,一卷一期三月出版,封面及版式跟本刊差不多"。

陈原在《一个严重的缺乏》(1947年第12期)中认为,"经过八年的抗战和两年激烈的战争,广大群众要求更清楚地了解自己的命运。因此,各方面非常迫切需要初级通俗读物,为着目前和为了未来,出版家和作家似乎必须分一部分精力,去做普及的工作",承担起教育读者、诱导读者的重任。

《读书与出版》所处的时代，“上海的出版事业面临着很大的危机：纸价天天涨，排印工天天涨，可是购买力却天天跌，能够发行的地区天天狭”（陈原《不要文化》，该刊 1948 年第 8 期）。虽然这篇短论发表不久，该刊被迫停刊，但他“相信黑夜关不住太阳，到了天亮，太阳还是爬起来的”。在这一背景下，《读书与出版》注定与时代风云、社会生活息息相关。陈原作为一个读者从进步的、革命的杂志中及创办者们身上学到的精神，在办刊过程中，又把这些收获传给更多的读者，这样就具有文化积累和文化传播的双重意义。因此，从社会文化的继承和传播层面上说，作为读者和作为办刊者的陈原，在中国现代出版史上都具有典型意义。

原载《出版广角》1999 年第 11 期

词典“接触家”传承“圣人”伟业

——陈原出版实践研究之三

于淑敏

陈原说他从未编过词典；又说，他是词典的“接触家”，“接触”了一百多种大中小型词典、字典。这些工具书享誉文化界，影响了几代人，而陈原做的都是幕后工作——策划、组织工作。

陈原关于词典活动的正式开始，缘于一场大批判。

1974 年 3 月，由姚文元发动、迟群布置，开始对内部发行的《现代汉语词典》（试用本）进行大批判活动，诬蔑这部词典是“封资修的大杂烩”，是“出版方面修正主义路线回潮的一个典型事例”。

编写《现代汉语词典》是 1955 年 10 月中国科学院主持召开的现代汉语规范问题学术会议论证确定的课题。1956 年 2 月 6 日，国务院发布《关于推广普通话的指示》,责成中国科学院语言研究所编写以确定词汇规范为目的的中型现代汉语词典。该所词典编辑室1956年夏着手收集资料,1958年初开始编写,1959年底完成初稿,1960年由商务印书馆排印出“试印本”,分送全国149个大专院校和有关单位征求意见。经过修改,1965年又印出“试用本”送审稿。1973年5月,为应读者急需,商务印书馆用《现代汉语词典》试用本纸型印制十几万册内部发行。1974年,内部发行的试用本被“四人帮”诬陷为“黑线回潮复辟”。直到1978年8月,这部为推广普通话、促进汉语规范化服务,以收词规范,释义准确简明著称的词典才正式出版。

在这场大批判中,陈原首当其冲。据《记胡愈之》一书说,“因为我曾建议印行此书,并且奉命去说服当时语言研究所丁声树同意‘内部’出版”,“但我那时不认罪,从没做检讨,尽管大字报如山,一直贴到我办公室门口,凡看到的人无不被压得透不过气来——而我却处之泰然”。陈原是1972年6月从湖北咸宁“五七”干校被奉命调回派到商务印书馆的,在商务印书馆没有职务,每日去行行走走点卯,他自封为“行走”。

据宋木文同志说,当时,直属出版单位刚刚开始恢复出版业务,这些代表国家水平的出版社,主要由一些不懂出版业务的人掌握命运,开始恢复工作的老同志大都处境艰难,不是没有发言权就是处事谨慎,不能轻易说三道四。也有的同志敢于直言,对大家渴望解决的问题讲了些比较尖锐现在看也并没什么而当时却多少有些反潮流的意见,都在1974年“反黑线回潮”中成为大字报、各种会议的批判对象(《在禁锢中力求改进出版工作》,见《宋木文出版文集》)。

是胡愈之把陈原从大字报的包围中拯救出来,他以世界语协会理事长的名义,邀请了日本世界语代表团访华,他通过外事部门指定由陈原全程陪同,主持全部接待事宜,并且把他借调去筹备这项工作。陈原1973年秋曾访问日本，先后到东京、京都、名古屋和龟冈等地，结交了语言学界的朋友。他开阔了眼界，从语言学的新趋势中，在词典编纂学的内涵和方法方面得到很大的启发，回国后作了一次关于词典编纂学和语言霸权主义的学术报告。所以他不慌不忙地应付这场批判。

大批判开始后，陈原被姚文元的大棍子一打，一头扎进语言学的海洋中了。令人不可思议的是，他"从头至尾读完一本旧《辞海》，一本旧《辞源》，一本第五版的《简明牛津英语词典》"，认识了词典翻、检、查、阅的功能；领会到语言没有什么阶级性，弄清楚了词典究竟有没有阶级性这迷惑人的难题，"一棍子打开了我在未来的十多年间从事词典编写组织工作的路"(《对话录:走过的路》)。

其实，远在40年代，陈原就开始了他的词典编辑工作。1943年科学书店出版了他编辑的《英语分类词汇》。1948年，光华书店出版了他与石啸冲合编的《国际常识小辞典》。1948年冬，《读书与出版》停刊后，陈原调到香港，生活书店总经理徐伯昕交给他的任务是，起草小学生字典的编辑计划和编辑大纲，据此编辑一部小字典，供新中国的小学生使用。陈原为此专门请教了叶圣陶，开过两次座谈会，讨论如何编好这部小字典，并撰写样稿。叶圣陶日记中记载:1949年1月18日，应新中国书局约，与宋云彬、傅彬然、陈原等商谈编辑工农用小字典事。23日夜应徐伯昕、邵荃麟、陈原招宴，谈出版编辑事务。这部字典就是后来风靡全国的《新华字典》。后来，陈原因调动工作，不复参与其事。这是他做词典规划工作的开始。

1975年5月23日至6月17日，国务院出版口、教育部在广州召开了全国中外语文词典规划会议，这是中国当代文化教育发展史上一个非常重要的会议。规划10年内编写出版中外语文词典160部，其中，中文的31部，主要外国语的81部，小语种的48部。会后，国家出版局向中央写了报告，邓小平同志看过后交周恩来总理。8 月 21 日,周总理在病床上审批了这份报告,这是总理对出版工作最后圈阅和批示的一个文件。22 日,国务院正式批准转发这一规划。

最有意味的是,为这一会议筹备了半年的陈原出席会议时,大会小会上一言不发。

一言不发,并不代表陈原没有想法。陈原事后回忆说,“我没有发言权,我不是代表,也不是会议的领导成员,我只不过是接待组的一员,开会时当上海小组的联络员,管小组发言记录,还有给小组分发简报、文件等事”。其实,他当时心里很矛盾:一方面觉得规划是纸上谈兵,“无产阶级专政要落实到每一个词条”,使规划无法落实;另一方面又觉得,我们的民族,我们的国家就没有实现这个规划的可能性吗?这两种心情交织在一起,所以什么话都不能说。

也许,他想起了一个颇为轰动的“传奇”:只有 1.9 万人的圣马力诺的一位政要 1972 年来华访问时,送了一部多卷本的大型词典,而我们拥有五千年文明的泱泱大国,回赠的却是一本小小的《新华字典》。所谓“大国出小辞典,小国出大辞典”(见陈原《黄昏人语》),这则传说深深地刺痛了有良知的文化工作者。

在陈翰伯等人的积极支持下,陈原主持制订中外语文词书十年规划(宋木文语),着重抓了五大汉语词典,即修订《辞源》、《辞海》,编辑出版《汉语大词典》、《汉语大字典》和《现代汉语词典》。当时词书极度短缺,最令人难以置信的是,作为出版总署第一任署长的胡愈之竟向人写信代购《现代汉语词典》!他 1976 年 12 月 5 日致信陈原:“《现代汉语词典》是北大学报批判后封存的。现在该可以启封了吧。如能发售,亦恳代购一册。书款先送上十元。”(见陈原《记胡愈之》)

1977 年 8 月,陈原任商务印书馆、中华书局(合营)总经理兼总编辑。他的一项重要工作就是抓词典十年规划的实现。他认为工具书中,词书是文化积累和传播文化的基础工程,也是开发智力、开发信息资源的基础工程。商务印书馆在工具书的编辑出版工作中有自己独特的优势,从张元济到王云五,从建国后到70年代,它在工具书的出版工作中,无论编辑、校对还是设计都积累了不少经验。1958年中央确定商务印书馆出版任务是“以翻译外国的哲学、社会科学方面的学术著作为主,并出版中外文的语文辞书”。1978年,国家出版局重新把“编印中外语文词典等工具书”确认为商务印书馆的出版方针任务之一。1979年8月11日,商务印书馆与中华书局分立,恢复独立建制,陈原任总编辑兼总经理。商务印书馆的辞书出版工作加大了步伐:

据《商务印书馆百年大事记》载:

1979年

出版《辞源》(修订四卷本)第一卷,吴泽炎、黄秋耘、刘叶秋编纂(广西、广东、湖南、河南四省和商务印书馆编辑部协作)。

出版《新华字典》(1979年修订本)。

出版《古汉语常用字字典》。

邀请英国牛津大学出版社词书总编辑柏奇菲尔德来馆访问并讲学。

1980年

商务印书馆与日本小学馆签约,合作出版《现代日汉词典》。

出版《新华词典》。

1981年

商务印书馆与日本小学馆签约,合作出版《汉日词典》。

出版《波斯语汉语词典》。

1982年

出版王力《同源字典》。

出版张广森等编《新西汉词典》。

1983 年

商务印书馆与英国牛津大学出版社签约，合作出版《英汉汉英词典》。

出版《辞源》修订本共四卷。

值得商务人骄傲的是，1978 年出版的吴景荣主编的《汉英词典》，其内容丰富、文字质量之高，为海内外所公认。据说，该词典校对质量是世界一流的：只在参见条目上发现一处校对上的错误。1984 年出版的《英华大辞典》，是当时国内最大的一部英汉辞典。出版的一系列小语种（所谓小语种，是相对英、法、德、日、俄等语种的俗称）词典，架起了与国外文化交流的桥梁。商务印书馆领导班子几经更迭，但对“小语种”系列词典痴心不改，为编辑出版小语种词典，商务印书馆已默默奉献了近半个世纪。小语种词典大都是填补空白之作，但出一本赔一本。《波斯语汉语词典》收词 6 万余条，每本成本 80 多元，而售价仅 36.8 元，印了不到 2000 本，赔了 10 万元；钱是赔了，但读者高兴，对国家的文化事业有利。该词典出版后，伊斯兰教教会曾特地来信表示感谢。陈原在同编写者推心置腹的交谈中说，“既然历史已把这份重担交给你们、我们，咱们不吃这份苦谁吃？咱们不入地狱谁入地狱？”正是这种历史的责任感，促使他们默默地做出自己的贡献。

编纂词典是一个艰辛的历程。陈原 1980 年 11 月在《汉语大词典》第二次编委会上曾风趣地说，编词典的工作不是人干的，但它是圣人干的。白马非马，圣人不是人。词典是圣人干的！又说，傻子才去编词典。但词典的规划组织工作的艰难程度并不亚于编词典。规划制订出来后，要一本一本地组织落实，局外人很难体会其复杂性和艰巨性。陈原认为，词典编纂的组织工作像个金字塔，愈到最后人数愈少,最后定稿由塔尖来负责。这个塔尖,既要有历史的使命感,一种舍我其谁的气概,又要有事无巨细,调解协调、调动各方面积极性的能力。在“拨乱反正”的 70 年代末期,“四人帮”的干扰和破坏给词典工作造成了灾难性的后果,词典工作方面存在种种争论。因此,分清词典工作中的路线是非,思想是非,理论是非,肃清“四人帮”的流毒和影响,是词典工作者当前重大的政治任务。

陈原 1977 年 11 月代表国家出版局《辞源》修订工作领导小组在长沙会议上作了长达 7 个小时的讲话,明确提出要划清词典工作中的十个是非界限,在当时,这些论点对于统一认识,廓清一些是非标准具有重要意义。

他认为,首先要划清词典和政论的界限。词典作为一种出版物,是供人们翻检查阅的工具,它不是政论,决不能编成教科书。词典是以马克思主义列宁主义的立场、观点、方法来处理释义,而不能编成一部马列主义基础教程,或以引用语录的多少来评价一部词典的好坏。

第二,划清客观态度和客观主义的界限。词典工作要采取客观态度,反对客观主义。按照词典本身的规律,无论选词、释义或举例,都应当采取客观态度,即老老实实、实事求是的态度。

第三,划清要有时代精神和为当前政治斗争服务的界限。词典要有时代精神,反映时代面貌,但反映新的社会现实(新生事物)和新的语言现实(如新词汇),并不是要排斥反映旧时代面貌的语词或删去所有现在不常用的语词。

第四,划清相对稳定性和反对新生事物的界限。

第五,划清尊重语言规律和所谓“封、资、修的大杂烩”的界限。

第六,划清古为今用和复辟回潮的界限。

第七,划清洋为中用和崇洋媚外的界限。

第八,划清开门编词典和反对专家路线的界限。

第九,划清辩证法和形而上学的界限。

第十,划清革命文风和"帮八股"的界限。

后来,他又在这一思想的基础上,修改完善为划清词典工作中的八个是非界限。主张在词典编写工作中贯彻"百花齐放,百家争鸣"和"古为今用,洋为中用"的方针。如对"生活词"、"消极词"、"反对词"等的收编,要按词典的性质、任务、大小等作具体规定。应力求观点鲜明,概念准确,言简意赅,通俗易懂,反对烦琐哲学。这些观点今天看来并无惊人之语,但在当时确乎难得,起着拨乱反正的作用。

陈原在接触的几部大型词典中,总是千方百计让规划中的词典能够起步,定下编辑方针和作业计划,团结一批骨干,一部一部地落实。他从头参与《辞源》修订本的组织工作;他作为《汉语大词典》和《汉语大字典》的学术顾问,为这两部词书的编辑出版,作了大量组织、动员和鼓动工作。1983 年《辞源》修订本面世,他兴奋地写了《〈辞源〉修订本面世抒怀》,回顾了《辞源》修订经过以及编纂者们为此所付出的艰苦劳动。

陈原在策划组织一系列词典时,形成自己的词典编纂思想。他在《〈中华人民共和国地名词典〉的性质、任务和编纂工作方法》一文中提出,该词典的编纂一要完备,收词要按照一定的标准尽可能收载最完备。每条词的释义所提供的信息,也应完备,突出重点,突出个性;二要准确,不准确就谈不上权威;三要规范,所收信息完全合乎社会准则和文明习惯;四要简明,词典的释义要简洁明了,用最少的字句表达或传递规定范围内最大的信息量。

作为社会语言学家,陈原曾从语汇学和比较语汇学出发,考察《英华大词典》第二版,得到的印象是,它在很大程度上满足了当代各行各业读者查阅语义的需要。"《英华》反映了当代的词汇,是当代的词汇,是当代中国人所需要的比较完善的求解工具"(《双语词典词汇学探索》)。他时刻关注着语言与社会共变的特性。他的《在语词的密林里》一书,谈的大都是语言变异及其在现实生活中的运用,也记录了那几年他在词书编纂工作中的体会。1980 年 1 月,陈原与吕叔湘就王同亿翻译韦氏大词典的问题发表通信,明确表示不赞同翻译出版该词典。他说,“韦氏第三版成书于 1961 年,其后出补遗和一部《6000 Words》,以作增补,但旧字新义则无法补入。我们现在全文译出,先不说定稿困难(因为词典前后交叉很多,要把分头翻译的稿子编为一个整体,得花巨大劳动),排印起来恐怕也非四五年不行。这样一来,恐怕要到 90 年代才能出版中文译本,这就同当代语言(特别语汇)差距更大了”(着重点系引者所加),因此,从语文词典的角度来看,翻译一部大型外国语文词典供应本国读者的事,至少是事倍功半,浪费人力的。

吕叔湘指出,“组织翻译韦伯斯特大词典是完全不值得而且是万万不应该做的蠢事。稍有常识的人都知道,这么个庞然大物毫无用处”,“世界各国没有编译大型双语词典的。翻译韦伯斯特大词典这件事,归总六个字是:劳民——伤财——无用,是极大的浪费”。

之后,裘克安与王同亿分别就翻译韦氏大词典致信《出版工作》编辑部。裘克安说,他“得知此事后,即在去年八月十一日给王同亿同志写了信,表示异议,但迄未收到回音”。他的意见是:“关于普通语词部分,原文说明和引语例证很多,很有用;但译成中文就大为减低用途。如果一个人的英语水平已经达到需查这部大字典的程度,他一定宁愿去查原文字典,根本不看汉语翻译。”王同亿认为,该词典是非常值得翻译的,吕、陈二先生的断言是没有根据的。

后来,经陈原等多位专家学者的干预,由王同亿组织翻译的韦氏大词典没有出版。

较之在广州会议上一言不发,陈原对王同亿翻译韦氏大词典明确表示异议,其性格可见一斑。

原载《出版广角》1999 年第 12 期

书迷:出版人的基本素养

——陈原出版实践研究之四

于淑敏

所有伟大的出版家(或者自己愿望成为一个伟大的出版家)都自幼就“嫁”给或“娶”了书这个行当。他不是天主教神父,他也结婚,但他确实将灵魂嫁或娶了书这事业。他爱书胜过一切。他为书而生,他为书而受难,甚至为书而死。这种人是十足的书迷。为书奋斗终身!

有志之士一旦变成书迷,这说明他已将自己的一生奉献给这个事业——各种各样的奉献,倒也不一定成为出版家或名编辑,虽然也许他从事另外的职业,但成为书迷,则他已将自己献给书的行业了……反过来说,把自己奉献给出版事业者,无一不是书迷。迷上了书,即迷上了这事业,百折不回头。

这是陈原1993年初在香港联合出版集团做的一次演讲中的一段名言。多年来,他曾在好多场合做过关于出版工作者自我修养的演讲。他认为,自我修养的第一条应当使自己成为“书迷”。打开中国近代出版文化史,举凡张元济,夏粹方,高梦旦,胡愈之,邹韬奋,叶圣陶,张静庐等人,无不是书迷。

陈原自己就是一个不折不扣的“书迷”:买书,读书,写书,评书,话书,译书,编书纵贯他的人生历程。他的几本著作都与书有关:《书林漫步》、《人和书》,《书和人和我》,《陈原书话》。他写自己的“书缘”,一个读书人的苦辣酸甜尽在其中:《得书记》,《失书记》,《焚书记》,《偷书记》,《掌上书记》,《腹中书记》,《不读书记》;他写人,笔下大部分是"书人"——这是他对英语 Bookman 的硬译,出书的,编书的,卖书的,凡与书沾边的人都包括在内。他写"三个读书人"构成的"书史";写国外的书店,《在企鹅书店》,《在牛津的一家书店》。从书里写到书外,由书人写到书事。总之,他关注的焦点在于书。晚年他自豪地说,"书海夜航!说不尽的风流潇洒!一望无际的大海。'老人与海'!无论是风和日丽,水波不兴,无论是天昏地暗,狂风巨浪,老人在大海中夜航,自有另外一番滋味……"

为培养更多书迷型的"出版工作者",陈原在主持商务印书馆的几年间,曾做出多种努力。

一 知识和业务讲座

陈原认为,一个真正的书迷型编辑出版工作者首先要有广博的知识。经过十年动乱,知识贫乏的现象在青年一代更为突出,而老编辑工作者还存在知识更新的问题。为此,他主持商务印书馆不久就提议举办知识讲座。该讲座 1979 年 11 月 22 日正式开始,第一讲是当时 82 岁高龄的陈翰笙主讲"学习的重要性"。陈老先生 1928 年来商务工作,1979 年离开,已整整半个世纪。他根据自己早年赴美勤工俭学的切身体会,勉励青年要发愤自学,要多交朋友,多向人讨教,多学点东西。"除了自学,更重要的是要在工作中训练自己,一切进步都要从工作中取得,自学切不要和工作脱节","学了外语就应该用";"外语学习,说到底是个习惯问题"。

第二讲由中国社会科学院哲学研究所的范岱年做"美、加见闻"的报告。范岱年是《爱因斯坦文集》译者之一,曾以爱著中译者身份应美国科学界邀请,参加美国举行的爱因斯坦诞生一百周年纪念会。范岱年的父亲范寿康在 20 年代曾在商务印书馆担任过编辑,因为这层关系,他一家对商务印书馆有特殊的感情。在报告中，范岱年广泛介绍了美国经济、政治、科学文化等方面的情况，着重讲述了商务印书馆的出版物在美国产生的广泛影响和受到华裔知识界欢迎的情况，并建议商务开展国外发行工作。

接下来的几个专题分别是，李学昆主讲的“近两年来史学界争论的一些问题”，吴恩裕主讲的“政治学基本知识”，郑公盾主讲的“加、法、日之行见闻”，唐鹓主讲的“鲁迅对青年的教育”，郑文华主讲的“美国见闻”等。

据陈原自己说，这个讲座没有继续办下去，一是讲题没有计划性和针对性，二是请外间人士来讲比较困难，三是原来计划利用业余时间办，也因种种关系行不通。从七次讲座的题目来看，讲座内容比较散漫，除陈翰笙所讲学习的重要性，范岱年的讲座与商务的业务发展有一定关系外，其他题目与编辑出版业务关系不很密切。这可能是讲座没有继续下去的原因之一。

有了知识讲座的经验和教训，陈原又萌生举办编辑出版业务讲座的想法。

当时，商务新进工作人员多，年轻人多，对编辑工作不很熟悉，请人来讲编辑出版有关的基本问题和知识，目的在于统一思想，传播经验，提高年轻的编辑和出版人员的知识素养和业务水平，使他们尽快进入角色，适应编辑出版工作。

1981 年 1 月 9 日，商务印书馆副总编辑林尔蔚主持编辑出版业务讲座开课式并讲了话。由总编辑陈原主讲第一讲，题目是《编辑的社会职责和自我修养》。参加讲座的学员有六十多人，外单位听众十多人，自由听讲者八十来人，共一百五十多人，盛况空前，以致会议室容纳不下而移至礼堂内举行（见《馆讯》第 73 号）。

第二讲是高崧主讲的“如何做好书籍的附件（序言、注释、索引等）工作”。这也是针对年轻编辑的不足而特意准备的。陈原在《关于蔡元培撰序言——一封信》中说，“想呼吁一下我们从事出版工作的人要向前辈学习，特别是出版一本书要注意它的社会效果，并且按照不同程度的需要，扩大它的社会影响。为达到这个目的，书评是一种手段，作序也是一种手段。我深感要从束缚我们的'序文八股'中解放出来。……在必要的时候，要请专门学者，或由有学问的勤奋的编辑自己来撰写有分量的序言——文章不一定长，但要画龙点睛，或击中要害"（着重号系引者所加）。

此前，商务印书馆总编办公会议曾就序言、出版说明问题进行了初步探讨，陈原肯定了序言、出版说明的重要性和必要性，提出了今后写好序言和出版说明的几点意见。他认为，序文上要创新，序文要写得简明扼要，把观点阐述清楚。既不要骂人，也不要吹捧，一定要有学术气氛。在讨论《汉译世界名著丛书》出版问题的工作会议上，决定由高崧执笔写该丛书的总序（出版说明），足见他对序言的重视程度。

第三讲是人民出版社总编辑曾彦修主讲的"编辑工作漫谈"。《出版工作》刊物 1981 年第三期加编者按语，陆续发表各个专题。该刊第四期开了一个"编辑出版业务讲座"的专栏，予以刊登。曾彦修主要讲了 30 年来出版工作的几点感想，八字方针与编辑出版工作的关系，出版社应该建立什么样的良好风气，编辑出版工作者应该具有什么样的优良作风，并附带谈谈文风问题。既有宏观的背景分析，又有微观的具体工作，比较切合编辑的工作实际。

著名语言学家吕叔湘主讲第四讲，"谈谈编辑工作"，主要谈了编辑应当具有哪些修养，谈了具体的编辑工作，编辑工作中还应当注意的问题，编辑和作者的关系问题。他的讲座明白如话，朴实亲切。他提出的编辑工作应注意的问题，相信是许多年轻的编辑奉为座右铭的。其他几个讲座分别是任永长作的《漫谈校对工作》；王仿子讲的《要关心书的命运》；吴泽炎讲的《一个商务人谈商务》；陈原讲的《关于版权问题》；张慈中讲的《关于书籍的装帧设计》等。

陈原关于版权问题的讲座（第八讲），有别于他以往的报告。他把平时收集到的大家提出的关于版权方面的五十多个问题，汇集起来，一一作出解答。他说，我国还没有版权法，论述这些问题，只能按照几十年来处理的惯例，参考国际上关于版权的各种概念以及自己的理解作出解答。如研究版权问题，要从哪里出发？版权是什么？档案资料的版权怎么办？商务印书馆同外国为版权打过官司吗？解放前出的书，版权属于谁？合作出版的版权属于谁？一稿两投怎么办？有本书的作者已经去世了，他的儿子说，他准备修订，问我们是否同意他修订，如果不出修订本，他要拿到别的出版社去出，我们承认不承认他有版权？这些问题，既有基本知识，又有实际问题，特别是商务自己的出版实际，大都是年轻编辑们弄不明白的问题。陈原的回答，深入浅出，对症下药，有很强的针对性。

出版社不可能搜罗所有的专家来当编辑，但请一些专家给编辑们传经送宝则是可行的。编辑出版业务讲座共进行了九个专题，都是邀请出版界老一辈的专业人员讲课，对比知识讲座是成功的。为了解这次讲座的情况，商务印书馆还召集部分同志座谈。陈原在《最后一班岗——我在商务印书馆做了的和没做的》一文回忆说，这次讲座有两个缺点，一是没有系统地讲述编辑工作的某些重要问题，如选题、审稿、书稿档案等；二是没有系统介绍编辑所应知道的出版印刷知识。为弥补不足，1981 年 3 月 4 日和 5 日，馆里专门组织编辑室和出版部门的职工九十多人分两批到新华印刷厂参观了排、印、装订等工序，了解出版印刷知识。

二　读书与评书会

读书、评书在商务印书馆是有优良传统的。陈翰伯同志 1958 年起主持商务印书馆时，针对提高编辑人员的业务水平问题就提出编辑部的理论学习，除按干部学习的制度每周有两个半天外，还要自学经典原著，在自学的基础上组织讨论，交流学习心得和体会。他在这方面带了个好头:在组织翻译外国名著的计划时,他自感知识不足,便读"洋四史":世界通史,西方哲学史,经济学说史和政治思想史。他这一行动,带动了编辑部的同志一起学习,在掌握"四史"的基础上,各编辑再按专业分工,结合审稿,分别读原著,以提高专业水平。他这种"为实践的需要而读书"的办法,使编辑们受益匪浅。他还提出,应尽可能地多给编辑人员一些条件,办好一些小型的学习班,每年给一定的进修时间;社会上的一些学术讨论会,有条件的也可以参加。被中国当代出版界戏称为"CC派"的陈翰伯和陈原是一对好朋友。1958 年陈翰伯主持商务印书馆时,陈原在出版局工作。20 年后的 1978 年,陈翰伯调到出版局工作,陈原主持商务印书馆。作为一个继任者,陈原在商务印书馆首先要做的是恢复、继承商务好的传统。

陈原在回忆文章中说,他在 1980 年前提出:编辑做满四年而证明他是勤奋的有进取心的,经过申请批准,可以享受一年进修假——这是仿照外国学术机关的办法。后来这项措施的落实不如人意。但商务的"编辑读书假"却让编辑有集中的时间自由支配。起初是编辑部的同志,继而全馆各部门所有干部(工人和临时工除外)每年有一个月的读书假。这不是额外的假期,而是把每周规定的半天业务学习的时间集中起来使用。读什么书,因人而异,原则上是缺什么补什么,急需什么学什么。最初要提出学习计划,读完要向部室负责人交读书心得或论文,后来一般不履行,有点自流的味道——陈原一直引以为憾。

陈原强调,出版社的中心工作是出书,出的书要有一定的目的性,起到一定的作用。全馆特别是编辑室的同志要养成议论评价书的风气。写书评是编辑的分内事,不仅能提高编辑写作水平,也能活跃社内读书风气,所以他提倡在编辑室开展评书活动,目的是吸引编辑同志经常检阅商务出版的图书,吸引各部门的同志关心自己的出版物。

商务的评书会每两周举行一次,每次由一个编辑室负责评论自己所出的新书,往往先由编辑室进行评书,然后选几个代表参加评书会。每人评书限制发言30分钟,锻炼编辑用最经济的语言表达最大的信息量。之后的讨论发言限制在5~10分钟内,最后由总编辑谈他对这几部书的意见以及对书评的建议,但不作结论。1980年由8个编辑室开了8次,成效显著。以3月14日举行的第三次评书会为例,由汉语编辑室对《新华词典》、《辞源》第一册和《古汉语常用字字典》等词典进行评议。会上,郭良夫同志介绍了1978年至1979年汉语编辑室语文书和工具书的出版情况,并对出版语言学家赵元任的《汉语口语语法》和《语言问题》作了说明。《新华词典》编纂组负责人曹先擢同志介绍了《新华词典》从组稿、编写到发稿的全部情况和问题。刘桐良同志就新旧《辞源》作了对比,说明了这次修订《辞源》做了哪些工作。张万起同志重点讲了《古汉语常用字字典》从选题的提出以及这部词典能帮助读者解决哪几方面的问题等。最后,副总编辑吴泽炎同志对词典编辑工作中的文风和例句问题发表了看法,使与会者受到很大的启发。出版局方厚枢同志也参加了评书会(见《馆讯》第30期)。

商务印书馆副总编辑林尔蔚在评价这次评书会时认为,这次评书会着重就肃清"四人帮"流毒在词典工作中的表现具有重要的意义。如提出人物条目应掌握三个基本环节:时、地、事,即什么时代的人,什么地方的人及其主要活动,不必搞"政治审查"、"阶级分析"。这样做比较符合词典的要求,通过评书会引导大家注意更深入地肃清"四人帮"的流毒影响(见《出版工作》1980年第9期)。

评书会的作用是显而易见的:它可以使编辑开阔眼界,增长见识;利于交流情况,总结经验,有助于书籍质量的提高;同时,调动大家关心出书的积极性;促进编辑人员开动机器,认真写文章;有利于改进领导作风,可以从中发现新问题,进一步改进工作。

此外,商务还举行封面评议会,采取自由参加的形式。据《馆讯》载,1980 年 3 月 18 日的封面评议会,中华书局等其他出版社的同志也闻讯前来。会上,美术设计范贻光、姜梁等人各自列举几本书的封面设计的构思过程和它们的优缺点,到会同志对商务的封面设计、书籍装帧提出建议和要求,希望在三五年能做有商务独特风格又受读者欢迎的装帧设计。总编辑陈原也到会听取大家的意见,并提出自己对商务书籍装帧的看法。

三　练　笔

陈原多次强调,编辑要练笔,写不出通顺文章是当不好编辑的。商务印书馆编辑部办的供编辑练习作文的内部刊物《练笔》1980 年 4 月第一期复刊时,陈原专门写了一篇短短的代复刊词——《题〈练笔〉》:

> 一个编辑好比一个医生:他不但会确诊,他还得会用药或开刀。编辑不仅要判断一部稿子的好坏,有时他还必须拿起笔来帮助作者润色或者修改。因此,编辑必须练笔。“笔”是练出来的;不下苦功,“笔”是练不出来的。……希望在出版社工作的每一个同志——特别是编辑同志,都来练笔,三年五年,把“笔”练出来。那就会把我们的工作水平大大提高。

他还指出,编辑练笔不是副业,写作是编辑工作的延伸,或者可以说,写作和编辑常常是同步进行的,编辑练笔时不要觉得自己理亏,而是为了更好地为作家服务。

陈原关于编辑的社会职责和自我修养的题目做过几次演讲。因为有人对此有不同看法,认为“太不政治”,所以他一直没有发表。其实,现在看来,他的这些观念,对编辑出版工作者是十分有益的。

他指出，编辑是个高尚的人，是个真正的人，编辑的社会职责，第一是当好伯乐，要发现作者，挑选作者。另一社会职责是负责向社会、读书界提供尽可能优秀或比较优秀的作品，决不能“向钱看”。为此，编辑要认真地恰当地确定选题，还必须学会加工。编辑要很好地履行他的社会职责，必须具备政治的，思想的，学术的，专业的，编辑业务等方面的修养。一个编辑最起码的修养是爱书。不爱书不能当编辑，或者说，决计当不好编辑。此外，编辑还应有思想修养和语文修养。首先要驾驭语言文字，语言文字是一切编辑工作的基础，因此，编辑一定要学会用字，写字和认字，时时记住语言规范化问题，必须经常请教字典这个永恒的老师。他以自己的一件真事举例说，50 年代初一位受人尊敬的老同志看新印行的《封神演义》时，发现“棋逢敌手，将遇作家”的句子。大概与他记忆中的“棋逢敌手，将遇良才”不一样，他没有查字典，相信自己的记忆，认为“将遇作家”肯定是“手民之误”。这位老同志向陈原提出让编辑部改正的建议。当时，陈原也“过于自信——不肯去查书”，最后，一位基础较好的编辑指出：“将遇作家”的“作家”，不是现在意义上的作家，而是“内行”、“里手”之意。陈原说这件事给他很大刺激，很大教训：“要避免错误，首先就要打破过于自信的观念，同时要不怕麻烦，经常去请教字典”（见《陈原出版文集》）。

作为出版家，陈原熟悉出版工作的一切运作，但他一直认为自己是一个编辑，他具备编辑所应有的多方面素养。在研究商务印书馆百年历程时，他认为张元济，加上夏粹方，再加上蔡元培，只有这样的结构，一个出版机构才能在书林中成为乔木，才能腾飞。正像生活书店的邹韬奋——徐伯昕——胡愈之这种结构。这是陈原作为总编辑对出版社的一种理想。尽管他的理想未能完全实现，他提倡的一些做法在十几年后的今天，也值得出版界学习借鉴。

原载《出版广角》2000 年第 1 期

总编辑的思想

——陈原出版实践研究之五

于淑敏

陈原在半个多世纪的出版实践及出版行政管理工作中,逐步形成了独特的出版管理思想,包括出版规划管理、出版质量管理、国际合作出版、传播新科学新技术等现代化的管理思想。他在商务印书馆担任总编辑兼总经理,以老总的角色思考并研究出版工作,因此,他的出版管理思想对出版工作者有一定的借鉴和启迪意义。

“五年设想”与规划思想

“我以为一个企业如果没有一个切实可行的(即不是空想的,或为了‘好看’而硬凑的)长期规划,领导班子和群众就看不见远景,有时甚至等于迷失了方向。”这是陈原出版管理的经验之谈。

1979 年 8 月,陈原正式主持商务印书馆后,首先重点抓了商务发展的五年规划。1980 年初,他在花一个季度摸清商务的情况后,抓全馆发展五年规划(1980～1984 年)。4 月 18 日,他在干部会上作了《去年情况,今年安排和五年设想》的报告,会后交部门讨论,集中意见后由陈原写成修订稿,分发有关同志修改,据统计修改了一百余处,最后由陈原定稿后,向干部会作了关于出书规模和质量的报告,即《出版工作》刊物转载的《商务印书馆的出书规模和质量问题》,“这时,只有这时,上下左右包括我自己对未来的五年间该做什么,怎么做,才比较明确了”。

规划切忌空话大话,要切实即从实际出发、实事求是才能行之有效。这是陈原抓商务五年规划时的体会。商务的“五年设想”一是方针任务即出版中外语文工具书、介绍外国学术文化两项任务五年不变,出书规模是五年内出新书800种,从1982年(建馆85周年)开始,每日出书一种。出书设想是从十个方面安排出书,包括汉语工具书、外语工具书及“汉译世界学术名著丛书”等。经过几年的实践,列入这一设想的不少出书项目已经完成或在进行中,但也存在需要修订的问题。1982年8月,陈原召集编辑部、出版部、经理部各科室负责人,提出对五年工作规划逐年修订补充的十点设想,供大家讨论。9月1日,编辑部与总编室,出版部与经理部两摊儿展开讨论,赞同他提出的滚动的五年规划设想,并提出补充意见和建议。

经过几年的实践,这个经过上下反复研究确定下来的规划,大部分都如预想地实现了。1984年,为进一步明确出书方向和奋斗目标,商务印书馆根据中央规定的方针任务,在收集资料和调查研究的基础上,制订了1984~1990年七年出书规划。这一规划的选题总数约为1780种,其中,中外语文工具书、语文学术著作、教材、教学参考书、通俗读物约800种,哲学、社会科学著作约1000种。制订规划的步骤是先由编辑部制订一个草案,集体讨论后加以修改;然后将修改后的未定稿,邀请各学科专家学者座谈,根据座谈意见修订定稿。6月,出书规划草案制定后,陈原给全馆编辑出版干部作了长篇讲话,阐明出书规划和出书计划有什么不同,如何制订长期出书规划,才能更有效地贯彻我们的方针任务。11月10日,规划座谈会在香山别墅举行,在京著译者、专家、学者102人参加,陈原代表商务在会上作了主题发言《关于编制长期出书规划的几点意见》,谈了他对编制出书规划的一些看法。

陈原认为,在考虑规划时,要注意历史的延续性,要结合商务的特点;规划必须体现出这个时期以及更长时间内我们的重任,就是中央提出的翻译出版世界学术名著。规划是一种长期的设想,经过认真努力而可能实现的较为系统的、能看出方向和倾向性的选题系列。规划不是任意的书目排列,规划是做了调查研究,估计了形势作出的决策。规划不是计划,不是年度计划的汇编,不是书目,不是任意拼凑的购书单,不是存货清单。规划是奋斗目标,是在一定期限中的努力方向。搞规划要发扬商务自己的优势,表现出商务是一个具有高度文化水平的、学术性的出版社。要把主要精力放在满足提高的需要方面,体现时代精神,也要有创新精神。规划要体现东方,注意到边缘科学等等。

在论及陈原的出版规划思想时,不能不提到胡愈之和陈翰伯。50 年代末到 60 年代初,时任文化部出版局副局长的陈原跟着胡愈之着手规划百科全书、“知识丛书”的出版。1959 年陈原撰写了《关于筹备出版百科全书的初步设想》,1961 年起草了出版《知识丛书》的报告向中宣部请示;之后,又和王诚、韩中民一起起草《知识丛书选题计划》。该选题计划分哲学、经济、政治等八个门类,共列入选题 1575 种,由三联、中华等六家出版社共同承担。虽然由于当时的历史条件,实际上两年多只出了三十多种,但陈原却从中学到了如何做规划、选题计划。

1958 年,陈翰伯任商务总编时,拟定翻译出版国外学术著作规划,又孜孜不倦地努力抓该规划的落实,为陈原后来主持和领导“汉译世界学术名著丛书”的出版奠定了良好基础。尤其是陈翰伯 1978 年 1 月在国家出版局直属出版社规划动员会上提出一要立足本社,面向全国;二要从现实条件出发,先易后难;三是要充分利用社会力量;四是在社内走群众路线,动员全体编辑都要投入规划工作的四点要求,对陈原抓商务的五年设想很有指导意义。

“编辑工作挪前做”与系统思想

陈原认为,出版工作是一个非常复杂的系统工程,通常都把出版—印刷—发行这三个子系统作为这个系统工程的基本模式。在这个系统工程中，每个子系统的运转，必须同前一个和后一个子系统协调一致，而且应当力求协调得完整无缺。因此，决策者必须全局在胸，尽可能多地关注并协调每一个子系统的运转。关键是要了解并设法使得前一个子系统提前进入(或提前关注)后一个子系统的运行——这是一个颇为奇特的运行形态，也就是说，两个必须互相衔接的子系统，应当提前交接，而不能将这两个互相衔接的子系统，在时间上和在细节上作简单的机械划分。用通俗的话来说就是"编辑工作挪前做"，即是说，编辑部的工作不是等稿子来了以后才开始，它应当在原稿形成的过程中开始。做编辑工作不能习惯于零敲碎击，要通盘考虑，尤其是约稿后，不能置之脑后，到交稿后才处理，否则一旦定稿后发现问题，则要费力弥补，还会影响整个编校过程。所以在整个出版环节，前一个环节要考虑后一环节的工作，安排前后左右的关系。

陈原 1979 年 7 月访英时，曾同 20 个出版、印刷、发行单位进行了接触，对英国出版界"竞争 + 电子计算机"、"我 + 钱"的印象十分深刻，对英国出版社内部编辑、生产、销售和宣传推广的结构很感兴趣。因此，他在商务十分重视对编印发一体的考虑。他把责任编辑当作出书质量的关键环节，努力提高编辑出版人员的水平；他重视图书的装帧设计、编排格式与编排技术，关注出版发行情况。据《馆讯》125 号记载，1982 年 1 月召开领导小组扩大会议上，在听取了出版部领导和发行科同志介绍近一二年的发行工作和当前存在的一些问题后，陈原对发行工作提出以下要求：一是发展了多少专业读者户；二是发了哪些宣传推广品；三是专业书占总码洋的百分比是多少，要从现在的 25% 逐步增到 50%；四是从门市工作中得到了一些什么意见；五是在发行工作过程中交了几个朋友。从中可见他的清晰思路。

陈原在对生活书店和商务印书馆的研究中发现，一个出版社的腾飞,要靠编辑、出版、发行三种机制的协调互动。“我做了20年工作然后知道,生活书店如果只有一个邹韬奋,起飞不了,还必须有一个徐伯昕,事业才能兴旺起来。……又20年,我才隐隐感觉到在这两个志士的背后还有一个表报上看不见的人物,那就是胡愈之。”因此,生活书店的腾飞,是靠一邹一徐一胡。“胡愈之是导航塔,邹韬奋是机长(和机组),徐伯昕是地勤。”商务印书馆是张元济——夏粹方(高梦旦)——蔡元培。“这样的结构,也只有这样的结构,一个出版社才能在书林中长成为‘乔木’;只有如此,才能腾飞。如果没有这种‘结构’,无法想象令人目眩的‘腾飞’。”这是一个总编辑的发现,更是一个总经理的发现。有意思的是,1977年8月,陈原任商务印书馆、中华书局(合营)总经理兼总编辑;1979年8月,商务与中华分立,商务恢复独立建制,陈原任商务印书馆总编辑兼总经理。一身兼两职的出版实践,他更羡慕一邹一徐一胡的理想的出版结构。主持商务后,他在原七个编辑室的基础上,另设总编室、经理部、出版部。从系统论的观念来看,这是出版社整体系统运行良好的保证。

创办《馆讯》是陈原现代化信息管理思想在出版工作中的体现。1979年8月18日,陈原主持召开第一次总编会上,就提出出版《馆讯》问题。他说“有个工具或媒介,向全馆同志及时沟通情况,即所谓上情下达,下情上达,外情内达,以便吸引全体同志把力量往一处使。因此决定每逢星期一出版一期《馆讯》”。1979年8月20日第一期出版(后改称第×号),由总编室负责人定稿。头两年每期印出后,陈原都批注意见退给编者,提醒他们注意改进。“最初几期,连编校者也看不起《馆讯》,实践证明,愈来愈吸引读者包括上级机关的读者……上上下下都喜欢这个工具,因为它信息多(没水分,没废话),字数少(一目了然),有倾向性(即有指导意义)。”(见《陈原出版文集·最后一班岗》)从信息论的观点来看,这一媒体实际是一个信息反馈系统。陈原在研究社会语言学的过程中，较早接触了系统论、信息论和控制论思想。他把“三论”思想的精髓贯注于出版工作中，对出版工作既作为普通信息论的对象，又作为控制论对象来考虑。这两个不同的考察方式又有机地联系在一起，深刻地揭示出版的系统性质，多方面的属性和复杂的关系。

“晒鱼干”与质量意识

“书存放在仓库里，就等于鱼晒在太阳光下。这就是我说的‘晒鱼干’。”陈原引用一位洋出版家的警句形象地说明了质量思想。“书印成后，销不出去，或者发不出去，放在仓库里像鱼晒在阳光下一般。书出后变成‘晒鱼干’，就等于自杀。”

陈原的出版管理思想中，质量管理思想一以贯之。他把出书质量同推动社会进步，传播文化和文明联系起来。他说，图书是文化的储存库，是传播媒介，解释工具以及把它自身推向前进的推进器。出版物之所以有力量，之所以能推动社会进步，主要的是依靠质量，要在编辑部门出版部门牢牢树立起靠质量的思想。质量不是抽象的，它有很多具体要求，首先是选题要选得对，选得好。书稿质量同出书质量不完全是一码事。出书质量除了正文质量以外还包括序言、出版说明、目录编排、索引、插图、校对、封面装帧等。这些部分的质量和正文质量加在一起，才是出书质量。出书质量不是检查出来的，把关是需要的，但单纯把关决不能提高质量。如果哪个总编辑副总编以为靠他把关就能提高出书质量，那是一种不切实际的梦幻。提高出书质量的最关键的环节是责任编辑（责任校对、责任美术人员），因此，要提高责任编辑（以及其他基层业务人员）的思想水平、科学水平和业务能力。正文质量+编辑质量=出书质量，这是他从半个世纪的出版实践得出的结论。可以说，一个没有当过总编辑、总经理的管理者未必能具有这一思想。

关于出书质量,有两个小故事。据《馆讯》记载,1979 年 10 月,86 岁高龄的英国前首相麦克米伦以麦克米伦出版公司董事长、牛津大学校长身份来华访问,麦克米伦所著回忆录《指明方向》(《商务印书馆百年大事记》1976 年记作《麦克米伦回忆录》),商务 1976 年出版,内部发行。当时,上级指示送麦氏两册样书,商务出版部几位同志亲自下厂于 24 小时内成功地改装该书,另印封面封底、扉页、版权页和目录,抽去原出版说明,因为该说明对作者大骂一通。这也是当时出版界的常情:为出版国外学术著作不致引出麻烦,每出版一部书都要在书前加一篇长长的"批判性序言"。出版部改装此书效率甚高,受到出版局和馆领导的表扬。1981 年 3 月 20 日,陈原在印度恰托巴底亚耶所著《印度哲学》精装本的样书送核单上批注"亘古奇闻!"原来,该书印制的 500 本精装本,没有版权页,也无定价。出版部采取补印版权页粘贴的办法予以补救。这两件事,陈原一个表扬,一个批评,实际上都是对出书质量的关注。

重视出书质量与消灭"晒鱼干"现象,是辩证的关系。陈原认为,出版家务必消灭"晒鱼干"现象——仓库中只能保留某些书的合理存储量,合理存储量不同于"晒鱼干",单纯追逐市场需要是一种危险的投机。出版社不能只出亏本的书,但也决不能出只能赚钱的书。出版社要看重常销书,少销书,特别是质量好对社会文明有贡献而印数少的。所有书籍三个月销完是不合理的,是违反出版规律的。因此他提出对畅销书要做具体分析,对常销书要采取保护性措施。出版社应当有不同的合理库存量,牛津的学术书有 5 年合理库存量,即一般可以销 5 年。这些观点对今天的出版界很有启迪。

一个总编辑对出版社的管理是全方位的总体管理。善于接受新思想、新观念才易于转变传统观念。陈原说他是我国出版业人士中较早使用电子计算机的。80 年代初,以电子计算机为标志的新技术革命对出版工作会引起什么样的后果,许多出版工作者还不甚了了。作为出版家,陈原一直关注新技术革命对出版工作的影响,他在多种场合就“新技术革命对出版工作的挑战”这一专题发表演讲,为出版界做信息革命的启蒙工作。1998 年 12 月,新闻出版署和中国版协为他的 80 寿辰举办的学术报告会上,他做了《迎接信息时代的挑战》的专题发言。作为总编辑,他很赞赏陆费逵创办中华书局所具有的超人的敏感;欣赏现代出版事业的一个人带领一班人、一班人指挥一群人的金字塔式指挥系统和张元济作为决策者的自我调节能力。他提出的滚动发展计划、全面质量管理、系统工程等管理思想,多是汲取国外现代管理思想的精华形成的,他在商务印书馆提出的国际合作出版原则、团结作家队伍等思想限于篇幅不作详述。陈原对自己出版实践的总结,自谦“多是感情上的抒述,缺少理论性的分析”,但其中仍不乏理性的光辉。

原载《出版广角》2000 年第 3 期

人和书:纪与传的“春秋笔法”

于淑敏

1997 年,商务印书馆成立 100 周年。4 月,《商务印书馆百年大事记(1897 ~ 1997)》由该馆出版。

《商务印书馆百年大事记》(以下简称《百年大事记》)由编辑出版家陈原在 1987 年出版的《商务印书馆大事记》的基础上编纂而成,是陈原先生“十年磨一剑”的代表之作。该书从封面到环衬,从扉页到内文,从页码设置到版面空间处理,无不显出大气、简明的风格。陈原以他语言学的深厚功底和出版家的专业积累,匠心独运,精心雕饰,就“大事记”之类书籍而言,堪称典范。目前国内出版社、杂志社所出自我宣传的大事记、纪念册,无有出其右者。该书自面世以来,以其独特的个性、深刻的蕴涵为业内行家所称道。王土(沈昌文)先生认为,“此书书名平平,然而编写、版式具有独到之处。其舒坦、冲逸、精要,一如在陈府啜巴西咖啡,非亲尝、亲见者未能领略。其妙只在这是一部平平实实的大事记,如果是编一本苦雨斋主的散文,那是题中应有之义,也不值得大惊小怪了。”(《中国现代编辑出版家评传》)因此,深入剖析其内在构成与精巧构思,既为书刊策划者提供了可资借鉴的成功个案,又有助于编辑出版界人士了解陈原先生的编辑思想,领略其作为编辑出版家的风采。

一、纪与传的“春秋笔法”

《百年大事记》“采编年纪事体裁”,但又超越了传统的编年纪事体裁。一般来说,“大事记”是按时间顺序从纵的方面记述大事、要事的历史体裁。通常采用编年体,即以年为限,逐月逐日记事,一事一目,在有限的篇目中,容纳尽可能多的内容。陈原策划《百年大事记》的卓异之处是,他以一个出版家的眼光重新审视古老的“大事记”,贯通了它作为历史体裁和出版体裁的内在联系,一般大事记的编纂者,依据略古详今的原则,近代部分基本上以月系事,现当代部分大多兼用月、日系事。若此,商务百年大事记将是厚厚的几十万甚至百万字的皇皇巨著。《百年大事记》以年系事,摄取商务印书馆百年历史的精华,追求大事突出,要事不漏,琐事不录的史家气度,百年纵贯,其恢宏大气,着实可圈可点。

一个出版社经过百年的风风雨雨,有许多值得大书特书的事件,有许多值得歌功颂德的人物,编“百年大事记”会有很多困难。什么才能算得上大事?当然是它出版、编印、辑印、影印的近两万种图书,然而,出版图书的关键在于选题,而出台好选题则靠人才。

商务正是重视人才,网络人才,才使它发展百年而立于不败之地。这也是商务为中国近代出版提供的历史传统。所以,编选大事记,把握住网络人才这一线索,以“某某进馆”的形式来体现,可说是抓住了纲:人才像一根红线,图书像一颗颗珍珠,用线穿珠,一个个珍珠才不致散落,线与珠才交相辉映。

这就构成了《百年大事记》“人”和“书”的特殊处理:某某年,某某进馆,出版某某书。编纂者对“人”和“书”采用春秋笔法,用笔极简,对塑造本书性格有决定的意义。

熟悉中国近代出版史和商务印书馆馆史的人都知道,张元济对商务的历史有着举足轻重的意义。“大事记”对这一重要人物的处理,可谓浓墨重彩(占 35 个年份)。但编纂者不加评论,只客观地转引可靠性和权威性资料,来凸现人物。

1902 年,左页“大事记”为:

> 设印刷所、编译所、发行所。
>
> 张元济进馆。
>
> 聘蔡元培为编译所所长,蔡因《苏报》事件避居青岛,由张元济任所长。
>
> 高凤岐进馆。
>
> 夏曾佑进馆。
>
> 译印《帝国丛书》7 种。

左页右下角,加框处理的文字是摘自张元济《涵芬楼烬余书录·序》的一段话:“余既受商务印书馆编译之职,同时高梦旦、蔡孑民、蒋竹庄诸子咸来相助。”

右页有关资料,是摘引茅盾、顾廷龙、陈叔通等人对张元济的评价。对茅盾盛赞张元济的话,加框处理:“在中国的新式出版事业中,张菊生确实是开辟草莱的人,他不但是个有远见、有魄力的企业家,同时又是一个学贯中西、博古通今的人。他没有留下专门著作,但百衲本二十四史每史有他写的跋,以及所辑《涉园丛刊》各书的跋,可以概见他于史学、文学都有高深的修养。”

1951 年,左页录商务出版张元济《涵芬楼烬余书录》,右页刊毛泽东同年 7 月 30 日致张元济一书,加框处理。左下刊毛泽东信中提到的张元济一首诗《积雪西陲》。

1956 年,大事记为“十月,张元济九十寿辰,海内外学者和知名人士纷纷祝贺”,右页刊郭沫若贺诗和茅盾贺词。

1957 年,刊张元济 6 月 15 日致蒋介石书。1958 年春,周恩来到上海视察,在华东医院看望张元济。这两则资料均为 1987 年出版的《大事记》所未刊。

1959 年张元济病逝于上海,右页刊资料为黄裳《珠还记幸·涉园主人》中对张元济的评论:“海盐张元济(菊生)在现代中国文化史上的地位与贡献,近来是看得越来越清楚了。……但人们往往忽略了他是个‘戊戌孑遗’,老新党,在当时少数有新思想的知识分子中的代表人物。这特色,直到他的晚年也并不曾减退。”

读者从这些叙事极简的“记传”中,了解了张元济在中国近代出版史、文化史中的地位,了解了他对商务印书馆的独特贡献,一个爱国智者、杰出学者的形象出现在读者面前。

陈原对“大事记”有其独到理解,更有独特的编辑思想。1980 年,他在《关于编印中国出版年鉴给版协秘书处的一封信》中说,“大事记一定要花力气编好”。选编时,“宜粗不宜细,一年有一件、三件、五件即可;细了则不易评价了”。“记事应简明扼要,尽量引用原话,不要多加形容词之类为宜”。资料部分,不要搞“繁琐哲学”。在《中华人民共和国地名词典的性质、任务和编纂工作方法》一文中,对词典的编纂方法,提出一要完备,二要准确,三要简明的原则。完备不是指事无大小都要写进去,而是要突出重点,突出个性(特殊性)。简明就是简洁、明了。用最少的字句表达

(传递)规定范围内最大的信息量。语言要洗练(精练),必要时还应浓缩;删去可有可无的字或句,不要空话、废话;舍弃次要的信息,即突出主要的,有个性(特性)的信息,而放弃不十分必要的无关大体的那些信息;不作文学描写,不动感情,不加感叹词之类。

这些原则在编纂《百年大事记》中得到充分体现。

二、公元纪年的页码编制方法

陈原策划《百年大事记》时,独出机杼创设了纪年页码编制方法,这是该书在出版形式上对图书出版体裁的重大突破。该书没有一般图书中常见的页码数字,只在每页左右上角以粗重黑体醒目地印着商务印书馆的纪年数字。以馆史的时间数字取代大事记作为书籍的页码数字,在中国近现代出版史上甚为少见,其开创意义值得出版理论界、书刊策划者认真思考、揣摩。

其一,图书对开页的整体价值与形式意义。编纂者以百年时间为经,以重大事件为纬,确立了“年”的时空单位,“为使眉目清楚,每年排成两页,左页为大事记录,右页刊有关资料”。以商务历史上的时间之“年”对应《百年大事记》版面上的对开页,是该书策划者恰当处理其出版内容与形式矛盾关系的突破口;借独特的出版形式升华了出版内容。而《百年大事记》特有的页码数字则作为标志,作为主要的版面手段,成为对读者阅读的重要指导和暗示。

其二,页码数字的附加功能。该书以一年为时间单位,一年设计为两页,打开书是左右两个相对的版面,而两个版内容方面有配合,有呼应,形式上减少了呆板,增加了视觉变化。

商务印书馆的百年历史,无疑是一笔重大的文化资源,编写百年大事记,本身就是对它的历史的尊重和文化资源的开掘。《百年大事记》独特的公元纪年页码编制法,在一定意义上就是对这一资源的独到开掘，将年轮的时间递进数字创意转换为页码数字，突出了出版机构的百年沧桑；页码不再只是具有一般图书中常规的检索功能，它是商务历史的脚印、发展的阶梯。读者读《百年大事记》时，对页码的检索也油然成为对商务发展历史的追寻。

三、别出心裁的空白处理

该书版式简单，精要，干净利落。无时下编书常列的顾问、编委等人员组成，也没有序、跋、后记等附文。1987 年 1 月出版的《商务印书馆大事记》，扉页后有一个“参加本稿编辑出版工作人员名单”，编纂、主稿、协调、设计、封面、校对等工作人员共 42 人。《百年大事记》出版时，除文后增添原附的“人名索引”外，把“工作人员名单”也给删了，只留下简短的“几点说明”。此外，空白的处理具有重要的意义。陈原谙熟版面的空白功能。他在谈到出版形式时说，“我们这里的出版家习惯要把版面塞得满满的，他们那样空起来觉得‘浪费’篇幅，其实不然，空白有时是很必要的，天头或地头稍稍宽一点，使读者少一些压迫感（西洋人的书，天头留得小，地头的空白较多；我们习惯正好相反，我们是天宽地窄）。”

从版面布局来看，文是实，空白是虚，有虚才能衬实；文是黑，空白是白，有白才更显黑。因此，空白是版面编排不可或缺的无可替代的手段。陈原在编纂大事记时，将空白的本原意义引入书中，1966～1976 年十年间，除 1971 年和 1972 年两页摘引周恩来关于出版的谈话内容外，有 8 页右页是一整页的空白。

在这里，空白绝不是空无意义的东西，它在页面上处处流露出强烈的意义。吸引读者，发人深思，既反映“文革”期间出版工作的停滞，又是对“四人帮”干扰出版工作的无声谴责，比大段的议论和说明更能证明出版文化的荒芜。值得注意的是，1987 年出版的《商务印书馆大事记》，1966 年右页并非空白，是一框形设计，摘自《关于建国以来党的若干历史问题的决议》中关于“文化大革命”的定论:“‘文化大革命’的历史,证明毛泽东同志发动‘文化大革命’的主要论点既不符合马克思列宁主义,也不符合中国实际。这些论点对当时我国阶级形势以及党和国家政治状况的估计,是完全错误的。”在编纂《百年大事记》时,编者把这一框形设计移到1976年的右页,这样,既对应1976年左页“文化大革命”结束,在内容上突出了这一引言的意义,又保证了1966至1975年右页空白的完整性,构成了对“文革”的否定,可谓匠心独运。

为配合空白处理,编者在《百年大事记》设计了长方形框形文字。对文字少、分量重的重要资料,或名家之言、重要人物的话加框刊出,其意义在于:一,借助于框形设计,在版面上增加了强势,使内容突出、“跳跃”,便于读者领会编者意图。二,既丰富变化版面,又显得庄严典雅。左页的框形设计大多集中到页面下方,使版面不至于头重脚轻。如1974年,大事记的左页下方,框形内容为“内部发行《现代汉语词典》试用本,被‘四人帮’诬陷为‘黑线回潮复辟’”,这里不动声色地点出一个史实,于无声中爆发出无比的愤怒。加框刊出,比单纯的一段文字更能表达强烈的感情。

(原载《编辑之友》1999年第6期,本文有删节)

思念陈原

宋木文

我国资深编辑出版家、著名学者、韬奋出版奖荣誉奖获得者陈原同志,因长期患病医治无效,于2004年10月26日晨5时与世长辞。陈原学识渊博,聪慧过人,除了精通编辑出版专业外,还对文学、艺术(特别是音乐)、汉语言文字和世界语以及国际问题都有深入研究与建树，是学术界、出版界难得的杰出人才。他一直是我心目中的兄长、良师和益友。我与他接触总是崇敬与亲近相伴。对他的辞世，我早有思想准备，但噩耗传来，又久久不能摆脱悲痛之心、思念之情和对往事的回忆。

驾驭“商务”变与不变的高手

1974年“四人帮”制造了一场“反黑线回潮”。此时，国家出版局和各直属出版单位大都有一些“文革”中被打倒的老同志恢复工作。“反回潮”大字报的锋芒也主要指向这些复职不久的老同志。“文革”中，中华书局与商务印书馆合二为一。这时陈原只挂了个中华商务领导小组成员的名义，他巧用古代官吏的称谓，说他是在中华商务“行走”，按我的释义即“有职似无职更无权”之谓也。我去中华商务看大字报，揭批陈原的调子虽很高，却内容空洞。陈原有学问，文章写得好，又善于思辩演讲，但也长于把握政治形势，在那种是非颠倒的日子里，他出言更为谨慎。我对他说，大字报贴满墙，可也没有抓到你什么。那时我们还交往不深，他对我的关切只是一笑了之。1975年李先念同志曾会见国家出版局领导小组组长徐光霄同志，传达毛主席和邓小平同志对“四人帮”的批评，由于此次会见内容的传达，使出版局和直属单位的形势有所好转，平时以平稳著称的徐光霄也大胆讲话了，甚至在大会上说出“中华商务方针任务不变”。这个“不变”在劫难逃，被批判为“复古和崇洋”的“回潮”。其实，这也是陈原的主张，正面的解释，即中华书局和商务印书馆仍像“文革”以前分别以整理出版中国古籍和编译外国学术著作为主要任务。后来，我奉命起草一个明确中华、商务方针任务的文件，去征求已不在“行走”而在主持工作的陈原的意见。他表示完全赞成，不过又笑着说了一句“这不是方针任务不变吗？”我有些放肆地指着他的头顶说，要想打倒你，抓你的辫子,也是抓不着的!这看似出言调侃,却充满着亲近和敬意。

商务在解放前就向中国读者介绍西方学术著作,新中国成立后也承担过这方面的出版任务,只是由于“文化大革命”而中断了。陈原从“行走”到“主持”,在商务所做的第一件大事,就是经一年多一点的筹划,在1982年商务建馆85周年前夜出版了《汉译世界学术名著丛书》第一辑50册。可以说这是对商务方针任务拨乱反正的大手笔。但解放前商务出版的《汉译世界名著丛书》仅几十册,选书标准不一,内容不精,影响不大。这次出版,陈原有一个完整和长远的计划,丛书名称改为《汉译世界学术名著》,加了“学术”两字,要编译一套外国古代及近代(少数现代)马克思主义经典著作以外的哲学社会科学代表著作译丛。陈原凝视这套封面装帧庄严简洁、朴实无华、内容精湛、耐人寻味的译丛第一辑,“感到由衷的喜悦,浮想联翩,不能自已”。陈原的这种心情是不难理解的,因为“通过这些著作,人们可以接触到一个迄今为止人类已经达到的精神世界”,从而开拓眼界,扩大视野,为振兴中华和建设社会主义精神文明吸取一切有用的养料。胡乔木同志高度评价这套书的出版,发函祝贺,认为是“在编辑出版方面取得的重要成就”,“译校编者所付出的辛勤劳动值得全国学术界、知识界和读者的深切感谢”。邓小平同志在1984年3月曾提出,要在四五十年内把世界各国名著(包括文学在内)翻译过来出版发行。从陈原开始,经过林尔蔚、杨德炎商务两届班子和同仁与学术界紧密合作,这套汉译学术名著丛书现已出版九辑四百余种。商务的这套出版工程,理应载入我国文化出版史册,并占有重要地位。

商务的方针任务变与不变是个辩证关系。“不变”是要对被“文革”搞乱了的商务进行拨乱反正,继续着重出好介绍外国学术名著和中外语文辞书,而在实际上又是不能不变的,这就是在继承和发扬百年商务优良传统的基础上不断拓展出版业务,更好地适应新时期对她提出的更多和更高的要求。陈原是个把智慧转变为实践的高手，他主持商务期间，驾驭和实践了商务这家百年老店变与不变的辩证法。我相信，读过陈原有关商务的文字（回顾历史的与针对现实的），特别是读了他 1984 年 5 月所写的《最后一班岗——我在商务印书馆做了的和没做的》更可以得出这个评价。不过，不是如他所说“仅仅做了一点‘拨乱反正’的工作，实在惭愧”，而是在拨乱反正中发展了商务，值得人们尊敬。

中外语文辞书规划的设计者和指导者

1975 年 5 月，经主持中央日常工作的邓小平同志等中央领导的批准，国家出版局在徐光霄的主持下，在广州召开制订中外语文词典十年（1975～1985）规划会议。这个规划，经病中的周恩来总理于 8 月 21 日批准，以国务院名义下发各省市区和国务院各有关部门执行。列入此项规划的 160 部中外语文词典后来大都出版了，其中包括《辞海》、《辞源》、《汉语大字典》、《汉语大词典》、《现代汉语词典》、《汉英词典》等名列当代出版史的骨干工程，对满足当时读者迫切需要以及促进出版事业长远发展繁荣都有着重要作用。此项规划，是根据周总理要重视出版词典工具书的指示精神，经陈翰伯同陈原商量后，在徐光霄支持下启动的。1974 年，为专办此事，在国家出版局成立一个由陈翰伯领导、陈原主持的工作班子。1975 年 5 月广州会议上讨论的中外语文词典十年规划即是由这个工作班子拟订的。当时“文革”尚未结束，陈原还被一些人视为带着资产阶级帽子的专家，虽对规划的制订起了重要作用，却不被安排为会议领导小组成员。陈原的心情有些压抑，却仍在为他所热心的辞书事业而奋力地工作着。

1975 年 5 月的广州会议，关于编纂什么词典，基本采纳了工作班子的方案，关于如何编纂词典特别是编纂指导思想却发生了尖锐的对立和争论。会议印发了姚文元对陕西一煤矿工人评论组关于《现代汉语词典》(经请示批准重印“文革”前版本以应急需)批评意见的批示,迟群攻击《现汉》为“封资修大杂烩”的报告,还请这一评论组的代表在大会上按“四人帮”的调子作批判发言。也有的与会者鼓吹语词的阶级性,“要把无产阶级专政落实到每一个词条”,对“桌子”的释义也要体现阶级性,要讲“桌子的哲学”。这是对会议的严重干扰。与会者对这些极“左”的干扰虽有反驳或正面阐明意见,会议的领导成员因有姚文元的批示和“文革”极“左”思潮的泛滥,也难以从根本上加以扭转。

陈原有时对少数人表示过他的看法,但在会上一言不发。他后来说:“我亲历了这场灾难,我从头到尾注视着这灾难每一步的经过,我没有在任何会议上承认过他们的指责是合理的,因此我没有作过任何的检查。”但是,他思考着“四人帮”为什么对一部词典进行迫害,思考着中外语文词典编纂中发生的那些争论的是非界限,以他的敏锐与博学回答了他所思考也是编纂工作亟待解决的问题。1977 年 11 月在长沙召开的“目的在清除‘四人帮’极‘左’思潮这些年对词典工作的影响”的会议上,他作了长达七个小时的关于词典编纂工作指导思想拨乱反正的讲话。中国社会科学院的《中国语文》继国家出版局的《出版工作》之后,以《划清词典工作中若干是非界限》为题发表这篇讲话整理稿,详尽地论述了词典编纂工作需划清的八大是非界限,即,词典和政论的界限,客观态度和客观主义的界限,相对稳定性和“反对新生事物”的界限,古为今用、洋为中用和“封资修大杂烩”的界限,“百花齐放、百家争鸣”和“回潮、复辟”的界限,辩证法和形而上学的界限,革命的文风和帮八股、烦琐哲学的界限,群众路线和弄虚作假“三结合”的界限。他在《在语词的密林中漫步》一文中说:“从七十年代最后几年开始,我以国家出版局党组成员(同时又是辞书为主要业务之一的商务印书馆总编辑)身份,看望过 1975 年制定的中外语文辞书规划中许多大型和中型词典的编辑部的同志。在座谈会上我往往针对编辑部提出的问题,作了即兴式的发言。”以国家出版局领导成员身份的讲话,除了《漫步》之外,整理成文的还有《加强“汉语大词典”的编纂工作和组织工作》、《编纂“汉语大词典”要注意的几个关键问题》等,这些讲话和文章不仅适时地指导着正在进行的中外语文辞书编纂工作,而且对新时期各类辞书的编纂也有着重要的指导意义。

陈原对《辞源》修订本历时九年终于完成写了一篇《抒怀》,说:“把中国近代第一部工具书,改编成为中国古汉语和中国传统文化的一部工具书,这不能不说是出版界和读书界的一件大事。修订工作是在‘四人帮’专制时代末期开始,我从头参与这部书的组织工作。当我看到四卷本样本时,心情激动,穷一日的假期,写出这篇《抒怀》。”此文写于 1984 年 1 月 1 日,此时陈原已年过 67 岁,他的喜悦、激动,也反映了同他一起为我国辞书事业艰辛耕耘并获得重大成果的一代学者和出版家的心情。中外语文辞书十年规划的完成,从国家出版机关领导层面讲,我们必须讲到陈翰伯、许力以等老出版家的重要贡献,而对陈原来讲,除了参与制订规划、主持《辞源》、《现代汉语词典》修订和《汉英词典》编纂外,对百余种中外语文词典在编纂思想理论上的指导更是他突出的、无可替代的贡献。

对出版领域拨乱反正的重要贡献

1977 年 5 月,王匡同志主持国家出版局工作后,为清理被“四人帮”搞乱了的思想、路线是非,决定成立由陈原主持的调研小组,范用和我协助他工作。调研小组查清了中共中央 1971 年 43 号文件中的“两个估计”(即“新中国成立后十七年的出版工作是一条黑线专政,出版单位资产阶级知识分子占统治地位”)是张春桥、姚文元插手写入的，并写出极“左”思潮在出版工作中十种表现的调研报告，为这一年12月召开的全国出版工作座谈会深入批判“四人帮”和拟订恢复发展出版事业主要措施作准备。陈原除为调研小组出主意、出思想、指导撰写调研报告外，还独自作了批判“四人帮”炮制“三十年代黑店”的准备。王匡在12月会议上所作报告批判了“两个估计”以及推倒这“两个估计”对出版界解放思想、恢复和发展出版事业的重大意义。陈原与王匡的报告相配合，在大会上作了《驳所谓“三十年代黑店”论》的长篇发言，把会议对“两个估计”的批判引向深入，在出版界打响了关于三联书店问题拨乱反正的第一仗。

新中国的出版事业有着光荣的革命传统。在解放区以新华书店为主要代表，在国民党统治区以生活书店、读书出版社、新知书店为主要代表（1948年5月党中央指示在香港合并成立“生活·读书·新知三联书店”）。关于三家书店以及后来合并成立的三联书店的这种历史地位，既为它们在国民党统治区的革命出版实践所证明，也是党中央做出的正确结论。1949年7月18日，中共中央《关于三联书店今后工作方针的指示》明确指出：“三联书店（生活、新知、读书出版社），过去在国民党统治区及香港起过巨大的革命出版事业主要负责者的作用，在党的领导之下，该书店向国民党统治区及香港的读者，宣传了马列主义、毛泽东思想和党在各个时期的主张，这个书店的工作人员，如邹韬奋同志（已故）等，做了很宝贵的工作。”“中央指示”又指出：“三联书店与新华书店一样是党的领导之下的书店”。在“文革”中，“四人帮”颠倒历史、混淆是非，污蔑生活、读书、新知三联书店为“三十年代黑店”，十七年“出版黑线专政”也像“文艺黑线专政”一样始于30年代，要作为“源头”进行追查。在全国，特别是在上海和北京，一大批三联书店的老同志遭到批斗和迫害。出版界批判“两个估计”，批判“黑线专政”，也理应批判所谓“黑线源头”的“三十年代黑店论”。

陈原以历史文献和历史事实为依据指出:30 年代我党领导下的白区(国民党统治区)的出版工作,是毛主席 1940 年高度评价过的五四以后到抗日战争时期从思想到形式无不起了极大革命作用的白区进步文化运动的一个组成部分。他列举在毛泽东同志、周恩来同志关怀下三店在白区如何适应环境开展斗争,并在必要时转移到根据地去开展工作,使“根据地和白区两支革命的出版队伍,在不同战场上,互相响应,互相支持,为着共同的革命目标,进行艰苦卓绝的斗争”。“以三联书店为代表的三十年代革命出版事业,不是什么‘黑店’,而是在党的领导下、影响下,在白区传播革命思想的文化机关,不管它有过多少错误,走过多少弯路,它仍旧是波澜壮阔的白区革命文化新军的一个支队。‘四人帮’想把它打成‘黑店’,想不分青红皂白把三十年代出版事业全盘否定,是决计办不到的”。

这是一篇声讨“四人帮”的革命檄文。今天重读仍然感受到它的力量之所在!

陈原的《驳所谓“三十年代黑店”论》1978 年初在中央党校《理论动态》发表后,受到胡耀邦同志的关注,他指示人民日报于 1978 年 2 月 3 日全文发表。在“两个凡是”还束缚着人们头脑的情况下,陈原这篇充满智慧和勇气的文章在党中央机关报发表,对当时的文化出版界产生了强烈的反响和广泛的影响。陈原不仅对恢复三联书店革命历史地位做出了重要贡献,也积极支持和参与将三联书店从人民出版社划出成为独立建制出版单位的工作。考虑到陈原在三联书店的威望和对恢复三联书店历史地位所做贡献,国家出版局请陈原担任由九人组成的筹备小组组长,处理“人民”与“三联”分家以及三联独立后的有关问题。陈原于 1998 年 9 月“以此纪念三联五十年并告三联后来人”的《“三联”纪实》一文在回顾三联历史后深情地说:“如今三联书店的后继者,依然步着前人的足迹,生气勃勃地前进,为建设有中国特色的社会主义新文化,开拓新的场景而奋斗。”

与时俱进的老出版家

为陈原80大寿,新闻出版署和中国出版工作者协会举行了一次别开生面、非同寻常的庆祝活动。这一天,不是举行祝寿盛宴,也不是召开恭颂业绩的座谈,而是在署机关九层会议大厅由这位80高龄的出版老人以《迎接信息时代的挑战》为题作学术报告。人们走进大厅可以清晰地看到主席台上用三行大字标示着:“迎接信息时代的挑战　主讲人陈原　1998－12－03北京”。出版界二百余人怀着崇敬的心情,聚精会神地聆听着陈原的精彩演讲。他不时地边讲边操作计算机给听讲人提供数字和图像。如果不面视其人,还以为是哪里来的一位青年博士在讲演并展示新的技术成果。

对陈原的这次演讲,中国新闻出版报(记者王坤宁)作了报道:

> 从老年人与语言到网上购书,从14年前的一场报告会有人问什么是“软件”到人人都知道计算机的今天,陈原在1小时的报告中,讲计算机对出版业的影响;讲作为第四媒体的互联网对人类社会生活的影响,对出版业的冲击;讲信息时代的特点;讲信息时代对出版工作、对语言工作产生的变化。他认为,面对信息时代的挑战,人们的社会生活将发生重大变化,出版工作与语言工作将在未来的20年内从组织上、结构上、观点上发生极大变化,人们只有考虑好未来,才能追上时代的步伐。

记者在报道陈原演讲时提到他14年前在一次报告会上有人向他发问什么是“软件”,似乎是要说明那个时候陈原就已经在关注和钻研新技术了,而据我的记忆,陈原的这种关注与钻研比这更早。1979年6月17日到7月1日,以陈翰伯、陈原为正副团长(我任秘书长做些助手工作)率中国出版代表团访问英国,回国后还在中华、商务礼堂由陈原作了《访英观感》的报告。陈原在访英期间,考察了英国的出版体制和经营机制,考察了那个年代出版领域电子计算机的应用和开发。他在《访英观感》中说:“电子计算机从60年代开始进入出版界,这预示着很多方面的工作都要发生一场革命。”在这之后的多次出国访问中,他都对出版领域新技术的应用与开发进行考察,如1984年春出席在墨西哥举行的国际出版家(IPA)第22届大会(主题即是新技术革命对出版工作的挑战),这一年为筹建中国社会科学院语言文字应用研究所赴加拿大在渥太华考察设在那里的世界有名的术语信息库,回国后多次作了《世界新技术革命对出版工作的挑战》的学术报告。陈原不仅率先运用新技术理论,指导语言文字研究和编辑出版业务的技术革命,而且自己也能够熟练地掌握计算机应用技术,他的许多文稿都是手按计算机键盘产生的,直到他因过度劳累病倒在工作的场所。

在1998年12月3日,80高龄的老寿星作了《迎接信息时代的挑战》学术报告后,我也讲了几句话,但不是通常那种祝寿一类的话,而是说,陈原同志80高龄,仍不断求新、创新的精神,值得我们大家学习。更希望在新的形势、新的条件下,出现更多像陈原这样的人才。这将是我国出版事业在新时代兴旺发达之幸事之保证之关键!

陈原同志,我想念你。

2004年11月2日于兴华公寓

原载2004年11月4日《中国新闻出版报》

怀念陈原先生

杨德炎

10月26日凌晨,陈原先生静静地走了,永远地走了。

仅仅就在陈原先生离开我们前不久,我还去协和医院看望他。透过窗纱的几缕阳光洒在病房里,但见他闭着眼睛静静地躺在那儿,清癯的脸上依旧安详从容。护理人员附在他耳边轻轻地唤他:陈原先生,商务来人看你来了。几遍过后,已经基本失去知觉的他,慢慢睁开了眼睛。我赶紧凑上前去,此时分明看到他正努力地凝视着我,失神的眼睛里似乎明亮起来。虽无任何言语,我依然领会了病危中老人这艰难的交代。

谁曾料到,这竟是我与陈原先生相见的最后一面!

早在1972年,我便有幸与陈原先生相识。那年6月,陈原先生被任命为中华书局商务印书馆负责人。其时,商务被遣散到文化部咸宁干校劳动的人员开始分批回来了。我回商务较早,还有幸在陈原先生身边工作。时间长了,我便与他逐渐成了"忘年交",耳濡目染,深刻感知到他为商务、为出版事业是怎样去忘我工作的。

1972年,那正是"文革"中期,处于一个众所周知的书荒年代。商务先前出版的大小词典都停印不出了,小学生上学连一本字典也买不到。经周恩来总理指示并亲自过问,商务在那一年春天修订出版了停印停发6年之久的《新华字典》,以解中小学生用字典之急。尔后,总理又批示,编一部更丰富的词典。就这样,"文革"前还没来得及正式出版的《现代汉语词典》,便得以由语言所和商务加紧修订出版。陈原先生也从此与辞书打上了交道,并经历了不少风浪。他领着大家紧张工作,词典终于在1973年5月出版。

那时叫“试用本”（“文革”出版过它的“征求意见本”），显示出语言所和商务编辑出版辞书的谨慎和认真。虽是明着说它是试用，是供中小学学生学习语文时使用的，但这也很快便招惹了大是非，掀起了轩然大波。1974 年 3 月起，姚文元借“燎原煤矿评论组”为词典提意见为由头，在文化界发动了一场针对《现代汉语词典》的大批判运动，说它有尊孔倾向，干扰了批林批孔大方向，是封资修大杂烩，是修正主义路线回潮、是资本主义复辟的反动思潮等等。一时帽子乱飞、棍子乱打。陈原先生便处在这风口浪尖上，大礼堂里铺天盖地挂满了批评他的大字报，有人甚至将大字报糊在他办公室的门上、走廊边，他承受着别人难以想象的巨大压力。但他不为这些宵小的嚣张所吓倒，泰然处之，保持着冷静和倔强。大批判没有阻止住他，他关于划清词典工作八大是非界限的著名论点正是在这个大搞阶级斗争、大批《现代汉语词典》的年月里孕育而生的。上头要把《现代汉语词典》成书毁成纸浆，他让商务的同志把几万册词典巧妙地入库封存起来。“四人帮”倒台不久，这些词典又逢时出库发行了，应了急需。这又足以显示他的睿智和远见。

1975 年，也是经周总理指示，全国中外语文词典规划工作会议在广州召开。这是我国辞书史上第一次有关辞书编纂出版的规划会议，也是至今业内最为重要的会议。在那个年代开这样的会议，确实表明总理力排非议，对辞书工作非常关注。陈原先生其时已经“靠边站”了。可他这个商务“行走”却在为这个大会忙里忙外，大至会议重要文件拟订、小至细小的会务安排，他都操心不尽。会议期间，他更是每晚挑灯夜战，认真细致地审查 150 部大小词典的规划，逐一研究落实。今天所见的享誉海内外的重要辞书《辞源》（修订本）、《汉语大词典》、《汉语大字典》、《中国大百科全书》等就是在那次会议上拟订编纂规划，落实出版任务的。这里面凝聚着陈原先生一份辛劳、一份心血。

1979 年，在商务，他不再当“行走”了，被正式任命为总经理、总编辑、党委书记。但他又说，这是他在站“最后一班岗”。毕竟，已过花甲之年了。那时“文革”刚刚结束，学术界、思想界迎来了万物复苏的春天。陈原先生以一个出版家和学者的敏锐感觉到这一点。他及时大胆地提出了继续编辑出版商务曾经在20世纪三四十年代推出的“汉译世界学术名著丛书”。这套丛书涵盖西方古代和近代哲学、历史、政治、经济等各个方面，规划做得很大，初期便准备做200种，当时知识界、学术界一批著名学者被召唤到这套丛书编译工作中来。到1982年1月，商务在纪念成立85周年时，整体推出了第一辑，共50种，2000万字，获得广泛好评。以后陆续出版，乃至今天已经出版至九辑，四百余种，蔚为大观，成为商务乃至中国出版界的一个重要品牌。

1990年，陈原先生从国家语言文字工作委员会主任位置上退下来，还是选择到商务当顾问。他精力依旧充沛，思维依旧敏捷，为商务的发展出谋划策。煌煌20卷计2000万字的《赵元任全集》，就是由他在80高龄时为商务力举推荐并亲自谋划的一个重大出版计划。早在1981年，著名语言学家赵元任先生回国访问，应陈原先生之约，北海仿膳谋面，席间有王力、吕叔湘、朱德熙诸公，相谈甚欢，从此结下友谊。也因为商务此前出版过赵先生的《汉语口语语法》等著作，深得其心，赵先生很愿意把他的年谱及有关文集交与商务出版。这便是缘起了。1997年，《赵元任年谱》出版，陈原先生撰写了长达万言的《我所敬仰的赵元任先生》为其代序，全面总结赵先生的道德文章，字里行间情真意切。自1999年起，陈原先生不顾年迈体弱，亲自担任全集的编委会主任，筹划一些重要事宜，又抱病为全集撰写前言，直至住进协和医院才搁笔，终成七千余字！这是一个出版家对一个语言学家的推尊，也是一个老人对另一个已经逝去的老朋友的践诺。他的认真，他的真诚，他的情愫由此可见了。

陈原先生走了。他从事出版生涯六十余年，可谓执着奉献。

他博学多才，勤于著述，颇多创获。读书、写书、出书，书伴其一生，他就是这样一个纯粹的学者。他留给后人的有关出版学、语言学、地理学、国际政治、音乐等方面的论著、译著、散文随笔等各类作品三十余种，洋洋大观。他的学术、他的思想、他的道德，是永远值得我们认真学习、仔细研究的宝贵财富。

陈原先生安息吧！

原载 2004 年 11 月 4 日《光明日报》

痛思陈原

许力以

10 月 26 日凌晨，商务印书馆杨德炎急速来电话，告知陈原走了，我心中为之一震。实际上他住院多时，早有预料了。他是我的知心朋友之一，不免有多少往事涌上心头，难以忘却。

上世纪 50 年代初，当我调入中宣部工作时，就和他有来往。开始他在人民出版社工作，以后又调到文化部出版局，“文革”动乱以后，直至他被派到商务印书馆，我一直都和他保持着密切的联系。他是一位有造诣的学者，知识广博。他对出版编辑，深有研究。他读书很多，文史哲经，包括地理、国际与音乐，样样通晓。他是语言学家。他有多种著述问世，而且深受读者欢迎，他会英语，还会世界语，真是少有的一位才子。

“文革”中，他既是“走资派”又是“臭老九”，他受到无情的批判和折磨，但他不灰心。70 年代初，周总理信任徐光霄，将徐放在国务院出版口，就是后来的国家出版局，徐为主要领导，他是有丰富经历的好同志。1972 年以后，徐从干校调回几位老同志到出版系统工作，其中就有陈原。陈原作为国家出版局领导小组的成员，被派到中华书局商务印书馆联合办事处(当时中华、商务合在一起)主持工作。但是,在那个年代他很难工作,一会儿“反回潮”,一会儿“批林批孔”,实际上斗争目标都是对着担任领导的老同志。

那时一有风吹草动,就把那些重新走上工作岗位的老同志,再提出来重作批判。

出版系统的同志们还记得,在1974年,“四人帮”姚文元及其得力干将迟群,借助“燎原煤矿工人评论组”所谓对《现代汉语词典》(试行本)中一些概念的解析,是什么“尊孔崇孔思想”,横加批判和指责,其矛头就是针对着当时主持业务工作的陈原。陈原对那些胡言乱语,当然不服,任其大字报糊满全楼全宿舍,他愤而不怒,沉着气儿,不声不响。他有这样的长处,含而不露。任风吹雨打,我就是“岿然不动”。他默默地,继续抓他的业务。

当时大家觉得总是闹也不是办法,总要做些事。几年来好像什么书都不能出,在外宾来访时,客人送我们一部大词典,我们也只有回赠一本新华小字典!这种情况不时受到周总理的批评。于是在陈翰伯的发动下,就搞了一个出版词典的规划。这与陈原的想法一拍即合。当时就在商务印书馆由陈原主持,成立了词典规划小组,调集几位同志一起工作。1975年邓小平出来工作以后,有一段暂时安定的政治气候。此时国家出版局向国务院写了召开中外语文词典编写出版规划会议的请示报告。这个报告经当时主持中央日常工作的邓小平同志批准。会议就在1975年5月于广州举行。

会议由徐光霄主持,翰伯和我都是会议的领导成员。本来陈原也应是领导成员,但因“四人帮”有上述的作祟,会议又印发了那份所谓“尊孔崇孔”的材料,他被排斥在领导成员之外,他是何等心情可以想见。但他很有涵养,埋头工作,他出面抓规划分工与落实,十分认真。他与承担任务的省市出版单位的同志谈话,工作任务很重,非常辛勤。

如何编纂词典，以什么思想来编纂词典，在会议上发生了争论。一些人认为编写词典要强化阶级斗争观念，连桌子、板凳都要突出阶级斗争，要“把无产阶级专政落实到每一个词条”，许多同志不同意这种意见。由于当时形势，在会上没有展开争论，但在小组会上，还是有不同的声音，认为那些认识是错误的。陈原觉得那些同志很无知，认为他们的观点是绝对不能接受的，但他不露声色。而我们常在一起议论，翰伯、陈原和我三人经常谈论这种观点，有时我们指着沙发，开玩笑地说，这些“走资派”能坐吗？干部、工人能坐吗？沙发不是资产阶级坐的吗？陈原乐不可支。

广州会议，落实了辞书的出版规划。最后的报告，还经过在重病中的周总理批准。规划中的汉语词典，有几部大型辞书，是必须保证的。《辞海》是毛主席亲自指定由上海来搞的，已有成熟的稿本，应由上海修订后出版。还有三部辞书工程较大，一是《汉语大词典》；二是《汉语大字典》；三是《辞源》的修订。翰伯、陈原和我三人，也有商量，翰伯除统管全局外，还偏重管《汉语大词典》，我分工去抓《汉语大字典》，陈原则负责《辞源》。《辞源》本来就是商务的任务，由他负责也顺理成章。但是也不那么简单，《辞源》由广东、广西、湖南、河南四省区和商务共同负责。陈原要代表国家出版局在几个省中运作，工作也非常艰苦。事经九年，终于完成，取得正果。人们不会忘记吴泽炎先生，他协助陈原工作，他全部身心献给《辞源》，其功不可没。

陈原编纂词典，有丰富的经验，他有一套系统的理论，如《划清词典工作中的若干是非界限》，这是他 1977 年在修订《辞源》工作会议上的讲话，后收在他的《出版文集》中。这篇讲话到现在，都可作为编写词典的教材。对编写词典的原则，他作了理论的概括。他的讲话，语言丰富，逻辑力很强。那是十年动乱刚结束的一年，在这篇讲话中，他对“四人帮”的批判无比深刻，对其帮腔帮调，描绘得淋漓尽致。他说：“四人帮”的“帮八股”，我们可亲自感受多了。他们专横武断，抽换概念，胡言乱语，借古讽今，含沙射影无以复加。“在词典工作中‘帮八股’表现最突出的有三点：一、是言之无物，又长又臭；二、是穿靴戴帽，千篇一律；三、是弄虚作假，欺骗读者。”

陈原在出版工作中，另一贡献是组织出版外国学术著作。为中国读者介绍西方名著，一直是商务印书馆的任务。建国以前，商务印书馆为此做过不少的工作。50 年代，中宣部将翰伯调到商务印书馆主持工作，重要的一环就是要他领导外国学术著作的翻译出版。他到商务以后，制定了一个庞大的规划，包括马克思主义三个来源的著作、资本主义各国启蒙时期的著作，以及近代、现代各流派的学说，列入规划达 1614 种，规模宏大。“文革”前出了一部分，但十年动乱，规划被迫停止。开始制定此规划时，陈原亦参与其事。70 年代初，陈原被派进入商务，“文革”以后陈原就着力抓了这件工作。他清理了过去出版此类书的单行本，包括解放前商务出过的，经过整理，陈原定名为“汉译世界学术名著丛书”，这套书涵盖西方古代以来至近代、现代的哲学、政治、经济、历史各个方面。他认为这许多书的作者，都是一个时代、一个民族、一个阶段、一个思潮的先驱者、代表者，其影响不言而喻。这套书日积月累，到现在已经陆续出版了四百多种，这不能不说陈原为此项重要工程的开辟和接力，做出了贡献。

1984 年陈原已经调离商务，任命到中国语言文字委员会主持工作，但他仍在商务兼任顾问，他继续抓外国学术名著的规划。这年 3 月 14 日，胡乔木同志向小平同志汇报工作，小平同志提出要系统翻译出版外国学术名著，这次讲话的传达，引起出版界和知识界极大的震动。陈原代表商务印书馆连续召开学者和翻译家的会议，讨论商务重新制定规划，贯彻小平同志的指示精神。这时我已经由国家出版局调回中宣部工作，我参加陈原出面召开的会议，在这一段我的工作也主要是忙这件事。

小平同志谈到翻译世界名著时说:“这个工作很重要,需要用几十年的时间。除了组织国内人力进行翻译,还可以在英国、日本、西欧分别成立编辑部,组织外籍华人和华侨中的学者进行这一工作,订立合同,稿费从优。”

陈原为贯彻小平同志批示,真是雷厉风行。他认为商务要把这件事作为“压倒一切的任务,是无可争议的任务,全馆上下都要明确这个任务的重要性,都要想办法去完成它”。为此,邀请学术界知名人士,多次议论,还在香山举行大型学术会议,讨论制定长期规划和如何具体选书和进行翻译。在商务印书馆内部,他调动全馆的同志,献计献策。

对于如何撰写西方学术名著的序文,陈原特别强调,对序文要提高质量。他认为要有学术性,“不要骂人,也不要吹捧,一定要有学术气氛”。对于西方现代学术,强调要严谨对待,在发行方式上也要讲究。写序文要遵照小平同志的指示精神。小平同志说:“政治问题上要维持和发展友好合作关系。对他们的理论、思想观点,我们不替他们宣传。他们自己宣传什么,主张什么,我们不作评论,不同他们争论,更不要像过去那样公开地批评他们。是对是错,由他们自己去判断。”(小平同志 1984 年 3 月 14 日的谈话,在新出的《邓小平年谱》中已有记载。)

陈原做事非常认真负责,他不愧为知识界和出版界的一位优秀的共产党员。

陈原走了,他把自己的一生献给中国的文化事业,为祖国的兴旺发达,为新中国出版事业的繁荣昌盛,苦心追求。他有如一头黄牛,忠心耕耘,直至生命的尽头。陈原!你是我的挚友,我余年不多,我终生向你学习。

原载 2004 年 11 月 10 日《中华读书报》

永远的年轻人

——陈原先生点滴回忆

赵　斌

经过几年的病榻缠绵，陈原先生终于撒手而去。尽管知道这一天总要到来，真的听到噩耗时，还是感到震惊和感慨。

陈原先生于我，本是一位有交往而又从未共过事的出版界前辈，按说我并没有资格写回忆的文字。但点滴琐事并非泛泛，加上陈原先生与我们香港联合出版集团有很深的工作关系与人脉因缘，有很多历史关系甚至可以追溯到革命年代，我要代表集团送上心香一瓣。

我第一次见到陈原老，是在 1994 年春天。当时上海出版工作者协会邀请陈原先生来上海作一次关于新技术与出版工作的报告，我是参与者。记得那天开始以后，陈原先生便拿起话筒站了起来，“不习惯坐着讲”，他轻轻对我说。两个小时，照例是没有讲稿。内容海阔天空，恐怕大部分上海中青年出版骨干都是第一次听到信息量这样大的“领导”报告。这篇讲演，后来以“世界新技术革命对出版工作的挑战”为题收在《陈原出版文集》中。当时的上海出版局党委书记宋原放同志对我说过，陈原同志是真有学问、真做学问的一位领导。老宋的这句话，无疑对我以后的工作有影响。

从此，便和陈原先生有了联系。以后每次见面，不论时间长短，都是愉快的清谈。无赘词，点到为止。涉及面极宽，因为没有什么事情你不可以与他谈。我在陈原先生家里吃过他夫人煮的炸酱面(因为出去吃费时间)。你可能不惊讶当年领导与学者的生活简朴,但很难相信那些需要大量数据的语言学著作出自如此窄小的书房。他住的那栋楼在前门,是“文革”后期的建筑。

陈原先生的许多著作我都拜读过。读他的文章是一种享受,因为那是明白如水行文之下展开的思辩。作为驰骋多个领域的学者与作家,陈原先生的知识结构、治学方法以及基本的出发点,都与其他人有所不同,应该是有一个讨论会来纪念这位建树甚丰而又淡泊名利,学养深厚而又极富革命激情的先辈。

我有两次机会,实际感受到作为出版家的陈原先生,大事小事上都能出手不凡的本领。

一次是偶然的机会,读到他在商务印书馆所做的关于编制长期出书规划的讲话,这篇讲话现在也收入了《陈原出版文集》。那是一次震撼,我知道了应该怎样当总编辑。不过我从来没有向陈原先生说过,他的这篇讲话曾深深影响了我以后做出版工作的价值观。

另一次,是收到商务建馆 90 周年时的《商务印书馆大事记》,发现全书的编辑非常有特色,特别是其中对于文革一段的处理独具匠心。一反所有其他书籍必定以大段文字声讨的方法,《大事记》中是以“无字碑”的手法,用几乎空白的版面作为“记录”,其中又不忘把新华字典重版等几件属于“异数”的事情记下。这本《大事记》,是一部在讲解编辑技巧时应该引为范例的作品,说明了什么才是编辑创意,以及什么是简洁与含蓄。我在后来向陈原先生说过对于这本《大事记》编辑匠心的读解,以及由此看出他作为一个老共产党人对于两位历史人物的褒贬。他后来特地追寄一信给我,内有“被你说破,于是大乐!”——这次当然是轮到我大乐了。

陈原先生多次向我回忆过胡乔木同志咬文嚼字的轶事。其实,作为语言学家的陈原先生,依我看来,也处处都显示出对于语言与文字的特殊兴趣。通过文字,陈原先生更关注的是文字所承载的文化。

大概是2001年,陈原先生应邀来港。我知道陈原先生对于几种西方食品有独到鉴赏力,于是就建议在乏味的例行晚餐之后,先去一家“另类”超级市场买一点他喜欢的芝士(奶酪)当早点,再到“鬼佬”集中的香港兰桂坊去看看有什么可以宵夜。挑这两个地方其实志不在吃,而是想领略一下香港有文化特色的地标。

日资超级市场City'Super(其中的i在商标中倒置,成了一个惊叹号——C! ty'Super)以不卖大路货为特点,提供的芝士有百种以上。陈原先生好芝士,但也没有想到有这样多的选择。他颇为用心地看了各种芝士的名称,对于芝士知识的更新似乎已经超过了买芝士的兴趣。

兰桂坊本是各种异国风味餐馆的集中地,一到那里,陈老就和同去的助手柳凤运,仰头研究起琳琅满目招牌上隐藏的文字机关,竟忘记了本来是来找吃的。我联想到陈原先生的语言学著作,总是充满生动的实例。也想到了陈原先生告诉过我,许多新的语言现象只见于电视而不见于(或暂时不见于)文字,因此他是放一本笔记在手边看电视。

那天晚上,我们最后试了试那种有个类似德语名称的哈根达斯雪糕。对于这种又甜又腻的冻冰冰,我事先再三问陈老能不能消受,就怕吃坏了老人的肚子。结果第二天是我的肠胃大病而陈老无恙。

陈原老后来一再向我提起那个“有意思”的晚上……

正因为我和陈老的交往都不是上下级的场合,我所见到的陈原先生,永远是一位健谈,幽默中有机锋,永远都在学习与思考的“年轻人”。

陈原先生常常会用一种隆而重之的语气与神态去讲一个笑话,而他最为开心的神情我不能言传,但却被一位香港画家捕捉到了。

——他的音容笑貌,会长久留在我们的心里。

原载 2004 年 11 月 10 日《中华读书报》

陈原先生常在我心中

吴道弘

我离开上海到北京工作,算来已有半个多世纪了。南人北居,只有少数几次南返的机会。今年 10 月 21 日和北京两位朋友走在上海西区的马路上,行人中看见一个中年模样的妇女手持竹竿用稻草扎成粗粗的草把,插满一串串糖葫芦匆匆走过。这模样跟北京街头卖冰糖葫芦的又不大一样,我确实不曾在上海马路边见过有卖糖葫芦的。不过这瞥见却唤起了我对"冰糖葫芦"的一段记忆。

于是跟朋友讲了 1950 年 5 月间的往事。三联书店上海编审室陈原、郑效洵从北京三联总管理处参加会议回来,陈原在编辑室跟我们几个年轻人大讲北京风光见闻,特别有意思的是大讲"冰糖葫芦"的美妙,我们几个年轻人那时连"冰糖葫芦"是何物都不知道,听了陈原极有鼓动性的形容,使人们心向北京的念头油然而生。后来才认识到,陈原是为我们调任北京预先做思想上的动员。不久,我们编审室由郑效洵带队有朱南铣、张梁木、糜于道和我先期调京了。

陈原语言的魅力,此前我已有亲身感受。记得我到编审室上班的第一天,一进办公室就先向陈原室主任报到。他微笑而从容地问我一些学习、爱好和家庭等琐事,还问我国际、国内的时事问题。轻松的谈话,使我忘却了陌生感,不知不觉中经历了一次新生口试。此情此景,至今难忘。在此后的几十年里,陈原平时的谈笑风生，在讲台上做报告和讲演时的渊博生动、别开生面，如沐春风，总使听众留下难忘的愉悦印象。

上海编审室人数只有八九人，同志关系亲密融洽，陈原平易近人，每个人都从心里尊重和敬佩他。红学家朱南铣（我们以"朱兄"相称）为了结婚，曾经赶译英国作家海登的《科学小品集》。陈原只花了一天时间就审完这部译稿，对译文提出修改意见，使译者满意。我们早就知道陈原的外文功力，翻译过英、俄等文字的作品，包括文学、诗歌、音乐和国际、地理等不同学科的著作。有位编辑一次还亲自问陈原是否英文水平最高，陈原自然笑而不答。我较早读过以"柏园"署名的《金圆文化山梦游记》译作，原来"柏园"就是陈原的笔名。他用这个名字发表过不少论文和书评。

其实，陈原的语言天才还表现在他对世界语的热爱和对我国世界语工作及其国际交流的贡献。抗战初期，他在广州和余获等人编辑出版过世界语通讯稿。新中国成立后，陈原曾是中华全国世界语协会会长。1994 年陈原在悼念著名世界语学者叶籁士（上世纪 30 年代《世界》杂志主编）的文章中说："六十年前，我，一个中学生，被《世界》吸引到绿星旗下，不知高低写信给它的编辑部，问长问短，是他，老叶，给我复信。……他说：我不是为世界语而学世界语的，我是带着一种信念而学世界语的，用世界语的，是为了争取人的生存，为了得到人的尊严而推广世界语的。说得多好，说得多透彻！这几句话确定了我这一生的航向。"可见，将世界语跟进步与民主运动相结合，是当代中国世界语运动新的一页。

陈原是我从事编辑出版工作的引路人。从上海到北京，在三联书店和人民出版社，他都是我的领导，总是一贯地告诫我们做编辑工作的要从练笔开始，多多写作。几十年间，我一直敬佩他的渊博学识，敏捷才思和生动风趣的语言风格，很有鼓动性和说服力。在我珍藏的陈原多种著作中，有他难得签名相赠的《陈原散文》，读了这本集子，更加感觉到作为编辑家的陈原散文的特点和魅力

——有着出版文化史的鲜活思想和丰富材料。

晚年陈原仍关心人民出版社和世界知识出版社的旧部。沈昌文有一次通知我,陈原要亲自来西总部胡同宿舍看望大家,约了张光璐、王曼兮和我。陈原老依旧思维敏捷,语言轻松从容。这次晤谈时间不长,大家谈到他在语言学方面的新著迭出,老当益壮。自然也不免感到时光易逝,垂暮老人总会想到年轻时的往事。

我还认真读过陈原晚年的两本书《记胡愈之》和《总编辑断想》。前一书大致可以说是有关胡愈之传记材料中十分重要的篇章。1993 年 2 月间,长期在胡愈老领导下工作,与胡愈老交往密切的叶籁士给陈原写信说:"你那本《记胡愈之》,大约花了个把月,才断断续续读完。文章写得好,把个胡愈老写活了;封面、装帧、插页、图片、印刷、用字,无一不好。胡愈老如果还在,见到此书,一定会高兴的。"这使我想起 1982 年 7 月间由范用、陈原几次到胡愈老府上听胡愈老口述自传的情景,我当时负责录音。可惜后来没有继续下去。

至于 2001 年出版的《总编辑断想》一书,则是作者 1993 年初给香港出版界的"老总"们的两次讲话提纲。作者自己说:"我写的提纲共三十段——学维特根斯坦的哲学著作那样,尽力写成一些'警句';但力不从心,成文很不理想。讲时没有照念,给'警句'加了几倍的注释,才只讲了六七段。这里是根据我的两次提纲以及所能记忆到当日发言的精彩论点,写成十七段,没有头,没有尾,故名之曰'断想'。作为我在出版部门半个世纪的结尾。"这确实是编辑家陈原对编辑出版工作言简意赅的深刻总结,是编辑家陈原留给"老总"和出版同行的宝贵遗产。沈昌文在此书《后序》中说:"年轻的读者朋友,你们在还能把陈老的经验付诸实践的大好时光读到这本书,是有福了!"这样的忠言是很真诚的。

一代编辑大家、智慧老人陈原先生离我们而去,是编辑出版界、学术文化界的一大损失。他留给出版界的大量出版业绩和宝贵的编辑出版理论，需要人们更深入地去理解、学习，也相信一定会激励出版后来者在新形势下的与时俱进。陈原先生走了，谨在这里表示悼念之情。

原载 2004 年 11 月 10 日《中华读书报》

人民不会忘记他

方厚枢

我于 1962 年调入文化部出版事业管理局出版处工作，陈原时任出版局副局长主管出版工作，因而经常受到他的教益。1974、1975 年期间，陈原协助陈翰伯主持制订中外语文词典十年规划，我参加了规划小组，在陈翰伯、陈原的直接领导下工作。1975 年 8 月，中外语文词典十年规划经病中住院的周恩来总理批准、国务院发文下达后，我在国家出版局长期负责辞书出版管理工作。在和陈原多年的接触中，亲身感受到他的知识广博、言辞风趣通达，是个很易亲近的学者型领导。粉碎"四人帮"之后，陈原在推动我国辞书出版事业的繁荣方面做出了重要贡献，这里仅举给我留下最深刻印象的两件事为例。

"文革"时期，由于林彪、江青一伙的形而上学猖獗，极左思潮泛滥，人们的思想被搞乱了。受到影响较深的词典编纂人员，曾经提出一些极左的口号，什么"要把无产阶级专政落实到每一个词条"，"将帝王将相、陛下、太监、僧侣的词汇统统从词典中清除"，"让词典成为宣传毛泽东思想的政治教科书"，词典的修订工作"要用革命大批判开路，以阶级斗争为纲"；1974 年"四人帮"对《现代汉语词典》的大张挞伐后，对词典编纂工作造成十分恶劣的影响。例如"洋葱"原释义为"一种可供食用的植物"被斥之为"客观主义”，应该加上“它具有叶焦根烂心不死的特点”，以警示读者“那些走资派正如洋葱一样‘人还在，心不死’，回潮复辟，势在必然”。如此等等，不一而足。

“四人帮”被粉碎后，分清词典工作的路线是非，思想是非，理论是非，肃清“四人帮”的流毒和影响，成为词典工作者一项重大的政治任务。

1977 年 11 月 1 日，由商务印书馆会同广东、广西、湖南、河南四省区联合进行的《辞源》协作第四次扩大会议在湖南长沙举行。这是“文革”结束后，清除“四人帮”极左思潮这些年对词典工作的干扰和影响的一次拨乱反正的重要会议。陈原经过认真准备，代表国家出版局的《辞源》修订工作领导小组在会上做了长达 7 个小时的讲话，提出了在词典工作中肃清“四人帮”的流毒和影响，要注意划清十个方面的界限。只有思想是非分清楚了，才能使词典工作大干快上。这十个方面的界限是：要划清词典和政论的界限、客观态度和客观主义的界限、要有时代精神和为当前政治斗争服务的界限、相对稳定性和反对新生事物的界限、尊重语言规律和所谓“封、资、修的大杂烩”的界限、古为今用和复辟回潮的界限、洋为中用和崇洋媚外的界限、开门编词典和反对专家路线的界限、辩证法和形而上学的界限、革命文风和“帮八股”的界限。

陈原的这次讲话理论联系实际，以大量事实例证从理论的高度对所探讨的问题作了深刻的论述，有力地批判了“四人帮”对词典工作造成的干扰和破坏。这一讲话在词典界广为传播，对肃清“四人帮”的流毒和影响发挥了重要的作用。

中外语文词典十年规划中规模最大的汉语辞书《汉语大词典》的编纂工作从 1975 年上马后，到 1980 年秋，上海、江苏、浙江、山东、安徽、福建五省一市已有 20 所高等院校和部分老年中学教师、社会人士近 400 人参加。大词典由陈翰伯担任领导小组组长（后改称工作委员会主任），罗竹风任主编，并成立了编辑委员会，聘请了以吕叔湘先生为首、由全国知名的14位语言学专家为学术顾问(陈原是其中之一)。几年来,编纂工作取得了一定的成绩。粉碎"四人帮"后,出现了一些新的问题与矛盾,一是编写工作长期性与编写组人员临时性的矛盾,二是教学、科研工作与编写工作的矛盾,三是编写人员分散与集中的矛盾。同时,作为国家重点科研项目,措施不落实,人员不稳定,离心力较大,以致编纂工作开始出现疲沓、涣散的情况。在1980年11月的关键时刻,《汉语大词典》编委会决定在杭州召开第二次会议。陈翰伯1978年7月后被国务院任命为国家出版局代局长,为出版工作的拨乱反正日夜辛劳,因工作过于劳累,至1980年脑血栓再度发作,正在住院治疗,不能到会,便委托陈原以国家出版局党组成员的身份到杭州参加会议。他先后在会议开幕时、会议中间和闭幕时做了三次讲话,对《汉语大词典》的重要意义、与其他大型汉语辞书的主要区别和特点、在编纂工作中应注意的问题,以及编纂大型词典的甘苦、如何对待编纂工作中出现的困难等谈了意见,三次讲话整理出的纪录共1.6万字。特别是11月25日会议闭幕时的讲话最为精彩,虽然他讲话开始时自谦地说:"我今天先讲一段官话,然后讲一段空话,最后再讲一段废话。"但讲话的内容生动风趣,在短短的半个多小时内就获得全场人员八次大笑和热烈鼓掌,会议的气氛十分活跃。在谈到《汉语大词典》的重要意义时他说:"我们这部词典和其他重点工程,是一项了不起的文化基础建设工程。我认为它的影响不只是一代人的,而是千秋万代的。在这条战线工作的同志,是四化工作中必不可少的一部分。他们的工作应该受到足够的重视和尊敬。他们的自我牺牲精神值得我们学习。"在谈到编纂词典特别是大型词典的艰巨性时,他提到吕叔湘先生昨天的讲话中谈到外国有一位院士说的"谁要是犯了错误,最好就罚他去编词典"的例子。陈原说:"我说编词典的工作不是人干的,但它是圣人干的。""咱们干词典的就是圣人!喔哟,那阵子《现代汉语词典》中

‘圣人’这一条挨批评得厉害,我现在又来复辟了。他牺牲自己,为别人的幸福,为国家的四化,为我们民族的光荣,为我们民族文化的积累,为整个民族科学文化水平的提高做出贡献。历史不会忘记这些圣人,人民也不会忘记这些圣人。这些圣人一时可能得不到人们的尊重,但终究会有人知道他们的。”

正如陈原所说的那样,他对繁荣我国辞书出版工作所做出的重要贡献,历史是不会忘记他的,人民也不会忘记他的。

(2004年11月3日参加陈原同志遗体告别后所记)

原载2004年11月10日《中华读书报》

“盯住前人,想着后人”

——回忆陈原先生出版观

李景端

与有些人相见次数并不多,但他的一些话也许会令人铭记一辈子,陈原先生就是这样一位长者。

早在上世纪80年代初,陈原先生应聘担任《译林》杂志的编委,我就是由此结识他的。1980年春,《译林》创刊号后觉得已聘的编委多是翻译界的,希望增聘几位出版界专家。当时江苏省出版局副局长鲁光向我推荐刚与她一齐出访英国的陈原。我虽早知陈原的大名,但那时《译林》因刊登《尼罗河上的惨案》,刚刚无辜地被人向高层领导“告了一状”,因而正面临很大的压力,我担心请陈原当编委恐有难度,抱着试试看的心情来到商务。谁知与陈原一见面,这种顾虑就打消了。当我说明来意后,他很爽朗地说:“我很少看侦探小说,有人上书后我特意看了一下《尼罗河上的惨案》,觉得除推理较严密外,反映英国人处世原则与思维方式也较真实,这对认识英国社会有好处。”听了这样评论,我很受鼓舞,并向他汇报了办刊的改进意见,他听后马上表态接受当编委,还叮嘱我:“既出书,又办刊物,这是商务的重要传统。刊物办好了,不仅会给出版社扩大影响,还会发现和吸引一批优秀的作者。地方出版社过去很少出翻译作品,你们《译林》这个头开得好,把地方积极性调动起来,翻译出版才能繁荣。”我没料到与陈原的初次见面,就有如此圆满的收获。我既为自己运气好感到庆幸,更为陈原先生敏锐、深邃的洞察力,以及平易近人的长者风范而由衷地敬佩。

这一次讲话当然对我鼓舞巨大,但是对我震撼更大的却是陈原同我的第二次谈话。那些年我与陈原多是通信联系,难得见面。1991 年,《译林》杂志已经发展为译林出版社了。为了请教办社的思路,我又一次造访陈原,我汇报了《译林》杂志与译林出版社的关系,提出要以创“译林”这个品牌为目标。他听后问了社里经营方面的几个问题,随后说:“《译林》杂志以介绍外国通俗文学起家,你们把握得还不错,但是现在作为出版社,就不能仅仅这样了。出版怎么干?想起挺复杂,其实也简单。新闻是关注‘现在进行时’,出版则要更多地关注‘过去时’和‘将来时’。干出版,就是要‘盯住前人,想着后人’。所谓‘盯住前人’,就是要重视传承古今中外前人也包括今人的文化成果;所谓‘想着后人’,就是要想着你的出版能给后人留下什么。”陈原还举了商务一些实际事例,来说明善于吸收文化遗产和保证出版物健康的重要性。这个比喻,这种提法,听来既新鲜,又令人触动,对于那时刚当社长不久的我,仿佛在一团乱麻中理出了线头,但一时又说不清楚,于是又恳求他指点具体一点。他笑答:“具体主意得靠你们自己拿。不过,既然是对外开放,我们要看到外国,也要让外国看到我们,翻译出版在对外开放中是个重要角色。”就这些看似平常的话,着实使我有开窍之感。陈原以英语不同的时态,来比喻新闻与出版的关系,显示出他作为一名翻译家特有的敏感；而他以“盯住”、“想着”来概括出版的任务，更是他作为老出版家的经验之谈。

这次谈话之后，我在社里大大加快译林版世界文学名著出版的进度；后来又组织了《追忆似水年华》、《尤利西斯》等体现世界优秀文化成果的外国文学的出版；在 80 年代后期，当外国淫秽低俗读物一度充斥市场之际，译林没有跟风牟利；特别是还甘于赔钱，出版了英文本《老舍文集》等一批外向型图书，这一切应该说，都或多或少受到陈原先生那次谈话的启迪与影响。

陈原先生是一位有卓识远见的成熟出版家，具有独到的出版理念和丰富的出版经验，上述回忆，仅仅是他的出版观当中的一部分。不论他的那种比喻和概括是否准确，但都强调了出版人的责任感和使命感，这无疑是应该铭记和发扬的。

陈原先生走了，但他的精神和人格魅力，将永远激励着一代又一代的出版人。

原载 2004 年 11 月 10 日《中华读书报》

智者陈原

董秀玉

陈原先生住院，每去探望，看到他昏迷于病床，大大的脑袋，瘦瘦小小的身子，痛苦而又无助，我都禁不住心痛得潸然泪下。

陈原先生是位智者，他有执着，又极洒脱；他有坚持，又能圆通。他是位大学问家，不但有学识，更有对世道人心认识的通透。跟他在一起，工作中、谈笑间，最大的感受是自己的愚钝。他是我极为景仰的一个长者。

我从 1978 年下半年开始参与《读书》杂志的筹备工作，跟在陈翰伯、陈原、范用、倪子明、史枚等老同志后面做小跑腿。这一批创办《读书》杂志的前辈出版家们，都是出生入死久经沙场的老一辈高手。从创刊到以后整个80年代，陈原先生又始终是《读书》的主编。尤其在筹备期间及创刊初始的关键几年，风雨飘摇之中，看到和学到的东西更是刻骨铭心。

性格定位

当时老同志们的办刊思想十分明确，就是要高举“实事求是，解放思想”的大旗，就是要“破除迷信，探索真理”，就是要“提倡读书之风，思考之风，探讨之风，和平等待人之风”，以此确定为《读书》的性格，定位为“以书为中心的文化思想评论刊物”。

陈原同志在《读书》讨论“创刊设想”时，针对关于刊物性格的一些提法，说“我以为办这个杂志，是为了解放思想，开动机器。介绍知识也是为了这个。没有起码的知识，无从开动机器”。

对于创刊号拟写一篇《开卷有益》作一期台柱文章的意见，陈原同志批：“可否即约李××写《读书无禁区》，切中时弊。大胆些，得罪些小人无妨。”并说：“马恩论书，已成六十万言，可否请××写一篇泼辣的文章介绍，从材料出发，讲马恩如何有主义，无成见，博览群书，从不知有禁区，且不做书的奴隶……等。”

对回忆录，陈原同志要求“有材料，有观点，能够启发思想”。

对伤痕文学，陈原同志建议评一组，“总的要肯定，这是突破禁区的，大智大勇，可嘉之至”。

陈原同志从各个方面强调刊物的性格，强调思想性，并且明确告诉我们，“就这样坚持下去，即使只发二万册也不要紧”。事实上由于性格定位的清晰，在那个蒙昧封闭时代的思想呼唤，取得了全国优秀知识分子的认同，印数当然是远远地超越。陈原同志的这种坚持给我的印象极为深刻。

平等待人

这几乎是《读书》的一条家规。

编委会始终强调要平等待人,不管是名人还是小县城里的作者,不管是领导还是一般读者,对编辑部而言,都是我们必须十分尊重的作者和读者,都要一视同仁,绝不马虎。陈原同志和翰伯同志都再三强调,有不同意见可以批评、讨论,但"只用批评的武器,不用武器的批评","一棍子打死不是我们的方针"。他们认为我们的刊物,思想要活跃,"可以就某些思想诱发读者看一点书,也可从某些书引出一些看法","要探索真理,激荡在思想的海洋里"。"听凭某一圣哲一言定鼎的办法,更是不足为训"。

编辑部里规定,对作者、读者不可随便指手画脚,不要随便用"应该"这样那样。不求签名题词,不作纪念日的应景文章,不逢场作戏。《读书》的"读者·作者·编者"栏目常常会放在头版头条。陈原同志说"这一栏办好了,是民主论坛,胜似摆起姿势拍照,少些装模作样"。

我们懂得,这不光是尊重、服务,这是一种刊风,是一种重要的办刊态度和思想作风。我们清楚地了解,作者、读者才应该是《读书》真正的主人。

文风可喜

由于"文革"遗害,当时文风极坏。编委会率先倡议改变文风,反对打棍子戴帽子,反对废话空话、帮腔帮调。陈原同志更直截了当地批示:"反对书评八股"。他主张有思想、有创新,"切忌账单式,也忌八股文。要有时代背景,要有风趣,要看了还舍不得丢,要看了嫌短"。

其实,这是一个相当困难的题目。有习惯于棍子帽子的文章,也有在当时思维惯性下的八股文章。要卡在五千字以下更是痛苦。记得当时还真退了一些有大名头的名人的文章,大多数都得到了理解和支持。以后在《读书》作者不断的更新过程中,还常常出现文章涩和长的问题。在相当一个时期内,陈原同志坚持用笔名写生动的小文章,引导了《读书》文风的改进。经过25年的坚持与发展,《读书》的文章逐渐形成了自己的风格,也使我们了解文风对于塑造刊物性格和品位的重要。

性情中人

90年代沈昌文正式接任主编后,陈原同志一直还是我们的高参。遇有疑难杂症,总还向他求救,又每每可以满载而归。辞去语委主任后,他更是潇洒自在,八十多岁的人了,第一个用起电脑、接上网络;吃饭必定是西餐;有了新唱片必是咖啡西点招待加上义务讲解。就这样我听出了他的三本音乐书:《我的音乐生活》、《贝多芬:伟大的创造性年代》和《柏辽兹》,一本对话录。还有一本音乐散文正在写作中。

可是,刚刚约好我和倪乐再去听他新近得到的一张唱片时,他突然在一个会议上发病,再也没有说出一句话来。

他是坚强的,连医生都不能想到,有一段时间他还恢复到有一定意识,甚至还可以看电视听读报。但终究他再也没能告诉我们他的硕大的头脑里在想些什么,他终于离我们而去了。

人,是顽强的,也是脆弱的,那么智慧的一个头脑也终于疲倦了、休息了。逝者已去,是解脱,或者也是升华。陈原老的一生无愧天地。

原载2004年11月10日《中华读书报》

奇才的风格

——追述陈原同志二三事

胡企林

2004 年 11 月我写了一篇悼念陈原同志的文章，意犹未尽，现再草拟一文，略作补充。

在本文中，我仅就自己有所了解的几件事情，侧重谈谈陈原同志如何严谨办事、严以律己，也讲一下他平易近人、富于风趣、亲情深厚的一面，以期对他的为人风范有比较全面的认识。

陈原同志一贯坚持严谨执着的工作态度。这一点，再清楚不过地表现在几十年间他负责编辑出版汉译世界学术名著的整个过程之中，所以我多说几句。1953 年他担任人民出版社副总编辑兼三联书店（当时附属于人民出版社）编辑部主任时，就受命开始进行这类名著的选译工作。在国务院有关规划小组的领导下，他组织制定了《外国名著选译 12 年（1956 ~ 1968 年）规划总目录》，共收书 1614 种，三联书店据此组译。1956 年就开始出书，新译本有拉·梅特里的《人是机器》、狄德罗的《哲学选集》、黑格尔的《哲学史讲演录》第一卷、凯恩斯的《就业利息和货币通论》等。这些书都是约请名家迻译（如《通论》的译者为徐毓枬教授）、经陈原同志审定的。1958 年译印外国学术著作的任务移交已恢复独立建制的商务印书馆以后，上述总目录成为商务在 1959 年拟订翻译出版外国哲学社会著作长期规划的重要依据。“四人帮”粉碎以后，陈原同志在 1977 年担任商务、中华（合营）总经理兼总编辑，1979 年又担任重新恢复独立建制的商务印书馆总编辑兼总经理。他认为：“汉译世界学术名著的陆续刊行，将是振兴中华、建设精神文明的基础工程之一”，因而对此项译事投入了大量精力。他同陈翰伯同志一样极其重视出书质量。他严肃地指出：“选题应贵精不贵多，宁可少些，但要好些”，“选译的著作应该是真正的代表作”。他坦率地指出：解放以前出的汉译世界学术名著“有一些未必可以纳入‘名著’之列”。1982 年为了纪念商务成立 85 周年，陈原同志主持编印《汉译世界学术名著丛书》（以下简称《丛书》），更加认真地对待这项工作。他从翰伯同志任职商务时期已译印的数以百计的学术著作中初步选定第一辑书目，并通过各种方式就此书目广泛征求专家、学者们的意见，才最后确定下来。他不仅逐一审定序跋和出版说明，提出有的要修订或重写，而且亲自过问封面设计和版面设计工作。他强调封面要庄严大方，标识新颖（如以蒲公英的图案表明出书的旨趣），具有商务自己的风格，还就扉页、环衬、书眉、勒口、外文版权、排版格式等提出了不少具体意见，所有这些，使这套丛书能以较高的质量面世，受到读者赞扬。前几辑《丛书》经过多次重印，大都已收回成本，达到了社会效益和经济效益的统一。1984 年胡乔木同志在同陈原同志谈话时传达邓小平同志作出的“要用几十年的时间将古今有定评的世界名著都翻译出版”的指示后，他在 1985 年就派我带领考察组访问日本，进行调查研究，从岩波书店、东京大学出版会等出版单位和一些印刷、发行机构取得了若干经验，这对落实小平同志指示起了有益作用。1989 年商务召开《丛书》选题规划座谈会时，胡乔木同志从上海发来贺信，提出“选题的范围还可以更广些”，陈原同志致力加以落实，注意抓外国研究第三世界权威著作的选译工作。考虑到外国学术著作名目繁多，层出不穷，《丛书》碍难多收，他想另出一套《当代世界学术名著丛书》，认真选译，出到一定的种数再打出这套丛书的招牌。陈原同志注重革新，与时俱进，也于此可见。

在这一方面，我还想简略地说几句我所看到或听到的事情，它们都给我留下了较深的印象。

陈原同志严格掌握政治问题同学术问题的界限。我担任《陈翰伯文集》责任编辑时，难以决定翰伯同志在1957年夏写的关于知识分子思想改造和反右斗争的两篇文章的取舍，陈原同志审读后明确地指出，这两篇文章虽然有助于读者了解作者的思想发展，但可能“使读者误作正面思想”，事关政治问题，不是学术问题，要“妥善处理”，因而经与其他同志慎重研究，确定不收。

陈原同志是著名语言学家，又是国际问题专家。解放前写过大量国际问题文章，解放后他也未停止对国际问题的研究，有一年他为《红旗》杂志写国际评论，差不多每期都发表一篇，给《世界知识》杂志写的大小文章更多，总计字数多达两三百万字，但在他编《陈原文存》时，经过他慎重研究，竟然一篇也没有被收进去。

陈原同志也学胡乔木同志，搞“咬文嚼字”。20世纪50年代乔木同志在中宣部的一次干部大会上讲话时，曾经批评“您们”这一说法，并说明了只能说“你们”而不能说“您们”的理由，我已记不清那个理由的具体内容，但当时对它是信服的。陈原同志在某年抱病参加的一次座谈会上的发言中，也指摘了“格林威治”的译名，认为它应译为“格林尼治”，并说国家语委（当时他任主任）曾经为此发文，惜未落实①。由此也可以看出陈原同志处事如何较真。

尽管陈原同志在出版工作中对人对己要求都很严格，但大家并不是敬而远之，而是乐意接近他。因为他是性情中人，至情至性，无所拘束，他的随和、圆通，他和人交往时的妙语连珠，对人们都具有很大的吸引力。

休息时，他会带着笔记本电脑踱到我的办公室，要我提一个日文单词，然后挥动键盘，打出一句有趣的话。有时年轻职工们也会围着他，听他谈天说地，嬉笑一阵。然而，我最感动、最难忘的还是我所经历的、目见耳闻的如下情境。

在1988年以前，陈原同志从来不到北戴河去休假，但在这一年8月中旬，他却与夫人余荻同商务职工一起到那里度假。余荻同志有心脏病，我的爱人是商务医务室的大夫，到她家看望过几次，难得的假期同游使她们格外热和。余荻同志话不多，但从谈心中我们也能感知她对陈原同志的炽烈感情。这次出游，似乎是陈原同志特地带她到避暑胜地散散心的。他谈兴很浓，常常用幽默的话语谈些逸闻趣事，让夫人同大家一样开心。夏天在北戴河营业的天津起士林不几天就要歇业，他们夫妇与三五商务职工赶到那里，享用美味冰淇淋和糕点，按照一条不成文的规矩，官大的陈原同志买单，也博得夫人理解地微笑。

最动情的一幕是海滨嬉戏，陈原同志童心未泯，穿着游泳裤，但同夫人一样不下水，只是拿着照相机，在沙滩上为海里嬉闹的职工们照相，镜头对着这边可还没有按下快门，那边的职工就叫嚷着要他快来照，弄得他应接不暇，大家笑成一片。我站在浅滩上，也请他照了一张。至今我还珍藏着他送给我的一大一小两幅黑白相片。

1993年余荻同志因脑溢血遽然去世，使陈原同志极度悲怆，痛不欲生。我登门慰问他的时候，他紧抱着我的双肩号啕大哭，我除了含着眼泪连声说保重身体以外，还能说什么呢？我的爱人也曾到北京医院向余荻同志遗体告别，并陪同陈原同志护送遗体到八宝山火化。过后，我听说陈原同志曾在一篇怀念亡妻的悼词里，尽情倾诉半个多世纪以来他和夫人在出版领域并肩战斗、相依为命的至深至爱情感，商务几位职工有机会读到此文，无不凄然泪下。其中有一位后来告诉我，悼词已随余荻同志的遗体火化。果真如此，就永远失传了。

辛勤耕耘，严谨求实，源自陈原同志高度的事业心和责任感，和蔼可亲，富于情义，出于他一贯的、真切自然的平常心，二者从不同方面表现出这位奇才的高尚人品，令人景仰。

注释：

① 现已通用“格林尼治”。

（原载 2005 年 2 月 23 日《中华读书报》）

存　目

著　作

陈　原 《书林漫步》

上海三联书店 1983 年

陈　原 《人和书》

北京三联书店 1988 年

陈　原 《书和人和我》

三联书店 1994 年

陈　原 《陈原书话》

北京出版社 1998 年

陈　原 《陈原出版文集》

中国书籍出版社 1995 年

论　文

陈　原 《划清词典工作中的若干界限》

《出版工作》1978 年第 10 期

陈　原 《最后一班岗——我在商务印书馆做了的和没做的》

《出版工作》1984 年第 7、8、9 期

陈　原 《书稿档案中寻旧事》

《人民出版社成立40周年纪念文集》,人民出版社1990年

陈　原　《“三联”纪实——纪念三联书店50周年并告三联后来人》

《新文化史料》1998年第6期

王　土　《陈原的编辑活动》

丁景唐主编《中国现代著名编辑家编辑生涯》，中国展望出版社1990年

王振华　《出版社应加强自我调节——访陈原同志》

《出版工作》1988年第4期

吴　彬　《为您奏响〈欢乐颂〉》

2004年11月10日《中华读书报》

范　用　《痛失良友陈原》

2004年11月10日《中华读书报》

秦人路　《由处理稿件积压想到陈原的信》

《出版史料》2005年第1期

吴道弘　《陈原余获与世界语》

《出版史料》2005年第1期

陈　原　《陈原谈出版的信》

《出版史料》2005年第1期

萧也牧

萧也牧(1918～1970),浙江省吴兴人。原名吴承淦,后改名吴小武,笔名萧也牧。1937年春中学毕业后,到上海一家机电制造厂当工人。1938年1月,赴晋察冀边区参加抗日斗争。先在晋察冀边区行署办的《救国报社》工作,后在五台地委编辑《前卫报》,并担任“铁血剧社”演员、宣传队干事。抗日战争胜利后,在张家口编《工人报》。新中国建立后,在共青团中央宣传部编青年教材。1953年后,在中国青年出版社文艺编辑室从事文艺编辑工作,并担任文艺编辑室副主任,分管传记文学组。1954年,根据中央领导同志宣传党的优秀传统,教育年轻一代的指示精神,萧也牧同张羽、黄伊同志一起创办了《红旗飘飘》丛刊,并为创刊号写了《编者的话》,刊物接连出版十多期,发表了许多老党员、老干部、老红军写的革命回忆录,在广大青年中产生了广泛深刻的影响。

萧也牧同志长期坚持文学创作,短篇小说创作尤为突出,其作品大都收入《萧也牧作品选》。

萧也牧从事编辑工作三十余年,他善于发现新人新作,曾参与编辑了《红旗谱》、《太阳从东方升起》、《白洋淀纪事》等著名作品。

萧也牧一生坎坷。20世纪50年代,曾因创作《我们夫妇之间》受到错误批判,1958年又被错划为右派,“文化大革命”期间遭受了严重迫害,1970年10月,含冤死于河南潢川“五七干校”,年仅52岁。

编辑·作者·作品

萧也牧

一

在最近各地的报刊上,发表了不少讨论编辑工作的文章。提出了不少好的意见,也提出了不少问题。这些文章,有作家写的,也有编辑写的。这说明了编辑工作开始引起了大家的注意。进一步讨论并逐步解决这些问题,对改进编辑工作,对繁荣我国的文学创作,是有益的。

这些文章大致可分两类。

一类是着重指责编辑的粗暴的。要求编辑“笔下留情”,要求编辑改变“刽子手的作风”。认为编辑的职责,限于逐字逐句地阅读作家的手稿。其目的是为了欣赏作品,从而向作家学习。也有人认为作品中有无“政治错误”,编辑还是要负责鉴别的,其余那就不必过问。甚至有人认为,编辑工作的存在,已经成为“百花齐放”的障碍了。

一类是批驳以上这些意见的。认为编辑工作还不是那样的糟,编辑也并不那样可憎。相反,编辑对作家有很大的帮助,尤其是对青年作者。在一篇好文章里边,也有着编辑的心血。读者在感激作家的同时,不应该忘记感激编辑的。认为编辑是有权并有责任修改作家的作品的。甚至有人主张索性开个经编辑修改过的原稿展览会,再来评定编辑的功过。

所有这些文章,大多是杂感一类的短文,意见偏重阐述问题的一个方面。因此也有人先写了指责编辑的文章而后,又写了文章为编辑鸣不平的。

这两类意见,都有着事实的根据,并非是无的放矢的空论,都值得我们思索。

作为一个编辑,我愿意根据自己的见闻和工作中的经验教训,也谈一点点感想。但所说仅限于文学作品的编辑工作。

我以为,创作劳动,就其劳动的性质来说,是一种个体劳动。一部作品从孕育到诞生,完全是依靠作家自己的劳动来实现的。旁人是无法代替的。否则根本就谈不上作品的风格、流派,也谈不上作家的独创性了。自然,一部作品质量的高低,也就完全取决于作家自己的劳动。如果是一部坏作品,例如缺乏艺术特征的公式化概念化的作品,不论遇到多么高明的编辑,也是无法改变它的基本面貌。点铁成金,毕竟是神话。

因此,我以为,作家对自己的作品应该是“文责自负”的。但这并不是说,作家把一部作品交到编辑部,编辑的责任仅止于“逐字逐句地阅读一遍”而后,拿去付排就是了。其所以要看,而且要“逐字逐句”地看,就是要看看出版这部作品,是否对读者有益,即使是可以出版的,也需要看看这部作品,包括它的内容和形式,还有什么需要改进而且可以改进的地方,也就是说,是否需要修改一下。

凡是认真劳动,对自己的作品负责的作家,他把作品送交编辑部之前,从作品的内容到形式,以至语言,都是经过推敲,经过反复修改了的。如果连他自己都还觉得不满意,他连看都不让你看一眼,决不会送来的。交出来的作品,确实无须改,也无可改,自然也不必改。有的作家声明在先,他的作品希望编辑部一字不改(我以为这是作家的权利，编辑自然应该尊重）。因为能作这样声明的作家，对自己的劳动往往确实是尽责的（编辑部认为不合用，原稿奉还，他也决不来找麻烦）。绝大部分的编辑，倒也并非是不分青红皂白，非要修改了作家的作品而后已的。见了这样的作品，也往往看了一遍就付排了。

如果仅仅如上所述，那么作家和编辑之间，根本没有什么纠纷可言。然而，实际情况，要比我所说的复杂得多。

编辑部的来稿中，有一部分稿件，由于编辑部逼稿过甚，而作家失之匆忙；或由于作家急于作品问世，失之草率；或真正由于作者的水平所限，或二者兼而有之……送来的作品，往往是“半制品”，劳动过程尚未完结。这里就产生了一个如何处理的问题。干脆退掉，觉得可惜，因为里边确有好东西。马上拿去付排，又觉得对读者——自然同时也是对作者，没有尽到一个编辑的责任。对于这样的作品，本来满可以提出编辑部的看法，退给作者，让作者自己去走完尚未走完的路程。

然而有些编辑部，有些编辑，有时候偏偏不这样做。本来在某些编辑部里，在处理稿件的“工序”中，就有一项叫“加工”。“加工”不就是对“半制品”才有用的么？

如果“加工”仅仅意味着文字的润色，个别错字的纠正，个别字句的更动，问题倒并不大，有时还是有益的（但经过整理后的原稿，应该让作者过目，并且得到作者的同意。作品毕竟是作者写的呵！）。但是现行“加工”的范围，远比这大得多。既包括文字的修改，也包括内容大量的增删，甚至包括局部或全部的重写。一部作品有时要经过三四个乃至七八个编辑的“加工”，过一道手，原稿上总要增加些什么或删掉些什么，红、蓝、绿、紫、黑各色的笔迹都有，宛如一张彩色地图。如果当真开起“原稿展览会”来，就能看到这样的“地图”。有时，一部二十万字的稿子，一经“加工”，剩下了十五万字，乃至十万字。真正似乎要把“半制品”变成“成品”了。

是不是这种“半制品”当真这样不行，需要动这样大的手术？所有“加工”之处，到底比“原料”高明多少？这仍然是个“？”。

尤其可怕的是，如此“加工”之后，事先既不征得作者的同意，事后连招呼也不打一个。于是各种古怪的事情产生了。文章发表之后，虽然作者的署名并未删去，但作者读了不敢承认这是他的文章。只好把稿费如数奉退，并且要求更正。这样的编辑部往往连更正的事也懒得做。或者口头“道歉”了事，或者把作者的来信登在并不公开发行的“内部刊物”上，敷衍一下作者的面子。

奉行以上所说的那种“加工”办法的人，确实要要求他们“笔下留情”！名之曰“粗暴”似嫌太轻，名之“刽子手作风”似乎也并不重。这样的人才是“百花齐放”的障碍。这种作风，必须坚决反对！

自然，编辑对稿件是有取舍之权的，对作品有什么意见，也应该向作者提出，要求作者修改。征得作者的同意，编辑也可以在原稿上润色一下文字，甚至偶作删节。但任意删改别人文章的权利是没有的！更不必代替作者去创作！

以上所说的编辑工作中的粗暴做法，自然不是普遍的现象。决不是所有的编辑部都如此，同一个编辑部里，也不是每个编辑都如此，就是同一个编辑，也决不是对所有的作家，对所有的作品都如此。但即使这是罕有的现象，也应该引起我们严重的注意。

产生这种现象的原因是，我们有些同行不了解创作劳动的特点，不承认作品是作家写的，不承认作品质量的高低取决于作家的劳动，而过分看重了自己，对旁人的劳动缺乏起码的尊重，从而缺乏同志对同志应有的尊重。

有些作家，也不承认作品是应该依靠他自己的劳动去完成的。交来作品以后，他预先声明，他的作品希望编辑部大力仔细修改，怎么改，怎么算，修改以后，连作品的清样他也不想看。这样的作家，这样做，倒并不完全由于谦虚的缘故。你一旦退了他的稿子，“谦虚”之风顿失，马上给你安上“不懂文学”、“粗暴”、“关门主义”……种种罪名，逢人宣传，到处告状，决不罢休的。

也有作家，作品受了批评，他就说这是编辑部改坏了的，或者说编辑部硬让他改，因此改坏了的。

代替作者劳动，不仅是不应该，而且是办不到的，硬办的结果，势必适得其反。姑且不谈内容上的大量增删和局部的重写，就说个别字眼的更动，也不是那么轻而易改的。作品中的一词一字，都有着生活的内容。为了说明这个问题，随便举几个例子。一位作家在一部描写军队生活的作品中，有好几处说，战士们行军的时候“大背着枪”。一位编辑毫不迟疑地一一改成“背着大枪”。因为他没有军队的生活，不懂得“大背着枪”就是挎肩横背着步枪的意思，在非战斗的行军中，往往是这样背枪的。至于“大背着枪”一词，以致编辑也看不懂，似乎也需要换种说法，然而像这位编辑的这种改法，却是歪曲了作者的原意的。一位作家在一部描写抗日战争时代敌后游击战争的作品中，有几处提到“封锁沟”，另有几处提到“交通沟”。一位编辑也就毫不迟疑的统一为“封锁沟”。这自然也改错了，原因是这位编辑不懂得抗日战争时代敌后游击战争的生活。

作家是根据自己的生活，根据自己对生活的理解和体验，用生活所提示给他的表现方法来从事创作劳动的。这一切，编辑是无论如何不能代替的。因此硬改人家的作品，不仅是不可以，而且是不可能的。

也许有人会问：“有些青年作者，由于缺乏写作经验，甚至受到文化程度的限制，写作上有很多困难，编辑难道不应该培养这批新生力量吗？不应该替他们修改作品吗？”

这是事实，对待这样的作者，确实需要帮助。但这里有这样的一个问题：光凭编辑部的力量能不能担得起这副担子？这需要社会上各个方面，共同来负担这个任务（自然也包括编辑部）。例如老作家、学校、文学顾问委员会、文联辅导创作的组织、业余文艺学校、函授学校、文学讲习所……共同来担负这个任务。编辑和青年作者之间的关系,不是当真像语文老师和学生的关系,编辑不能当真像语文教员批改作文卷子那样来批改作者的作品。即使下决心这样做,事实上也办不到。就连对每部退稿都提出意见,也是办不到的。过去很多报刊编辑部,有一个时期,曾经强调来信必复,退稿必附意见,而且不用油印信。其目的是为了培养新生力量。每个编辑部一个月就要收到近千封的来信,收到近二三百万字直至近千万字的来稿,一一读完这些来信和来稿,已经是一件很吃力的事,如果一一都要作复,提出具体而又详尽的意见,即使编辑部不出刊物不出书,全部人马都来复信,也是办不到的。只能该复的复,该详细提意见的详细提意见,分别处理。最近以来,各编辑部先后改变了办法。来信不一定复,例如问:月食到底是怎么回事?退稿不一定附意见,例如小学生投来的作文本子。这样做,我想未必就是没有群众观点,忽视了培养新生力量。如果编辑部确实错退了优秀的作品,多年发表不出一篇好文章,出不出一本好书,这才是问题。

也许有人会举出几年来几本较为优秀的作品为例说:"这几部作品都是请了专人大量增删和修改,整整干了二三年才出版的,书是好的。这样做,对作者和读者难道没有益处吗?难道是做错了吗?"

这并不错。但是已经超出了编辑工作的范围,实际上这也是种集体创作。这种做法很难大规模推广,能胜任这样任务的编辑也并不多。同时,一个作家,不管旁人对他的帮助多大,终归要靠自己的努力才能成长的。好比帮助旁人学骑自行车,开始得帮他扶车,但是决不能永远扶着不撒手的。

二

我说创作劳动是一种个体劳动,一部作品质量的好坏高低取决于作家自己。丝毫没有轻视编辑工作的意思。而是说,编辑工作应该根据这个特点来做。

当编辑看准了确实是一部文学作品的时候,编辑工作开始了。可能原稿很粗糙,甚至文法不通,别字连篇,但是它闪烁着生活的光彩,里边有丰富的艺术形象,体现了丰富的思想。(作者的文化水平,自然是个问题,但不能绝对化。世界上有的是不识字的诗人和作家。)

编辑是作品的第一个读者,是作家的亲密的朋友。他比一般读者读作品读得更加仔细,对作品有着责任的感觉。作品出版以后,他和作家同样关注着作品的命运。作品受到冷遇,他也难过,得到读者的赞赏,他也分享到快乐。

编辑是作家的朋友,同时是作家的学生也是老师,他要真正能够对作家有所帮助,他应该是个高明的艺术品的鉴赏家。他应该是伯乐。他为人民发现一个作家,他的贡献,并不亚于发现一个矿藏。他应该是一个严格的文学评论家。"编辑是高级的创造"。他要担当得起这样的称号,必须努力学习,使得自己的生活知识和对生活的理解,自己的文学知识和对文学的理解,不致低于作家的水平。

他要善于根据文学艺术的特征来鉴赏作品。他要善于根据创作劳动的特点来进行编辑工作。首先要把作品看懂,领会作家的意图。然后要思索,对作品尽可能作出切实的分析,了解这位作家的长处和短处。觉得有需要修改的地方,提出修改的意见,但是修改还是请作家自己动手。

如果是一个诚恳的作家,他一定会心平气和地听取你的意见。决不因为你的年龄和资望不是他的对手,因此赶紧塞住了耳朵。

最好大家坐下来,认真地、同志式地讨论一番。讨论的结果,可能取得了一致的意见,但常常会不一致,甚至争论到面红耳赤,这也无妨,正确的意见往往是从争论中取得的。

常常也有争执不下的时候。甚至彼此的意见正好相反。如果是属于对作品总的估价有不同的意见,编辑部自然有权不接受出版。如果这真是部好作品,在我们这个时代,也决不会被埋没的。

这个出版社不出，还有那个出版社。一个人走眼，不见得所有的人都走眼。错退了一部佳作固然是损失，但也可以从中取得教训。

往往你的意见有可取处，作家接受了你的意见。但他不一定按照你的意见改。他可以有自己的改法。甚至他认为十分中肯的意见也不一定改。原因是多种多样的，不一定由于作家过于自信。因为你的意见不管多么具体，对作家来说也还是抽象的。文学作品是通过形象来表达思想的。修改也必须通过形象。而形象力量的强弱，形象的选择，取决于作家的生活。比方说，你认为他所写的一个战争场面还不够宏大，气氛不够强烈。如果他关于战争生活的积累还不足以写出你所理想的场面，他改也白改，改不出来的。比方说，你认为他所写的某个人物还不丰满，缺乏个性。但他唯独对这样人物由于不熟悉而缺乏理解，这也无法改的。特别是你希望他再塑造一个什么样的人物之类的意见，那简直是使他为难了，他只好苦笑。你的意见即使万分正确，他也认为非改不可，那也不是眼下的事，他只好重新去生活，直到他能动笔改的时候。遇到这种情况，当编辑的要善于"妥协"。

因此对一部作品提意见，必须要从作品的实际出发，从作家自身的实际出发。

同时鉴别一部作品整个水平的高低，也只能根据目前我国一般创作水平去比较。你马上要他达到鲁迅作品的水平，达到《战争与和平》的水平，达到《被开垦的处女地》的水平，这都是不切实际的。

编辑对一部作品所提出的意见，不论怎样精当，对作家来说不过是诱导，是启发，是参考。作品的质量高低好坏取决于作家的劳动。一部作品是否能改得好（如果的确需要改的话）同样也取决于作家的劳动。旁人决不能强求的。

我以为编辑工作应该是这样做的，也打算这样去做。

原载《文艺报》1956 年第 22 号

我们所认识的萧也牧

张　羽　黄　伊

50年代初,中国青年出版社草创时期,我们先后来到这里的文学编辑室。当时出版社的文学读物,大半是翻译介绍苏联文学作品,如《卓娅和舒拉的故事》、《普通一兵》、《奥斯特洛夫斯基传》等等,以及英国伏尼契的《牛虻》之类。主观上很想多出版点中国文学创作,但是稿源奇缺,人手不够,局面没有很好打开。有一天,领导同志说,团中央已经同意,为了加强出版社文学编辑室的工作,准备把萧也牧调来。听到这个消息,大家都非常高兴:调个知名作家来干编辑,对打开局面,审阅稿件,定会出现一番新气象。

高兴的同时,也禁不住种种猜测:萧也牧到底是个啥样的人?当时,正是《我们夫妇之间》被批评之后,看过这篇小说或根据小说改编的电影的人,都对作品中描绘的李克印象不佳,而作品又是以"我"为主角展开描写的,"我"为何许人,好事者常常离开作品,把他和作者联系起来,认为就是作者自己;有的人甚至证明,作品中那个女人就是萧也牧照自己的爱人写的。那么男主角呢?难道萧也牧真的是个轻浮、华绡、风流不羁的花花公子?

一天,午饭时,中国青年出版社总布胡同的饭厅里,来了个高个子的人,在和社长谈话。他弓着腰,坐在一张方凳上,长长的右腿架在左腿上,双肘支着饭桌,黑黑的脸膛,堆着谦虚、诚恳的笑容,细眯着眼,望着社长的面孔,一边认真听着,一边频频点头。有人说,他就是萧也牧。哦,萧也牧原来是个关东大汉!

隔了一天,他来上班了。领导介绍后,他和编辑室的同志一一握手,并自己报着姓名:"吴小武"。(很快地我们也就知道了,他原名吴承淦,参加革命后,改名吴小武,写作时使用笔名萧也牧。)

从这天起，开始了他的文学编辑生涯。也就是从这时起，我们共同度过了中国青年出版社创业时的艰辛历程：发展中的兴奋和喜悦，动乱期间的艰难岁月。

开始工作了，做什么呢？当时创作稿少得可怜，而翻译稿积压很多，外文编辑忙不过来，不懂外文的同志也分担一部分稿件进行加工。新来的萧也牧，分到了一部苏联凯特玲斯卡娅的《勇敢》，译稿厚厚一叠，70 万字。他随手翻了几页，看了看内容提要，欣然受命。他虽然年轻时在上海滩混过几年，能说几句洋泾浜，但是校阅外文书稿，显然不够。他把译者关予素请来，有时到译者家里去，让译者讲原文的意思，一同斟酌译文的表达、修改或润饰，使这部书稿的译文水平得到显著的提高。这在今天来看，固然是不足取法的，但从当时的历史条件看，从萧也牧那种孜孜不倦的帮助青年译者的勤恳精神来说，都给同志们留下深刻的印象。

我们不能光靠翻译作品维持门面，必须多出版自己的东西。编辑不能老坐在家里等着吃现成饭，要走出去展开活动，和新老作家广泛接触，了解他们想些什么，写些什么，有什么困难，需要什么帮助。要广开稿源，为出版计划化做好准备。萧也牧因为对作家队伍的情况熟，人头熟，就协助领导制订计划，陪同总编辑李庚、编辑室主任江晓天，离开北京，周游列省，把触角从共青团中央大院伸展到全国文艺界、学术界、教育界，从新老作家那儿，组织了大量稿件，为后来若干年能够不断地出版一些有影响的作品打下了坚实的基础。在这一系列的活动中，萧也牧作为一个作家，在他熟悉的人们中打交道，真可说是如鱼得水，活跃而有成效。

他和作家梁斌的交谊，以及他担任《红旗谱》责任编辑的事迹，直至今天，在文艺界还传为美谈。

梁斌同志花了多年心血，写成了《红旗谱》，但是文艺界无人问津，看过稿的人也不置可否。萧也牧和我们一起找梁斌同志，并把他那包沉甸甸的手稿从文学讲习所带了回来，一起匆匆地看完了原稿。萧也牧兴奋地告诉中青的出版部主任唐锡光说:“我们发现了一部杰作,请你做好出版准备吧!”他和梁斌同志共同字斟句酌做完书稿加工工作后,要求出版部门设法打扮《红旗谱》,给它出大开本,插图本,精装本,乃至送到莱比锡去参加国际博览会的道林纸特藏本。该书第一版的封面题字,就是出自萧也牧的手笔。

萧也牧的工作态度是十分严肃认真的。他审稿时,为稿件加工时,常常把自己和作者摆在一起,置身于作品所描绘的环境,进入角色,缜密思考,认真推敲。对曾秀苍同志的长篇小说《太阳从东方升起》就是一例。作者若干年后怀念萧也牧当年和他谈稿时的情景,不禁感慨地说:“也牧和我谈稿,谈得很随便。从主题思想、故事情节、人物、技巧、以至结构布局,牵针引线娓娓而谈。没有太多的名词术语,听起来又非常中肯深刻。在我的稿子里,现在还留着他用铅笔签注的意见,蝇头小楷,一笔不苟。”这就是萧也牧的工作态度。

他对初学写作的青年作者,几乎是倾注了全部心血,进行了帮助。1956 年全国青年文学创作者会议时,中国青年出版社除了出版由作协选编的《青年创作选集》十卷集以外,还给不少写作勤奋的青年作者出了合集、专集。萧也牧负责编选了林斤澜、阿凤、滕鸿涛等人的集子。他约请老作家帮助修改青年作者的作品。请林斤澜到社里来,摊开稿子,当面研究选什么,不选什么。给阿凤、滕鸿涛出散文集时,亲自动手替他们写序,润饰。还有许多现在已经成为创作界中坚力量、活跃于文坛的中年作家、诗人、剧作家、电影编剧、儿童文学作家,也牧在编选、出版他们的处女作时,都曾付出了艰巨的劳动。

萧也牧以写短篇小说闻名于世,他在古今中外的文学名著中,最喜欢并最有独到见解的也是短篇小说。外国作家他欣赏的是契诃夫和莫泊桑。中国古典作家的作品他经常津津乐道的是蒲松龄的《聊斋志异》。当他受了批判不能发表作品时,他曾准备用白话文翻译《聊斋选集》，如《崂山道士》等篇，曾断续译出，装订成册，可惜这些手稿已经散失了。中国现代作家中，他最喜欢孙犁的短篇。有一年，当他听说孙犁病重时，简直坐不住了。他四处奔走，多方呼吁，要给孙犁出选集。他找到了他的老友康濯同志，替孙犁编选了那本洋溢着浓郁生活气息的、诗意盎然、文笔隽逸的短篇集《白洋淀纪事》。稿子交来后，他亲自担任该书的责任编辑。后来每当他和人们谈起短篇小说的特色和成就时，总是眉飞色舞地谈孙犁的艺术风格，谈孙犁笔下的白洋淀，谈哺育他们成长的冀中人民。每逢这样的时刻，萧也牧也常常回忆起在战争年代度过的艰难的岁月——在抗日战争爆发那年，他的老家浙江吴兴沦陷后，他和几个进步青年，穿过浙西孝丰山区，经南昌，到长沙，由徐特立同志介绍，到山西临汾，后来，又转入五台山。从 1938 年 1 月，到 1945 年 8 月日寇投降，他先后作过《救国报》的编辑，《前卫报》的编辑，“铁血剧社”的演员，宣传队的干事，经历了战争的考验。日寇投降时，萧也牧成了共产党员，担任了张家口铁路分局工人纠察队的副政委。……

直到这个时候，我们又一次改变了对萧也牧的看法：他不但不是个北方出生的关东大汉，相反的倒是个太湖边上文弱之乡出生的江南秀士。了解了他的出身和经历，知道了他年轻时排除万难，千里迢迢奔赴革命的壮举，以及战争年代血与火的考验，使他变成一个坚强的战士，也深深引起了我们的敬意。

我们怀着浓厚的兴致，访问过他的家庭，想从他爱人那儿，了解他们的相识、恋爱、结婚的佚事，探索他们夫妇之间究竟相处得怎么样？我们看到他的家庭生活，朴实无华。爱人李威同志，曾是边区军工厂女工，性格坚强浑厚，待人亲切真挚。她坦率地对我们说：“我们结婚那阵，小武只有一条裤子。夏天，跑到河边先洗衣服后洗澡，要等裤子晒干后才能出来，别人不知道他为什么洗那么长时间，其实，他是在等裤子穿。这就是那时的生活。你问他是不是这样?”萧也牧也风趣地说:“李威当时是劳模,我是记者,俺们俩是采访时对的象。这点不假吧?”人们在哄笑中,感到他们两口子是那样的和谐,看不出有过什么风波。事隔多年,我们从长期的观察中,也深感到也牧在艺术才能上是才华横溢、绚烂多姿的。在个人生活态度和道德品质上,是质朴的,是严肃而真诚的。而有些人,在批判了他的小说《我们夫妇之间》以后,把文艺思想问题,发展为生活作风问题、思想品质问题,最后发展为政治问题,以至剥夺了他发表作品的机会。1957 年的风浪中,将一个热爱党和社会主义的革命者,一夜之间变成了“反党反社会主义”的“阶级敌人”,萧也牧从此就更难抬起头来了。

在这里,我们还想举个突出的事例,来说明萧也牧在 1957 年的政治态度。

那个时候,我们两人和新来的王扶都在文学编辑室传记文学组,负责编辑出版革命领袖、革命先烈的传记故事、英雄人物的传记小说,组织老革命同志撰写革命斗争回忆录。虽然我们多方搜集材料,四处物色作者,找到了不少线索,也收到了一些稿子,但是在大堆的稿件里,要选出一部成部头又达到出版水平的稿件,非常困难。有的长稿,部分可取,全稿不统一,不协调,无法出书;有的短稿虽然可用,但限于篇幅,无法出单行本,而这些稿子退了可惜,留着暂时无用,退修又煞费时间,而读者看苏联革命年代描绘英烈的作品上了瘾,迫切要求我们也能出版这样的读物。群众希望殷切,形势逼人,怎么办?当时萧也牧担任编辑室副主任,分工管传记文学组,我们找他一起商量。在研究了来稿情况之后,就开始探讨在现状下我们能做些什么事。大家回顾了 30 年代以来,直至解放前夕,鲁迅、郭沫若、茅盾、韬奋、夏衍、胡愈之以及很多前辈,在上海、香港等地,为了战斗需要,在无力出版整部头的书籍,无法出版定期刊物的时候,常常使用机动灵活的手段,采用出丛书、丛刊的方式,及时地出版一些读者迫切需要的读物,来进行短兵相接的战斗，都产生了十分有益的效果。我们在这种情况下，为什么不可以因势利导，出一个专门刊登革命人物传记（或片断）、革命回忆录的丛刊呢？也牧一听，非常赞同。他把大家的意见综合起来，向社长做了汇报。领导经过研究，决定创办这个丛刊。也牧思想锐敏，脑子灵活，他为丛刊取了个富有诗意的名称：《红旗飘飘》。在第一集的文章大体确定后，他亲自动笔起草《编者的话》。今天同志们能够看到《红旗飘飘》创刊号上的《编者的话》，那端端正正的四个字，也正是也牧的手笔。

与此同时，他花了几个晚上，查阅了不少资料，又开列了他所掌握的一批革命先辈和革命作家的名单，发出约稿信。一阵紧锣密鼓，只有四个人，也就办起了一个丛刊。1957 年 5 月，反右前夕，《红旗飘飘》第一集，以崭新的姿态和全国读者见面了。这株新花问世不久，总政的《星火燎原》也跟着出版了。《红旗飘飘》和《星火燎原》在金色的 50 年代，都成为教育青年一代学习革命传统的最好读物，这是和萧也牧的劳动分不开的。可是有谁知道，也正是在那个时刻，积极倡导、赞助，参加编辑出版《红旗飘飘》的萧也牧，竟被人错划成“反党反社会主义”的分子。革命何罪，积极何辜？为什么对革命抱有火样热情的战士，遭此不幸？!

今天，《红旗飘飘》丛刊，在受到那个“顾问”十多年的禁锢，跌落的旗帜重新被举起的时候，怀念当年草创时期的萧也牧，他虽然已在若干年前抱恨而终，九泉有知，闻此佳音，也当有所慰藉吧！

萧也牧从受到批判之日起，在坎坷不平的生活和斗争的道路上，真可说是饱受折磨，屡仆屡起。他的腰被压得越来越弯了，但他仍拼命挣扎，顽强战斗。凭他自己的觉悟和革命战士的责任感，总想尽力所能及为社会主义多做出一份贡献。早年，当党的政策宣传十分需要的时候，他和团中央教材科的同志们，一起埋头编写通俗讲话，受到过表扬。后来，当编辑出版工作需要的时候，他停下创作,展开约稿审稿、加工活动。作品受到批判不能发表小说的日子,他每天空闲时,把心爱的古典作品翻译为白话文,公诸同好或自我欣赏,他十分关注新老作家的创作活动。尤其是本社请来修改作品的作家,有的是由他联系的,他呕心沥血地帮作者改好作品。不由他联系的,也密切注视着修改进程。他和《红岩》的作者罗广斌等亲切交谈,探讨小说的背景,人物和结构。对老作家姚雪垠来社修改《李自成》,更表露出钦羡、赞许、企望和关切的复杂感情。他有机会到农村去参加夏收或劳动的时候,仍继续深入观察补充他曾亲身经历过的农村生活,为创作积累素材。他不甘心从此搁笔。哺育过他的老区人民留给他深刻印象,充溢着他的心胸,使他感到不吐不快。因此,当允许他发表作品的时候,就脱颖而出,光芒四射。我们清楚地记得,当刊物上重新发表萧也牧的作品时,他眼睛里闪出了奇异的光辉。正像长期蛰伏的人,看到眼前露出的一丝白光,而闪现出的生命的喜悦。在不太长的时间里,萧也牧连续发表了《秋葵》、《连绵的秋雨》、《大爹》、《小兰和她的伙伴》等优秀短篇,这里面既有战争年代生活的留影,也有新的生活的记录,读着这些生意盎然的优美篇章,我们深深感到他没有辜负战友们的期望,他在经历了若干年的思索、认识、炼冶之后,显然更扎实、更深沉、更纯熟了,他还可以写出更多更好的短篇。在他自己经常念叨的计划中,正在孕育着的东西,只要给予时间,就会一个一个呱呱坠地的。可是,谁能想到,当我们正期待着他的新作问世的时候,突然的风暴,给他带来更大的灾难,铺天盖地的恶浪,终于把他席卷而去。

在那个时候,一个曾经在报刊上公开批判过的人,被关进"牛棚"的口实,是很容易制造的。古久爷的陈年流水簿子就能置你于死地。他有了一连串的恶名。好像为党工作了三十多年的萧也牧,历来没做过一件好事,而是个"一贯坚持反动立场的没有改造好的老右派"。他支持被迫害致死的作家罗广斌,被诬为"妄图为罗广斌叛徒集团翻案”。萧也牧被关进“牛棚”，受到了无尽的屈辱和折磨，因为在田间劳动过度，回来时进错了门，被人打翻在地；萧也牧拔草手脚慢，骂他“磨洋工”，一顿饱打；萧也牧打饭过路，骂他“好狗不挡路”，人被击倒，饭菜撒了一地；萧也牧的腰更弯了，再也支持不住了，大小便完全失禁了，一泡屎拉在裤裆里，被诬为“向党和人民玩屎尿战术”……开会批斗，拳打脚踢，会后罚他挑粪，挑不动，用竹棍抽打。萧也牧带着病体，被驱赶到稻田里去挑草，举不起杈，被痛骂殴打，击倒在地，直至深夜，才由儿子扶了回来，从此，他再也没有能够爬起来。1970 年 10 月 15 日中午，他孤独地、默默地在那张木床上含恨而死。死时 52 岁。他为党勤恳工作了三十多年，死后被送到当地的一个乱坟岗上——真是死无葬身之地。

当一辆牛车把萧也牧的遗体送到旷野草草掩埋以后，多少年来，每当想起和他一起工作的年月，总引起我们深切的怀念。时光流逝，他的音容笑貌却愈来愈鲜明。他和同志们在一起的时候，联系自己的感受，谈文学源流，谈创作方法，谈作家的风格和流派，谈某家的长处和弱点，某人造诣的高低，某个作品的艺术特色等等，他谈话时的姿态，手势和神色，稍一回想，仍历历如在眼前。

我们也常常想起他的为人，他没有野心，不想妨碍任何人，不想抢夺谁的权位，只是想有机会能写点作品。尤其是多次受到批判之后，他几乎是有点谨小慎微了。在日常生活中，尽力避免和旁人发生任何隔阂和误解，尽量设法在下一次运动中不要又被当作典型。他常常说，他当不了火炬，只想把自己当作一支蜡烛，以微弱的光焰，照亮自己，也照亮旁边的人，共同走完不平的路。因此，在思想交流会上，他常常带头发言，严格进行自我解剖，争取同志们的帮助，他希望大家给他加油，帮他改造。但是，他坦率得有点天真，善良得有点迂阔，他的自我解剖，常常授人以柄，被作为批判材料。萧也牧以一个有才华的作家、出色的文学编辑，在读者、作者和多数同志里，享有很高威信，而在那个年月，被热爱，受拥护的人，也常常会带来杀身之祸，萧也牧就是这样被送进了坟墓。

为了纪念这个真实人一生的劳绩，我们不揣冒昧，把他多年精心创作的作品汇集起来，编选成册，献给读者。我们既无意去夸张萧也牧的作品如何伟大，如何不朽，这一切都要读者去评定；但我们确切认为，在中国现代文学的园地里，也牧的作品是一簇色彩斑斓的花朵。特别是他战争年代所写的那些散文，至今仍散发着浓烈的泥土芬芳。他的文章是那样朴素无华，他的语言是那样干净洗炼，他的故事是那样看来平淡无奇而又那样真实感人。也牧在描绘人物高尚的情操和心灵的美时，有他独特的艺术风格和表现方法。欣赏他的作品，能感到时代脉搏的跳动，也能给人以美的享受。我们选了他后期的几篇更加纯熟的作品，也选进曾经受过“批判”的作品。为了保持原作的面貌，几乎没有做什么改动和修饰，目的是让读者检验，作出自己的判断。读者和文艺界的朋友，重新读了这些作品以后，完全可以得出自己的实事求是的结论。二十多年前的棍棒交加，再加上后来的随意引申，无限上纲，给萧也牧带来了灾难性的厄运，在萧也牧含冤而逝多年后的今天，难道不应该从中取得教训么？

我们的力量是微薄的。在选编这个集子时，为了寻求支持并听取如何编选的意见，我们曾分别与也牧生前友好如康濯、孙犁、马烽、秦兆阳、陈登科、吴江、肖殷、林呐、王血波、李清泉、张学新、曾秀苍、陈允豪、高野夫、陆风、柳溪、王勉思、李庚、江晓天、陈斯庸、马肖肖、姜英等同志交换意见，得到了他们大力支持。百花文艺出版社的同志，从各方面给我们帮助，使选编工作能够顺利进行。国家出版局的负责人陈翰伯同志对编选工作表示关切。对此，我们深为感谢。在搜集也牧著作时，得到也牧同志的夫人李威同志大力支持，在此一并表示谢意。

1979年8月于北京

选自张羽、黄伊编《萧也牧作品选》，百花文艺出版社1979年

斗争生活的篇章

康 濯

一

近来阴雨连绵，在春末夏初的湖南，总都要担心这样的天气对早稻插秧不利。然而这些年情况都还好，公社的秧苗连续斗过了反常的气候，农业收成不坏。这些天我正阅读萧也牧的作品，一边想起他的创作不也是经历了种种反常的气候？然而我愈读也同样愈感到，作品中思想和艺术的力量终能斗过种种低温阴雨，在今天文艺再得解放并为新的长征全力以赴的时节，显然还会要茁壮地抽苗结穗，以它的收获滋养着读者的心灵的。

八年多以前，萧也牧同志被彬彪、“四人帮”迫害致死，最近已得平反、昭雪。21年前，他还因反右派斗争扩大化而被错划，最近也得改正。文艺界和出版界的一些同志都要为他重编、重印作品，现在就选辑了这一个集子，包括他中篇小说《锻炼》以外的短篇小说、散文、报告文学30篇。我从头到尾读下来，实在忍不住万感交织。

这是也牧同志1943年到1962年20年间的部分主要作品，其中我大多相当熟悉。整整40年前的1939年，我们都才20岁左右时，我就已知道萧也牧。1941年便开始在自己编的刊物上发表他

的作品。接着，更同在一个机关、一个部门、一个办公室工作了五六年之久。全国解放，在北京也不断往来。我离北京后又曾通信。我们在抗日战争初期就先后到了晋察冀边区，也都是从事农民运动、青年工作和群众文化宣传工作，并大体是同时开始写作。本书中一些作品几次提到的滹沱河、胭脂河以及大黑山、不老树、葫芦沟等地，简直就像我们共同的第二故乡。作品中还提到过一个抬头湾村，有几篇后面并注明是写于抬头湾；这个村子我们就一同住过很久。本书目录中第二组七篇所写都既是真实的抗日故事，我们互相间又在受到感动和教育中谈起过不止一次。目录中第一组后面几篇大都是解放后在北京所写，其中有些题材或素材他也在酝酿过程中同我谈过。特别是曾以《山村纪事》作为总题目的十几篇散文和小说，有些就不仅细节、素材、题材都谈过，甚至还看过草稿，交换过意见，商量过标题。这是因为党和人民以及共同的斗争生活培育了我们互相的战友之情，尤其因为有几篇所写更是我们共同的经历……

试看《连绵的秋雨》，那位小护士带着几个病号，在敌人“扫荡”中沿着沙河走进一条深长的山沟，在一个荒僻、贫穷而又对军队和伤员爱护至极的村庄住下来，又在敌人突然奔袭和搜山的半夜爬上山去，沿着一条通繁峙但却实在难走的小路转移的情景；那不是1943年秋季大“扫荡”的时候，我和萧也牧因病同另几个病号沿着阜平西大道钻进此山沟里，然后又转往繁峙的所经所历？而在那以后不久，我留在繁峙山下平川游击区工作了一段，萧也牧则从繁峙经应县转到了崞县游击区，在那儿并写下了本书中时间最早的一篇散文《退租》；他这段经历我也完全清楚。

再看《我和老何》中的人物和情节。那位知识分子出身的边区农会干部“我”同农民出身的干部老何之间，从日常生活中的关系到一起下乡抗旱时，“我”是很少作为，而老何却不论动员妇女纺线或调解农村小两口的纠纷，不论带领大家开荒或同房东的来往,竟都处理得那样自然而又手到病除似的有效。特别是在大旱天气忽然半夜下大雨,“我”竟在漏雨的屋里找地方睡舒服觉,老何则赶着钻进雨里去准备明天的抢种……这种种情景,也完全是我和萧也牧都大同小异地互相经历过,不仅那位老何的几个模特儿我全都认识,甚至那位“我”的形象中也可能还有着我个人身上的一点一滴的。

至于《识字的故事》、《追契》等篇,从酝酿、写成到修改,几乎都同我不止一次商量过,我也以自己的经历出过点子供他参考。《货郎》的主人公外号“不二价”,那一形象的完成,情况也是如此。《站长》中那位忠实、忙乱而焦急得到处找笔,笔却在他耳窝里夹着的交通站长,则是我们都同时看到过、了解过的。《杨六十二》中那个小孩不大一般的名字,我们也曾经研究过一番呢!

我丝毫无意回顾和考证自己同萧也牧创作的具体关系,上面提到种种情况,主要是为了在这里补述一下,我们碰到那些情况的时候,都并不是在旁观。我们在“连绵的秋雨”里转移于阜平、繁峙的途中,都确曾是在时时同日寇战斗。在繁峙等地的游击区里,也都确曾发动和组织过农民向不法地主要回“退租”。在土改初期,还都帮助过农民向地主“追契”。那些年当然也都帮助过农民识字,参加过交通站的工作。而我们又都是在不止一个“老何”的领导、帮助下,在参加群众对敌斗争以及农民同地主的斗争和生产斗争的教育、锻炼下,逐步获得改造、学会工作和劳动,经由哺育而成长的。当然我们在这一过程中,也和《我和老何》里那位知识分子的“我”一样,以自己的特长和能力,对战争和革命事业,付出过自己的心血。这就是说,萧也牧的作品并非简单的个人经历的回忆,而是他参加整个战争和革命事业的部分记录,是他投身革命后主要和重要的一大贡献,是他给我们的文学留下的斗争生活的篇章。可贵的斗争——阶级斗争和生产斗争的生活呵!任何人经历的斗争都不会忘却;社会斗争的主体工农群众和全体人民的战斗、劳动、生活,更只会时时茁壮地抽苗结穗。萧也牧的作品,也正是由于艺术上动人地描绘了他曾亲身参与、付出心血、经受锻炼、做出贡献的工农群众的战斗和劳动,因此显然称得上是还会茁壮地抽苗结穗滋养读者的篇章。

二

斗争经历的记录、描绘都是从生活出发的。萧也牧这 20 年间的作品,就都确实从若干角度和某些侧面,部分反映了这一时期晋察冀解放区农民斗争和建国后京津一带的工农生活,反映了这些斗争中若干扣人心弦的风俗画幅,动人心魄的生活场景。本书中一些优秀的篇章,甚至可说是浸透着浓厚的生活气息、浓郁的地方色彩、浓烈的泥土芳香。

作品主要展现的,是老区农民对敌斗争中历尽艰苦英勇奋斗、不怕牺牲、前赴后继的精神;是减租、清算、土改中同地主阶级的曲折斗争;是亲切诱人的军民关系,解放、翻身后和互助合作中新型的劳动生活、清鲜的文化生活和爱情生活,以及解放前后城市工人在历史转变中的种种波浪,与知识分子改造及其同工农之间关系的点滴纠葛,并加上国际主义战士罗盛教的文学传记。而这些记录和描绘又都是千姿百态,镜头多样,乃至有的还很新奇、特异;然而却又朴素、动人和平易,特别那些题为《山村纪事》的作品和 1962 年的作品,更是亲切的形象交织着浓重的抒情色泽,读来简直使人激动不已而又感慨绵绵。

本书关于老区人民在抗日战争、解放战争中,在党的领导下同敌人搏斗的事迹,像《张老汉跳崖》的张老汉和日寇同归于尽,像为了掩护区长以至人人甘冒牺牲而争认“我是区长”,这是怎样充满炽热血火的壮烈情景!而在敌人炮楼附近展开游击战的《地道里的一夜》,则又是怎样显得井然有序和异样轻松,姑娘们竟还在炮火轰击下的地道内欢笑地学习时事！另外像《拿炮楼》和《过封锁沟》可又不一样，劳动人民以自己的智慧、幽默来对付敌人的狡诈，竟把凶残诡谲的坏蛋惩罚得丑态百出。至于《连绵的秋雨》中小白牺牲而护士小乔在黑暗里有点迟疑的结尾，读来难免会有点感伤；但主要却还是悲壮之情，而含有着激励人们健康向上的力量。当然仅此数点，便不难看到作者描画的生活是彩笔多姿的。

关于农民和地主的斗争，这是解放区农村最主要的本质事物之一。这里有《羊圈夜话》中的血泪仇恨，有烈火般的《沙城堡的风暴》；也有《退租》中被压榨的贫农几经欺骗才恍然觉悟的故事；还有《一堵墙》、《追契》乃至《识字的故事》中农民和地主之间种种不同的反复争斗；更有《货郎》和《黄昏》中的农民对地主的斗争虽经挫折而仍然坚持到底的事迹。

描绘解放初期工人生活的《母亲的意志》、《携手前进》、《海河边上》等篇，也许由于作者不十分熟悉而可能稍稍不如农村作品的生活气氛那么浓厚；但也仍然是或表现了抗美援朝前后母亲和儿子各自的进步和感人的意志，或反映了先进工人对于落后工人亲切、生动的帮助、爱护与对其走向进步的推动，或点染了男女青工新的劳动与纯真的爱情，并且也仍都有着若干引人的生活色彩。至于刻画公社社员生活的《大爹》、《小兰和她的伙伴》，则又如战争时期的作品那样泥香土热，把老年和青年两代人对待劳动、生活、学习、文化特别是对待为革命牺牲的亲人那种种不同的态度，真乃涂抹得令人心醉，使人向往无边。

反映生活的多彩多姿，既能正视血泪、悲壮、惨烈、落后和感伤，但又是英勇、坚强、艰苦、壮烈、乐观、上进乃至智慧和幽默居于主导的支配的地位，这就是萧也牧作品中的主要倾向。其反映的生活面是这样，塑造的人物形象也是这样。并且他的人物群像也还是多姿多彩，甚至每一个人物的思想、性格又都不是一音定调，而大多也是色泽斑斓多样的。

本书所写同地主斗争中的农民，有《退租》中旧社会负担极重的石牛牛的形象。他平日可以赶牲口给地主送闺女，可以带短工又紧又严地给地主做活，闹退租时谁都积极，他老婆都在干，他却一次又一次被地主哄骗得七藏八躲。然而石牛牛终于在广阔深入的群众运动中觉悟起来参加了斗争；这一形象显然还代表着在争取解放中由于旧意识包袱沉重以至觉醒较慢的一类农民，而有着一定的典型意义。另外一批农民的形象则都是同地主誓不两立，如《货郎》中的“不二价”死追二亩地，《黄昏》中的房东老汉为毛驴坚持斗争；有卯子紧追《北瓜》，安年年为《一堵墙》挖出了敌特；张禄为《追契》而反复战斗，《识字的故事》中基层干部“我”同地主的纠葛历经曲折而屡屡胜利。这就是说，萧也牧笔下的人物形象是先进、中间、落后各种状态都有，但又突出而鲜明地是以先进人物、英雄人物为主的。

当然，萧也牧对人物的刻画还不只此，而是即便在同一类型的人物中也各有特色，性格各异。像《货郎》“不二价”简直性格孤僻得有点稀奇，但这并没有妨碍而是特异地突出了他对地主顽强不屈的形象。像《黄昏》中的老汉同样是对地主斗争坚强到底，但又哪怕同毛驴都要开开玩笑而显得幽默、轻松而乐观。而张禄“追契”中的智慧和安年年为“一堵墙”的斗争胆识也是各自特殊的；《识字的故事》中那个“我”的斗争成长的经历，更是独特而又因之富有一定的典型性。此外，就是中间和落后状态的人物有的也不乏特色，石牛牛就虽落后而劳动不坏，同农民的关系不坏，也即本质不坏，必然进步；《黄昏》中的老汉揭了他老伴因见牛不应差便想把驴换牛的落后思想，老伴可急忙反驳：“你连玩笑话也不让说？就数你进步！”这一来，谁又还会拧住老伴的落后不放，谁又不为作者这平凡的一笔而感到亲切和舒心。至于作者笔下的地主分子也既是共同的剥削意识钻心，又是各自性格不一。如在《一堵墙》中是装神弄鬼，藏垢纳污；在《追契》、《退租》中是狡猾多端；在《黄昏》中则是心狠手辣但有时又因形势而显出点开通和灵活。所有这一切,便使得不少作品中人物形象凸现,读来欢愉喜悦,真切引人。

至于本书中刻画得最好的人物形象还是秋葵、大爹,是《我和老何》中的老何,以及《连绵的秋雨》中的小乔、小白一伙。那是一批真正的工农兵英雄人物,一些十分优秀、崇高但又平凡、亲近得似乎随处可见的人物。老何已有过介绍,先看护士秋葵,这才是个十七八岁的姑娘,但她仅仅因为“我”是个革命战士而忠实得无微不至,千方百计乃至冒着性命危险给以保护和医疗。把“我”藏在她家地洞时给吃鸡吃面条,还挖空心思给治眼病,但她一家子却糠窝窝都不够吃。她谈起日寇血淋淋的罪恶总说是害怕,但想尽办法甚至拿着菜刀掩护保卫“我”时却毫无畏惧。情况好了,“我”病也好了,她送“我”走时是不仅给拆洗衣服、做好饭食、拿秤称称“我”胖了多少,并且还在给“我”剃头后爽朗地笑着说“我”打扮得“像个大傻瓜”!而在“我”忍不住向她倾诉感激之情时,她却默然答以“我不爱听这种话”,临别时还说:“你要是生我的气,只管去生吧!”这又怎能不使同秋葵别后14年的“我”,笔底波涛起伏,激动不已,忆念悠长哇!

《连绵的秋雨》中女卫生员小乔同秋葵差不多,但她是在战火中带着三个三十多岁的病号转移、打游击,而她又才有半个月的工作经历。但她敢挑重担,竭尽职守,备尝艰苦。她设法改善伙食,对总爱偷偷喝凉水的病号小白和另两个病号既爱护备至又十分严格,以至惹得她不高兴时连房东大娘都对病号不相让,直感动得病号们自觉开了生活检讨会和抢着承担生活上的劳动。最后在敌人紧急进攻中调皮的小白又主动“抗战到底”,掩护大家牺牲了自己,而小乔则在黑暗中难过地去追赶其他病号;这又是怎样使人心潮激荡,升腾起高尚的景仰之情,感到并不成熟的小乔真是一位英雄,有时不大听话的小白更是一位革命英雄人物!

《大爹》中的周洛宾则是个性格倔强、严格得甚至有点过分和个别的好老汉。对待劳动、生活和家人都一丝不苟,有时还会使人不大理解,但逢年过节又总要请人去吃点酒枣什么的,而情感至亲。儿子牺牲后他极感伤心,但从不表露也不让家人表露,不愿受到外人过分同情、安慰。而出去参加军烈属会议又要打扮一阵,怕外面说村里待军烈属不好而丢人!难怪他老而力壮志坚,别人都羡慕他的劳动,若让他少干一点也都会邪火得如犟牛!莫非这不是我们人民公社里老年社员中一位英雄人物么!

人物和生活多彩多姿,英雄性格和革命精神占据主导而引人向上,萧也牧笔下斗争生活篇章的力量,就这样诱人难忘。

三

本书的诱人之处还不止此。除了形象地刻画生活和塑造人物,作品艺术上还另有一些特殊而诱人的色泽。其中最主要的是革命现实主义的特色,按照生活的本来面目着墨绘图。《杨六十二》可说是真人真事的素描,一个十多岁的孩子还读初小一年级,但却读不好而调皮捣蛋,以后又干脆不上学了。这点事有什么可写?然而他会劳动,会侍弄羊,生病时不断想起帮助过他的老师,一次半夜轰羊时发现敌人就马上叫醒老师脱了险。这不是就勾起了若干艺术和思想的力量!《黄昏》中的老汉跟驴儿开玩笑,被驴顶了个筋斗,这又有多少意义?但当老汉爬起来骂驴的时候,我们想到这驴儿被斗争回来多么不容易,不就也觉着作者这恰恰是淡抹了一笔老汉深有根源的幽默和乐观!《大爹》和《货郎》中两个老汉不同的倔拗劲儿都近乎怪异和新奇,但这也正是从生活中来,从而点染了人物性格、思想的顽强不屈。

从生活出发的生活本来面目和生活真实,或如毛主席所说“普通的实际生活”,这并非一丝不漏的日常生活流水账,即便文学上的自然主义也不会如此。就是说，生活的真实乃是通过革命作家的立场、观点，所见、所感、所信的本质事物及其有关细节；而从生活真实到艺术真实，则还须通过形象思维这一艺术特征，创造出“比普通的实际生活更高，更强烈，更有集中性，更典型，更理想，因此就更带普遍性”的艺术形象。而这就需要对于生活中本质事物及其有关细节，进行艺术的选择、提炼、概括和加工。萧也牧的《山村纪事》和《携手前进》、《大爹》等篇，则正是在这一方面做得比较恰到好处；即选择、提炼、概括、加工的若干事件和细节，恰恰较能生动地凸现出人物形象、故事情节及其内含的思想感情。或者像《杨六十二》那样简单地几画几描，就该是初步完成了从生活真实到艺术真实的最起码要求的了。

这里很重要的是，对于生活细节、人情风习和群众语言的艺术选择、提炼、概括和加工。本书中写农民从帽壳内掏通知，平原上找山里人只须认鞋底，以及掏喜鹊窝和压高粱饸饹，烧柏灵火和让人抓住秤钩称体重等细节；语言方面有这样的对话：“我看你吃了喜鹊蛋啦，刮刮刮地不怕累？你不说话，没人把你当哑巴卖了！”另外还有这样的叙述、描写：反“扫荡”中在发大水的河边碰见游击组员，“大半只穿条裤衩”，“把草帽盖在盛着地雷的柳条筐上”，“把褂子和鞋捆成个小包，挑在枪杆上”。这些方面萧也牧有时简直是细节、人情、语言信手拈来而跃然纸上，铺成地方特色的生活图画，而泥肥土香。由于人物形象、题材、主题都是通过生活细节包括人情风习真实的、典型化的总和而显露的，又都是通过艺术语言及其有关的文字才得表达，因而这里又可见到萧也牧难得的艺术力量。也同样是在这里，本书中几篇抗日故事虽都反映了生活的本质，但比较起来形象的细节似稍稍欠缺，因此其思想、艺术力量便也或许略受了影响的。

上面所及自都在革命现实主义的范畴，而萧也牧的作品怕也还涉及了革命的浪漫主义。且不说有些篇章的体裁和样式简直是散文、小说难分，像《秋葵》和《大爹》等等，从而表现了作者的不拘一格。主要是《秋葵》的结尾，那样感情深挚的护士和病号在最后分离的关口，竟未能亲自话别！“我”只得留下六个字后上路，但出村后在土岗上回望，却见护士酣睡的北屋门帘微微晃动，“我”索性坐下等她起来，然而门帘老动却老不见人，就这样留下了永远的记忆。这是怎样使人激动、难忘和抒情气氛浓厚啊！还有《连绵的秋雨》结尾处的卫生员小乔，在小白牺牲后赶路时迟疑地想着，要是追上另两个伤病员而人家问她小白时，她该怎么回答的情景，又是怎样使人心弦颤动，感情的波纹无际！而像这样的结构、构思以及如《识字的故事》与《小兰和她的伙伴》中的某些构思和气质，不都该是含有革命浪漫主义精神和手法的么！

以上这些，看来或许就是作者逐步发展形成的艺术风格。即是说，这20年间萧也牧文学上独特的追求所及，显然已一定程度地日益透现出他的长处，乃是比较善于按照生活的本来面目，抓取若干带有本质和典型意义的事件和细节，而此类细节又往往极其平凡但清鲜而不被人注意，或似无意义但新奇而引人入胜，并往往含有着泥深土厚的地方风习和抒情色彩；再通过亲切生动的、有时还带点幽默的语言描绘，把朴素的画幅点染得浓淡交织而多姿。这或许也就是萧也牧艺术的力量所在。

四

萧也牧作品的力量，是来源于他比较熟悉所写的生活。而这种熟悉，自又来源于对生活的热爱，本书中的许多篇章，就浸透着关于生活的炽烈热爱之情。当然热爱生活又是来源于他曾按照毛主席教导“亲身参加变革现实的实践的斗争”，他在斗争生活中不是旁观而是进行变革的战士，并从血火的斗争受到教育、哺养和锻炼、改造。这正是毛主席《在延安文艺座谈会上的讲话》中为革命作家指出的根本道路；而林彪、“四人帮”对此则极力加以扼杀，以图遂愿其百花凋谢和毒草泛滥的阴谋。但又正因为这一扼杀而影响到粉碎“四人帮”以后文艺事业更快地发展和提高，以至离群众要求差距还不小，仅仅文艺界深入革命实践斗争以追求锻炼、改造之风气，比三十多年前便已不是很浓；这其间有余毒使然，更主要的则是传统遭受破坏后恢复确不易。因此，当前文学上比之“五四”以来、《讲话》之后和建国十七年间作品中总多是农村色彩浓厚的久远传统，显然要稍有逊色，致使本书中随处可见的生活和艺术细节，现在读来都似有久别重逢的新鲜之感。这该是我们忆念萧也牧所应吸取的经验，受到的启发吧！

我和萧也牧几乎是一道从战争中锻炼、改造、成长的。我提到我们生活和文学的经验和启发，也珍视和怀念战争中我们宝贵的青年时代。也牧同志自也是怀着和我们相同的珍视和忆念，写了反映自我改造一角的《我和老何》。那位以自己同群众的鱼水之情，深切关心农民、妇女、小两口儿和知识青年的老何的形象，在生活和文学中都始终是我学习的英雄人物，我以为也是现在青年一代应当学习的艺术形象。当然本书的所有作品都值得目前的青年学习；特别是描写工农青年在党的教育下锻炼、改造、追求向上、为革命献身的作品，如像《秋葵》、《连绵的秋雨》、《母亲的意志》、《携手前进》、《爱情》、《小兰和她的伙伴》和《罗盛教》，对今天的青年更有积极意义。由于林彪、“四人帮”的干扰和毒害，今天有的青年缺乏远大理想和斗争精神，革命意志和追求锻炼、改造的毅力也不够，这不也正可从本书获得教益！今天也有些文学青年热爱生活和描绘生活的基本功都不够，本书中一些动人的生活素描和人物速写，不同样也可对此提供范例么！

萧也牧革命一生，始终热爱生活和追求锻炼、改造，在我们的关系中就从不隐瞒自己的缺点和不足，解放初期并通过小说《我们夫妇之间》对此有所反映。这篇作品同他本人的生活或许不无丝毫联系,如小说中所写,他这个知识分子出身的干部就是战争中同一位贫农出身的女工结婚的,进城初期双方也确有点矛盾。但也正如小说写的那样双方都是好同志,其矛盾并非偶然,也不难解决。现在本书中这一篇曾在发表后修改过,读来仍如上面所感,并觉得抓住了我们干部中进城之初某些值得重视的问题而颇有意义,写得也真实亲切。发表的初稿记得确有过缺点,主要是对工农干部个别地方似略有丑化,对知识分子干部一二细节的点染也或有过分;然而即使如此自也并不影响作品积极一面的基本倾向。缺点则当可探讨,事实上作者那时也听到和考虑了一些批评。不过发表后主要是欢迎,并拍成了电影。或许影片对缺点又有加重,致引起较多的意见,还上了报刊。这本来并非不正常,可惜的是当时有的文章不实事求是地一顿批判,不顾总的倾向而全部予以否定,甚至还波及作者其他作品;却不是容许发表各种意见的自由讨论,和对作品的一分为二。因而那一批评虽没引起对作者的组织处理,但实际也是打棍子,显然影响了作者的名誉。从今天来看,我认为那是建国初期文艺批评上一次"左"的偏向,并也可能开了先例,以致后来某些文艺批评和自由讨论未能正常地、健康地发展,怕也与此有关。前事是后事之师,这该也是我们文艺批评可接受的教训之一。而我个人那一次也不实事求是地写了文章批评萧也牧,这更是我近年来早在引以为训,感到难过,深有自咎的。

不过萧也牧受到不应有的批评后仍一直坚强,照样老实工作和坚持写作,甚至反右派斗争遭错划后也仍然如此。建国后他长期从事青年系统的文艺编辑工作,同样以战争中对待同志的传统作风和许多老、中、青作家诚挚交往,给人帮助,与人方便,特别对刚开始写作的同志更是尽心协力,因而赢得了战争中的老战友以及解放后结识的作家们广泛的友谊和今天对他的深深怀念。这样的革命同志可怎能给戴上反动的帽子!1962 年前后他又深入了农村生活,并写出了《大爹》、《小兰和她的伙伴》那样一批乐观向上地歌颂英雄而生活纯厚、形象逼真的作品；尽管当时他已“摘帽”，但如此健康的创作面貌又怎能同曾经的反动相联系！事实上，他难道不是一直以自己的工作和写作，早已证明了是错划！何况1957年我们曾不断来往，坦率地交谈过大鸣大放中各自的表现，而毫没感到过他会堕入反动；他是1958年被错划，那时我已离开北京，一直不知是什么缘故……

以后我们当然还通信。最后一次信记得是文化大革命前夕，他在辽宁锦州附近参加农村社教运动时写来的，说是生活上有不意之灾，要我帮助。这是我们关系中常有的事，在写作的构思和艺术细节以及日常生活上，都曾互有所援。他还有一本生活手记相赠后至今在我手边；但他生活上求援却不大慷慨，往往缺五十块钱而开口只提三四十。锦州那一次我也想到了这一点，按信上所提加码寄去了，只是不知他有什么意外，而以后就再无音讯。直到去年他的老同事、老战友张羽同志才在北京告诉我，那一次他是去邮局领得钱粮后全部丢失了。在革命队伍中这并不是大事。只不过没隔多久，他受到林彪、“四人帮”残酷迫害，更遇到了多少万难抗拒的意外灾难，可又能找谁支援！那些年我是想到过萧也牧同志的，但我也同样正受迫害之难，同样无人援助。难道那时候我们不仍然是在革命队伍中么？

现在我们队伍充满阳光，华国锋同志为首的党中央高举毛泽东思想的旗帜，正领导全党、全国在新的长征中奋进，也领导着文艺界在新长征中奋进。我们十分珍惜当前的生活，更十分珍惜毛主席的旗帜及其革命文艺路线的传统。出版这本书自己是为了珍惜、继承和发展这一传统，让萧也牧斗争生活的篇章再通过实践而在读者中萌发新的养料，为新长征中的文艺事业尽一份力量，并由此而寄托对死者的追忆、怀念和纪念之情意。但也是为了珍惜、继承和发展我们革命的传统，我们更同样应该珍惜萧也牧的作品所经历反常遭遇的教训，尤其是他被迫害而过早去世的教训，以从中认真得到启发，变得聪明一点，争取较能顺利地使我们的斗争生活及其文艺日益美好和繁荣。

选自张羽、黄伊编《萧也牧作品选》，百花文艺出版社1979年

怀念萧也牧

陈允豪

作家、编辑萧也牧同志的冤案平反昭雪了。《萧也牧作品选集》最近已由天津百花文艺出版社出书。有关也牧写的小说，刻画人物的细致入微，文笔的通俗生动等特色，已有他的选集来说明了。我想到的是也牧同志在编辑工作方面的一些令人难忘的事迹。

人们常说，做编辑工作是“为他人作嫁衣裳”，而也牧却是个为人作嫁甘如饴的老编辑、好编辑。

萧也牧同志本名吴小武，浙江吴兴人，生于1918年。1937年春中学毕业以后，到上海一家电机制造厂当工人。1938年1月到华北晋察冀边区参加革命。

也牧做编辑工作是1938年冬天开始的。那时他在晋察冀边区行署办的《救国报社》工作，后来在五台地委编《前卫报》。抗日战争胜利后，在张家口编《工人报》。1949年以后在团中央宣传部编青年教材。1953年起在中国青年出版社文艺编辑室做编辑。1970年10月15日，在河南潢川“五七干校”被林彪、“四人帮”残酷迫害而死，终年52岁。萧也牧同志的编辑生涯，经历了整整32年。

1940年，也牧在五台山区《前卫报》工作期间，前卫报社除了

出报以外，还编辑出版了《阿 Q 正传》、《不走正路的安德伦》等几种文艺作品小册子。这样的文艺作品在战火纷飞的敌后根据地是多么难得呀！小册子是六十四开本，用当地土造的麻纸印刷，但封面、插画却都设计绘制得很漂亮、大方。正文的字都是工工整整的蝇头小楷，是也牧同志一个字一个字地、一笔不苟地写在石印纸上的。小册子的封面、插图也都是也牧一手绘制的精心杰作。这样的多面手编辑人才，在当时敌后根据地是很少见到的。写石印书报的字是十分辛苦的工作，而也牧不声不吭，细心耐心地写了一张又一张，写了一本又一本。这种俯首甘为孺子牛的高尚精神和踏踏实实的工作作风，始终贯彻了也牧同志一生的坎坷岁月。

1942 年，组织上临时把他调到边区《群众剧社》工作了一段时间。那时正是抗日战争最艰苦的阶段。也牧在剧团里算个能编能写的“大知识分子”了。其时他还不是党员，领导上叫剧团多照顾他。但也牧不愿对他特别的照顾，他和大家一起吃树叶，吃黑豆。当时，他的腿有点毛病，走路有点拐，但他仍坚持和大家一起夜行军，挺进到边沿地区进行宣传活动。他写墙头诗，编写壁报，还参加演戏。也牧是南方人，北方话讲不好，在演出时他都担任跑龙套的角色。在一出叫做《掠夺》的活报剧中，他演一个哑巴，在敌人迫害下忍无可忍，抡起菜刀，跟鬼子拼命。这角色没有一句台词，但他演得感情真挚，十分动人。

1949 年，也牧在团中央宣传部教材科工作。当时教材科的同志大多是刚参加工作的青年，热情高，但没有编写经验。也牧同志热情地团结他们，耐心地帮助他们，使他们较快地熟悉了编写教材的工作。这十来个人的教材科，在三年时间内做了大量的工作。除了编写一些配合当时各项任务的“团员问答”、“团章讲话”、“政治常识读本”等小册子以外，还花了很大力量编辑了两套小丛书，一套是《伟大的祖国小丛书》，一套是《时事小丛书》。先陆续在《中国青年》杂志或《中国青年报》上发表，广泛征求读者意见后，再进行加工修改，然后由中国青年出版社出版。这两套通俗生动的青年读物，对团员和青年群众的政治思想教育，起了很好的作用。为此，曾得到当时中宣部胡乔木及团中央冯文彬等领导同志的表扬。

1953 年，也牧同志调到中国青年出版社以后，一直在文艺编辑室工作。也牧同志有长期的革命斗争实践，又勤奋好学、博览群书，加上他本身就是个写了不少作品的作家，因此他对审阅文艺书稿，有较高的鉴别水平，对作者的甘苦也能有所体会。难能可贵的是，他不论对著名的老作家或对初出茅庐的青年作者都能一视同仁，热情对待，共同磋商，亲同挚友。他对不少青年作者作品的长处和特点，风格和流派，都有较深刻的研究。当年不少青年文学工作者得到过他的热心帮助。现在有几位中年作家，当年还是小青年，他们至今还保存着萧也牧同志看过的手稿，那上面有着也牧同志用铅笔工工整整写的批注意见，既中肯又仔细。我当时也在北京一家出版社做文艺编辑，经常和他来往，也得到他很多教益。

1956 年 3 月，在北京开全国青年文学创作者会议期间，也牧同志和不少青年作者亲切深谈过，给人们留下了难忘印象。那时他经常穿着那件泛了色的灰布旧棉袄，像个农村老汉，从这个小组出来又到那个小组，静静地听着青年作者们的发言，高兴得像老农民在春天的庄稼地里看庄稼茁壮地成长。大会后，他曾信心十足地对我说："今年五百人开会，十年以后，这支队伍扩大到五千人、一万人，没有问题。"这个愿望是多么美好呀！可是他怎么也不会料想到一年以后，一阵扩大化的狂风暴雨把文艺界这批生机蓬勃的幼树新苗打得叶落枝摧，令人心酸、心痛。参加这次会议的青年文学创作者有半数以上被错划成了右派，连萧也牧同志本人也难逃这一劫难。而十年以后，祖国和人民更遭遇了一场空前浩劫，文艺界是首当其冲，被"横扫"得惨不忍睹，萧也牧同志又在这场浩劫中含冤而死。

粉碎祸国殃民的"四人帮"以后，祖国又出现了一派生机。三年来文艺界百花争艳，已见成效。在这生机勃勃的百花园中，革命回忆录是其中的一朵红花。为了教育下一代，中央领导同志一再提倡"三老"（老党员、老干部、老红军）写革命回忆录。为此，又想起了1954年萧也牧、张羽、黄伊等同志创议办《红旗飘飘》丛刊之事。他们这个在当时说来是出版界别创一格的建议，得到了当时中国青年出版社的领导同志和团中央的大力支持。经过了一番努力，《红旗飘飘》终于创刊问世了。连接出了16辑，发表了大量的革命回忆录，宣传党的优良传统，为教育一代新人起了很好的作用。而《红旗飘飘》这个刊名就是萧也牧同志起的，创刊号上的《致读者》也是也牧执笔的。为《红旗飘飘》的出刊，也牧等同志进行了多方调查，一再研究，开列了长长的准备要约请写回忆录的老同志名单和丰富多彩的选题计划。对有关老同志他们还一再登门求教，老人们讲，他们做记录，回社以后进行整理，修改，编辑加工，花了很多心血，默默无闻地心甘情愿地当个无名英雄。《红旗飘飘》的出刊，的确开创了发动革命老人写回忆录的先声，这件为党为民做的好事，功劳簿上理应写上也牧同志的一笔。

今春，在八宝山开的萧也牧同志追悼会上，遇见很多当年的青年文学创作者，有的人还是专程从远地赶来参加追悼的。萧也牧同志三十多年的作家生涯、编辑生涯，总起来说是：光明磊落，勤奋努力。这样一位好党员、好编辑，这样一位多才多艺的作家，被林彪、"四人帮"活活折磨死了，怎能不令人痛心，令人怀念呢！

原载《文汇增刊》1980年第6期

“黄泉虽抱恨，白日自留名”

——怀念萧也牧同志

江晓天

一

萧也牧的爱人李威同志，送给我一本《萧也牧作品选》，由张羽、黄伊编选，百花文艺出版社出版。也许做过编辑工作的人，都有这样的职业习惯：每得新书，总是先翻翻，看看开本、版式、印刷、装订质量如何？这本书应该说是够大方、精致的了。特别引我注目的，是在扉页与目录之间，那张萧也牧50年代的半身照和他那潇洒的签字。这面相，这笔迹，多么熟悉呵！他那方圆型的脸盘，突出的眉骨下一双鹰隼般的眼睛，炯炯有神，大大的嘴巴，厚厚的嘴唇，好像在动。于是，在我的心目中，产生了一个幻觉式的意念：萧也牧没有死！他还活着，还像过去那样，我们一道工作、出差、下农村，在办公桌旁、在车厢里、在老乡家的炕头上，面对面坐着，商讨书稿处理、研究工作、聊天、谈心。许许多多往事，顿时涌现脑际。忽然，一幅惨不忍睹的画面蹦了出来，遮盖住书本上这张活生生的遗像：那是1970年10月15日的下午，我在河南潢川县黄湖团中央五七干校七连当牛倌，这天轮到晚班，提前吃饭，到食堂，菜未做得，放下碗筷，想找个阴凉处坐下等。一转身到食堂屋子的东山墙下，只见两个人抬着木板，迎面走来，上面用条又脏又破的白布单蒙着，大概是因为木板短吧，两条劈柴似的长腿大脚，直棱棱地挂在外边。残阳西照，一道道鞭打得发紫的伤痕，清清楚楚。“飕”一下子，我浑身发凉，心一沉：是小武吗?!（萧也牧本名吴小武，多年来我一直习惯地这样叫他）是他，他死了！他真的就这样戴着没有改造好的“右派”帽子悲惨地死去了！

“公道自在人心”，社会、历史对任何一个人，终归会有公论。不同的只是，由于政治斗争的复杂性，历史发展的曲折性，对一些人作出客观公允的评价，往往不是在他生前，也不是在他“盖棺论定”之时，而是在他死后若干年。萧也牧在九泉之下也不可能想到，在他离开人世后的第九年，他被错划为“右派”，得到改正；被迫害致死的冤案，得到昭雪，恢复了党籍和名誉。去年底召开的全国第四次文代大会上，他作为著名的小说家，和其他八十多位受林彪、“四人帮”迫害致死的著名作家、艺术家一起，受到了与会代表的悼念！今春，他的作品选集（包括《我们夫妇之间》），又重新与广大读者见面了。这一切，对他死无安身之所的亡灵，确是莫大的慰藉。

二

我和萧也牧是1951年相识的。第一次知道他的大名，是1949年冬天，读了他发表在《天津日报》副刊上的一篇小说，《我等着你……》（后改为《海河边上》），写一对男女青年工人，如何正确处理爱情与劳动的故事。当时，我在济南编《青年文化》报，分期转载了这篇小说，很快收到一百多封青年读者来信，加以称赞。第一次见面，是在一个很特别的场合。1951年春，我刚从山东调到团中央出版委员会工作，看到《文艺报》有文章，点名批判萧也牧的《我们夫妇之间》。五月中旬的一天早饭后，李庚同志告诉我：“上午，团中央要在小东楼开个小型会，帮助帮助萧也牧，我们一起去听听。”到了会场，人还没有到齐。只见一位细高个儿，黑黑脸膛的同志，穿着件蓝府绸新衬衣，规规矩矩地坐在长条桌东北侧，面前摊开一黑牛皮活页本子，放着一支打开笔帽的大金星，一声不吭，不时咬咬右手的食指和中指的指甲……这就是萧也牧最初给我留下的印象。

“三反”、“五反”运动结束后，青年出版社与私营开明书店合并，1953 年 1 月，正式成立中国青年出版社。原来的出版委员会青年读物编审科，一分为三，文学单独成立一个编辑室，人手很缺。副社长兼总编辑李庚说，把吴小武要来，换换环境对他也好，并要我先找小武谈谈。从小东楼会上相识之后，一年多来，我们较熟悉了，但到他家里去，还是头一次。一进门，他先介绍李威与我认识，并以有点得意的开玩笑口气说：“她是贫农出身，1939 年参加革命，长期在根据地兵工厂，先当工人，后提干部，我们是地地道道的知识分子与工农相结合。”我说：“从你这颇有诗意的笔名，秀丽的文笔，原以为你是江浙人，白面书生。没有想到，老兄生得一副广东、福建人的面孔，山东人的个头，是个黑大个儿。”他乐不可支，哈哈大笑，接着便滔滔不绝，绘声绘色地讲述，他与李威恋爱、结婚以及家庭生活故事。我越听越觉得，他说的和小说中所描写的情节，乃至许多细节，非常相像。没有等我问，在一旁做饭的李威就出来声明更正了：“老江同志，你不要听他的，尽胡扯瞎编。我关心他的胃病是真，可从没有给他织过毛背心。1946 年，我买了三斤驼毛，拧线还是他教我的。线还没有拧完，就赶上张家口撤退，他把什么都丢了，连命都几乎没有逃出来，还毛线哩！拾柴火的事有，可那是 1947 年冬天，我生了第一个孩子，他去看我，为了烧炕取暖，俺俩到山上去拾柴。别看他长腿大脚的，走山路不灵，还是我把柴火背下山的……”许多作家在他的作品中，在他所描写的主要人物身上，或多或少，或浓或淡，留有自己生活经历的某些印迹，和一定的理想寄托。萧也牧的作品也不例外。从我们多次交谈中得知，促使他动念写《我们夫妇之间》这篇小说的，主要是熟人中，有两对结婚不久有了孩子的夫妇，进城后，男方就提出离婚，他不赞成。当然，其中也有他自己的某些影子，含有一定的自我解剖成分。我对他说："小说提出的问题，还是有现实意义的，当作小资产阶级倾向的代表作批判，未必切合实际吧？"他马上说："不不不！我主观上虽想对李克有所批判，由于自己世界观没有改造好，反而流露出同情，也是可能的。"他对报刊上的批评，和组织上的帮助，并没有抵触情绪。只是对个别文章骂他是"癞皮狗"，感到委屈，接受不了。29 年过去了，对《我们夫妇之间》，评论家们会作出恰当的判断。作为一个有自己独特风格的小说家，相信当代文学史上会有他应有的席位。

三

作为一个文学编辑，小武有高度的责任感，很强的事业心。他是文学园地上一名辛勤的园丁。

50 年代初，新中国的社会主义出版事业，还是很年轻的。作为党领导的这块文化宣传阵地，不仅要力争出好书，更要注意从群众来稿中，发现和培养人才。这一切，对刚刚成立的中国青年出版社，尤其是对文学书稿的编辑工作来说，更是缺乏经验。小武，正是在这艰难的创业初期，来到出版社的。我们一起，在李庚同志直接领导下，边做边学，不断总结经验教训，摸索前进。

对于出版编辑工作，那时，社会上不大重视。想搞创作的，大都不安于干这一行。小武，已是有点社会影响的作家了，又是在他的作品受到批判后来当编辑的，舆论的压力不小。可是他从不计较这些，积极地、愉快地、全身心投入编辑工作。记得只有一件事，使他精神上曾有过不痛快，当时，团中央第一书记胡耀邦同志指示，要组织人编写一本青年英雄故事集。团中央机关有专人负责组织这项工作。其中，《罗盛教》这篇，交给小武写。其他各篇的作者，都有机会到英雄的家乡，和生前战斗过的地方去采访，唯独小武例外，既不批准他去朝鲜战场，也不同意他访问罗盛教烈士的家乡。只好坐在办公室,利用业余时间,从报刊上搜集材料编写。他叹了口气,对我说:"无米为炊。可是上级交下的任务,怎么也得完成。"当我为他鸣不平时,他却心平气和地说:"也难怪人家。大概是考虑到《我们夫妇之间》挨批了,我在社会上名声臭了,让我去采访英雄事迹,政治影响不好。"他的内心是痛苦的,但他尽力克制自己。作为一个共产党员,小武平时就是这样注意用党性原则律己的。

其实,在文艺界和广大读者中,他并没有被批臭。1954 年,编辑室让他到吉林去,采访一位还乡知识青年先进人物。团省委宣传部、报社,得悉吴小武就是萧也牧,很欢迎,并派了两位青年同志专门陪他到延边,"拜他为师",学习写作。1955 年 6 月,我俩一道去广州出差,住在作协分会机关里。晚上,韩北屏同志来看我们,一进房门就问我:"听说萧也牧到你那儿当编辑了,是吗?"我笑笑,指指小武说:"此人便是。"老韩接着便热情地和我们闲聊了两个多小时。第二天,杜埃同志来,一人送了本他的文学论文集子,赠给小武的那本上题名写的是萧也牧。这几件事不大,却使小武精神上受到很大的鼓励和支持。这几件事,也使我深深感到,对一个处于不顺境况的同志,切莫浅薄、短见相待。1956 年到 1957 年上半年,学术界、文坛一度活跃,出现了百花齐放的生动局面。小武受到感染和鼓舞,他有生活储备,也想写,可是,因为我到中央党校学习去了,主要由他主持编辑室的全面工作,只好抑住自己创作冲动,一心扑在工作上。

万事开头难。文学编辑室的工作,开头两三年遇到了不少困难,除了经验不足,当时有些社会舆论、传统习惯,对我们开展工作有影响。文艺界有人说,写英雄人物的传记故事,"不是文学的正宗";同行中,有人率直地劝告说,你们不宜出"纯文学"作品(包括翻译小说);有些作家,看出版社的牌子,出版社也看作家的名气。而我们是新成立的综合性出版社的编辑部门之一,白手起家,一无所有。怎么办？讨论时，小武一句话说到同志们的心坎里："路是人走出来的。"大家齐心合力学着干，坚持一条：只看稿件质量，不管作家名气大小。

"青年出版社是靠英雄人物传记故事起家的"，不少人说过这样的话，这是事实。1951 年出版《刘胡兰小传》、1952 年出版《卓娅和舒拉的故事》、1953 年出版《董存瑞》，接着又陆续出版了《青年英雄故事》、《黄继光》等，在亿万青少年读者中，产生了极广泛影响，起了巨大的教育作用。可是，到了 1956 年就约不到作家写这类稿子了。1957 年 3 月一个星期天上午，小武跑到我家，说了他的急切心情，并提出这样的主意："成本的传记稿难约，约写万二八千字的人物故事，好办些，咱们把面放宽些，单篇不好出书，合起来用丛刊形式出。"说完，硬拉着我和他一起去找社长朱语今同志，当场商定，并拟定了刊名。两个月后，《红旗飘飘》创刊号就印出来了。从这件事上，我进一步了解小武，不仅有饱满的工作热忱，而且善于思考，并有雷厉风行的工作作风。

如果说，把出版编辑工作比作园地，文编室经过几年的摸索，形成了"广种薄收，抓重点"的耕作方法。所谓"广种薄收"，就是积极组织出版青年作者的"处女作"，1954 至 1957 年共编印了近百种青年作者的短篇小说、诗歌、散文集子，有的只是三四篇作品、不到五万字的小册子。其中有相当一批青年作者，后来成了全国著名、乃至有国际影响的作家。小武对这方面工作，尽力最大。他对工人出身的青年作者，尤为重视，亲自动手为阿凤编集子，写序言。"抓重点"，更难一些。不能从约稿单上，依据作者的名气，主观选定，主要是看了初稿后，判断准确，及时抓住不放。《红旗谱》的发现，有一定的偶然性。1954 年春，小武和张羽同志去文学讲习所访作者，听说梁斌同志有一部多卷长篇小说，已写了几十万字，尚无出版社与他联系。他们当即去拜访了梁斌并约了稿。看了初稿后，他和张羽一致认为，基础很好，有希望"打响"，于是我们就列为重点书稿,大力抓。1956 年夏,他为了节省作者的时间,专程去保定,看已修改出的部分稿子。1957 年,稿子发排后,他拿着大样,找了几家刊物,想争取在出书前选登几章,听听各方面意见,付印前还可以改得更好。结果,他很失望地对我说:“一个作家没有成名之前,发表作品就是难呵!算了吧,干脆咱们出书。”《红旗谱》是中青社开创后,出版的第一部引起广泛注意的创作长篇小说,给编辑工作提供了许多重要经验。

小武热心培养青年编辑,除关心同志们的业务知识学习外,在他的倡导下,形成了一个好的编辑作风,即:尊重作者(不管有名无名、年老年轻,一视同仁),熟悉作者。主要是注意读作品,以便从中发现新作者;对已有约稿关系的作家,分工负责联系的编辑,更要力争把他已发表、出版过的作品都读一读,熟悉了解作者生活、思想、技巧等方面的具体情况、特点和特长。这样,与作者交谈,容易找到共同语言;审读书稿时,较能作出全面分析和准确判断,意见也能说得中肯一些。回想起来,当年一些作家听说萧也牧改行当编辑,一方面感到惋惜,一方面又感到高兴,大概就是因为他搞过创作,对作家冀望于编辑的是什么,有切身感受。

没有想到,我于 1958 年春从党校回到编辑室时,三位副主任中,小武和斯庸被错划为“右派”,陶国鉴同志也被错误地处分,都下放农村,主要编辑力量垮了一半以上(这些同志去年都落实政策,得到改正)。小武于 1961 年摘了帽子,调回工作。他还是埋头工作,热情不减。除每年编一本《新人作品选》外,主要精力用在长篇小说《枫香树》的编辑加工上,他对小说思想艺术的提炼,倾注了满腔热情。特别是有这么两件小事,给我留下的记忆是难忘的。1963 年春,一天下班后,他悄悄地对我说:“王蒙要去新疆长期落户了,明天就走。咱们应派人送他一下。”第二天一早,他和黄伊同志坐上出版社的汽车,去把王蒙送上火车。另一件,是 1964 年春,他拿了两期《广西文艺》给我,说上边选载的长篇小说《两代人》你看看怎样。第二天,我告诉他,不错,写得很有气势。他马上提议,给作者秦兆阳写封信。很快就接到秦兆阳同志的回复。当时,我的处境也是困难的。小武那样做,也很可能会在政治上带来风险。可是,为了党和人民的社会主义文学事业,他不顾个人得失。秦兆阳和王蒙同志,也未必知道这是吴小武的主意,只知道中国青年出版社文学编辑室没有忘记他们。小武就是这样一个默默无闻勤于工作的好同志。

四

自然,小武也和我们许多正直的共产党人一样,有自己的弱点、缺点,甚至有过这样那样的错误,但是,他对革命事业是忠诚的,对党的信念始终是坚定不移的。这些年来,我常常想起 1968 年 4 月,他和我最后的一次促膝谈心。二日下午,他到办公室来,见我一人靠在布躺椅上,看着房顶棚发愣,进门后又转身看看四周无人,拉过一把椅子靠我坐下。我见他衣着焕然一新,还穿了件新羊皮大衣,就问:"小武,你今天怎么啦?!"他掏出一盒中华烟,递一支过来,凄然一笑,说:"都亏了李威,不然我……"又摸出了个活期存折给我看,上边只剩下一元钱了。"昨天是我五十生日,李威买了只鸭,还有肉、鱼,做了几个菜,孩子都在,会了餐,给我祝寿。又买了条中华烟给我,这件大衣也是她操持赶着做的,怕我下干校着凉,犯胃病。你是知道的,她一生勤俭,为我这样破费也是从没有过的。想不到她也成了走资派,老太婆了,天天还得站板凳,撅着屁股挨斗!她自己不在乎,就是为我担心。"说到这儿,他哽咽了。强忍住泪水,又说:"老江,咱们一起快二十年了,你是了解我的,过去对我的批评也是中肯的:不会安排生活,乱花钱;政治上软弱……我身上毛病不少,也犯过这样那样的错误,可是我是听党的话的,总是遵照上级的批评检讨自己,尽管不是都想得通,但是从没有对组织不满过。过去几次运动都是这样，一遇到复杂的政治形势，我就迷糊了。这次文化大革命，我的确是想响应号召，保持晚节，确确实实没有为自己翻案的思想，一丁点儿也没有，更没有什么个人野心，可是……”他预感到“清队”要揪他了。当时，我也是泥菩萨过河——自身难保。江青点了陈登科的名，诬蔑他是国民党特务，因为我是他的长篇小说《风雷》的责任编辑，也被关起来，隔离审查了十天，刚放出来，检查交代还没个完。又有大字报说我，勾结姚雪垠、吴晗（只请他看过一卷稿的大样），编辑出版《李自成》，利用明末农民运动来煽动农民造共产党的反，随时都可能再次被关押审查。我只能对小武说：“群众揭批，总是说得越严重、越吓人越过瘾，不必紧张。相信党，终归会弄清事实真相的。当然，首先得相信自己，不搞阴谋，没坏心，不怕鬼敲门。”这话，既是安慰他，也在鼓励自己。果然，几天之后，就以“右派”翻天之罪名，把小武关进了牛棚。1969 年 4 月 17 日我们一起下干校，他虽体弱有病，但在全校先进标兵的“四好”连队里，持久的、繁重的艰苦劳动，却咬着牙挺住了。没有想到，野蛮的肉体摧残，很快置他于死地。“黄泉虽抱恨，白日自留名”，十年浩劫过去，春回大地，真理的阳光又普照人间。作为一个出色的文学编辑吴小武和著名小说家萧也牧，历史和人民是不会忘记他的。

原载《散文》1980 年第 10 期

一个甘于沉默的人

王　蒙

“要甘于沉默”，这位高个子，黑面孔，眼窝深陷，有一种既是操劳过度，又是精神十足的神气的作家，用低沉的声音，对我缓缓地说。

在我的一生中，得到这样的劝告，这是唯一的一次。谁都知道作家往往是最不甘于沉默的人，最耐不得寂寞的人，他们总是要叫，要笑，要唱，要长太息以掩涕，他们最大的希望就是发出自己的声音，哪怕那声音不像夜莺而像叫驴也罢。

但是他在1963年这样地劝我了，因为他当时和我一样，都在禁声五年以后，在重新得到了发出自己的声音的一点点机会以后，又感到了山雨欲来风满楼的气氛。全国的文艺刊物彼此默契得是十分好的。1962年“放”了一阵，1963年就收上了，直收到1966年，连自己也被收进去了，落了个白茫茫大地真干净的局面，卫生，不传染。

“让咱们沉默，咱们就沉默吧。”他的潜台词里包含着这么一句，他是很听话，很驯顺的，从无二心。“不要因为不甘寂寞而做出下贱事来。”也许，更重要的是这一层意思。十年浩劫中，不甘寂寞的文人丢了多少丑啊！如果他们有这种“甘于沉默”的精神，情况不是会好得多吗？“多做些默默无闻的事情吧！”也许，“甘于沉默”四个字还含着这样一种积极的意向呢。不是么，他“沉默”着，却发现了，又帮助了那么多作家，使那么多作家得以引吭高歌，声震云霄！

我碰到的第一个编辑就是他。那时候我刚满20岁，把自己的处女作《青春万岁》的初稿送到了中国青年出版社，有时候我走过东四十二条出版社的门口，看到一些戴着深度眼镜、微驼着背、斯斯文文、说话带南方口音而且满嘴的“题材”呀、“提炼”呀、“主线”呀、“冲突”呀的编辑，我是怀有一种敬畏之感的。终于，这个出版社的文艺编辑室的负责人接见我了，那就是他。当我知道这位吴小武同志就是鼎鼎大名的受过批判的萧也牧的时候，我却产生了一种对他的怜悯之感。解放初期，我读过他的《我们夫妇之间》，读得蛮有兴趣，后来不知道怎么的就批上了，罪名大概是小资产阶级倾向之类,(天知道这篇小说到底有什么倾向问题!)从此,他就沉默了。到1955年我在萧殷同志家里第一次与他见面时,已经有好几年没有见过他的作品了。一个作家而多年失去了发表作品的权利,其可怜与可悲,即使幼稚如当时的我,也是完全明白了的。

我现在完全想不起我们的谈话的具体内容了。但我记得,他是用一种深知个中甘苦的、带几分悲凉的口气来谈创作的,他不但懂得创作的技巧,他更理解创作的心理、作者的心理。他深知写作的艰难,他好像多次用过"磨"这个词。1962年我们重逢的时候(当然,那时用不着我可怜他了,彼此彼此),他说过:"我只能业余时间写一点。我是搞不成长篇了,一部长篇就磨白了头发。"他的话带着一种苦味儿。谈起创作来他很激动,有时用手势加强语气,他的这种劲头让我感到了他对创作这一门该死的劳动的神往。他向往创作,这是肯定的。尽管创作给他带来了灾难、不幸、死亡……有哪一只鸟不向往天空,哪一条鱼不向往大海呢?

1956年,我在北京一个工厂做共青团的工作。那个工厂的青年文学爱好者,请他去一起座谈了一次,此事我事先毫不知晓,当时我也不在场。但后来党委宣传部的一位负责同志(一位很质朴的好同志)却很紧张,说:"怎么咱们都不知道他们就请来了萧也牧!萧也牧是被批判过的,对党是不满的,怎么请来了这样的人?"呜呼,因为他是被批判过的,所以他是对党不满的;因为他是对党不满的,所以应该对他进行批判。这种天才的、颠扑不破的、天衣无缝的逻辑有多么荒谬,多么愚蠢,多么残酷又是多么混账!这种逻辑或许至今还有市场的吧?

1962年,他曾把他的小说《大爹》的构思讲给我听,谈的时候他的两眼放着光,但他整个的人仍然沉浸在一种凝重、晦气的色调里。他的脸上总有一种"苦相",有一种生理的痛楚的表情。他好像越来越知道写小说是一件"凶事",但他又遏制不住自己。不久,他就提出"甘于沉默"的口号了,显然,他已经预感到了一点东西，老关节炎对天气总是敏感的。1963年，我去新疆前夕，他到我家表示惜别，我留他吃的饺子。第二天，他要了出版社的车把我们全家送到火车站，然后是站台上的挥手，离去。

从此大家都沉默了，中国也沉默了，只有八个样板戏的锣鼓大吵大闹地渲染着新纪元的大好形势。直到1978年，我应中国青年出版社之约又来到北京，见到出版社的黄伊同志，才知道也牧同志已经长眠地下好久了，后来，我听一个当时在团中央干校的同志告诉我，也牧同志死得很惨。

中国文人的不幸遭遇确实很多。但解放以后的党员作家而命如此之"苦"，如萧也牧者，却也不多。粉碎"四人帮"以后，他本来可以呐喊，可以高歌了，然而，他已不在了——他永远地沉默了。也许，他还有许多话希望健在的同志替他说一说吧？

原载《雨花》1980年第7期

第一个带路的人

——忆萧也牧老师

王　扶

生活，对于刚刚迈入它的门槛的年轻人来说，往往是五光十色的，而幻想又往往是多于现实的。这时候，一个在生活之路上的向导，往往会对年轻人的一生起决定性的作用。萧也牧，你，就是我的第一个带路的人。

二十四年前的夏天，不知道你是以什么样的心情，把一个中学毕业的女娃娃，领进了这样大的一家出版社的这样大的一个文艺编辑室。我只记得这个头脑简单的女娃娃，是怀着一颗多么紧张，多么陌生，又是多么不安的心盯着你看的。你似乎感觉到了她的情绪。你那过于黧黑瘦削的脸上露出了笑容，轻松、诙谐地说："别人给我起个外号叫'甘地'，怎么样，像吗？"你那鹰隼般的眼睛不再显得那么使人害怕了。我轻轻地说："好像有点像……高尔基。"你听了，哈哈大笑起来，我不由得也笑起来。一下子，一个年轻姑娘迈进生活门槛时的紧张、陌生，甚至恐惧都消失了……

你是编辑室的领导，工作当然是异常繁忙的。但是你从不忘对青年人的培养，用心之苦，却是若干年之后，我才深刻体会到的。为了随时对我进行编辑工作启蒙，你把我的桌子并在你的桌子前边。

一部寸把厚的稿子，我反复翻看了两星期，就是不敢把它还给你——因为按你的要求，是要把对稿件的评价和意见一起拿给你的。要知道，12 年的学校生活中，从来都是老师批改我的作文，而现在，要我在别人的作品(还不是作文)上写下自己的批语，这太困难了。

当你了解到我这种心情时，你没有讥笑我的幼稚无知，鹰隼般的眼睛却变得柔和起来。那双指甲被咬得光秃秃的手(咬指甲是你的坏毛病之一)，摸着下巴颏沉思了一会，说："比如，你现在毕业了，当了老师，要不要也去批改学生的作文呢？又比如，你是个读者，读了一本书，要不要想一想，这本书是好是坏呢？"

我似乎懂了一些，说："那么编辑就是老师加读者啦？"你听了又哈哈大笑起来，点着头说："小朋友(你是常常叫我小朋友的)，你长进不小啊！"

接着，就那部书稿，你细致深刻地给我分析了作品的主题思想、人物刻画、结构、剪裁、语言……你讲得那么专注，那么娓娓动听，仿佛你同书稿的作者一同进入了角色。一根早已熄灭了的香烟夹在你手指中，你却始终在连连地吸它。

这是你给我上的编辑业务的第一课吧！

不久以后我发现，对我们所有的青年编辑，你都是不惜一切力量，热情地去做艰苦细致的培养工作。而我，或许因为是你的直接下级，未免得天独厚，更多地吃了点“偏食”吧。

你不辞劳苦地跑作家协会，跑文学讲习所，跑其他文艺机构，跑大学中文系去取经，千方百计为我们制订了一套学习计划。更使我终生难忘的是，也牧老师，你为我们制订的那份包罗古今中外著名作品的必读书目。你为我们打开了文学的宝库，为我们这批青年编辑的文学素养打下了坚实的基础。

你的工作是那么繁忙，一叠一叠的稿子常常是下班后抱回家去看的。清晨，我常常发现你那鹰隼般的眼睛里布满红丝丝——又是一个不眠之夜吧！

但是，就在这种“连轴转”的紧张生活中，每周，你仍坚持亲自为我们讲课……

记得有一天，你塞给我一本孙犁的《铁木前传》说：“小朋友，看看吧，这才叫文学！”

我说：“这书我在学校时就读过了。”你那双鹰隼般的眼睛变得严峻起来：“你再认真地读一读吧！”

我确实认真地读起来，因此，竟吸引我把孙犁的所有作品都找来认真地读了一遍。当我第一次怀着那么强烈的感情向你畅谈自己的感想，谈我对“文学”、对“风格”、对“生活”的理解和体会时，我才明白了，你在给我上第二课：编辑要对作家及其作品进行系统的研究。

接着你又为我布置了丁玲、冰心、赵树理、欧阳山、康濯……以及许多外国作家的研究。

终于养成了我对作家和作者的研究的习惯，在我后来的编辑工作中起了很好的作用。

也牧老师，这是我应该感谢你的！你不仅研究作家和作者，而你历来都是提倡编辑和作者交朋友的。也许因为你既是编辑又是作家的缘故吧。你确实有着许许多多作家和作者朋友，他们有老一代的，有你的同辈人，也有许多年轻人。

我经常在想，如果你不当编辑而去专业写作，你一定也会为人们留下不朽的名著。因为，你是有才能的。但是，在文学的事业中，党需要你扮演一个编辑的角色，你就忠实地去演好了这个角色。

现在已成为名著的许多作品，作为编辑的你，曾灌注进了多少心血啊！

现在已成为众所崇拜的许多作家，作为编辑的你，曾雪中送炭，曾锦上添花，尽过多少力量啊！

我记得，当你看过《红旗谱》的初稿那一天起，你怀着决不亚于作者的激情赞美它；你为它那些不完善的地方呕心沥血，整夜整夜地思考着修改方案；你为它精心作着文字的加工和润饰。有时为了一句语言，委托我回家时请教一下祖母（《红旗谱》写的是我家乡的事）。你一丝不苟，精益求精。为了一部伟大作品的产生，你放弃了自己的写作，放弃了睡眠，甚至忘记了吃饭，忍着剧烈的胃疼……

我记得，为了《太阳从东方升起》的出版，你绞尽了脑汁，把自己多年创作的经验提供给作者，和作者一同进入了角色……

我记得，当你看到一个19岁的青年写出《青春万岁》的时候，当时并不年轻的你，为祖国的文学事业又闪现出一颗新星而变得青春焕发……

我记得，当别人都说林斤澜的作品风格怪诞时，你却极力宣传作者风格的独创之处……

我记得，你怀着多么大的热情去研究陈登科的作品，因为他从参加部队时才扫盲，而成长为一个有才能的作家的毅力激动了你……

我记得……

也牧老师，你也是一位作家呀！平日里，繁重的编辑工作压在你身上，我最清楚你的《秋葵》、《连绵的秋雨》、《大爹》和《小兰和她的伙伴》等作品是怎样见缝插针挤出来的。当你在发稿后，常常忍着剧烈的胃疼，在一天只吃一个干面包的情况下，彻夜不眠写你的作品。可是，第二天你依然来上班，用浓得发黑的茶水来提着神，神经质地咬着指甲，瞪着通红的鹰隼般的眼睛，从你的创作体会中，给我讲如何观察生活，如何安排细节。常常还出几个题目叫我练习写作。

你是一位有名的作家，丁玲同志曾很欣赏你的才华。但为了使更多的作家和作品出世，你心甘情愿地、默默无闻地做一个任劳任怨的无名的编辑——崇高的事业心和伟大的责任感，再加上可贵的自我牺牲精神，这就是你的作风，也正是每一个编辑的根本作风。你为编辑工作者们树立了榜样——这是我从你那里学到的，你并没有讲授过的最深刻的一课。每当我不安心编辑工作时，每当我个人名利冒头时，也牧老师，正是你这种精神鞭策了我，使我能在编辑工作岗位上坚持作一名勤勤恳恳的小兵。

在你创办《红旗飘飘》的时候，又把我调去工作，记得你语重心长地对我说："你读作品很多了，看来还缺少点革命传统教育。跟我到《红旗飘飘》工作一段吧，这对你有好处。"

也牧老师，当时我又是非常浅薄地理解了你的话。在整个《红旗飘飘》工作期间，我接触了无数革命先辈，熟悉了很多先烈们的事迹和革命斗争的历史。对我们的党，对我们的革命斗争，对我们的新中国，由此而对共产主义的理想，在我的思想中产生了坚定的信念。这段工作，对我这样一个生长在知识分子家庭中的青年，在世界观的改造上是起着决定性作用的。

提笔抚昔，也牧老师，你对我的培养和教育确实是用心良苦的。作为共产党员的你，不只是在培养一个编辑，更重要的是，你在培养一个人——一个能为共产主义而奋斗的人！

可是，当我从农村下放回来的时候，你却以右派的身份到农村去劳改了。有人回京汇报说，你在农村不好好改造思想，却成天拿个小本本记老乡们的语言。平时，你牺牲了自己当名作家的机会去当编辑，而在你连当编辑的权利也被剥夺了的时候，你毫不悲观，仍不放过每一个观察生活，深入生活和积累生活的机会——甚至是劳动改造的机会。

你终于从乡下回来了，可从此，我就没有机会和你一起工作了。我调去搞儿童文学了。但对你的感情我只能深藏在心中……

当我渐渐长大了，成为一个中年人的时候，我才更深地懂得了，你，不仅是我工作中的好老师，也是我生活中的好老师。在我生活的路上，是你领我迈开了第一步。

也牧老师，你整整比我大了二十岁，在我还没出生的时候，你就参加了革命；在我牙牙学语的时候，你就入了党。据你说，你也没念过几天书，而且在学校里并不是个“好学生”。但你是经过战争的洗礼的，也许，正是你周围的那些共产党员的老师们，培养教育了你，也教会了你怎样培养教育青年一代的吧。

你当然是个有缺点的人——你有激情，但也有散漫；你有编辑的责任感，但也有个人对才华的偏见；你有共产党员的牺牲精神，但也有某种放任习气……

也许正是因为这样，你才作了可悲的牺牲品。

安息吧，也牧老师！在你逝去九年后的今天，党终于给你恢复了名誉，恢复了党籍——这证明你的信念是对的！只可惜，你再也不能拿起那支笔。

安息吧，也牧老师！你一生中撒下的种子数不尽，我只是其中的一粒。但我和他们一起发了芽。我没有辜负您的期望，二十几年来，我坚持在编辑工作的岗位上。

也牧老师，就让我接过你的一支笔，像你一样，默默地为祖国的文学事业，为人类的宝贵财富，献出自己小小的力量，或使九泉下的您，能感到一丝欣慰。

1980年3月

选自《安徽文学》1980年第3期

忆萧也牧

萧　枫

最早闻知萧也牧这个名字，是我初到晋察冀平山的那些日子。1948年春上，北平地区"四月风暴"之后，党把我们调出北平，途经沧县、泊镇、石家庄，来到平山的岗上村，参加了以冯文彬同志为团长的土改工作队。村上住着一批刚从延安来的作家、画家。从与他们的交谈中，我知道了解放区很多作家的名字、作品和他们的生活，其中就有萧也牧。他是来自上海的青年作家，原是个中学生，很有才气，小说写得很生动，很吸引读者，北方语言用得很妥帖、生动，人很平和，会讲故事等等。萧也牧住的村子离我们并不远，但当时一直没有机会见到他。

1949年夏，我们总算在北平见面了，而且还同在一个大机关工作。这时，我特别注意阅读他的文学作品和有关文章，有时也向他请教。但真正成为挚交，并深受他的教益，还是在这年底我从团中央办公厅调到《中国青年》杂志之后。

我至今仍保存着萧也牧当时送给我的一张小照，背面用蝇头小楷写着："萧枫兄惠存，萧也牧赠"。萧也牧大我九岁，又是个老同志。在《中国青年》杂志社他是副主编（当时称副科长）兼文艺组长。我是文艺组的编辑兼记者。他是我的顶头上级。说实在的，我很幸运，在我开始文艺编辑生活的短短几年，先后遇上了三位著名作家，他们都是我年轻时政治上和文艺上的良师，那就是萧也牧、柳青和吴一铿同志。而萧也牧更是我的启蒙师长。当时,文艺组只有三个人,除他之外,还有专搞美术、现在山西工作的老同志娄霜同志和我。我们三个人的桌子围起来,朝夕与共,不分上下,工作、学习、谈天,心情非常愉快。那时,在编辑部,甚而在整个团中央机关大院,男男女女的年轻人,都喜欢和他在一起,围着他,倾听他讲解放区的故事、生活,讲解放区的文艺作品,讲生活和写作经验。他讲的故事,情节奇特、语言生动丰富,并描绘得有声有色,娓娓动听。对一批年轻文学爱好者很有感染力。大家都很敬仰他,也很佩服他。他不只热情、诚挚,而且与青年人的心相通,广泛联系着青年读者。他是一个文学编辑,又是个有深厚生活和文学造诣的作家,这就使得当时《中国青年》文艺组的编辑工作显得特别有生气。

萧也牧在文艺界的关系很多。由于他为人热情、赤诚、坦率,所以和很多作家都有很深的交往。我是个新兵,刚跨进文艺的门坎,对文艺界人士还很陌生,连一个作家也不认识。萧也牧就热情地为我写介绍信,打电话,甚而带我一起去叩作家的门,介绍我认识了不少文艺界人士。我在文艺组的一年,在他的引见和帮助下,先后通过约稿、采访、求教,认识了郭沫若、茅盾、邵荃麟、丁玲、艾青、胡风、李伯钊、许广平、孙犁、杨晦、秦兆阳、何其芳、刘白羽、萧三、萧华、冯至、侯金镜、王朝闻、王亚平、李季、张志民、马可、马加、马烽、孙维世、竹可羽……等一批著名作家。通过这些作家的帮助,不仅使刊物提高了质量,扩大了影响,增加了威信,而且团结和培养了一批年轻的作者。这其中,起关键性作用的也是萧也牧。

萧也牧经常喜欢与青年作者接触,很了解他们在写作上的情况与要求。到编辑部后,他又经常督促我们开调查会,从来稿来信中了解青年作者的情况和问题,进行研究。他提出了在刊物上开辟“文学讲座”专栏,请名家来讲授,针对青年作者在写作中的问题,帮助和提高青年的写作能力。这在当时,在北京甚至在全国可以说是第一家。

在采访、写作上，萧也牧和当时《中国青年》的主编吴佩伦，都很重视材料的翔实，强调调查研究一定要深入、细致。三十多年过去了，至今仍记忆深刻的是那次对恽代英生平事迹的采访。当时，领导上分配我去采访郭沫若、吴玉章、谭平山、章伯钧、恽子强等同志，收集关于恽代英同志的革命事迹。采访过程中，对恽代英同志殉难的日期出现了不同的看法。吴、萧两位主编都非常重视，要我想尽一切办法查实。在他们领导和具体帮助下，我向包括周恩来、李立三等同志在内的几位前辈写信或登门拜访，这才查准了这个日期。在这个过程中，他们严肃、认真、细致、严谨、一丝不苟的工作作风，对当时初踏上记者生涯的我，有着很深的启发和帮助。

我是在《中国青年》文艺组开始文学编辑生涯的。最初，我责编的稿件都要经也牧同志过目、审定。他细心为之修改、润色、加工，连标点符号的改正也从不放过。他改的字迹，毛笔蝇头小楷，一笔一画，大方、工整、秀丽。当然，最难忘的莫过于他对下属在写作上的严格要求和热心扶植与培养。1950 年 10 月，在北京召开了全国首届英模大会，这是全国解放后的第一次盛会。我作为《中国青年》的特派记者，参加了采访。我在会上采写的稿件，大都经过他的亲手修改和定稿。还有，那年五四青年节，我写了篇抒情散文，自以为很够味，萧也牧看后却很不满意，尖锐而又诚恳地给我指出:太空泛了，感情不实在，不真切，并且更进一步给我讲，写散文一定要有真情实感，要具体，要言之有物，不要空发议论等等。以后每当我写散文时，萧也牧的这些话语总在我耳边回响。

我们共同在《中国青年》工作一年多，1951 年后，我们分开了，但都在团中央系统，仍能经常见面。也牧胸怀坦荡，从不掩饰自己的毛病和缺点。会上，他总是带头暴露思想，并作自我剖析和批判。生活上他却有些散漫，不拘小节，文人气质颇浓。他从不吹嘘自己，我写过一篇评论，谈他的小说《我们夫妇之间》，他再三叮咛，不要给他捧场。在那些年月，无论在政治上、思想上还是文艺上，他都曾是受批判的对象。50年代初批判小资产阶级文艺思想开始，他就是代表人物之一，1957年后，特别是“文革”中，他的遭遇更是达到悲惨至极的地步。这样一个才气横溢、创作上刻苦而有成就的作家，这样一位从1938年开始就在晋察冀根据地的山西五台县办报，一生“为他人作嫁衣裳”、辛勤耕耘的老编辑、好编辑，如此结局，实在令人惋惜！

凡受过他教益的人，都会深深怀念他的。他永远活在人们的心中。作为他的挚友，并深受过他教益的学生，我是永远怀念着他的。

原载《编辑之友》1986年第2期

忆萧也牧

秦兆阳

粉碎“四人帮”以后，报刊上发表过很多悼念死难同志的文章，我却始终没有动笔写文章悼念我所怀念的死难战友。20年的不幸使我与他们疏远了，许多新的情况不了解，许多旧的情景模糊了，某些“关系”牵制得不好说话，刻画性格和抒发感情又不易，自己“改正”后要做的事情太多——这都是我未能动笔的原因。近年来精力衰退了，对许多想干的事情不能不总是“且听下回分解”，不知不觉就犯了老年人爱回忆往事的毛病。

历史在咀嚼着生活的滋味，
大地上浸透了欢笑与眼泪。

消逝的未必会全都消逝，

泥土在抚慰着衰草的根须。

流出的如果是滚热的血液，
终归会给人间添一点生机。

这是我的一本被冷落了二十余年的长篇小说有幸再版时，我为它写的几句卷头诗。我想，这诗也可以用来说明我对于那些不幸逝去的人们的心情。

我常常想念萧也牧，虽然我与他之间交往并不算多，相知也不算深。这原因，大概是跟“最早”二字颇有关系。有四个“最早”：他是解放以后最早受到批判的作者；他的《我们夫妇之间》是我经手发表的最早受到批判的作品；他和我都曾经最早对这一批判多少表示了一点意见；在我被“划”掉了的20年中，他是最早（其实也是唯一）向我约稿的人。

在战争年代里，他在晋察冀边区做群众工作和报纸工作，我在晋察冀的华北联合大学工作，不记得是否跟他见过面，也许只是从报纸上看到过他写的通讯，才知道他的名字。解放以后彼此是怎么相识的？也不记得了。只记得他几次约我去中山公园的茶室喝茶，跟我谈论他的写作构思，征求我的意见。那时他颇有些青年气，单纯、直率、随便，对自己颇有信心。

于是他给我寄来了《我们夫妇之间》。

我知道，老干部进城以后，对文化低的劳动人民出身的妻子渐感不满，这样的事决非个别。《我们夫妇之间》原稿的文风非常朴实、自然、简练，字迹也十分工整清秀。那时《人民文学》来稿的水平很低，不作修改就可以发表的稿子几乎没有，收到这样主题新鲜而又不必加工的稿子，自然喜出望外，所以就一字不动，立即选送主编审查，在《人民文学》上发表出来了。作品是不是对夫妇双方都多少有点不适当的描写呢？因手边没有原刊物，不及查考。但无论如何，作品没有重大原则问题，是可以肯定的。

我和他当时都万万没有想到，这篇批判“忘本”思想的小说，竟对他以后的命运和文坛的空气产生那样大的影响！

现在，在事隔几十年以后，我不由得会常常想到：他跟他的妻子之间的关系一直是很好的。但小说是用第一人称写的，而且给人以非常真切的感觉。作者一点也不顾及别人可能产生的联想，这在解放初期那种政治气氛和道德气氛下，不能不说是需要一点勇气。

从此，直到1956年夏天，我跟老萧只接触过三次。一次是他来约我为新创办的《红旗飘飘》丛刊写稿。第二次是来让我看《红旗谱》的原稿，让我提供一点参考性的意见。两次接触中我都没有问过他对受批判的感想和看法，以及批判对他的处境有什么影响，虽然我在暗暗替他难受。为什么不问？也许是不愿意触及他的内心伤疤，但更主要的是他那坦率真诚的态度一如既往：向我约稿时那么耐心，请我看稿时那么诚恳，好像并没发生过对他有什么影响的大事。

第三次——1956年夏天，他给我送来一篇他自己写的短文章，题目是《“百花齐放，百家争鸣”有感》。感得好！有三个方面的内容：一是诚恳地承认过去那次批判对他有益的一面；二是说了一些他被批判以后到处难以见人的情况（但写出的比他当时跟我谈到的要少）；三是由此提出建议：文学评论不要把自己人当做敌人来打，要采取与人为善的态度。

当时我问他：是不是对遭遇和建议说得不够？为了有益于改变文学批评的风气，是否可以作点修改？他同意我的意见，要我看情况替他修改一下：“由你全权处理。”

于是我替他作了一些修补，发表在1956年7月号的《人民文学》上了。

从此我们就再也没有来往。一直到相隔二十余年以后的1979年,我才知道他也在1959年被补划为右派,而且在十年浩劫中遭受了非常惨酷的不幸。1956年发表的、经我作过修改的那篇《有感》,是不是他被错划的原因之一呢?我一直有这种猜测,并有负疚之感。我所知道的,只是《对萧也牧……〈有感〉一文的修改情况》,在1958年成了批判我的材料之一,被编印在一本《秦兆阳言论》中,在一定范围内加以散发。

这也许也算得上是历史上的一件小小的"史实"。为了让今天的读者明白真相,也为了纪念萧也牧同志,特将我的《修改情况》节录于下。

原文:"我认为……这一次批评确实给我带来了不少好处,也使大家得到了益处……"秦改为:"从我自己的切身经验来看,过去那次批评一方面固然给了我很大的教益(这是我一直到今天还十分感激的);另一方面却又因批评文章有不够完全妥当之处,而对我和读者产生了一些副作用……"原文:"以上所说的……对我……的批评,多少有点用'一棍子打死'的办法来对待一个好人。这种批评所引起的种种事情,所形成的一种空气,确实是很可怕的。"秦改为:"以上所说的……批评,我以为多少有点对待敌人的一棍子打死的味道。这主要倒不在于……给被批评者的刺激,主要的是它所产生的更广泛更深刻的后果,使被批评者再也不能复活,并且给其他作者造成一种无形的威胁。"

在萧的原稿中谈到自己出去作组稿活动时不敢用萧也牧的名字,秦在后面加了一段描写:"甚至我到某些机关去办事情,会客单上填写的是我的真名(吴小武)而不是萧也牧,不知怎么竟也有人知道,窗户外面竟会出现许多好奇的、含有轻蔑神气的眼睛,和'萧也牧,萧也牧'的声音。……只有一个人坏到了成为'癞皮狗'和'敌对阶级'时,人们才决不会原谅和信任他。"

下面秦还删掉了一段,内容是:组织上要萧写英雄罗盛教的事迹,但又不准他去朝鲜前线收集材料,而是派别人去代劳。

这里要作几点说明:一、我的修改在于强调批评所引起的社会效果,但并未减弱萧也牧"诚恳接受"的态度,相反地有所加强——是为了"站住脚跟"好提出建议。二、最后的那段"描写"并非我的臆造,而是萧也牧当时对我"举例言之"的。三、不准他去朝鲜前线的一段其所以删去,是考虑到也许会引起他所在单位的反感而对他不利。四、即使是读一下上述的节文,也可以看出萧也牧是诚恳地想用自己的现身说法来促进"双百"方针更好地得到贯彻。我认为,我和他都是倒霉在这一类的诚恳和认真上。

1958 年以后,我跟他就天各一方了。

1968 年春夏之间,我在广西柳州,忽然接到青年出版社编辑部的一封约稿信。是由于看到了《广西文艺》上连载的我写的《两辈人》,颇为赞赏,希望写完以后给该社出版。被划成右派后还有出版社向我约稿,这真大大出乎我的意外。我当时估计,这很可能是萧也牧起的作用,因为只有他知道我有很多战争年代的素材,立志要写一部反映抗日战争的长篇小说;也只有他知道,他的老友这时是多么需要安慰和支持;也只有我知道,他这样做是需要多么大的勇气!人之相知,在于心有灵犀一点通啊!直到粉碎"四人帮"以后,才从别的同志那里得到了证实,我的估计是对的。但当时我没有给青年出版社回信——原因和心情,正与他之不能去朝鲜前线的道理相近似——我当时倒是颇有自知之明的。

1958 年初,当我正开始被批判时,中国作家协会党组书记邵荃麟同志召开全体干部会议,宣布作家协会的"大跃进规划"。会后,我出于对大跃进的盲目热情,写了一篇数千言的《建议书》交给了党组。总的意思是建议加强文学工作的社会性和群众性。具体办法是:组织一些作家去工厂、农村、机关,帮助老干部写革命回忆录,协助群众写工厂史和农村史。后来,在我20年的不幸中,为了寻求精神支柱,解除内心的苦闷,许多革命回忆录就成了我如饥似渴的读物。而读得最多的,则是青年出版社出版的专门刊登革命回忆录的《红旗飘飘》。直到1979年我跟原在青年出版社工作的一位编辑同志谈起萧也牧来,才回想起:原来这个刊物是萧也牧和另两位同志在1955或1956年创办的,那时他曾经找我约过稿。

萧在上述《有感》一文中说自己是好人,这“好人”两个字,可以说是他对自己的看法的天籁之声,是理直气壮而又当之无愧的。试想一想,全国解放初期,他自己遭受了极大的挫折以致于成为社会上的“无面目焦挺”以后,竟然最早地创办了一个发表革命回忆录的刊物《红旗飘飘》。如果他心里没有一杆经常飘动的红旗,能够竭力地开创这一工作吗?他在编辑工作中辛勤的劳绩,认真的态度,对青年人的耐心帮助,直到今天,仍然使得在他下面工作过的同志怀念不已。他从来没有权位之心和名利之念。他只知道工作。划为右派以后,仍未放下手中的笔。

也牧同志哪里会想得到,我们无数先烈用鲜血染红的红旗,竟会在夺取了全国胜利的若干年以后,被反革命的野心家们夺了过去,换成假的红旗,肆意残害那些高举真红旗的同志,包括你萧也牧在内!

呜呼也牧!生如力耕之犊,殒如风中之烛。未竭忠诚之心,遽遭无妄之咎。生之年汝知我而我不汝知,死之后我知汝而难通款曲。每念及此,怅惘如痴。但愿历史教训永志不忘,历史余毒立即消亡!

1985年7月9日于北京

原载《随笔》1987年第4期

萧也牧之死

张　羽

深夜，宁静的夜，安谧的夜。当我的笔尖写下《萧也牧之死》这个题目的时候，我久已淡漠的心又一次失去了平静。用不着回忆，也不必找寻记录，只要稍一闭目，16 年前的往事，马上就会涌现眼前。一切都那样清晰，那样真切，那样撕裂人的肺腑，那样震撼人的心弦。我仿佛看到了少年时读过的辛克莱笔下的屠场，但丁描写的地狱；仿佛看到黄世仁闯进杨白劳家肆虐；看到从黑非洲押送出来的鹄形垢面的奴隶队伍，而走在这支黑奴队伍最前面的就是作家萧也牧。他就是被看得见和看不见的无情的鞭子驱赶着，走出了北京，走到了河南、安徽、湖北之间的黄湖，一步步走向坟墓，走向死亡，湮没进冤海恨波。

当我伏案写作的时候，似乎他又坐在我的对面，和我低声絮谈。这张乌木桌面的双人台正是我们俩共用了十多年的办公桌。它原是老开明书店在开国初年从上海运来的。开明书店和青年出版社合并后，我从上海调来北京中国青年出版社，萧也牧也从团中央宣传部教材科科长的任上贬谪调来，从此我俩就合用这张办公桌（其间有段时间，他下放劳动时，黄伊在我对面坐过）。早晨，萧也牧来到办公室，泡上一杯浓茶，点上一支烟，开始工作。茶水浓得发黑，泡开了的茶叶涨得齐杯高，茶水喝完，茶叶也被嚼烂咽进肚里；香烟一支接着一支地抽，一天下来，烟缸里满是掐灭的烟头。茶和烟是他不可须臾离开的嗜好，使他精神饱满地处理一部部稿件。从凯特琳斯卡娅的《勇敢》到梁斌的《红旗谱》，从孙犁的《白洋淀纪事》到曾秀苍的《太阳从东方升起》，以及青年作家林斤澜、阿凤、滕鸿涛等的作品，都是在这张书桌上，经过他的编纂、加工、修改后出版的。一本本的《红旗飘飘》(这个丛刊的名字就是由他取的)也是从这张桌子上起步走向社会的。《红岩》从约稿到出版也是在这张桌子上走完全程的。

若干年后,中国青年出版社处理旧家具时,我出于对故人的感情,对那段经历的怀念,买下了这张乌木桌,从此它就一直伴随着我度过日后若干年惊心动魄的峥嵘岁月。它的两边有着萧也牧的心血,也有我的汗水,同时也记录着彼此的遭遇和创伤。以“三红”(《红旗谱》、《红岩》、《红日》)起家的中国青年出版社的发展里程中,这张书桌也是它的历史见证之一。

萧也牧在这张书桌旁坐下时,正是在对他进行了一场大批判之后。他是刚写完《我一定要切实地改正错误》,并在《人民日报》和《文艺报》上全文发表后,收敛了创作的锋芒,来这里担任文学编辑的。从他来时的情绪观察,虽然是被迫放下了创作的笔,但对于编辑工作也还是心甘情愿的。他从小和文学结下了因缘,小学五年级时就在上海出版的《小朋友》杂志上发表了描写轿夫生活的《驼子》。抗日战争爆发,他离开湖州,长途跋涉,经长沙、武汉到山西临汾,又转移到五台山。在晋察冀边区度过的艰苦岁月中,他的大部分时间,还是从事报刊编辑工作,并写出了不少记录解放区人民战斗生活的散文和小说,初步显露了他的才华。开国初年,年轻的萧也牧怀着满腔热情,进入新解放的城市天津,看到了新生活中某些人在生活和思想上的变化:一些人抛弃前妻,另组家庭。他厌恶这些得新忘旧的不正常现象,决心用笔来批评,写出了短篇小说《我们夫妇之间》。小说从当时的实际情况出发,显然起到了针砭时弊的作用,文风也是朴实的。真正正视现实、正视生活的人,应该看到它的积极意义。但是某些人却把它视为异端邪说,大张挞伐,对它进行了一场有组织有计划的围剿。执笔上阵者多是一些文坛上负有盛名的显要人物,也有并肩作战过的老战友。他们说《我们夫妇之间》是最坏的作品,“歪曲了干部形象”,“违反了生活真实”，“推销廉价的趣味”，是一种“小资产阶级思想倾向”……在那个年代，受批判的人只有低头认罪之份，毫无据理辩论之权。何况是在中央的主要报刊上，以这样大的声势压来，年轻的萧也牧如何抵挡得住？他只好把想通了的和没有想通的统统包揽了下来，认了账，表示要从头学起，认真改造。作为新中国成立后第一个被批判的作家，萧也牧从此名扬四海，同时也被迫收敛锋芒、偃旗息鼓，开始了下半生的坎坷历程。作家萧也牧在报刊上消失了，中国青年出版社的花名册上记上了他的原名——吴小武。

在出版社期间，有编辑工作、日常生活中受人欢迎的萧也牧，也有政治运动中受到围攻的萧也牧。那个年代，一阵风，一阵雨。天气晴朗时，大家是革命同志；一旦来了运动，人与人的关系都紧张起来。

在办公桌上，萧也牧是编辑工作的能工巧匠。他制定计划，开辟稿源，接待作者，审阅稿件，细致、耐心而又勤快。他为加工《红旗谱》，向一个家住蠡县的同志并通过她向她外婆调查了当地农村使用的地方语言，在稿件上字斟句酌地修改、补充，一丝不苟；他在《太阳从东方升起》的原稿上写下了密密麻麻的蝇头小楷的批注，给作品提了许多十分宝贵的意见。当年在老解放区的艰苦斗争中，他患了严重的胃病，平时很少吃饭，常以饼干果腹；大夏天有时还带着暖水袋，灌上热水，捂着胸口，一只手压着暖水袋，一只手改稿。我们一起创办《红旗飘飘》时，他常常抱着暖水袋参加会议，同我们一起研究计划，讨论选题，安排文章，写《编者的话》。他十分注意对年轻编辑的培养，帮他们选教材，开课讲授编辑工作。由于他知识广阔，又善于表达，语言丰富生动、幽默风趣，他的讲课获得普遍欢迎。有时他在办公室作即兴发言或在休息时聊天，其他编辑室的人也挤进来，听他讲山海经。他总是讲得眉飞色舞，神采飞扬。外出劳动时，人们也愿意和他在一起。他的周围常常围着一群年轻人。他到了哪里，哪里就成为兴味中心。由于他高高的个子,黑色发亮的皮肤,笑时露出一排雪白的牙齿,有人戏称他“黑人牙膏”;又由于他弯腰曲背的身躯,有人戏称他“甘地”,也有人喊他“高尔基”。他为人和气,心地善良,不管年长的、年轻的同志,都喜欢接近他。

可是一来了运动,萧也牧的处境却是另一番样子了。他在中央报刊上的公开检讨便成了现成的靶子,加上他平时喜欢谈论轶闻趣事,说长道短,议论横生,嘴巴没有门,因此那些经常在搜寻旁人辫子的人,善于给人上纲上线的人,专门从鸡蛋里挑骨头的人,对“小资产阶级思想倾向”的“小”字就觉得不够味了,从他那篇皇皇大文的检讨上随便找一段,都可以作为再批判的材料。一次,二次,接二连三地检讨,他便成了人们心目中的“检讨专家”。在大大小小的运动中,他都是典型,因为每逢运动,他都怀着虔诚的心,主动检讨,成了名副其实的“老运动员”了。他屡仆屡起,表示要脱胎换骨,重新做人。他使用解剖刀,真心地、无情地解剖自己,想把心掏出来亮给人看。但那些有着铁石心肠的人,尤其是个别想打击别人来掩盖自己的隐私的人,总觉得“不过瘾”,还要在他的刀口上撒上一把盐。有一次,有人在萧也牧检讨之后向他提了个挑逗性的问题:“当你被批得无地容身的时候,你是否想到过去香港或旁的地方?”萧也牧老实地回答:“我什么都想过,但我没有条件。”这个人在下次批判会上,迫不及待地给他上纲:“吴小武曾经想偷越国境,背叛祖国!”多么可怕啊!萧也牧想用触及灵魂的检讨,重新做人,但是事与愿违,他被无情的手推得越来越远了。

正当他殚精竭虑、字斟句酌精心加工的《红旗谱》开始问世的时候,正当他参与筹划的《红旗飘飘》创刊号和读者见面的时候,也是在他重新辛勤整理的一部反映老区生活的著作《难忘的岁月》即将出版的时候,中国大地上掀起了一场反右派运动。多年来为革命呐喊、为无产阶级烈士和英雄讴歌的萧也牧,由于有着历年被批判的记录和他一次又一次的检讨,他在工作中的片言只语被搜罗起来无限上纲后，打成了“资产阶级右派分子”。“资产阶级”前边的那个“小”字被取掉了，后边还加上了令人颤栗的“右派分子”，自然，经历了整个抗日战争的千锤百炼才争取到的共产党员的光荣称号，也被抹掉了，编辑室副主任被撤职了。在参加革命20年之后，行年40的萧也牧，又面临着一场灭顶之灾。

痴心的萧也牧被戴上帽子，即将下放劳动的时候，还没有忘却他为之孜孜以求的组稿任务。他听说罗广斌等人在写一部长篇作品，立即草拟了一封约稿信，经批准，发往重庆。信中说：

罗广斌、刘德彬、杨益言同志：

尊作《在烈火中得到永生》在《红旗飘飘》发表后，很受广大读者欢迎。听说你们已把它扩展写成长篇，这是件令人十分高兴的事。如果已经写好了，请即寄来一读。但不知道你们写的是根据真人真事加以集中概括写成的小说，还是完全是真人真事的回忆录？若是小说，请寄我社第二编辑室；若是回忆录，可寄五编室。我们当以跃进的精神迅速处理。

紧紧地握手。

1958年7月22日

约稿信表达了他的永不熄灭的革命热情，也反映了他纯真的职业品德。后来，当罗广斌等人来京修改《红岩》时，虽然从编辑业务分工上，萧也牧与作者毫无关联，但他还是主动地发表了自己对稿件的意见，关心修改的进程，关心作品的命运。正因为这样，当“文革”中罗广斌被迫害致死的消息传到北京后，饱受摧残的萧也牧能够愤然而起，为保卫《红岩》大声疾呼，为罗广斌之死伸张正义。这也正是萧也牧的极其可贵的品质。

他关心旁人作品的命运，甚至超过了自己的命运。当他得知姚雪垠排除万难来京修改作品，他几乎是以钦羡的眼光，密切注意这部历史小说的进展以及它未来的命运。他热情关切并希望王蒙的《青春万岁》能够早日问世。当他得知小说虽已打出清样而仍难以出版,王蒙本人又将被发配新疆的时候,他以自己戴"罪"之身,打消顾虑,从出版社要了车子,同黄伊一起,把王蒙送到火车站,给远行的王蒙以极大的温暖。多年以后,王蒙在向人谈起萧也牧对《青春万岁》的真知灼见,谈起他远戍边疆时刻萧也牧对他的关怀爱护时,肃然尊称萧也牧是"编辑之神"。

萧也牧身上最可贵的品质之一是他从来没有那种"文人相轻"的恶习。他有着一颗金子样的心,愿意帮助一切希望得到他帮助的人。他非常尊重作者的劳动,当手里掂量一部来稿时,尽量找出它的优势,希望它成活、出版。他热情帮助当时涌现出来的青年作者,培养、启迪、提高他们,关心他们的成长。

在接连遭受打击后,他本来微弯的腰弯得更厉害了。他不再高谈阔论了。他的笑声消失了。即使在两年以后,摘掉了"右派"帽子,他依然是谨小慎微,胆小怕事,连树叶掉下来也怕砸着脑袋。他想夹着尾巴走路,回避和任何人争论任何问题,不敢发表自己的主张,更不敢坚持自己的正确意见。他变得唯唯诺诺,对有时交给他的明知是吃力不讨好的事(如接受一部不经重写不能出版的作品),他也只好勉力为之。他空有一腔热血,但无献身之处。他委曲求全,忍辱负重,希望能让他像一个普通人那样活下去,希望能把他的知识和力量包括他的一颗美好的心献给人民。

就在这样热切的期待中,在战战兢兢、担惊受怕的生活中,迎来了"文化大革命"。

"文革"一开始,萧也牧弄不清这次运动要整什么人,只见出版社满院的墙壁上糊满了大字报,点的名不是王康,就是张羽;什么"漏网右派",什么"文艺黑线"……这些字眼都使他心里发颤。他噤若寒蝉,真希望有个洞穴能让他躲进去。他害怕历次政治运动,这次运动能够躲过去吗?

1967年2月10日，他所尊重的《红岩》作者罗广斌竟被整死了。这真是个晴天霹雳。当刘德彬和杨益言来到北京，带给我们罗广斌惨死的噩耗，并希望出版社能给他们正义支持时，我立即赶到萧也牧家里，告诉他这个令人震惊的消息。他惊呆了，好半天没有说话。闻讯而来的还有周振甫、陈斯庸、严绍端、施竹筠等人。由于《红岩》的影响和罗广斌给大家留下的印象，尤其是作为编辑对作者和作品的感情，大家对罗的冤死非常气愤，一致认为应该为《红岩》正名，为罗雪冤。当时情况复杂，斗争尖锐，难免使人产生顾虑。陈斯庸小心地问："中央现在什么态度？"我就所知向大家介绍了情况：重庆造反派诬蔑罗广斌历史上是叛徒特务，"文化大革命"中捞稻草；小说《红岩》不是自己写的，是个右派分子写的。我说："历史问题我们没有发言权，但小说是我们看着他们写的，我们应该秉笔直书、仗义执言。作为编辑，我们有这个责任。难道人被整死了，还不许人家说话吗？"萧也牧沉吟了一阵，决然说："罗广斌如果活着，他也不稀罕像我这号人去支持他。可是他死了。连他这样的人也被整死了，我们还怕什么呢？"陈斯庸说："要干就只好拼掉老命了。把脑袋掖在裤腰带上也要干到底。"严绍端说："今天我们在一起开会，那些整人的人要是问起，开什么会？就直告他：为了对付你们！"在会议结束时，萧也牧带着悲愤的心情慨然地说："既是为真理而战，有了堂堂之阵，正正之师，虽千万人吾往矣！"

在那个人妖颠倒、是非混淆的年代，中国青年出版社一批老编辑为保卫《红岩》，为罗广斌雪冤发出了正义的声音，在北京城，在天津，在上海，在重庆，在有关地区一新人的耳目。他们把真相告诉社会，驳斥一切造谣诽谤。萧也牧弯了的腰又直了起来。他打消顾虑，挺身而出，编辑《红岩战报》。第1期发表了杨益言的发言、罗广斌夫人胡蜀兴的申诉、《红岩》责任编辑张羽的《不许污蔑〈红岩〉》。第2期发表了由萧也牧主持定稿的《罗广斌历史问题调查报告》。他在核定这篇稿件时，把青年出版社内语文修养最高的老编辑周振甫、叶至善、覃必陶、金近、陈斯庸、孙培镜等请来，一起字斟句酌，缜密定稿，用最精练的文字、最确凿的论据，澄清诬陷者散布的谣诼。《红岩战报》发行数十万份，远及上海、重庆等地，为民族树正气，为文坛辨是非，狠狠打击了那些造谣诽谤者。萧也牧一生编过很多书，这一次是他为了捍卫人的尊严、顶着狂风暴雨、冒死犯难、短兵相接的一次最勇敢的编辑实践了。

时隔不久，江青在1968年"三一五"四川问题会议上说："现在有人在给罗广斌翻案"，"我们已经查实了，从华蓥山出来的人都是叛徒、特务，没有一个好人。"原来曾想借《红岩》中的江姐为自己树碑立传的江青，现在舌头一转，《红岩》就成了大毒草。这么一来，社会上反《红岩》、反罗广斌的人顿时气焰嚣张。青年出版社一些人在军代表的支持下，成立了追查《红岩》事件及清查罗广斌叛徒集团专案组。一个闷热的夏夜9时，支持过《红岩》和罗广斌的萧也牧、张羽、陈斯庸、严绍端四人被押到原二编室办公的大房间里，遭到非法审讯。专案组长宣布要追查那次"黑会"（指议论为《红岩》鸣不平的那个会）的内容。从印度归国的爱国华侨严绍端患肺癌开刀不久，受到残酷的折磨。我在另一次深更半夜的单独审讯中，被扭断了左肱骨。

只有160人的中国青年出版社，有40个人以种种"罪名"被赶进了"牛鬼蛇神"队伍。萧也牧以"没有改造好的老右派"的罪名，被"横扫"进了这个"黑窝"。军代表根据谋士们的建议，让解放以来挨整最多、挨批时间最长、检讨写得最多的萧也牧担任"牛鬼蛇神"队伍的领队。这支以萧也牧为首的特种队伍，活动在北京东城的大街小巷里，在青年出版社印刷厂，在后圆恩寺，在东四北大街420号宿舍大院烧锅炉，掏厕所，扫烟囱，敲砖，送煤渣，运灰，挖白菜窖，受各种各样惩罚性的劳动改造；又根据各种需要，到处游斗、陪斗、弯腰、坐"喷气式"、剃阴阳头、挨打，被小孩子吐唾沫、扔石子、扬灰。从一处向一处转移时,领头的总是萧也牧。他带上他们早请罪、晚请罪、领头念语录。为了示范,他做得一本正经,了无差错。他仿佛是罪责最轻的,又好像是罪大恶极的;他似乎是检讨最好的,又似乎是顽固不化的;他好像是一切都交代清楚了,可以从宽了,可以轻松了,但好像又是欠债累累,负担越来越重了。他努力挣扎着,想从深渊中拔出来,但却是越陷越深,无法自拔了。

1969 年 4 月初,在"九大"进行期间,北京城内采取了一个重大行动:根据"林副统帅第一号手令",将所有的"牛鬼蛇神"全部清理出北京城。团中央系统的干部和家属,全部搬家,到豫东南潢川县黄湖农场去接受贫下中农的再教育。动身之前,青年出版社被隔离审查的"牛鬼蛇神"被恩准放假回家,收拾行囊,和家人告别,准备随大队出发。萧也牧又有机会和家人团聚了。当他回到家里和老妻见面时,四个儿子围在身旁,他的心情却是十分压抑而忧伤的。专政小组有条规定:受审查人员回到家里,在无人监督的情况下,每日晨昏两次,仍必须在毛主席像前请罪。一向把检讨、请罪当作家常便饭的萧也牧,当着妻儿的面,站在毛主席像前,弯着腰,喃喃地说:"毛主席,我有罪,我向您老人家请罪。我没有听您的话,没有改造好,辜负了您老人家的期望,我罪该万死……"妻子李威在一旁忍不住了,劈头问道:"小武,前一次批你不说了,这一次你究竟犯了什么罪?"萧也牧一愣,也惶惑了。真的,仔细想起来,自己究竟犯了什么罪呢?

在家的几天里,他反复思考,说自己无罪,可又置身在"牛鬼蛇神"队伍里,能说自己没罪吗?有罪,有什么罪?怎样改造?他越想越茫然了。他感到他的眼前是深渊,自己正在一步一步向深渊走去。临别的晚上,他对妻子讲起了自己的身世和遭遇,讲了很多过去从来没对妻子讲过的事。他说:"李威啊李威,我们结婚二十多年,你大体了解我,也不完全了解我。我的母亲 16 岁来到我家,生了我们 6 个孩子。我 3 岁时,父亲死了,我是由奶妈带大的。后来家里破产了，我出去当学徒，学电工。抗战爆发，我参加了革命。我没有做过坏事，可是我总挨整，还叫老婆孩子跟着受罪。我和老家划清了界限，我只记得养我成人的王妈，她死了，我曾到她坟头去悼念，以后，怕再也去不了啦。你记下我老家的地址，记下王妈老家的地址。她家是在湖州芦墟。你将来有机会去南方，一定到王妈——我叫她王妈，到她墓前代我凭吊，感谢她的养育之恩。这些年，我倒霉，也给你带来麻烦，我对不起你。你有机会去阜平抬头弯，去你老家，也代我问候乡亲们。"李威感到突然，有些反感，说："小武，你怎么啦，讲这些陈芝麻、烂谷子。"萧也牧沉痛地说："这次下去，我怕回不来了。我一直想努力改造，回到人民的怀抱，现在看来，这个希望怕要落空了。我的身体怕等不到这一天。对你，我得说真话，不早点说了，将来会遗憾的。"

在南行的火车上，萧也牧向我和几个坐在一起的人念了两句诗，是把郭沫若的《归国杂咏》改装后的诗句："五十一年余一死，鸿毛泰岱早安排。"他转过脸来，又悄悄地对我说："我小时，家里给我算过命，说我能活到53岁。我可能还有两年阳寿。"我不由得心一跳，忙说："信这个干什么，自己对自己应该有信心。"看来，他那时已多次想到了死。他意识到前途莫测，有了不祥的预感。他虽长期生活在农村，但对这次南方之行，一开始就失去了信心。

4月18日，大队人马开到了黄湖农场。第一个晚上，数十名"牛鬼蛇神"挤在一个里外三大间的简陋房子里。我和萧也牧等八个人被分配在里间从南到北由六张单人床拼在一起的通铺上。自右至左排列的次序是：顾均正、张羽、覃必陶、唐锡光、陈斯庸、王康、吴小武（萧也牧）、吴家刚。吴家刚是萧也牧的三儿子。因李威看到萧也牧临别时的颓丧情景，很不放心，特地派了他同父亲做伴，顺便照料父亲的生活。年仅13岁的儿子跟上挨整的父亲，开始饱尝人间的冷暖和白眼。

刚到黄湖时，大家都有一种新鲜感。换了个农村环境，给受审查的人创造了一种除旧布新、从头做起的气氛。有段时间,萧也牧的情绪也很昂奋、乐观。虽然他担任的"牛鬼蛇神"队伍领班这个并不值得羡慕的角色,这个时候因大家都分散到各班排劳动,而无形中被取消了,但是他还是希望自己在劳动改造中表现得好一些,尽快结束这一段苦难生涯。4 月的大别山下,春回大地。干校的水田里,开始了犁田、平地、育秧。几套水牛由农工赶下水田,萧也牧也挽起裤脚,跟着跳下水田,想学习赶牛耕田。他虽然生在南方鱼米之乡,但从未干过水田作业,两手又没力气,摔了好几跤,滚了一身泥巴。他没有泄气,干活固然外行,那股劲头还是很感人的。

不久,我们的劳动作了一次分工:我和陈斯庸等人是强劳力,分到大田班;萧也牧、叶至善、覃必陶等人作为弱劳力,被分到牛组放牛。少数人已被"宽大处理",分散住到"革命群众"的宿舍,萧也牧、陈斯庸、严绍端、李庚、马振、杨永青和我等十多人仍集中住在"牛棚"里。白天,各到各的岗位去劳动,不常见面,晚上才得到各自的消息。不断听人说,萧也牧因身体虚弱,步履蹒跚,连放牛也难胜任。放群牛时,牛撒欢奔驰,他跟不上,常被拉下半里之遥,望牛兴叹;放独牛时,因两手无力,拉不住缰绳,只能接上一条绳拴在自己的腰上,让牛围着自己转圈吃草,由于活动范围限制,牛吃不饱,肚子经常是瘪的。为此,经常受批评。年终评审时,说他劳动表现不好,原先答应过给他的探亲假也被取消了。这年,"牛棚"里没有一个人能回北京探亲。萧也牧曾想早点"回到人民怀抱"(对"牛鬼蛇神"来说,就是可以回到家人身旁)的希望就完全落空了。

进入 1970 年,团中央"五七干校""阶级斗争"更加激烈。当时,一切完全军事化。团中央各部以及中央团校、团报(《中国青年报》)、团刊(《中国青年》杂志)、中国青年出版社、青年印刷厂、亚洲学生疗养院均按连队编制。中国青年出版社为第七连。由于这个单位清理出的"牛鬼蛇神"最多,武斗最凶狠,镇压最残酷,被封为以阶级斗争为纲、纲举目张的“四好连队”。尤其是在军代表炮制了一个“××企图谋杀军代表案件”之后，武斗之风更加狂炽。大人小孩见到“牛鬼蛇神”，都可随意毒打。萧也牧由于手脚不灵、行动不便，挨打最多，走路时被打倒在水坑里，打饭时饭碗被打翻在地上。

8月9日的评审会上，对萧也牧进行了重点批判。一发发“炮弹”落在萧也牧头上。原来同一部门的一个人说：“吴小武，你过去装神弄鬼，跟我们争夺青年，劲头多大啊！现在却在装死，混日子。你空口说改造、改造，是在骗我们！”另一个接着说：“你这个人孽根就是懒、馋、怕累、怕死，现在连走路都不像样子。有一阵在马池口，你不是也很神气吗？衣服一脱，躺在地上晒太阳。现在像打了霜的叶子，全蔫了。给你路，你不走，还有什么希望？你完全是对抗态度。”

说萧也牧抗拒改造，说萧也牧装死、欺骗，既是对他加重新的压力，也是要进一步整他的讯号。他知道自己手脚慢，上工时总比别人先走一步。有天早上，赶着上工，走到半路才发现自己两只脚上穿的都是右脚鞋，可是再回去换鞋已经来不及了，只得穿着这一边倒的鞋子去放牛，跟在牛屁股后边一颠一簸地跑着。待到下工回来，左脚被扭得几乎走不动路了。

9月4日，萧也牧放牛回来，昏昏沉沉，两眼发花。好容易看到自己住的那排房，挨屋走去，却错进了门，对着墙角那张以为是自己的床，一头扎下去，就糊糊涂涂地睡着了。谁知这竟是我们隔壁的××的床位。那人一进门，看到满身牛粪的萧也牧竟然躺在他的床上，就连踢带打，把萧也牧从床上拖下来，轰出房间。萧也牧仓惶后退，被门槛一磕，仰面倒在地上。××赶上去，一脚猛踢萧也牧的下部。萧惨叫了一声，吃力地翻过身来，弓着腰，按着肚子，边躲闪，边后退，慌忙中又晃过了自己的门口，闯进了东隔壁农工关正明的家。善良的老关夫妇，扶着他送回他的床位。为此，后来还给萧也牧加了一条罪状："老右派吴小武无故闯进农工家中。"

这天，萧也牧从下午 5 点躺到第二天 7 点，一直没有下床。旁人喊他吃晚饭，他不吭，也不动弹。连喊几声，他才无力地回答："我不吃，我一点也不饿。"次日早饭时，牛组的老谢（郁彦）在窗外对他说："你不吃早饭，一会儿怎去放牛啊！"他只好挣扎着爬起来，端着碗去打饭，因为神情呆滞，还遭旁人的辱骂："好狗不挡路！"

从被毒打这天起，萧也牧的小便严重失禁了，裤裆经常是湿漉漉的。他被带到由原亚非学生疗养院成员组成的连队诊所去检查。大夫一看是"四好连队"的病号，也奉行"医疗为政治服务"的信条，用阶级斗争的警惕性给萧也牧检查。他要患者立即取尿。萧也牧出去了一会儿，带了半瓶尿进来。年轻医生眼睛看也不看一下瓶子，就断言萧也牧"肯定不是失禁"。他的"诊断"是：所谓失禁，也就是失控，现在要尿立即有尿，当然不是失禁。消息传回七连，连长认为萧也牧"极不老实"，"要加重劳动，以示惩戒"，把萧也牧从牛组调到劳动量较大的菜组去种菜。萧也牧腰背发僵，四肢乏力，间苗薅草只得跪在菜地里爬行，把拔下的草和苗放在一堆，准备下工时带走。不料一阵风吹来，把草和苗吹得散落各处，监工的人认为他有意捣鬼，又把他狠打一顿，打得他在地上直翻滚。

在萧也牧被摧残得愈来愈衰弱的时候，致命的阶级斗争的暴风雨更猛烈地袭来了。9 月 17 日，团中央"五七干校"校部召开广播大会，动员开展"一打三反"运动。接着，揭发各种"政治案件"和各类问题的大字报在连部周围的墙壁上张贴出来。一年前闹了一阵的《红岩》事件、《红岩战报》事件又作为现行反革命"516"案件被重新提了出来。有人把它上纲为中国青年出版社十大政治案件中的第一号反革命案件，甚至是全团中央系统最大的反革命案件。说它是“矛头指向林副统帅直接指挥的重庆54军”、“对抗无产阶级司令部”、“攻击解放军”、“反军乱军”、“挑动群众斗群众”、“波及全国的反革命案件”。大字报指名道姓要追查张羽、萧也牧、黄伊等人在“红岩事件”中的“罪行”。张羽和黄伊同时被揪到会场批斗。在沉疴折磨和新的政治压力中,萧也牧境况日趋凄惨。他的床头浸透着汗水、尿水,未加洗涤的衣服有十多件,床上的被子、床单以至狗皮褥子都湿透了;掀起被褥可以看到床板上印出一片一片白色的尿渍,连垫在屁股底下的棉袄棉裤也是湿漉漉的。夜间,他想撒尿来不及出门时,就撒到身边的热水袋里,拧上塞子,第二天再倒掉。他的身上、床上以至他的床周围,散发着刺鼻的臊味。

10月1日,林彪在国庆21周年大会上发表《抓住两个阶级、两条路线斗争的纲,把革命新高潮推向前进》的讲话以后,“五七干校”的火药味更加浓烈了。从早到晚,川流不息的“积极分子”们,像赶集似地有的代表这个班,有的代表那个排,有的代表专案组,走进“牛棚”来,把一个个题目交给萧也牧及其他点了名的人,要他们限期写出材料。萧也牧连喘口气的时间也没有了。

10月3日,萧也牧拿着写好的材料交到一个专案人员手里,那位专案人员翘起腿、抽着烟,看了一遍,又临时出了个新题目,命令萧也牧站在门口的大太阳下写完材料才能走。萧也牧双胯乏力,靠在一棵槐树下,颤颤巍巍地写完材料,往回走不多远,肛门失控,一泡屎拉在裤裆里。连长听到汇报后,怒气冲冲地说:“吴小武在向党和人民玩屎尿战术”,立即下令开大会批斗。会上,“群众专政”小组的人对萧也牧推推搡搡,拳打脚踢,会后又罚他去挑粪,由“群众专政”小组组长监督执行。萧也牧站在塘边,已无力用钩担把泡在池里的粪桶挑上来,只能哆哆嗦嗦地下到水池里,湿了半截裤腿,把粪桶一只一只捞起来,倒掉水,拖到岸上,再去舀粪。好不容易舀了几勺,只盛了四分之一桶,摇摇晃晃地挑着朝地头走去。群专小组组长跟在后边,用竹棍不断抽打他的屁股。萧也牧哀求道:“你别打我,别打我!”群专组长叫道:“你不老实,就打你小子!”萧也牧勉强把桶挑到菜园地头,就再也干不动了。

连长听了汇报后,认为萧也牧是装病对抗,决定进一步加重他的劳动量,把他从菜组又调到农活最重的大田班,也就是当时的二排,由排长从严监督劳动。这个排的主要成员大部分是当年中国青年出版社文学编辑室和社会科学编辑室的编辑,承担着水田作业最繁重最紧张的劳动。排长遵照连长命令,对萧也牧进行严格的政治审查和劳动管理。连续两日,凡过去和萧也牧有过交往的人都被命令写他的材料。我和萧面对面办公十多年,又共同为《红岩》及罗广斌的被害伸张正义,自然也给我出了许多题目,并限我当晚写好,明晨交出。我作为一个健康的人从自身受到的沉重压力深感压在病弱的萧也牧身上那不堪承受的负担。“他受得了吗?”材料催要得这样紧,他们要把他怎么样?!一种不祥的影子笼罩着我的心。

10 月 6 日下午,我们在柳树塘前的一号田里晒草,同时在地头码草上垛。萧也牧吃力地推了两车草,又被喊来挑草上垛。这本来是强劳力干的活。对久病无力的萧也牧来说,仅仅一柄木杈就像有千斤重。他只挑了几根稻草,可杈子还未举起,稻草已经簌簌地掉了下来。场上的“红哨兵”在一旁嘟嘟囔囔骂他“磨洋工”、“装蒜”,但没有敢动手。排长动了邪火,从旁边走过来,朝萧也牧腿上横扫了一杈,接着骂道:“吴小武,你以为离开你,地球就不转了?”现场最高指挥者一动手,群专小组组长也扑了过来,厉声喝道:“旁人不敢打你,我敢打!”原先只是诈诈唬唬的“红哨兵”也赶上来“噼哩啪啦”地追打起来。萧也牧边退边躲,从一个老实人身旁逃过时,那个老实人为了表示和萧也牧划清政治界限,也在背后抽了他一杈。群专组长和“红哨兵”跟着追打,用木杈抽打萧也牧的屁股和小腿。萧也牧又跑了几步,就被打倒在地,再也爬不起来。追打者连声喊叫:“起来！不要装蒜！再不起来,我还要打!”萧也牧趴在地上,想站,站不起来,看看他们两人举着杈还要打,就拄着杈柄,挣扎着,颤巍巍地撑了起来。这时,除草垛旁的人以外,远处运草的人也围了过来。打人的人只好停手了。不大一会儿,收工了。排长下令说:“我们走,不要管他!”所有的人都走了。偌大的一号田里,只有萧也牧一个人孤零零地拄着木杈站在那儿。他走不动了。当暮色晦暝、田野已空无人迹时,只有他一个人直挺挺地站在那里。直到深夜10点以后,他的儿子吴家刚(这时在团中央“五七干校”附设的中学读书)才找到地头,把他扶了回来。

这个晚上,“牛棚”里的气氛十分凄冷。先回来的几个人,还悄声地议论场上的情景,满屋人都回来后,反而鸦雀无声了。这里所有的人,都学会了管束自己的舌头。在严酷的现实面前,大家都在思考着:下一个将会轮到谁?因此,当萧也牧被儿子扶回来时,谁也没有说话,所有人的脸色都像夜色那样阴沉。空气像凝固了的冰块。萧也牧被扶上床后,长吁了一声,就躺下,一动不动了。接连数日,除儿子偶尔来看看他以外,无人照料,病情在迅速恶化。一天,他看见房里只我一人,就把我喊到床头,满怀伤感地对我说:“我完了,奄奄一息,众叛亲离。如今又把我交到这个人(指排长)的手下,他已经带了头,我算活不下去了。”

我从他的话里,听到了他的绝望的哀叹。在严酷的政治压力和身体摧残中,他“回到人民怀抱”的最后希望破灭了。我感到有责任立即把他的绝望情绪向连部汇报,希望引起注意,以防不测。但我没有汇报他后边的那几句话,未去触及萧和排长的芥蒂:萧也牧过去对工作有过议论,排长非常反感;萧在文艺界有影响,作家来求教时,对萧表示尊重,而领导受到冷落,就感到萧碍手碍脚,所以会出现排长打萧时那句意味深长的话——“你以为离开你,地球就不转了吗?”在萧也牧卧床等死的时候,这句话一直在我的耳旁回响。

10月15日凌晨,我们一批强劳力乘上卡车,到黄寺岗去抢收花生。傍晚,拖着疲倦的身子返回"牛棚"时,房子里阒无声息。进门一看,萧也牧的位子上,只剩下一张空床。原来,在这天中午,他已溘然长逝,遗体被抬了出去。他辗转床褥,终于没有能够活到算命先生给他安排的53岁,而在52岁时就死于非命。

晚饭后,连部通知我和马振夜间去看守萧也牧的尸体。我来到牛场那间空屋里,对着明灭的灯火,顿时想起一年前的情景:来黄湖不久,被隔离审查的厨师卢阿狗因过量劳动,心脏病暴发,惨叫了一夜,死在我右边的床上。当时,由我和萧也牧看守遗体。在给死者更衣入殓时,面对一具僵硬的尸体,我不知所措。是萧也牧教我如何翻着把衣服套上去。没想到今年今日,我要为他来办理丧事了。

第二天,我和马振从萧也牧的遗物里找出两件干净衣服,为他更衣入殓时,脱下他贴身的衣裤,看到他骨瘦如柴的后胯和两条腿肚上被打得发青发紫的伤痕,肿犹未消。感谢"曹木匠",他本是中国少年儿童出版社编辑,现在干校兼做木匠,奉副连长之命,从校部拉来一车次等木板,连夜赶制出一具薄棺。也是经历了1957年风暴的人,为当年的同难者提供了一个最后的栖身之处,使我们活着的人略略得到慰藉。

10月18日,萧也牧夫人李威和儿子、儿媳一行三人由北京来到干校,接着去牛场验尸。我奉命去开棺。曾是老区兵工厂的劳动模范的李威,没有哭,只是深情地看了看自己的丈夫,伸手阖下了他那微睁的眼皮。她转脸对陪她来的副连长说:"我看了。吴小武不是病死的。"我站在一旁沉默着,心潮起伏,反复掂量着:要不要让李威看看萧也牧的下身和双腿?看看那能够说明死因的青肿未消的伤痕?副连长站在一边,我终于没有这勇气。晚上,萧也牧的长子家石和三子家刚来到"牛棚",搬走了父亲的遗物。

19日下午,农工王树岗赶着牛车,载着萧也牧的棺木,到跃进闸外去埋葬。群专小组另一"铁掌战士"横身骑在那口薄皮棺材上,一边用镐头锤击着棺木,一边结结巴巴地詈骂着:"他……他妈的! 老……老右派吴……吴小武,你活着臭……臭我们,死了还……还臭我们!"

棺材送出前,我们一批先去挖墓坑的人,被带到一块野冢累累的乱葬坟岗前,在卢阿狗的墓旁,找了块空地,挖了墓坑。一个曾毒打过萧也牧的人,向墓坑里撒了泡尿,骂着:"妈的! 你死了,今天还罚老子半天劳动!"有人说,在死者墓穴里撒泡尿,能使死者永世不得翻身,那比踏上千万只脚还具有神奇的魔力。人们啊! 挥权的、辱骂的、敲棺的、撒尿的,以及罚站的、按头的、踢下部的,一切罗织罪名致人于死地的人们,是谁播种了这么深的仇恨,以至在萧也牧惨死后还不让他解脱呢?

由于李威向连部提出了一些要求,同连部相持不下,发生了顶撞,有损"四好连队"连部的权威。连队领导又使出惯用的狠抓阶级斗争的杀威棒来恫吓死者家属。10 月 21 日傍晚,以红卫兵名义,在李威等人住的房子一边的墙上,贴出了批判死者的大字报,大字报的通栏大标题是:"老右派吴小武带着花岗岩的脑袋见上帝去了"。还发动干校中学学生写大字报狠狠批萧也牧的三子吴家刚。大有犁庭扫穴、横扫"孽种"、"狗崽子"之势。

埋掉萧也牧,李威等离开黄湖,转道信阳回京时,在团中央干校信阳接待站遇到刚从北京返回干校的施竹筠,才知道严绍端癌症复发,于 10 月 18 日死于北京。两位多年相处的老编辑的遗孀,在三天之内失去了各自的亲人,如今异地相逢,断肠人对断肠人,都已欲哭无泪了。回忆当年严绍端从印度回国之前,在祖国出版的刊物上看到萧也牧的小说《我们夫妇之间》,大为赞赏,曾想译成英文,介绍到外国去。后来回到北京,同萧也牧见面时,知道他受到批判,还为之愤愤不平。如今,在同时归西天的路上,回首往事,他们对人间的是非曲直,将会谈些什么呢?

数日之后，我因事去校部供销社，在经过二郎岗前的道路上，碰到久未见面的一个文友。他正挎着个草篮在割草，劈头问我："听说小武死了？"我说："嗯，已经埋了。"他又问："埋在哪里？"我转身指指跃进闸外面的土岗："在那里。"他又说："二郎岗不是有团中央的陵园吗？怎么没有送到这里来？"我说："二郎岗陵园是革命干部、革命群众的坟地，连一些家属老太太死了也可以埋在这里。可是小武现在是什么人？'牛鬼蛇神'怎么能进这个坟地？他只配送到跃进闸外边那个乱葬岗去！"

他默然，只对远处的土岗深情地望了一眼。他当时在想什么，我没有问，也没有必要问。

因一篇小说，触犯了禁忌，从此厄运缠身。接二连三的批判、打击、上纲、上线，使他在不息的"阶级斗争"的浪尖上颠簸、挣扎。为了想当一个人，他写了多少检讨啊！累计起来，何止一个中篇、一个长篇，不外是想做个人，想把他少年时代同情一个轿夫的善良的心、那种美好的感情，献给人民，献给他奶妈一样善良的人。可是，得到的是唾弃、凌辱、毒打，连死后的遗体也不容许回到人民的怀抱，只能在这个没人收尸的乱葬岗上与旧社会被遗忘的孤魂野鬼为伴！

九年以后，萧也牧的冤案被平反昭雪，他恢复了党籍，恢复了名誉。在四届文代会期间，数百名作家和本社同仁为他举行追悼会时，本单位派人去黄湖寻找他的遗骸。那个土岗已被开垦，坟场被拖拉机夷为平地，遗骸已荡然无存。派去的人只从那里带回大别山下的一团泥巴，放在萧也牧的骨灰盒里。

曾经长期战斗在晋察冀边区的青年战士萧也牧，若干年后，他的遗骸和他曾向往过并在《红旗飘飘》上歌颂过的大别山融在一起，长驻在这块英雄的土地上。

1986 年 12 月于北京

附记：本文在五年前完成后，曾由身历其事的同志包括萧也牧的家属看过，核实了某些细节。前年，回京定居的康濯同志也在病中仔细读过，他和勉思同志一起对我谈过意见和想法。有些内容还未来得及补入，老康突然谢世，这只有留待来日了。于今，也牧惨死已22个春秋，昔日风雨已成陈迹，但某些角落里仍偶尔有冷风吹过，叫人不能忘却。为了不让那段历史重演，也还有必要追溯点往事，献给善心而健忘的人们。

1992年10月15日萧也牧忌辰

原载《新文学史料》1993年第4期

怀念萧也牧

浩　然

一

前几年，我发表了一篇回复青年作者提问的文章，其中有个小题目是："您在开始小说创作时，是否得到过谁的指导？他是怎样指导的？您认为学习写小说一定要有老师吗？"

我在回答的开头，写了这样一句话："我开始学习的路上，得到过一些前辈作家的鼓励，如叶圣陶、巴人和萧也牧诸同志……"

这句话，引来好几位年轻读者写信询问：萧也牧是何许人？

对此，我起初感到惊异，冷静一下，也就终于想明白了。萧也牧命运多蹇，屡遭打击，而又不幸早逝，没熬到"纠偏"和"平反"的年月。如今可以给他正名、传名的人，或因有所忌讳，或因忙着更有实效的事儿顾不上，该为他说的话都还没有说，就连"兼收并蓄"的文学辞典上，都不见萧也牧其名姓。基于此，怎么能够责怪年轻的文学爱好者们不知道有他这么个人曾经存在过呢？

是的，萧也牧的确存在过。萧也牧在首都北京，在中国文坛存在过。他是一位文化名人，对社会主义文学事业——小说创作与文艺编辑工作，都做过出色的、不可取代不可磨灭的贡献。他的长篇小说《锻炼》在刚从解放区山村进了城的《中国青年》杂志上连载。自延安文艺座谈会之后，那是作家描写知识分子与工农结合，塑造“活”的、“真”的知识分子形象的首创的典范。紧接着是他的优秀短篇小说《我们夫妇之间》的发表和搬上银幕，不仅给建国初期的草创中的社会主义文学事业带来了鲜活的、有生命力的气息，尤其显示了艺术观念方面勇敢的探索、大胆的标立、有希望的跨越。假设，当时我们那些从山沟到大城市的可敬可爱的最为革命的人们，不把这样新的艺术现象视为妖魔鬼怪，不大惊小怪，不吓得发慌，而是宽容些，让其活下去，那么，中国的文学艺术将会走上什么样的路子？将会出现什么样的景象呢？可悲的结果是，正是由于这番创举和成绩，萧也牧同志遭了大难，使他在当代文学史上，扮演了第一个挨棍子的作家。

棍子并没有打掉萧也牧对共产党、对革命的赤子之心和虔诚信念，此后他只不过转移了工作岗位，恢复了吴小武的原名，埋头苦拼于编辑工作案头。他说：“我自己不能写了，就帮助别人写。”在中国青年出版社编辑部，在二十条老君堂那所古老的大院子里，他苦干十余年，呕心沥血地编发书稿，满腔热忱地扶植新人。由他倡导、率领组稿编印的丛刊《红旗飘飘》，鼓舞教育了多少人！长篇巨著《红旗谱》、《红岩》之所以能够在史书上占了显赫地位，都有他的功劳。特别是对《红旗谱》修改时的设计、加工，最能表现他不计名利、甘当人梯的高尚品格。

这一切一切，都没有写在纸上，却刻在人们的心头。得过萧也牧益处的人，谁能忘了他呢？

二

我和萧也牧同志相识的时间是1956年的初冬。我刚从河北省保定调到北京《俄文友好报》当记者,住在东四十条东边的北门仓(现在路已打通,使之与十条相连)23号。业余时间练习写作,理想极美,信心很足,而又急于求成:想以一部反映农业合作化道路的"史诗"式的长篇小说,跨进文学殿堂的大门。前前后后花去我几百个夜晚,总算写出那部题名《狂涛巨浪》的稿子。完稿的第二天,便匆忙就近地送到中国青年出版社收发室。随后既高兴又不安地等候编辑部的回音。

大约过了十几天,接到一个电话,约我星期日上午到第二编室负责人吴小武家里去,听取对那部书稿的意见。放下电话,跟记者部的同事贾玉江说起这件事,他告诉我,"吴小武"就是萧也牧。

早在蓟县当区干部的时候,就读过萧也牧的长篇小说《锻炼》,还有一些短篇。他的作品给我留下很好的印象。批判他的文章也看过一些,那时的我还不知道挨批判的厉害和可怕,所以丝毫没有改变我对他,一位写了好作品的作家的仰慕。要去见这样一个人物,着实地有些发怵,临行的时候,就拉上贾玉江给我做伴、仗胆。

如今已经记不清那地方是东四九条,还是八条,或者是七条,反正离我住的地方很近。按照电话上告知的地址,我们走进胡同路南的大门。院子很深,旧式的建筑物杂乱无章。萧也牧住在里边,三小间东厢房,两明一暗。两间通连着的明间,既是客厅、厨房,也安放着床铺。几乎没什么摆设,一张桌子和两把椅子跟房屋一样的陈旧。最南端那个暗间可能是卧室或书房,从门口往里看去,只见到一些堆积的书报和发黑的墙壁。这一切与我想象的作家府第,是截然不同的。萧也牧本身,尤其出乎我的意料:大高个儿，黑脸庞，微驼的肩背。一身蓝制服，不仅不很合体，还极不整洁，冷眼看去，简直是个刚下班回家的修理工。只有谈起话来热情和蔼、细声慢语，透露出一点文弱书生的气质。明亮的眼睛，厚唇阔口，都极富表情，让人感到亲切。

他先递给我们俩每人一杯茶水，随后从小屋拿来我的那包稿子，拉过一把椅子，坐到我跟前，一边抽着烟，一边谈起意见。他谈得直率、明确，而又自信。他说："你的小说稿我看过了，乡土气息很浓，对生活有独到的感受；看得出，你有一定的艺术表现才能。但是由于实践少，经验不足，作品没有写成功，改起来费力气，而且希望也很小。我劝你先从搞短篇入门，多写些，像画家打下素描底子那样，练好基本功，再写篇幅长的作品。这样费力小，收效会大……"

这本是一次退稿的谈话，我却没有感到难堪，甚至没有丝毫的扫兴。他那平等的，诚恳的，也是坚定的态度征服了我，不知不觉中对他生发出一种很强的信任感。

他谈了些具体的指出不足的意见之后说："这部小说稿没有作废，没有白写。先放一放，多写些短篇，有了经验还能改成功。即使不再改它了，还能再写出新的长篇，创作这部小说的实践，也起了积极作用。"

我们大概坐了一个小时之后起身告辞。萧也牧和他爱人李威同志一直把我们送到大门口。

一路走着，我就拿定了主意，回到家里，便把长篇手稿锁进箱子里。遵照萧也牧的指点，集中精力读短篇小说，写短篇小说。《一匹瘦红马》、《雪纷纷》、《新媳妇》等篇陆续发表了。不到一年时间，完成了我的第一本短篇小说集的大部分篇章。一气写了6年短篇，出版了十来个短篇小说集，才动手写长篇，而这一次写成了，即《艳阳天》。

我如今还时有这样的遐想：假如当初没有萧也牧明确诚挚的

指路,假如我不信不听他的劝告,依旧死抱着那部长篇稿子硬着头皮啃下去,我的艺术道路得绕多少和多长的弯子呢?此时的我,将是个什么状况呢?

我感谢萧也牧同志,永远怀念他!

三

与萧也牧那次会面不久,我曾到山西省执行采访任务。在长治地区潞安县人民代表大会上,发现有几名地主富农出身的人和地富子女当选了人民代表。我立刻感到这是一件新生事物,被其深深地打动。心想,把这方面的材料搜集起来,写成新闻通讯,向国内国外一宣扬,最能够表现我们中国共产党的伟大正确:它不仅没有把敌对的、已经被打倒的阶级肉体消灭,还给他们生存权利,把他们改造成自食其力的劳动者,还使他们变成拥护革命的和参加革命的带头人。这是一个多么了不起的创举。于是在会上我跟这样的人民代表会面,看介绍他们的材料,找他们座谈心得体会。会后,我有时骑自行车,有时骑毛驴,到处寻找"改造好了"的地富和地富子女作采访。回到北京,我就赶写了一篇通讯。通讯翻译成俄文发表之后,读者反映不错,英文版《中国建设》的编者发现了,立即给予转载。这篇新闻通讯收到这样的效果,鼓励了我的创作激情。等到创作和改写了一批短篇小说以后,就把此番采访的人物与事件,还有我从前搞实际工作的有关这方面的材料积累,加以综合、概括和提炼,创作出一部中篇小说《新春》。写了几个地主和地主子女,土地改革被清算,被"扫地出门",经过曲折的反复的痛苦和磨练,脱胎换骨变成新人,最后以一位优秀分子当选了县人民代表大会代表,胸前戴上光荣花,被全体村民敲锣打鼓欢送赴会为结局。

大约在1957年秋、冬换季的时候,我把这部反复修改过、抄写清楚的稿子交给了萧也牧。不久他写来一封热情的回信,说稿子读过了,大加赞赏说"作品的题材新,有深度",是我"创作上的一个跨进"。在一次电话中告诉我:那部稿子有几个情节稍加修改,就可以出版;因会议多,太忙,等把手头的事情抓紧处理完,再找我商谈修改加工的问题……

得到这个回音我格外高兴,实际上已经被自己的成功陶醉了。只是等得让人心焦,好久再不见信息,我又不好意思催促,真是望眼欲穿呀!

过了好几个月,终于盼来了萧也牧的电话,声音很低,也很短:"今天吃罢午饭,你到大庆门口的电线杆下等我吧。"

大庆是一个杂货铺的名字,在东直门南小街的中间地带,在老君堂东口北边,离北门仓也不远。匆忙地吃口饭,我就往约定的地点奔去。

那日天气是很好的,可称为"风和日丽"。尽管是午间,街上来往的人并不显得少。萧也牧靠墙站着,那根涂着黑漆的松木电线杆,遮住了他的半边身子半张脸。他胳肢窝夹着个纸包。他在吸烟。从扔在地下的另一支烟头断定,他比我早到了较长时间。见我走到跟前,开口就沉痛地说:"浩然,我犯了错误,正受批判……"

尽管这声音低微得几乎难以听清,但其震撼之力,不亚于一声响雷。我惶恐而又慌乱地叮问:"这是为什么呀?你怎么啦?"

他没回答我,轻轻摇摇头,赶紧把胳肢窝夹着的纸包塞给我,左右看看说:"你这小说,现在看有些危险,拿回去自己处理吧……"

这又是一个霹雳,我再次被惊呆。我工作的报社正在批判斗争和处理的右派分子,有的罪行就是攻击肃反和替被打倒的地主分子说话呀,我这本"歌颂"地主分子的小说,其"危险"何止是"有些"呢?

没容我镇定下来，萧也牧已经离开了那堵随时会坍塌的墙壁和那根倾斜了的电线杆，迈着急促的步子，往南走去，那高大枯瘦的身影，很快就消失在胡同口了。

我跑回家里，没进屋，就钻到五六户伙用的厨房里，趁邻人午休的空隙，蹲在煤火炉跟前，一页一页地扯下合订在一起的《新春》稿本，看着它升起轻烟，冒着火苗，化成灰烬。

为这件事，几十年来我一直刻骨铭心般地感激萧也牧同志。当时的他，如果像有的人那样（这样的“英雄”我可见识不少），为了自己“立功赎罪”和表现自己的“革命性”而把我的《新春》交给组织，那么，我的结果该是怎样的悲惨？要知道，那时候的我才二十五六岁，在文学的园田中，只不过是一株刚刚出土的幼苗呀。

四

萧也牧被戴上了右派分子帽子。我安全地度过险关。

萧也牧销声匿迹。我一本又一本地出书，还成了中国作家协会的会员，调到当时很有权威性的理论杂志《红旗》当编辑。

1962 年初冬的一天，久久断了联系的萧也牧同志敲开了我的房门。

他变得苍老了，更显得黑、瘦，但两只眼睛依旧炯炯有神；谈论起文学来，那副迷恋热切的劲头，尤其不减当年。他说：“这几年你进步很快，让人高兴。你不是一举成名的。你是以大量的作品一点一点在读者的心中积累下影响的。”

听到这称赞，我很动情地感谢他当初对我的指点。

“我只不过把许多作家摸索到的规律转告你罢了。你取得成功，是你遵循了这个规律，刻苦努力实践的结果。”他这样认真地、也是淡淡地说着，把话题转到他的来访目的上，“我们出版社想给你出个选集，把可以保留的上等品挑出来，印一本，做个小结。我觉得你现在可以写长篇了，创作出一个代表作。”

我说自己正有此打算，但觉着没有把握。

萧也牧以十分坚定的语气说：“我认为水到渠成了，要有信心。”

他的鼓励，使我下了决心。这年 12 月我就请了创作假，动笔写《艳阳天》。

正当《艳阳天》的第一部被叶以群同志亲自带到上海，准备在复刊的《收获》上发表的时候，萧也牧亲手为我编定的《彩霞集》出版了。他给那集子写下一篇热情洋溢的“编后记”。

有一天晚上，萧也牧同志带上他“偷偷”创作的小说新作来找我，让我给看看，提些意见，他再修改。

我被他的这种谦虚闹得十分不好意思，他倒越发诚恳地说：“多年不搞创作，笨了，落后了，不承认怎么行呢？”

萧也牧同志最后给我的一封短笺是贺信，仿佛只有一句话：“你的《艳阳天》反映极好。等到全书出齐，我要好好读一遍。”

可惜，没容全书出齐，“文化大革命”就开始了。他在被狂风暴雨从北京卷携到江南的“五七”干校，经受了百般折磨之后，终于在 1970 年 10 月 15 日结束了他那仅仅 52 岁的生命！

我总觉着萧也牧同志没有死，他在我的心中“是一个永远活着的人”，我希望认识他的人不要忘记他，年轻的一代能够知道一个应该用大写的名字——萧也牧！

1989 年初春于泥土巢

选自浩然《泥土巢写作散论》，河南大学出版社 1997 年

存　目

著　作

张　羽、黄　伊编　《萧也牧作品选》

百花文艺出版社 1979 年

论　文

萧也牧　《我一定要切实地改正错误》

《文艺报》1951 年第 1 号

萧也牧　《读滕鸿涛散文五十篇》

《文艺报》1956 年第 16 号

张　羽等　《我所认识的萧也牧》

《个旧文艺》1980 年第 4 期

浩　然　《我与萧也牧》

《燕郊》1990 年第 1 期

黄秋耘

黄秋耘(1918～2001),广东省顺德人,1936年在清华大学读书时就参加了中国共产党并从事爱国学生运动。1938年起历任香港八路军办事处工作人员、香港学生回国服务团第一团副团长,在香港编辑《青年知识》杂志并从事地下工作。1943年起历任七战区编委会干事、秘书、军调处第八小组联络员、香港香岛中学教员、《大公报》编辑。

1949年起历任粤赣湘边纵队参谋、广州军管会文艺处创作组长、《南方日报》社编委、中央军委中南联络处工作人员。1952年起历任中央联络部研究员、新华通讯总社组长、新华社福建分社代社长。1952年《文艺学习》创刊后曾任该刊编委、编辑部副主任。后任《文艺报》编委。1954年后曾在中国作家协会工作。1966年起任《羊城晚报》社编委。1971年起任广东人民出版社副社长、广东省出版事业管理局副局长。

黄秋耘同志是我国当代著名作家和文艺评论家、成就突出的编辑家。他曾参与主持修订《辞源》工作,编辑过多种刊物,并出版过文学作品和评论集十余种。

《文艺学习》的经验教训值得总结

黄秋耘

我是1954年8月间调到《文艺学习》工作的，担任常务编委，作为主编韦君宜同志的助手，分管一部分编辑业务和行政工作。当时刊物已经出版了四期，我算是中途入伙的，而且没有做到善始善终。因为从1957年7月份起，我由于犯了“严重右倾错误”而停职反省。刊物到1957年12月才正式停刊，最后那半年，我就没有再过问编辑部的工作，只是呆在家里写检讨了。

《文艺学习》是一本普及刊物。它的主要任务是向广大青年读者进行文学教育，普及文学基本知识，提高群众的文学欣赏能力和写作能力，并为我国的文学队伍培养后备力量。从创刊到停刊，一共出版了45期，每期的篇幅大约8万字左右。印数从12万份一直增加到近40万份，每月收到的来稿来信达千件以上。可见它还是受到广大青年读者欢迎的。有一些读者就是通过阅读《文艺学习》走上了文学道路，后来成为作家和评论家。

《文艺学习》虽然做了大量工作，但是也犯了一些错误，最大的错误就是在几次政治运动中发表了一些声讨性质的文章，把人民内部矛盾错当作敌我矛盾来批判，伤害了一些本来不应该伤害的同志，这是沉痛的教训。作为领导人之一，我也负有一定的责任，特别是在1957年7月份以前。

今天，《文艺学习》复刊，这是大好事。80年代的《文艺学习》肯定会比50年代的《文艺学习》办得更好，做出更大的贡献。况且现在正赶上好时代，我们当年所犯的错误，大概再也不会重复了。不过，我们的经验和教训，还是值得认真总结一下，引以为鉴。

原载《文艺学习》1986 年第 1 期

文史编辑的基本修养

黄秋耘

什么是编辑？根据东汉许慎《说文解字》的解释:“编者,次简也。”次,次序;简,竹简。辑,就是一个车箱,有集成、聚合的意思。所以,通俗地讲,编辑就是把一大堆零散的材料或者文章集合起来,有次序地、分门别类地编成一本书,或者一本刊物,或者一篇长的文章。

编辑这个词由来已久,中国从唐代起就有编辑这个词。唐玄宗曾经成立一个翰林院,翰林院里设有编修、编撰、供奉等官职,他们的工作就是把官方指定、规定的图书编成一套一套。那时的编修相当于现在的高级编辑。大诗人李白就当过翰林院供奉。我们中国有几套丛书和工具书,如乾隆年间出版的《四库全书》、康熙年间出版的《康熙字典》,就是靠这种御用编审编辑出来的。

文史编辑的修养不外两条:一是多读书,二是勤练笔。文史编辑,具有一般编辑的共性,但也有他们的特性。下面分开五点来讲。

一、作为文史编辑,应多读一些中外文学历史专著。根据我的体会,先选读下列这些书也许比较合适:《诗经》(“国风”部分)、《左传》、《史记》(“列传”部分)、《汉书》、《后汉书》、《三国志》、《资治通鉴》、《古文观止》、《古诗源》、《唐诗三百首》、《唐宋传奇集》(鲁迅校录本)、《西厢记》(王实甫著,王季思校正本)、《牡丹亭》、《三国演义》、《水浒》、《西游记》、《儒林外史》、《红楼梦》、《古今小说》、《警世通言》、《醒世恒言》、《聊斋志异》等。

在读完这些书后，如果还想作进一步钻研，还可以选读：《论语》、《孟子》、《庄子》、《楚辞》、《文选》、《陶靖节集》、《李太白集》、《杜少陵集》、《白居易诗选》、《苏东坡诗文选》、《元曲选》、《桃花扇》及其他著名作家和诗人的专集或选集。为了解作者的生平和时代背景，最好同时读一些中国文学史著作。

要把这些书都读完，确实不太容易。个人可以按照自己的兴趣和需要、按照自己的水平选择来读。读书的时候，不妨先粗略地浏览一遍，知其大概，然后选择若干篇章，逐字逐句地细读，直到完全读懂为止。对于散文和诗歌中的某些名篇佳作，最好能够背诵一些，因为背诵有一个好处，就是用时晓得查哪一本书，假如不背，要查也不是那么容易的。对于一个文史编辑来说，背诵二三十篇古文、一百多首唐诗宋词，不算要求太高。

不过凭记忆有时候是很靠不住的，我就常常会记错史实，用错典故。例如最近在《随笔》第一期上，我就闹了一个大笑话。我说圆明园是 1900 年八国联军烧毁的，其实不然，实际上火烧圆明园是 1860 年第二次鸦片战争时英法联军干的。结果，要发表更正。有很多普通的常识现在报刊上也常常搞错。例如盘据山东的军阀叫韩复榘（同矩），现在不少报刊都写成韩复渠。按算命先生的说法，也许韩复榘一生下来就五行欠木，他的老太爷就在“矩”字下面加个“木”字，所以叫韩复榘，后人搞不清楚，把“榘”字写成“渠”，变成五行欠水又欠木，完全搞错了，直到现在还是以讹传讹。这是个常识性错误。最近有一位年青编辑，在编《“一二·九”运动史要》时，看到刘王立明（进步妇女界的领袖）这个名字，说肯定是搞错了，要不就是姓刘，要不就是姓王，没有姓刘王的。他不知道解放前妇女出嫁以后就要跟丈夫姓，她原叫王立明，嫁给姓刘的丈夫，所以叫刘王立明。譬如宋美龄，过去也有人称她蒋宋美龄，因为她嫁给蒋介石嘛。现在外国还有这种习惯，妇女结婚后就改姓夫姓,华侨社会中还是用两个姓的居多,美国唐人街妇女都姓双姓,在她自己的姓上面加丈夫的姓。

做编辑之难,就难在各样事情都要知道一些。过去有一句话说:“一物不知,儒者之耻”,其实这不可能。一个人不可能万事万物都通,但是作为编辑,假如连普通常识性的东西都不懂,那确实应该引为羞耻。过去有一句话讲:“书到用时方恨少,事非经过不知难”,我看当过编辑的人都有同感,当编辑太不容易了。16 世纪法国语言学家斯卡格卡曾做过一首诗:

谁若被判苦役工,
忧心忡忡愁满容,
不需令其抡铁锤,
不需令其当矿工,
只要令其编词典,
管他终日诉苦衷。

我从 1976 年起,编了五年《辞源》,从 1983 年起又编了三年历史专著,直到前不久才“刑满释放”回家,苦确实苦,但也乐在其中,我在这八年当中学到不少东西。编《辞源》,增加了不少文史知识,懂得了很多典故;编历史专著,知道了不少中国近五十年来的重要史实和第一手材料。我付出了八年的时间作为学费,还是值得的。

二、作为文史编辑,要及时了解文艺界、学术界、特别是史学界的新动向、新著作和新问题。

例如,现在有人尝试用数学的公式来解释文艺现象。又如,最近社会科学院文学研究所所长刘再复同志提出多重人格论和主体论。他认为,人是很复杂的,可以兼有几种不同的性格。关于主体论,他认为作家是创作的主体,艺术形象是文学对象的主体,读者是接受的主体,一切文艺创作活动都由这三种主体关系构成。这些是刘再复同志文艺理论体系的概要,也许并不讲得完整和准确。但,作为文史编辑,应当多少了解一点“刘再复体系”。目前,关于现代派的争论也是一个很热门的问题,有人说现代派根本要不得,有人说好得很,一般正统理论家是反对现代派的。有一位同志写文章,说现代派作品没有一部是有影响的。对现代派,是赞成还是反对,我没想好,但不能说现代派的作品没有一定的影响。毕加索是现代派的祖师爷,他的和平鸽在国外到处可见。文学上,法国阿拉贡的名著《共产党员》,在欧洲进步文学家中,没有读过这本书是会引以为憾的。怎能说没有影响。作为文史编辑对这些问题都应注意,不然拿到一本书,还不知道它是用现代派手法写的。

最近还有人提出,佛罗依特主义是从个人的角度解释社会问题,马克思主义是从集体的角度去解释社会问题。争论的问题还有很多,如关于张贤亮《男人的一半是女人》一书的争论,关于光绪皇帝是不是爱国者、改革家的争论,关于对俞平伯的批判是否完全错误的争论,等等。

对所有这些有争论的问题,作为文史编辑都应当关注,应当认真独立思考。自己可以有自己的看法,但不宜有排他性,只要某一种理论是持之有据、言之成理的,都可以作为一家之言,发表或者出版。文学作品有一定艺术质量,不违反四项基本原则的,没有严重的不良社会影响的,都可以接受。当然出版社出不出版,还要从多方面考虑,赔钱太多,太冷门的也不好出。

多读一些文学历史杂志,是加强修养、增广知识的较好途径。当然,也要有选择地读,要有重点。

三、多求教于工具书。

看稿时遇到疑难问题或者没有把握的东西,就要查工具书,这是减少错误的好办法。

工具书的种类很多,对于文史编辑来说,《辞海》、《辞源》、《现代汉语词典》和一些专业词典都是必备的工具书。

四、要学点语法修辞知识。

过去《大公报》考见习编辑和校对，总是拿一篇没有标点符号、错别字连篇的文章给考生，让考生改正错别字，加上标点符号。我认为，这是考核编辑的最好办法。如果连错别字都改不出来，还当什么编辑。对于作者的稿子，编辑应当像语文教师改作业一样，改正了才能发表。

有些书因编辑改稿时下的功夫太少而闹笑话。如北京某报上有一个笑话："旧恭王府门前那对石狮子含情脉脉地相对"，石头狮子怎能含情脉脉地相对呢？又如香港某报在一篇关于著名女演员翁美玲的文章里写道："翁美玲死后，遗体栩栩如生。"遗体怎能栩栩如生？栩栩如生这个语汇只能用在摹拟物上，例如雕刻、画像等等。

但是，也要当心别自作聪明，随便改别人的文章。例如一位编辑把"如坐春风"改为"如迎春风"，其实"如坐春风"是一句古语，表示心情舒畅。改成"如迎春风"就闹笑话了。

在这里介绍两本书给大家作为参考：1.《现代汉语》，黄伯崇、廖序东编，甘肃人民出版社出版；2.《现代汉语》，胡裕树主编，上海教育出版社出版。在这两本书中，基本的语法、修辞知识都包括进去了。

五、要勤练笔。

要经常练习写文章，这是练基本功的好方法。不是要求每个编辑都能写诗歌、小说，但起码要能写书刊短评、内容提要，更进一步才是文学创作，写小说、散文。总之，要勤练笔。完全不会写文章，很难成为一个称职的编辑。不能要求每一个编辑都成为作家，那是不现实的。但是每一个编辑都能写点文章，这要求不算太高，起码要懂行一点，不要好坏不分，食而不知其味，好的当作坏，坏的当作好。各项体育运动中的教练和裁判员大都是运动员出身，就算不是运动员出身，但对所从事的运动项目总要掌握一些基本动作，不然，做不出几个示范动作，怎么能当好教练和裁判员呢。编辑就是作者的教练和裁判员。

一点文章都不会写的人，哪怕有满肚子学问，要当好编辑也是很难的。当一个称职的编辑很不容易，起码好坏要分清楚，就算改不了，起码要能分辨好和坏。编辑批稿有不用、用、可考虑三种选择，这三者如何决定总要有一个标准，这一点对文史编辑尤其重要。科技编辑可以请专家审稿，文史编辑就很难。只好靠自己，靠自己的学问，靠自己多读书、勤练笔。有了基本的修养，就可以做一个比较称职的编辑。

（本文是作者在省出版局举办的出版基础知识学习班上的讲话）

原载《开拓者》1986年第8期

基　本　功

黄秋耘

无论学哪一行，都要从练习基本功入手。记得我少年时代学武术，著名的北派拳师罗光玉师傅首先不教给我们什么招式、套路，而只是训练我们一些基本功，例如坐马（北方人管这叫"蹲架子"）、双臂轮番猛指点吊起来的沙袋、单腿独立等简单动作。大概经过三四个星期基本功训练以后，才开始教给我们"螳螂拳"的简易招式。

习武如此，学文也不例外。50年代，我在中国作家协会创办的《文艺学习》月刊工作，收到许多爱好文艺的青年读者来信，要求我们开列一批书目，以供他们选读，有系统有计划地进行自修，作为练习基本功的第一步。我去请教当时担任文学研究所副所长的何其芳同志，何其芳同志很重视这一项工作，很快就召集文学研究所的各位专家学者集体讨论，开列出一份《文艺工作者学习政治理论和古典文学的参考书目》，算作是第一批书目，还准备陆续开列第二批、第三批……这第一批书目分量不少，包括政治理论书籍 20 种，中国古典文学作品 35 种，俄罗斯和苏联的文学作品 34 种，其他各国的文学作品 67 种，共计 156 种，刊登在《文艺学习》1954 年第 5 期上面。我相信，在《文艺学习》的一百几十万位读者当中，能够认真读完这 156 种书籍的，恐怕没有几个人。但，不管怎样，在何其芳同志主持下，文学研究所的各位专家学者总算给爱好文艺的青年同志指引出一条切实可行的练习基本功的道路，哪怕只读完了十分之一，也将会受益不浅的。

上述这批书目是 40 年前开列出来的，今天自然不完全适用，其中有一部分书根本无法找到，至少不容易买到。而且分量也显得太重一些，我们粗略地估计了一下，大概要三五年才能读完。但愿我们一些热心奖掖后学的专家学者，再开列出若干批比较简单的新书目来，分期分批发表，帮助不同层次的爱好文艺的青年练习基本功，这是功德无量的大好事！

选自《黄秋耘文集·刺在哪里》，花城出版社 1999 年

黄秋耘回忆录(选登)

一 中国作协的几番风雨

当时我并不知道,比起新闻界来,文坛更是是非之地。我千方百计脱离了新闻界,却投进了文艺界,其实也并没有脱离苦海。幸而这苦海中还有一艘“诺亚方舟”①,我又恰好跌在这艘“方舟”之上,才得以死里逃生。

根据1979年11月第四次文代会印发的文件粗略统计,在十年动乱期间,大约有二百名以上全国知名的作家、艺术家被林彪、“四人帮”迫害致死。这当然是很不完全的统计,而且早在十年动乱之前,就已经有不少牺牲者了。例如著名的电影编导史东山,曾经担任过周恩来总理的机要秘书和《人民日报》副总编辑的著名女散文家杨刚,中共中央党校秘书长、著名的文学理论家周文,以及新闻工作者洛蔚、招麦汉等,都是用自己的手结束自己的生命的。关于他们的悲惨死亡的内幕情况,很少人知道,知道的人也不会轻易讲出来。

不管怎样,邵荃麟同志给我指定的阵地还算是风险较少的。《文艺学习》只不过是一个普及刊物,它的主要任务是向广大青年读者进行文学教育,普及文学的基本知识,提高群众的文学欣赏能力和写作能力,并为我国的文学队伍培养后备力量。从1954年4月创刊,到1957年12月停刊,一共出版了45期,每期的篇幅48

① 据《圣经·旧约》所载,太古世界大洪水时,诺亚携同其家畜避居于方舟上,得以幸存。

面,共8万字左右。印数从创刊的12万份一直增加到近40万份,每个月的来稿来信达千件以上,可见,它还是受到广大青年读者欢迎的。总括起来说,它做了如下的工作:

一、帮助读者正确阅读、欣赏和理解作品,更深刻地领会作品的思想内容,通过作品更好地认识生活,更多地获得教育。

二、提供一些关于我国和外国古典文学的知识,以帮助读者逐渐对中外文化传统获得正确的了解,在更宽阔的范围内提高文化教养。

三、提供一些写作的知识,介绍一些创作经验,发表并评介一些较好的反映现实生活的习作,帮助培育文艺的新苗。

四、提供一些文艺科学的知识。

五、经常答复一些读者所关心的文学阅读、写作方面的问题;对于有较大普遍性的问题,则组织读者进行讨论。

六、报道群众的文学活动情况,发表读者学习文学作品的心得和体会。

韦君宜原来是北京市委文委副书记、共青团中央宣传部副部长、《中国青年》的主编,她主编《文艺学习》期间,很强调文艺的教育意义和社会效果,但后来大概是受到社会上的(包括我的)非正统的文艺思潮的影响,也变得有点"非正统"起来了。例如1956年《文艺学习》转载了肖洛霍夫的小说《一个人的遭遇》,还发表了赞扬这篇作品的评论文章,就是出于她的决定。当时我下乡去了,对这件事没有过问。当然,假如我还在其位的话,肯定也会赞同的。至于组织讨论王蒙的《组织部新来的年轻人》,则是我出的主意。

平心而论,《文艺学习》在它出版的三年零九个月的时间内,是做了大量工作的。当然,对上述六个方面的工作,都有不足之处。特别是在最后的几期,逼于当时的政治形势,发表了一些有原则性错误的文章,把人民内部矛盾错当成敌我矛盾来批判,伤害了一些本来不应该伤害的同志，这是极大的遗憾。当时我的处境已经到了悬崖的边沿，无法从事正常的工作而处于“靠边站”的状态了，即使还是由我主持笔政，我自问也没有力量能够“挽狂澜于既倒”。这一切，当然也不能归咎韦君宜和杜麦青，他们虽然也不同意粗暴批判，但同样没有办法“扭转乾坤”。“误尽平生是一官”，一个人既然在其位而谋其政，有时候就免不了要作违心之论，做违心之事。

在这里，我不能不坦率地指出，当时中国作家协会的领导人，仅仅以组织讨论王蒙的《组织部新来的年轻人》为主要“罪状”，还加上发表我和刘绍棠同志的文章等“严重右倾错误”，就勒令《文艺学习》这份深受广大青年群众欢迎的刊物停刊，这是不公平的。顺便提一下，当时中国作家协会主办的那几个刊物，没有一个不被认为是犯了严重的右倾错误，它们的主要负责人(主编、副主编、编委、编辑部主任)，绝大多数不是被错划为“右派”，就是受到“留党察看”、“严重警告”等党纪处分。

在《文艺学习》工作期间，我负责处理过几桩政治性案件。韦君宜虽然是第一把手，但她不大愿意介入这一类事情。我当时兼任中共作协总支委员，再说过去干过多年军事工作和地下工作，党龄又比较长，这副担子就责无旁贷地落在我的肩上了。在处理毛宪文一案的时候，我是十分慎重的。毛宪文是内蒙古人，当时在《文艺学习》当编辑，当地公安部门在敌伪档案中找到了一张他“亲笔”填写的参加国民党的入党申请表，作为检举材料寄来给我们。申请表上的笔迹完全不像他本人的笔迹，但事隔七八年之久，一个人的笔迹是可能改变的。我用放大镜认真检验了这份表格，发现他把自己父亲的名字写错了，误写了一个同音的别字，这就引起我的怀疑，照理说，当时他已经是高中三年级学生了，就算文化程度比较低，一般也不会写错了自己父亲的名字。申请表上还盖上了指印，最可靠的办法就是核对一下，这究竟是不是他本人的指印。当时办案还要讲点法制观念,对未受行政拘留的公民,是不好随便勒令人家盖指印给你拿去检验的,否则就是"侵犯人身自由"。我想出一个比较稳妥的办法,耍了一点花招,假装说我办公桌上台灯灯泡的钨丝断了,我正在接待客人,请毛宪文给我换一个新灯泡,毛宪文当然毫不犹豫就照办了。后来我把两个灯泡都拿给公安部的侦察部门进行技术鉴定,留在灯泡上那十个鲜明的指印,没有一个和申请表上的指印相符。这就可以证明这张申请表肯定不是毛宪文亲自填写的。但它为什么会出现在敌伪档案中呢?这仍然是一个谜。我派出李兴华同志作为外调人员到毛宪文的家乡进行了一个多月的调查,最后才把事情弄清楚了。原来毛宪文的姐夫王绪在国民党部队三十五军某团当书记,按照当时国民党的"党规",无论哪一个"党官"能够亲自发展20个人入党,就可以提升一级,并得到奖金一百块大洋。那位书记把他能够记得起姓名的后辈,一一都填上申请表,由他自己代盖上指印,算作是由他介绍入党的新党员,一下子就发展了20人。解放后,这位书记被判了15年有期徒刑,当时还关押在监狱中,他的记忆力还不错,能够一下子就说出十多个"假国民党党员"的名字,其中有一个就是毛宪文。李兴华同志又让他盖了十个指印,拿回来一一核对,他的右手食指的指印果然和申请表上面的指印一模一样。这个"假案"总算水落石出、真相大白了。

冯光一案,本来非常简单。只发现了一张胡宗南抗战初期在陕西省凤翔县举办的战时干部训练团举行毕业典礼的集体照片上有她在场。她对曾经在战干团受训这件事,从来没有隐瞒过:入党时交代过,以后每次填写履历表,也都如实交代。一个青年在抗战初期国民党部队举办的军事训练班里受过训,但没有加入国民党,毕业后去干一般的抗日救亡工作,从来没有做过什么坏事,后来又参加了革命,入了党,这根本不能算是"罪行"或者"错误",更没有必要把她"隔离审查"。但经办此案的同志竟把冯光隔离审查了两个月之久，并且把她家里的全部东西都翻箱倒箧地搜查了一遍，即使在当时来说，这样做也是太过分的，不合法的。这一案件虽然不是由我直接经办，但作为领导人，我没有及时加以制止，也负有一定的责任。

比较复杂的重大案件是冯大海一案。冯大海是个行政十七级的党员干部，当时担任《文艺学习》创作组的代理组长，业务能力是相当不错的。他的文艺思想跟胡风比较接近，也去过胡风家里，但谈不上有什么交情。他有一个老同学，在我们海军的一条军舰上当中尉枪炮官，这个人跟他关系比较密切，但仅仅是生活上的关系，例如一同去参加舞会、逛公园、冯给他介绍过女朋友等等。这位海军军官对文艺一窍不通，也根本不感兴趣。冯大海有时向他宣传胡风的文艺思想，他也不置可否。胡风等人既然被打成"反革命集团"，冯就被怀疑有意向他的老同学套取我海军内部的机要情报，秘密向胡风汇报。因此，冯的专案组比较特殊，是由公安部的一位张处长、海军司令部保卫部的一位上尉军官和我三个人混合组成的，由我担任组长，归公安部直接掌握。所有的专案材料（包括档案、交代材料、审讯记录，等等）都属于"绝密"范围，不准对外泄露，也不用送给作协的领导同志审阅。定案结论也是由本小组自行拟定，直接呈报给公安部审批的。

冯大海是由公安部直接下命令逮捕的，签发了逮捕证和搜查证，指定由我去执行。在1955年冬天一个严寒的深夜里，我带领了几个人去逮捕他和搜查他的住宅。当时我的心情是很矛盾的，觉得根据一些不实不尽的材料，就随便怀疑一个人有间谍活动，加以逮捕，这样做未免过于轻率。同时我认为，即便胡风等人真是个反革命集团，跟胡风等人有些来往，甚至赞同他们的文艺观点的人，也未必个个都是反革命分子。至于说冯大海奉胡风的命令窃取军事情报，则更是无稽之谈。根据那个海军军官的交代，他告诉冯大海的只限于一些军中的轶闻趣事之类，作为军事情报，那是一钱不值的,况且他只不过是一个中尉军官,根本不可能知道多少战略性的军事机密。但,我不能不服从命令,只是在执行任务时,我有意做得宽容一点,我没有给冯大海扣上手铐,当人们带他上汽车的时候,我扭过脸去,在房间里默默地站了一会儿,还低声对他的妻子说:“要照顾好孩子!”这句话等于暗示她,她的丈夫并没有什么了不起的问题,叫她想开一点。我真害怕她会自杀,这一类事情在历次政治运动中是屡见不鲜的。当然,我知道,作为一个专案组组长本来不该说这样的话。

在冯大海被隔离的一年零四个月期间,每一次提审都是由我主审,其他两个专案组成员陪审,冯自己写了近十万字的书面交代材料。我们曾经开过十多次会议,反复研究过审讯记录和交代材料,我们还派出专案组人员内查外调,收集了二三十份旁证材料。最后得出的结论是:冯大海一共见过胡风三次,每次都有许多人在场,胡风从来没有单独接见过他。他没有参与过任何有组织、有预谋的活动,也没有遵照胡风的指示去办过什么事情,他们谈话的内容只限于文艺界的一般情况,没有涉及党内机密,更谈不上有什么军事机密。冯大海只是一个行政十七级的干部,他所知道的党内机密也是极其有限的。当然,他在胡风面前发过牢骚,骂过文艺界的一些领导同志。他谈到《文艺学习》的主要负责人是韦君宜和我的时候,胡风没有说什么,只说了一句:“黄秋耘翻译罗曼·罗兰的小说,为什么要请邵荃麟给他作序呢?其实邵荃麟并不太了解罗曼·罗兰。”根据这样的案情,本来很快就可以写出定案结论的。冯大海还够不上是“胡风分子”,也没有什么犯罪行为,不必给予刑事处分和行政处分。至于对他的一些自由主义的错误,在党内进行批评教育就可以了。我根据三人小组一致的意见,再三斟酌过字句,写出一个定案结论,呈报给公安部。出乎我意料之外,这个定案结论不到一个月就批复下来(通常起码要拖三五个月的),同意不给予冯大海刑事处分和行政处分,不记过也不降级。但是认为像他这样跟胡风有过直接接触的人，毕竟是不可靠的，不适宜留在党内，要开除党籍。工作也要调动一下，不能留在北京。我个人认为，这样的处理并不能算是很公平的，既然冯大海仅仅犯了“自由主义”的错误，就给予他开除党籍的处分，那未免失诸过重了。但公安部那位张处长极力劝阻我不要再往上申诉，据他所知，凡是与胡风“反革命集团”有关的案子，几乎没有一个“案犯”是可以免予刑事处分和行政处分的，重的要判处有期徒刑，最轻的也要开除公职，留用察看。假如再进行复议，说不定处分还会加重一些，这样对于冯大海和我们都没有什么好处。我们量刑过轻，就是犯了右倾错误。

这一点，大概冯大海自己也心中有数。当我们把这个定案结论拿给他本人看的时候，他却喜出望外，不但没有异议，反而欣然签字表示同意。听说后来他的爱人抱着孩子来接他回家的时候，一家三口都高兴得跳起来，好像是得到“特赦”。一年以后在反右派斗争中，对第六类右派分子的处分也往往比对他要重得多，虽说是敌我矛盾当作人民内部矛盾处理。

不过，冯大海的最后命运是十分悲惨的。他调离中国作协以后，在张家口地区的河北梆子剧团担任文化教员，有时候也让他编导一些小戏。他出差到北京，还常常来我家里聊天、吃饭，和探望老同事、老上级一样，好像在我们之间，从来没有存在过“法官”和“犯人”的关系，对1956年的往事半句也不提起。但到了史无前例的“文化大革命”期间，他又受到猛烈的冲击，说他本来是胡风“反革命集团”的骨干分子，只不过由于我这个“漏网右派”的包庇和开脱，才得以逍遥法外，没有受到应得的惩罚。他在饱经折磨以后，终于用上吊来结束自己的生命。那时他的妻子早已跟他离婚了。

50年代以后，凡是在某一次政治运动中出过问题的人，在下一次政治运动中很难幸免，而且第二次打击往往比第一次打击还要猛烈得多、厉害得多。冯大海在第一次打击时只受了一点轻伤(这本来也是无辜的),他死在第二次。孟超的《李慧娘》、吴晗的《海瑞罢官》、田汉的《谢瑶环》、陈翔鹤的《陶渊明写〈挽歌〉》、《广陵散》、邵荃麟的"中间人物论"、"现实主义深化论"……所受到的第一次打击,也不可谓不重了,但,他们全都死在第二次。作为政治风暴的规律,总是一次比一次更厉害些的。而且越往下刮,风力就越猛。上边刮起七八级的风,到省里就达到十级以上,到了地、县,就变成十二级的强台风了,卷进去的人也越来越多;人物的身份越小,受害的程度就越大。此所以胡风虽然挨了整,判处了十年有期徒刑,坐牢的时间远超过十年,但毕竟还没有死去,一直活到今天,当上了全国文联委员,而冯大海最后却非送命不可。

与斗争"胡风反革命集团"同时进行的是在中国作家协会内部进行的批判"丁(玲)陈(企霞)反党集团"的政治运动,当时这一运动并没有公开报道过,知道的人也不多。批判会的方式很特别,范围不大,参加的人只限于作协以内行政十三级以上的中、高级党员干部,有时也吸收一些作协以外的文艺界党员领导干部参加,一般只有二三十人,最高潮的时候也不过五十人左右,因此几乎每个人都得挨个发言,进行揭发批判,至少也得表个态。一言不发的人也是有的,一个是陈翔鹤同志,还有一个就是我。当时我刚进文艺界工作不久,对丁、陈和主持运动的人之间的争执,实在闹不清谁是谁非,对那些没完没了的"检举"和"揭发"材料,也判断不出是真是假。我一边开会,一边却神游物外,只有一个说不出来的强烈的愿望:让这一切都赶快结束了吧,我打从心底厌倦极了,烦死了。这样的批判会在宝珠子胡同全国妇联礼堂一共开了13次之多,每周开一两次,会议的时间又拖得特别长,一般从下午3时开始,一直开到晚上8时才结束。那时候,机关的食堂早已休息了,饭店也已经打烊了,幸亏在南小街一带,还有些卖夜宵的小食摊,只供应馄饨和烧饼两种食品,勉强可以塞饱肚子。参加会议的那些人,少数还是积极的，例如有一位同志，他事先准备好发言稿，激昂慷慨，一口气讲了一个多钟头，像煞有介事。当然，他所揭发出来的大都是鸡毛蒜皮的事情。所谓丁玲的“一本书主义”，我始终都弄不清楚这究竟是什么性质的错误，提倡每一个作家都写出一本有影响的好书，这不是一件大好事吗？另外大多数人看来都是敷衍塞责的，例如另一位同志，开会时总是在笔记本上画小人，给在场的每个人都画上一张素描速写，他画画的技法本来就不大高明，加以心不在焉，画出来的素描总是“神似”而形不像，他自已也不满意，一画完就撕下来，揉作一团塞进烟灰缸里烧掉了。

记得有一次会议休息时间，我在院子里问陈翔鹤同志：“你为什么不发言呢？”他朝我苦笑了一下：“哦，我不了解情况嘛。那么，你为什么也不发言呢？”我学着他的腔调说：“我嘛，同样是不了解情况。”我们心照不宣，但彼此都知道对方对这样的政治运动、这样的批判会有些什么样的看法了。

陈翔鹤同志是个具有古典色彩的人。他是个老共产党员，却对当时那种政治运动、政治斗争感到十分厌倦。在某一次谈心中，他凄然有感地对我说：“你不是很喜欢嵇康么？嵇康说得好：‘欲寡其过，谤议沸腾，性不伤物，频致怨憎’，这不正是许多人的悲剧么？你本来并不想卷入政治漩涡，不想介入人与人之间的那些无原则纠纷里面，也不想干预什么国家大事，只想一辈子与人无患，与世无争，找一门学问或者文艺下一点功夫，但这是不可能的，结果还是‘谤议沸腾’、‘频致怨憎’！”

我不知道，陈翔鹤同志所说的许多人的悲剧，是否也包括他自己在内。但我心里明白，他对我说这么一番话是有所为而发的，也许在他的心目中，我就是这么一个“欲寡其过，谤议沸腾，性不伤物，频致怨憎”的悲剧人物吧。不幸得很，陈翔鹤同志这一席话竟成为谶语，无论是对他自己，还是对我。当然，这是到若干年以后才应验了的。他仅仅因为写了一篇历史小说《陶渊明写〈挽歌〉》，被诬陷为影射庐山会议,替彭德怀翻案,在1969年4月下旬被殴打致死。他所遭受到的灾难就远远不止是“谤议沸腾”和“频致怨憎”了,和嵇康一样,他也是因文章而招致了杀身之祸的,虽然他是一个“性不伤物”的谦谦君子。我自问也是一个“性不伤物”的“人道主义者”,但是这些年来所遭受到的“谤议”和“怨憎”也往往超出我的意料之外。在批判“丁陈反党集团”的13次会议中,我没有说过一句话。后来在某一次党组扩大会议中,我随口说,有许多同志修改了或者推翻了原来的发言,是由于“利害之心重于是非之心”。这句话就被认为“助长了丁陈集团的反党气焰”,列为我的严重右倾错误之一,这简直是匪夷所思的“诛心之论”了。当然,到了1979年,又给我改正了,认为我这样说并没有错。

会议尽管开得没精打采,参加会议的工作人员(特别是速记员和打字员)可忙得不可开交,每次会议过后,都得整理出厚厚的一本发言记录,记得很认真、很详细,连每一句插话都记了进去,当时还没有录音机可以使用,要记得那样详细是很不容易的。13次会议,一共产生了13本厚厚的发言记录,大概总有洋洋数十万言吧,全部打字油印出来。参加会议的人,每个人都发了一本,上面印着:“内部材料,严格保密,会后收回。”我总是怀疑这一堆“废话录”怎会有这么大的机密性。我不知道会后还有没有人会耐心地从头到尾看它们一遍,至于我自己,我一收到就把它们锁进抽屉里,从来也没有翻阅过,直到上缴时为止。

1956年秋季,中央宣传部部务会议作出决定,要复查、甄别“丁陈反党集团”一案,澄清一切诬蔑不实之词,指定由中宣部秘书长、机关党委书记李之琏主持其事,还成立了一个复查办公室,由黑龙江省前副省长杨雨民同志担任主任,下面配备了十多二十个专职工作人员。他们找每一个发过言的同志反复核对,请发言者把打印出来的发言记录重新修改。我在批判会中一直没有发过言,这一切自然都与我无关。当时我跟韦君宜同在一个办公室工作，看到杨雨民来动员韦君宜修改发言记录，要她破除顾虑，实事求是，把一切有“反党”涵义的词句全部删掉，真是说得唇焦舌敝。当然，有的人改得多一些，有的人改得少一些，有的人全部推翻。其实，看来这一切都是毫无现实意义的。所谓“丁陈反党集团”一案，就算那些揭发、检举材料全部属实，假如实事求是地进行分析的话，也构成不了多大的罪名；全部推翻了，丁、陈和其他十多二十个受牵连的人最后也还是免不了全部被划为“右派分子”，开除党籍。就连主办此案的李之琏、张海、崔毅、黎辛等人，也都或者被划为“右派分子”，或者受到党纪处分（张海留党察看两年，降五级，下放到中山大学图书馆当管理员，其余的人或者被划为“右派分子”，或者开除党籍）。据我所知，其实李、张、崔、黎等人跟丁、陈素无密切关系，也从不来往，“未尝衔杯酒接殷勤之余欢”，有些人甚至根本未见过丁、陈的面，只不过由于职务关系，奉命行事而已。作为自始至终参与过文艺界这么一场“大辩论”的人，我真是百思不得其解，恐怕只能说，一切都服从于政治斗争的需要。

看来从 1955 年初夏开始的反胡风、批丁陈、肃反、审干等一系列政治运动，只不过是序幕，是前哨战，真正的“大战”还在后头呢，那就是 1957 年的“大鸣大放”和“反右派斗争”。

我记得十分清楚，1957 年 5 月 18 日的晚上，我在邵荃麟家里聊天，顺便向他请示一下有关《文艺学习》的编辑方针，因为韦君宜当时下乡去了，《文艺学习》的编务是由我主持的。我跟邵荃麟很熟，几乎无话不谈，虽然在职务上他是我的顶头上司，但我对他完全没有下级对上级那种拘谨，他对我也完全没有上级对下级那种严肃。那天晚上，他兴高采烈、眉飞色舞地对我畅谈他在浙江视察时的种种见闻（他当时是人大代表）。他在杭州召开过几次文化界人士座谈会，鼓励大家大鸣大放，帮助党整风，收效甚大，人心大快。（到了十年动乱期间，他这些行动都被说成是“煽风点火”了。）对于《文艺学习》的编辑方针，他强调要“放”，大胆地“放”。

他认为,《文艺学习》组织对《组织部新来的年轻人》的讨论,好得很,甚至引起了毛主席本人的注意。毛主席在全国宣传工作会议上谈到了这篇作品,还替这篇作品辩护了几句,说北京甚至中央都有官僚主义,王蒙反对官僚主义并没有错。当然,小说是有些小资产阶级情调的,但没有政治性的错误。毛主席直接出面替一篇文艺作品说话,这是从来也没有过的事。我们正在谈得起劲的时候,桌上的电话铃声响了,邵荃麟连忙走过去接电话。不到两分钟,他登时脸色苍白,手腕发抖,神情显得慌乱而阴沉,只是连声答应:"嗯!嗯!"最后只说了一句:"明白了。好!我马上就来。"我看了一下手表,已经是9点20分了,肯定是发生了出人意料之外的重大事件,要召开紧急会议。他放下了电话,没头没脑地说了一句:"周扬来的电话,唔,转了!"至于究竟怎样转法,他没有说,我自然也不便问。沉默了好一会儿,他又叮嘱我一句:"咱们今天晚上的谈话,你回去千万不要对别人说!暂时也不要采取任何措施,例如抽掉某些稿子,这样会引起怀疑的。"我知道他马上要出去,就连忙告辞了。第二天早上回到编辑部一问,才知道这一期的《文艺学习》早已经签字付印了,正在装订中,大错铸成,无法挽回。要是我早两三天就知道了"转"的消息。像《刺在哪里》那样的文章是绝对不会发表出来的。不过,我总算还来得及从《大公报》(当时还在北京出版)和《光明日报》抽出了几篇措辞尖锐的杂文,稍稍减轻了我的一点"罪行"。编辑们看到我抽文章,心知有异,纷纷打听是怎么一回事,我装作若无其事、轻描淡写地答道:"没什么!有些话我还要斟酌一下,改好了马上给你们送回去就是。"

唉!倘若我早十天半月就知道了这个"转"的消息,该有多好呵!我可以挽救许多人。当然,这是不可能的。在十天半月之前,也许谁也不会知道,风云突变,马上就要发动一场雷霆万钧的反右派斗争。

那一年我将近四十岁，这在心灵上和理智上已经是成熟的年纪。我知道发生了新的情况，暴风雨快要来了。但关于这场灾难发生的原因及其后果，我是一无所知的。当然，有些人比我还要胡涂，比如杜麦青，他还是主张要继续“放”。这也难怪他，他并没有得到“转”的信息。

事后聪明，人皆有之。最可贵的却是事前的聪明。但，政治上的先见之明，往往不完全是得力于敏锐的观察力和周密的分析力，而是得力于准确的、及时的情报。比方那一个“转”字，哪怕我是个“小诸葛”，在 5 月 18 日晚上之前，也是无法想得出来的，只不过由于偶然听到的一个电话，才“顿悟”起来。当然，对这种转变的出现我早就有过一些预感，不过，没有“提示”，我就不可能作出判断。

二　不寻常的夏天

1956 年 4 月下旬，北京党、政、军机关在行政十三级以上的中、高级党员干部中口头传达了赫鲁晓夫在苏共二十大所作的秘密报告全部内容(传达时虽然郑重宣布过不许记录、不许录音、不许外传，但这个秘密报告不久就在美国的和日本的报刊上全文公开发表，北京有不少机关和大学是订阅外国报纸作为参考资料的，凡是看得懂英文和日文的知识分子很快就看到，而且它的主要内容不久就流传开来，成为众所周知的“秘密”了)。1956 年 10 月间又发生了震动世界的“波匈事件”。这一切，等于在中国的政治领域这一潭死水中接二连三扔下几块大石头，引起了连锁反应、轩然大波。全国报刊上不时出现一些“针砭时弊”、“干预生活”、“反对官僚主义”、“为民请命”的文章和作品，语气虽然还比较委婉温和，但要求扩大民主自由和健全法制的意思是相当明显的，有些话还近于呼吁。人民出版社副社长曾彦修、人民文学出版社副社长王任叔(巴人)、武汉大学副校长徐懋庸、著名社会学家费孝通等知名的高级知识分子,写了不少杂文在《人民日报》、《文汇报》及其他报纸的副刊上发表,影响较大的有《况钟的笔》、《论人情》、《九斤老太论》、《略谈生活的公式化》、《知识分子的早春天气》、《小品文的新危机》、《过了时的纪念》,等等。曾彦修还在文化部的一个座谈会上大声疾呼:"在山泉水清,出山泉水浊",我们党在延安时期基本上是和群众鱼水相依、融洽无间的,到了在全国执政以后,大家做了官,就有些脱离群众、大搞特权了!他还说,文化部的领导人有不少是外行,偏要横加干涉文艺界的创作和演出,真是"只有武化,并无文化"。康生对"在山泉水清,出山泉水浊"这两句诗特别反感,用红铅笔在"简报"上画上了杠杠,批示:"单凭引用这两句诗,曾彦修就该划成右派。"曾彦修的命运就从此决定了,虽然他从小参加革命,在延安长大,曾经长期在延安马列学院和党中央宣传部工作,当过中共华南分局宣传部副部长、南方日报社社长,照理说,在政治上是绝对可靠的。王任叔和徐懋庸也都是二三十年代就参加革命的老干部,徐懋庸是"左联"的骨干分子,王任叔还担任过我国驻印度尼西亚第一任大使、中共中央联络部编译室主任等要职。费孝通不是党员,但也是一代名流,民主教授。毛主席不是说过,看干部,要看他的全部历史和全部工作,不能只看一时一事吗?但许多人被划成右派,只是根据一篇短文章或者一两句话,连他们的档案都没有人翻阅一下,就定案了。上述这四个人,只有王任叔并没有被划为右派,但到了一年多以后的反右倾机会主义运动中,还是在劫难逃,被定为"右倾机会主义分子",撤销党内外一切职务。至于他最后的悲惨下场,我在上文中已经谈过了。

整个反右派运动,是以"大鸣大放"开始而以雷霆万钧的大批判收场的(也就是所谓"收")。在"大鸣大放"的过程中,人民群众和基层干部对官僚主义和封建专制主义残余的痛恨,知识分子对种种有形的和无形的精神枷锁的不满，以相当强烈的程度表现出来。与此同时，也有极少数资产阶级右派分子乘机向党和新生的社会主义制度进攻。事态的发展表明，再"放"下去，就有控制不住局势的危险。因此，上面就决定来一个"急刹车"，这个"急刹车"的措施可能已经酝酿了一段时间，直到5月中旬才决定下来。周扬那一级的高级干部（他当时是中共中央候补委员、中央宣传部主管文艺的副部长）至早也到5月中旬稍晚一些时间才确知这一消息，我相信他知道以后，一天也没有耽搁就通知了邵荃麟。邵荃麟在当天（5月18日）晚上就暗示给我。至于一般干部和广大群众大概直到5月下旬以后才逐渐觉察出这一变化。第一个信号是5月25日毛泽东同志在接见中国新民主主义青年团第三次全国代表大会的代表时发出的，当时他说"一切离开社会主义的言论行动是完全错误的"，但是并没有作进一步解释。

从"大鸣大放"到"收"，直至反右派斗争，说得坦率一点，完全是一场政治试验。这一点，毛泽东同志本人也并不讳言，用他自己的话来说，是诱发有敌对情绪的分子自我暴露。虽然他说过"言者无罪，闻者足戒"，但这句话对右派不适用。他的解释是，那些被划为"右派"的人，不但有"言"，而且还有"行"，是反革命性质的行动，所以有罪。

在反右派斗争中被划为右派分子的，据统计，全国共有五十五万余人，其中大多数是知识分子。当时全国的大小知识分子的总数不过五百万人，打击面大约是百分之十左右。不仅是他们本人，而且连他们的家属，也长期遭受委屈和打击。经过这么一场暴风骤雨式的"阶级斗争"以后，知识分子的队伍损兵折将，溃不成军，有些刊物只好停刊，例如《文艺学习》、《新观察》，等等，有些刊物虽然勉强支撑下去，但具有独立工作能力的业务骨干已经所余无几了。中国作家协会主办的两个主要刊物《人民文学》和《文艺报》，由于缺乏编辑人员，质量显著下降，发行份数锐减，《文艺报》

从十八万份下降到十二万份，刚好减少了三分之一。至于地方办的文艺刊物（特别是省一级以下的）更是凋零殆尽。后来一家小报上出现过一张漫画，题为《夜来风雨声，花落知多少》。

到了反右派斗争后期（1958 年上半年），大概毛泽东同志也有所觉察，所谓“右派分子”并不全都是敌人，其中有不少人甚至还是对他忠心耿耿的，从延安时代起就跟随他去南征北战的，还有许多“一般右派”是既无言又无行，为了凑数而勉强划上的。如果处理得太多，恐怕会失人心。于是他提出一个折衷办法：所有“右派分子”都不叫“反革命分子”，不叫“反动派”，还保留着公民权，多数人在名义上还保留公职，按照一定的级别发工资，只不过下放劳动改造，这叫做“敌我矛盾当作人民内部矛盾处理”。但绝大多数“右派分子”还是要被遣送去劳动改造一段时间的，时间长短没有一定，短的一两年，长的达十多年之久（例如中南监察委员会副主任、老干部王翰同志就劳动了将近二十年）。既然不把“右派分子”当作敌人看待，为什么又要遣送去劳动改造，改造好了再给他们“摘帽子”呢？关于这一点，毛泽东同志没有作任何解释，自然也没有人去问他。

在反右派斗争中，自杀的人大概没有在“文化大革命”中那样多，但是也为数不少。例如广州就有一个参加革命多年、在香港《华商报》和东江游击区工作过而且颇有点名气的新闻记者招麦汉从六榕寺的花塔顶上跳下来，当场肝脑涂地。我追悼他的诗中有“血溅阶前色尚殷，一生功罪总难论”两句，现在看来，他什么罪也没有。据当时在颐和园谐趣园的疗养所养病的何礼同志告诉我，在 1957 年反右派斗争期间，他每天早上起来散步，常常看到后山歪脖子的老槐树上吊着一两个人，还有一些人是跳湖自杀的，身体插入湖底淤泥中，只有两只脚露出水面，这些殉难者并不全都是“右派分子”，也有些是由于亲人或挚友被划为右派，悲愤填膺，忧郁欲绝，因而走上这条绝路的。《北京日报》的一位青年记者戚学毅,他自己在反右派斗争中什么问题也没有,没有受到过冲击,只是因为刘宾雁被划为右派,他又不愿意去批斗他、揭发他,就在批判会的现场从高楼上跳了下来。他在临死前几天告诉过韦君宜:"我读过黄秋耘那篇《锈损了灵魂的悲剧》,我可不愿意自己的灵魂受到锈损,带着锈损了的灵魂而活下去是没有意思的!"苏联诗人帕斯捷尔纳克说过:"诗行是会血淋淋地杀死人的!"这并不是危言耸听,我那篇一千多字的散文就血淋淋地杀死了一个可爱的青年!

过去,每一次政治运动的后期,都有一个甄别定案的阶段。但是在反右派斗争中,划谁当右派,只要领导小组、甚至仅仅是领导小组的第一把手,三言两语就定案了。由于每个单位都要完成一定的比例,只许超额,不许达不到。有些单位,例如中小学校,实在找不出几个合适的对象,只好用抓阄的办法来决定"右派"的人选,或者像选举代表一样,提名投票表决,这样的做法简直如同儿戏,但一个人甚至一个家庭的命运就从此决定了。假如再来一个甄别定案,原定的任务肯定无法完成,所以这样一道手续,就一律免掉了。

顺便提一下,在三年国民经济暂时困难时期的后期,大概是1962年年初,中共中央曾经非正式地提出复查甄别右派案件。北京中直机关打算以冯雪峰、曾彦修、武经天等人作为试点。中国作家协会打算以杨觉一案作为试点,进行复议。杨觉一案确实是一桩根本不能成立的假案。杨觉是《文艺学习》的一个编辑,请假到他的爱人潘漪的娘家河北省雄县去探亲。潘漪所在的生产队是一个富队,他们认为跟邻近的穷队合并成一个生产队,吃大锅饭,未免吃亏太大,要求分开来独立核算,按照当时的农业政策规定,这也是可以允许的,至少是可以考虑的。那个生产队的干部写了一份请求"分队"的报告,一式两份,托杨觉替他们送交中共河北省委农村工作部和人民日报社读者来信部。不管这个请求本身的是非曲直如何，都与杨觉本人并无关系。他惟一的行动就是代人家送出了两份既非出自他的手笔又与他并无直接利害关系的报告。可是当时作协的领导小组为了多凑几个右派(其实早已超过指标)，就以"反对农业集体化"为名，把他划为"右派分子"，行政处分是降了五级，调到河北省张家口地区怀安县广播站工作。第一次甄别复议时大多数人(包括原来《文艺学习》的主要领导人韦君宜和我)都主张给杨觉平反改正。只有经办这一案件的同志投了反对票，理由是杨觉很难说完全没有错误，他介入了一桩跟他毫无关系的事，可能是由于偏袒他的爱人所在的富队。隔了几天举行第二次复议时，会议一开始，作协党总支副书记王翔云就宣读了一个中共中央文件，声称所有右派案件今后一律不准再甄别复议，还是维持原来的决定，即使处分过重，至多早点给当事人摘帽子就算了，党籍不准恢复。这一件假案直到1979年才获得改正。杨觉也被重新分配到中国作家协会文学讲习所工作。

当反右派斗争告一段落后，许多人都为我并没有划为右派分子感到十分诧异。因为在反右派斗争初期，中央宣传部印发了包括我在内的文艺界十个人"供批判用"的言论集，计有冯雪峰、丁玲、陈企霞、艾青、秦兆阳、刘宾雁、萧乾、徐懋庸、刘绍棠和我。在人们的心目中，这十个人都已经被中央内定为"右派"了，结果除了我一个人"漏网"外，其余九个人都无一幸免，其中有些人甚至被划为"极右分子"。我为什么会幸免呢，事后我才知道，主要是得力于邵荃麟的力保(当时他是作协副主席、党组书记，也就是第一把手，他的话当然是"一言重于九鼎"的)。"文化大革命"之后丁玲同志在一篇题为《孺子牛》的文章中透露，在某一次讨论"右派"名单时，邵荃麟极力为我辩护，列举我在民主革命时期为党做过一些有益的工作，其中最突出的"功勋"是从日本侵略军占领下的香港抢救出一批进步文化人和民主人士。他认为，像我这样的老共产党员可能犯错误，但是绝对不会反党反社会主义的。当然，也确实由于我干过多年机要工作，曾经打进过日本特务机关和国民党军事机关刺探情报，假如把像我这样的人划为“右派”，又不好把我关禁起来，就不能排除会发生泄密的危险，不得不慎重考虑。在一个动荡的时代里，一个人的命运，并不像下象棋或者打桥牌，而是有点像抓阄，只能说由于我运气好，抓到了“不划”，结果就幸免了。不妨设想，假如我一经康生、陈伯达或者什么“大人物”点了名，别说像邵荃麟这样的副部长一级的人物保不住，就连中央委员甚至政治局委员也保不住的。曾彦修的言论比我少得多，情节轻得多，官也比我大得多，只因为他引用的“在山泉水清，出山泉水浊”那两句杜诗引起了康生的注意，结果也难幸免。王蒙的《组织部新来的年轻人》是毛泽东同志亲自表过态、认为没有政治错误的，结果还是成为“右派”的罪证。事后中共北京东城区区委还反复对人说明，王蒙之所以被划为“右派”，不是由于他写了这篇小说，而是根据他自己坦白交代出的“反动思想”定罪的；他上交给组织的日记中写道，英国还有海德公园式的民主，中国连这个也没有等等，他们认为，这是反党反社会主义的思想，王蒙定为右派，一点也不冤枉。其实他的最大错误在于得罪了东城区区委的领导，骂他们是官僚主义者。虽然毛主席表过态，还是可以用别的罪名来给他定罪的。这真是“欲加之罪，何患无辞”！

我并没有被划为“右派”，只受到“留党察看两年”的党纪处分，行政上也没有降级，只是下放劳动锻炼一段时间，又回到中国作协工作，而且还是担任一定的领导职务。但我个人遭遇到一件很不愉快的事，这只是一出偶然介入我的生活中的悲剧，这一类悲剧当时普遍到这种程度：几乎随时随地都会碰上，想躲避也躲避不了。然而它却在我的心灵上留下了一个永久不能愈合的创伤。

1958年年初，在一个雪后的寒夜里，那天下午机关里刚开过批判我的“党组扩大会议”。我一回到家里，连晚饭也没有吃，就和衣颓然躺在床上，强迫自己冷静下来。不知过了多久，我既没有睡着,也没有睁开过眼睛。

已经将近深夜11点钟了,突然有人猛烈地敲门,叫喊着我的名字:“老黄,赶快起来,有要紧的事!”听得出来这是我们机关里张秘书长的声音。

我一打开门,他见面就说:“快穿好衣服,跟我走,咱们上颐和园去,汽车在门口等着了。”

我的爱人吓坏了,连声音都有点颤抖:“这么晚了,你们要上颐和园去!发生了什么事?”

“没什么,您放心!有个女人想自杀,给民警抢救过来了,在她身上搜出了一封写给老黄的信。她自己也说她并不认识老黄,但是很想见他一面。因此颐和园派出所就找到我们这里来了。组织上决定由我陪老黄去一趟,弄清楚案情,顶多个把钟头就回来。对不起,打扰你们了。”他显得特别客气。他这个人从来就是个温和派,哪怕在批判会上,也不会说出一句伤人的话。何况当时我的案件还没有“定性”。

不知怎的,我不禁重重地叹了一口气。我当时的处境已经是到了悬崖的边沿了,想不到又飞来“横祸”。我思前想后,也想不起在哪里认识过这么一位歇斯底里的女同志。唉!你自杀,干吗把问题扯到我的身上来呢?没有这么一桩“祸事”,我已经够麻烦的了。我强作镇定地嘱咐我的爱人说:“你困,就先睡吧,不要等我了。”我明知道,她又怎能睡得着呢?她那时还很年轻,是一个三岁孩子的妈妈。

夜深人静,汽车在西郊的马路上飞驰,不到半个钟头,我们就来到颐和园派出所了。所长听到汽车声,亲自出门口来招呼我们。他把我们带到派出所接待室的窗外,低声对我说:“她叫卢达华。您认识她吗?她说很想单独和您谈谈。”

我从窗口望进去,看到在黯淡的灯光下有一个二十六七岁的青年女人,长得很苗条,却穿得很单薄,脸容苍白而憔悴,围着一条灰白色的绒线大围巾，靠着办公桌坐着。她用右手托着下巴，显得有点支持不住的样子。我想了一会儿，我敢肯定，我有生以来都没有看见过这么一个女人，哪怕是在火车上或者轮船上萍水相逢。

我们走进接待室，她茫然地瞧着我们，显然她并不认识我。当时我穿着一件军大衣，她大概认为我也是个公安人员。派出所所长却和颜悦色地给我们介绍："卢达华同志，您不是说要找一位叫做黄秋耘的同志吗？瞧，我们给您找来了。"

她抬起头惊讶地望着我："您真是黄秋耘同志吗？怎么，您是一位男同志！过去在我的想象中，您好像是一位女作家！"

我很有礼貌地把带着照片的工作证递给她看，她点了点头："哦，是真的，您真是黄秋耘同志！"

派出所所长从口袋里取出一封信递给我："这是您的信，是卢达华同志写给您的，现在交还给您本人。我们没有拆开过，更没有看过。"

卢达华稍微抬一抬眉，脸上现出一丝红晕，不好意思地说："请您还给我吧！我希望您也不要看，不必看了！我会把一切都告诉您。"

我毫不犹豫地把信还了给她。我想，我应该尊重她。她把信揉作一团放进口袋里了。

派出所所长显得很通情达理："怎么样，你们还是单独谈谈吧！我不再奉陪了。张秘书长，您也不必在这里旁听了，到我的屋里坐坐吧，那边暖和些。"

也许由于卢达华有一个强烈的愿望，总想找个可以信赖的人吐露衷曲，诉说一下自己的苦难和哀伤，她毫无保留地把心里的话统统讲给我听了。她说得很沉缓，声音带着哽咽。有时她泣不成声地哭着，让眼泪来诉说她的遭遇。

她的身世说来也很简单。她是四川省泸州市人，父亲是个木工，在她 13 岁那一年就去世了。母亲给人家缝缝补补，好不容易才把她和她的妹妹拉扯大。她高中毕业后就去参加抗美援朝,在志愿军一个军的文工团里当团员,立过二等军功。随军回国后,她转业到地方上当小学教师。她结识了一个男朋友,也是个小学教师,两个人都很爱好文学。他们似醉如狂地相爱着,并且约好在1957年冬天结婚。像50年代一般天真的青年人一样,彼此都期望着会有黄金不换的幸福和太阳似发光的爱情。想不到她的男朋友就在那一年的"不寻常的夏天"里出了事,被送去劳动教养,罪名仅仅是他在学校的壁报上发表了一首二十多行的歌颂"人的尊严"的短诗。卢达华不愿意也不忍心在那个城市里再待下去,也可能怕受到株连,人家会逼她揭发、检举她的男朋友,这是她宁死也不愿意干的。于是她只好离家出走,拿着准备结婚用的全部积蓄,到北京来"旅行"。当然,在北京住不了几天,她的全部旅费就花光了。那一天,她冒着严寒,在结了冰的昆明湖畔徘徊了一整天。后来给民警发现了,怀疑她企图自杀,就把她送到派出所里去。事实上,她也没有别的路可走了。她身边只剩下两块钱和一个盛放盥洗用具和替换衣服的小挎包。

她刚说完,我忽然想到有件事情必须向她问清楚:"卢达华同志,那么,您为什么要写信给我,又对民警说想找我谈谈呢?其实您并不认识我,是不是?"

她揩干了眼泪,很难为情地向我解释:"那是因为,我在好些报纸和刊物上读过您的文章和作品,我总觉得,您有一副好心肠,同情那些不幸的人、落难的人,乐意帮助他们。我想,也许您家里还需要一个保姆,您和您的爱人——起初我还以为您是个女同志——总不会像鲁四老爷和四太太赶走祥林嫂那样的把我赶出大门吧!我实在已经举目无亲、走投无路了。何况,人活着,不仅需要吃饭,还需要一点同情和温暖啊!"说到这里,大滴大滴的泪珠在她的眼眶里转悠着,我简直不敢也不忍正视她那哀伤的眼神和泪光。

"唉,很遗憾,这恐怕不大可能!"叫我怎么说才好呢?在经济收入上，我多负担一两个人的生活费是完全没有问题的。但，难道她一点也不知道，等待着我的很可能就是跟她的男朋友同样的命运吗？

她定一定神，马上接着说："啊，我真傻，我也知道这完全不可能。最近我在报纸和杂志上已经读到一些批判您的和您批判自己的文章了。您的命运恐怕比我们也好不了多少！"

我紧咬着下唇强忍住痛苦，心神不定地说："那么，您需要钱吗？也许在这方面我还能给您一点帮忙。我想，您恐怕还是回到您妈妈和妹妹那里好一些。"

她哽咽着，眼睛直愣愣地望着我，带着一副听天由命的神气："谢谢您的好意。我不需要钱。假如我还能够回去的话，我就不必跑出来了。对不起，您是个好人，我不想再给您添麻烦了，不想再连累您了，我……总会找到……自己的归宿地的。"说完，眼泪一滴接着一滴地落在地上。

这时候，派出所所长突然出现在我们的身旁，正儿八经、公事公办地说："不管怎样说，我们公安机关有责任把卢达华同志护送到她原来居住的地方和她原来工作的单位去，至于旅费和途中的伙食，我们全部可以负责。黄同志不必破费了，况且这样做也不大好。"他又转过头来对我说："快下一点了，您也该回去休息了吧！"我这才明白，原来卢达华跟我谈话的时候，这位所长一直在隔壁旁听着。我并不责怪他，因为这是一个公安人员应尽的职责，把案情全部弄清楚。

我只好无条件地服从所长的命令。临别时，我跟卢达华握了握手，她的手既冰凉，又颤抖，好像是一个临终的病人的手。我不禁打了一个寒噤，心里说不出是什么滋味。我仿佛听到卢达华嗫嚅着说："永别了，黄秋耘同志！"当然，这也许只是我的幻觉。

从此我就永远没有再和卢达华见过面，也没有办法打听到她的消息。其实，打听到又有什么用处呢？千里迢迢，难道我还能够给予她什么帮助吗？我只好闭上眼睛，只当作什么事情都没有发生过的样子。但，每当我心情忧郁，或者独个儿沉思默想的时候，她那哀伤的眼神和泪光就出现在我的脑海中，好像在埋怨我、责怪我，一个她憧憬着的“有一副好心肠”的人，竟然会变得那么冷酷！我永远不能原谅自己，因为我辜负了一个人的信任，辜负了一个把我当作亲哥哥一样的年轻女孩子的信任，我伤害了一个人的心，甚至可以说，我杀害了一个人。我本来应当答应她的请求，可是我竟然为了害怕受牵连而断然拒绝了。难道不正是我，间接逼她去找寻最后的“归宿地”吗？我的良心不可能不受到最严厉的谴责，直到二十多年后的今天。我一次又一次地忏悔而流泪，然而这一切都是徒然的了。

我想得很远，也想得很多，我并不仅仅为卢达华一个人的不幸遭遇而感到悲伤。我想，每一次革命战争的胜利都是由一些普通的劳动人民、普通的青年男女用生命和鲜血换得来的，而当战争胜利之后，等待着他们的仍然是坎坷不平的苦难历程和人为的悲剧命运。这二十年来，我们走了多少曲折复杂的道路，付出了多么沉重的代价啊！有多少人无缘无故地死在武斗的疆场上，又有多少人在“自己人”的监狱和劳改场中含冤受屈、饮恨吞声而死去。我曾经是一个军人，我深深地体会到，在战场上，死在自己人的枪炮下要比死在敌人的枪炮下痛苦得多，悲惨得多。

啊，中国！但愿这一切害己害人的昏迷和强暴都永远成为过去！但愿那哀伤的眼神和泪光再也不会出现在任何一个青年男女的脸上！但愿人们都能得到正当的幸福！

最后，我觉得有责任把卢达华的最后命运告诉读者。1984年10月，我突然接到她从四川泸州寄给我的一封信，是通过《羊城晚报》编辑部转来的。信的原文如下：

您还能记忆吗？是十九五八年的初春，颐和园派出所中的邂逅……

别后，我被一声“右派”，就给推进了公安局。

坎坷岁月，已给我两鬓添霜。为了请求落实政策，我记录下了因何故致残的全部经过（现在我一遇到刺激精神上就呈现痴呆状态）。我携带这份稿件走访了一个个报刊编辑部，都受到婉言拒绝，有一位编辑同志还不失坦率，他说我写得太实了，任何一个报刊编辑部都不会发表它的。

本来早就想给您写信，可是欲言又止了，何况又不知道您的确切地址。近日来读了您的回忆录（指《风雨年华》），又读了您的一些抒情言志的散文。我想，八十年代的黄秋耘可不还是那个五十年代的黄秋耘么？这么一想，我就鼓起勇气寄出这封信，碰碰运气，希望能落到您的手里……

我两眼含泪地读完了这封信。只有一点我必须声明一下，她的真姓名并不叫卢达华，为了不言而喻的原因，我只好给她改了姓名。这一悲剧所造成的灾难性的后果是不可弥补的。

三　在夜气如磐的日子里

我到《羊城晚报》工作了仅仅四十多天，史无前例的“文化大革命”就开始了。其实，我在《羊城晚报》担任编委，主持理论宣传部（由前湖南省委宣传部副部长方克担任我的顾问），在这段时间里根本没有做过什么重要工作，处理过什么重大问题。我所签发的绝大部分主要稿件都是经过中共中南局宣传部正、副部长直接审阅批准的，即便出了什么乱子，主要罪责也不在我，甚至不在《羊城晚报》的其他负责人。但是《贵州日报》首先发难，接二连三地发表了一系列文章，批判我那篇1962年7月在《山花》文学杂志发表的历史小说《鲁亮侪摘印》，说它和《海瑞罢官》是同一类货色。

接着,《人民日报》又发表了公盾的一篇署名文章,主要是批判北京市委所领导的《北京文艺》的,有一段话点了我的名,说“吴晗的《海瑞罢官》是骂皇帝的,《杜子美还家》也是骂皇帝的,因此黄秋耘与吴晗是‘一丘之貉’”。这是作者个人的看法,还是遵命而作的,我不知道。我是认识作者的,和他见过几次面,也交谈过一些话,但并无个人恩怨可言,想不到他把我抬举得那么高,与吴晗相提并论。吴晗是“三家村”的第二号人物,我既然跟他是“一丘之貉”,那当然可以定性为“三反分子”了。不过,我在《羊城晚报》只工作了四十多天,确实没有犯过什么大错误,连一张与我直接有关的大字报也没有,工作组和造反派革命群众也不好给我定什么罪名,只好暂时让我“靠边站”;在家里闲居。到了8月份,叫我回报社参加一些体力劳动,搞点清洁卫生工作,下班后仍然可以回家住宿和自由行动。由于没有材料,他们没有开会批斗过我,批斗别的“走资派”的时候,既没有让我参加,也没有揪我去陪斗。

我有一个中学时代的老同学,名叫黄少列,在广东增城县一所中学里教书,他读到《人民日报》那篇文章,就痛哭流涕,对他的妻子儿女说:“像黄秋耘那样的人,加入共产党三十年了,只因为写了一篇历史小说,就犯了‘骂皇帝’大逆不道的罪,不枪毙,至少也要判无期徒刑。何况像我这样,对革命没有丝毫贡献,家庭出身不好(他出身于破落地主家庭),历史上又有污点,参加过国民党,还有什么可以指望的呢?灾难肯定会落在我们这一家子的头上来的。”他回到增城乡下,就静悄悄地上吊自杀了。他死后不久,果然不幸而言中,红卫兵抄了他的家,由于他早就告辞了人世,倒也没有受到过揪斗和人身侮辱。在十年动乱当中,千百万人都遭到了不幸,也就是所谓“非正常死亡”,像黄少列那样,确实还不能算是受迫害致死的。最初说他是畏罪自杀,自绝于人民,试问他畏的是什么“罪”呢?一个老实巴交的乡村中学教师,既不是“走资派”,又不是“反动学术权威”,更不是叛徒和特务,假如说他犯了罪的话,他犯的只不过是“该死罪”。据说在法国大革命期间,凡是出身于大贵族家庭的人,即使没有现行的反革命罪行,也有被送上断头台的危险,像《双城记》中男主人公查理·达尔奈就是这样的人,虽然他一贯同情贫苦的平民,憎恨贵族阶级的暴行。不过,出身于大贵族家族,假如彻底背叛了自己原来的阶级,反过来参加革命,也是可以允许的。例如雨果在《九三年》中所写的那个革命军司令官郭文,就是一个背叛剥削阶级的革命者,他最后也难逃一死,但这一下场与他的出身无关,而是因为他擅自放走了一个罪行累累的反革命头子。中国的“文化大革命”倒彻底得多,也简单得多,把所有的人都划分为“红五类”和“黑五类”(后来又增加为“黑七类”),红的都应当直上天堂,黑的都应当直下地狱。这条法规是赫赫有名的“血统论”创造者谭力夫所制定的,他的父亲谭政文生前是一个省的公安厅厅长,他自然是个天生的响当当的造反派,用两句口号来概括,就是“父是英雄儿好汉,老子反动儿混蛋”。“血统论”后来被批判了,谭力夫也因为指挥武斗,杀伤人数太多,被“从轻”判处监督劳动两年。“血统论”在我们的人事工作中曾被奉为金科玉律。大多数部门使用一个干部,都要翻翻他的档案,查查他的家庭出身,家庭出身不好,就不能重用,甚至根本不能录用。在“三反五反”后清理内部时期,有些干部就仅仅因为家庭出身不好而被开除公职。

可是,说起来也奇怪,中国共产党的高级领导干部出身于剥削阶级家庭的大有人在。对于高级干部的家庭出身,只要他自己不说出来,绝对不会有人追查。“为尊者讳”,这是古有明训的,孔夫子是私生子,基督耶稣也是私生子,私生子不见得怎样不光彩,但是史书对此都讳莫如深。受到家庭出身影响的,只限于学生、职工、大中小学教师和一般干部。北京市郊区大兴县有一个村子在“文化大革命”初期的一个冬夜里,把全村的地富分子及其家属七十多人集中起来,统统处决,连刚出生的婴孩也不放过,尸首全都丢在枯井中。用杀人者的话来说，叫做“斩草除根，免留后患”。在全国其他地区，这一类集体屠杀的惨剧也并不是绝无仅有，有些地方杀地富分子及其家属，有些地方杀走资派及其家属。

革命的目的难道就是要杀害无罪的人，使人道窒息么？革命的目的难道是要灭绝人性么？每一个目睹或者耳闻十年动乱中这些惨剧的人，只要他是还有点正直良心和清明理智的人，都少不了会发出这样的疑问的。

1966年国庆节过后不久，中国作家协会接二连三地来电要《羊城晚报》派人把我送回北京去“参加运动”，用更坦率的话来说，就是“揪回北京去批斗”。《羊城晚报》已经成立了革命委员会，革命委员会主任郑宝玲找我去谈话，语气还是比较温和的。他说，既然中国作家协会要我回去“参加运动”，还是回去为好。但是路上很乱，万一出了事，就双方都负不了责任，碰巧《羊城晚报》有三位同志去北京“采购摄影器材”，最好跟他们结伴同行，互相照顾。车票已经买好，第二天下午就可以动身。至于工资和粮票，报社每月会派人送到我家里去。我心里明白，这三位同志就是变相的“解差”。不过，咱们中国人待人接物是要讲面子的，不好用这种刺激性的词儿，特别是对待一个尚未定性的“冲击对象”，这种人最后打倒不打倒，尚在未可知之数，说不定他将来东山再起，又担任领导职务呢？

应该说句公道话，这三位“解差”和我素昧平生，但一路上对我还是照顾得很“周到”的。他们郑重地嘱咐过我火车中途停站时不要下车买东西，需要什么东西，可以拿钱托他们代买。上厕所时，要先跟他们打个招呼，别把门关死，他们会有一个人站在门外给我担任警戒，不许别人进去。后来我看影片《巴山夜雨》，看到押解诗人秋石的那两位公安人员的态度就跟他们差不多，冷淡，但是并不粗暴，而且尽量使同车的旅客不觉察我们四个人有着不同的身份。当然，和《巴山夜雨》不一样，他们并没有在中途把我放走。老实说，即使他们要放走我，我也不肯走的。一来我不想连累别人，二来我身上只带着为数极其有限的粮票和现款，无处可以投奔，倒不如老老实实回北京去“参加运动”为好。我知道，在那个兵荒马乱的时代里，到处流窜是很容易送命的。就算没有被打死，没有饭吃，也熬不了几天。旧社会江湖上的朋友有一句名言：“假如非吃官司不可，要在大地方打官司，在小地方吃官司！”我有幸在首都打官司，就已经谢天谢地了，还要往哪里跑呢？

虽然我们乘坐的是特别快车，从广州到北京也足足走了三天三夜，而且只开到西直门车站为止，不到总站。下了车，那三位“解差”对于北京的街道和交通路线一点也不熟悉，还是由我领着他们转了几趟公共汽车，去东总布胡同二十二号中国作家协会的临时会址报到的。

回到中国作家协会，革命造反派欢迎我的见面礼，是开了一个为时不到15分钟的“批斗会”。大概由于时间已晚，开会时已经接近下午5点钟，多数人都已经回家，参加的只有三四十人，还站不满半个院子，他们只喊了几句“打倒黄秋耘”、“打倒漏网右派黄秋耘”的口号，并没有向我提出什么问题，我也觉得没有什么话可说。“行礼如仪”之后，就匆匆宣布散会了。散会后，由通讯员张会武领着我到顶银胡同中国作家协会宿舍居住，那里面有一个很大的房子，面积差不多有30平方米，放着3张单人床，几张办公桌，但是只住着刘白羽、陈白尘和我3个人。张会武嘱咐我，不要跟刘、陈两人谈到与运动有关的任何事情，对作协过去的旧事也不要重提，但是彼此随便聊聊天是可以的。我个人可以到南小街一带买点日用品和食物，但最好不要到处串门，探亲访友，如果需要远出，要跟他或者冯振山打个招呼，他们两人就是我们的监护人。总之，对于我的行动虽然有所限制，但比之刘白羽和陈白尘还是可以享受更多自由的，他们绝对不准在没人监护的情况下出大门一步，当然不允许上街吃饭和买东西，只能在有人监视之下去东总布胡同二十二号的饭堂吃饭，时间不得超过半小时。

冯振山是一个矿工出身的中年工人，过去在《文艺报》当过几年通讯员，跟我很熟。他经常把我叫到他的屋子里谈天，因为张会武经常外出，他一个人看守着三个“黑帮”，无聊得很。有一天，他很激动地对我说，对这么一场运动他自己也很想不通，一下子把那么多老干部、大干部全都打倒了，又是“炮轰”，又是“火烧”，又是“油炸”，用旧戏里的话来说，这些人可都是开国元勋，一品当朝，无产阶级的江山都是靠他们流血流汗打出来的，没有功劳，也有苦劳呗！干吗要这样对待他们？他劝我不要过分担忧，因为我不过是一个小小不言的“走资派”，在政治上又一向受压，总不是当时得令的红人，如果政治历史上没有什么问题，没有当过叛徒和特务，就说不上有多大的罪行。工作上的错误，有中宣部部长、副部长那些大官们顶着呢，在他们之下还有张光年、刘白羽等人，天塌下来也压不到我的头上。至于我自己写的文章，革命群众可以作这样或者那样的解释，比方说“骂皇帝”吧，只要我矢口否认，他们也没有什么办法，顶多是批啊斗啊，到头来还是定不了罪。大不了就罢了你的官，让你回家去种地放牛，这样也没有什么不好，比摇笔杆子还舒坦得多。说到他自己，等到“文化大革命”收了场，就再也不在中国作家协会那样的破衙门里“当差”了，要么就回家种地，要么就去当工人，他有的是力气，干活又踏踏实实的，到哪儿混不到一碗饭吃，何苦留在这个是非之地活受罪。“文化大革命”后，他果然在故宫博物院当了个环境卫生队大队长，一天到晚带着几十个清洁工人把故宫打扫得干干净净，倒也安居乐业，心安理得。

老冯这一席话对我的启发很大。打从那时候起，我对行政工作和文字工作就越来越感到厌倦了，觉得这一切都只不过是给官场装点门面的“汤儿事”，而且很难办得好。你要得民心，就会失官心，你要得官心，就会失民心，一仆二主，处在夹缝里的日子是很不好过的。我干力气活远不如老冯,但我多少有点儿手艺,会做点木工,又懂得点医道,不做官,不摇笔杆子,不写稿,不批文件,我照样可以靠粗茶淡饭过日子。无官一身轻,或许还能够多活几年呢。

在冯振山的"包庇"下,我经常可以逛大街。南小街一带的小吃店很多,我时不时可以去吃牛肉馅饼,喝碗加白糖的红豆粥。逢星期天,冯振山还主动给我放假,让我去南城宣武门外校场口中学看看我的爱人(她原来是校场口中学校长,"文化大革命"初期也被当作"走资派"揪回北京批斗,不过没有隔离审查,可以自由行动),或者去西城椿树胡同看看我的妹妹。我请教过冯振山,万一在路上碰到革命群众该怎样应付。他说:"不要紧的,他们不问你,你只装作看不见,不用跟他们打招呼。他们要是追查起来,你就说是冯振山打发你出来给他捡中药的,这儿就有一张中药方子。作家协会的革命群众都是些'臭老九',谁敢得罪冯大爷这个响当当的工人阶级呢。再说,他们两派都急于夺权掌大印,正在斗得不可开交,你争我夺,你打我踢,谁还顾得上管你?你放心去好了,不过,要早点回来,晚上外边乱得很,挺危险的,这年头,三人欺俩,何况你孤零零一个,又是'黑帮'!"一个响当当的工人阶级竟然和一个"黑帮"说这种心里话,真是不可思议,可见界限有时候不大容易划得清。人心之不同,有如其面,想不到冯振山那么一个粗手粗脚的矿工,却生就一副菩萨心肠。即便在那个"革命革命,六亲不认"的年代里也不见得个个人都是心如铁石的。在这个动不动就斗个你死我活的世界上,毕竟还是好人比坏人多得多,人们的正义感和同情心,毕竟还没有完全死绝。后来我在一些文学作品中看到,像冯大爷那样的人,倒也为数不少。比如冯骥才在小说《雕花烟斗》中就写过一个这样心地善良的劳动者。

在冯大爷的"庇护"下,这样平安无事而又百无聊赖的日子,我大约过了半年左右。在十年动乱开头的大半年,作为一个被关进了"牛棚"的"黑帮"还能够这样逍遥自在,优哉游哉,不能不算是奇迹。使我稍微感到遗憾的是，除了《毛泽东选集》和小红宝书(《毛主席语录》)外，任何其他书籍都一律不许看，报刊只准看《人民日报》、《红旗》和中国作家协会造反派出版的《文学战报》。至于听广播，那是绝对禁止的，何况我们这三个人谁也没有办法弄到一部小小的袖珍收音机，即使弄到了也听不到多少真实的消息。至于一天到晚轮流播放的样板戏和语录歌，我一听就心烦。

我的那两位同牢难友——刘白羽和陈白尘，表现完全不同。刘白羽忧心忡忡，愁眉不展，从早到晚埋头伏案写交代材料和外调材料，难得说一句话。他对我说的惟一的一句“悄悄话”，就是：“唉，确实是一场十二级台风！”陈白尘却满不在乎，整天在打哈哈，说笑话，装出一副玩世不恭的样子。他对我说：“别看局势那么严重，我看到头来总会出现一个戏剧性的收场，揪出来的人那么多，总不能把他们都枪毙掉或者判刑送去坐牢嘛，牢里容不下几千万人啊！顶多来一个统统罢官，削职为民，那又有什么了不起，我正求之不得呢！”1966 年除夕我抄了一首黄晦闻的《岁暮示秋枚》旧体诗，拿给陈白尘看：

> 来日云何亦大难，文章尔我各辛酸。
> 强年岂分心先死，倦客相依岁又寒。
> 试挈壶觞饮江水，不辞风露入脾肝。
> 何如且复看花去，蓑笠人归雪未残。

陈白尘看过后，一本正经地说：“‘文章尔我各辛酸’，‘倦客相依岁又寒’，这两句诗倒很贴合咱们当前的处境。不过，‘强年岂分心先死’这一句，我不赞成，心不能死，心一死，就什么都完了，‘哀莫大于心死’嘛。咱们的气质不大一样，我是个喜剧人物，你嘛，说句老实话，恐怕只适合做个悲剧人物！”细细想来，陈白尘这番话倒有点道理，不管是喜剧人物也罢，是悲剧人物也罢，心都不能死,心一死,就连辛酸的文章都写不出来了。不过,悲剧人物也不见得一定没出息,伯夷、屈原、荆轲、李广、岳飞、张学良、杨虎城、彭德怀、潘汉年……全都是悲剧人物,他们赢得更多人的同情,他们的悲壮的事迹将永远铭刻在人民的心灵上。受到唾骂和鄙薄的,不是他们,倒是那些装腔作势的小丑,祸国殃民、伤天害理的"英雄",趋炎附势、飞黄腾达的新贵。当然,喜剧人物不见得全都是坏人,悲剧人物也不见得全都是好人,要根据具体情况作具体分析。比如恺撒、拿破仑、克伦威尔、慈禧太后、袁世凯以至斯大林……究竟算是喜剧人物还是悲剧人物呢?就很难说,一个人往往同时既是喜剧人物,又是悲剧人物,以喜剧开始,而以悲剧告终,或者恰恰相反,或者悲喜交集。

1967年春末夏初,中国作家协会的派性斗争,以"造反派"占了压倒优势,"革联"败下阵来而告一段落。"革联"的三个头头——阎纲、甘棠惠、大周明全都被关进了"牛棚"。当了权的"造反派"就能腾出手来批斗走资派了。主要的批斗对象自然是邵荃麟和刘白羽,像我这样官比较小的"走资派"和下了台的"走资派"(例如郭小川、陈白尘等人)只配站在后排陪斗。被批斗的时候当然一律都要低头,但对站在后排的人不一定都要求做出"喷气式飞机"的姿势。我看在被批斗的人当中,最受罪的是郭小川,当时他正在患急性黄疸肝炎,肝区隐隐作痛,要他低着头弯着腰站上两三个钟头,远非他的体力所能支持得了的。当他痛得实在忍受不住的时候,就蹲下来,双手捂住肝部,那时马上就有一个最积极的"造反派"走过来,揪着他的头发拉他站起来,还骂一句"别装蒜"。我经常站在他身边,低声悄悄地对他说:"你真是支持不住,就往墙上靠,或者往我身上靠,可千万别蹲下来。"以后他果然学得乖一点,就再也不敢蹲下来了。

1968年一个深秋的早晨,西风凄厉,我和侯金镜、冯牧在东总布胡同二十二号的院子里扫落叶。屋檐下一边挂着毛主席像,一边挂着林彪的标准像。侯金镜抬头望了一眼林彪的标准像,喃喃自语道:“吓,这家伙真像个小丑!”冯牧和我听到了,当然都不敢吭声,只管埋头扫地。不料他这句“恶攻”的话,给当时站在旁边的一个中学生听到了,出于“革命义愤”,马上向造反派检举揭发。侯金镜当然给扣押起来,以“现行反革命罪”论处。为了找旁证,第二天造反派把我带到一个小房间里,进行“突然袭击”审讯,首先由一个大嗓门的人喝问道:“昨天早上你和侯金镜他们打扫院子的时候,说过什么话没有?”我不慌不忙地回答道:“昨天刚刮过西北风,落叶很多,我们拼命扫也扫不干净,哪里还顾得上说话聊天!”另一个声音又高声喝问:“就算你自己没有说话,听到侯金镜和冯牧说过什么话没有?只要你肯供出就可以将功赎罪!”我说:“没有,真的没有。风大,扫帚刷在地上沙沙作响,我耳朵又有点背,啥也没听到!”他们看到我这个“顽固堡垒”攻不下来,只好大喝一声:“滚蛋!”在当时,我最爱听的话,就是这个“滚蛋”,这意味着“解脱”,“平安无事”。

我解脱了。侯金镜却被打得很惨,作为“造反派”总部的四〇一号室不时传出他受刑时的嚎叫声,听说他在酷刑拷打之下还是招供了。招供的当天晚上他就喝了放在厕所里的一瓶“敌敌畏”自杀,但由于那瓶“敌敌畏”启用的时间太久,毒性减弱,又只有半瓶,他被送到医院里去洗胃抢救了过来,没有马上送命。不过肠胃都给腐蚀了,消化力很弱,后来1971年8月间因心脏病迸发,死在湖北咸宁“五七干校”。唉,在那个比“厉王监谤”还要可怕得多的时代里,真是“一言可以丧身”!遗憾的是,他早死了一个月,假如他知道那个被他骂为“小丑”的家伙在温都尔汗自我爆炸之后再死,他将会瞑目于九泉之下的。

1967年国庆节前后一段时间,所有走资派、黑帮、牛鬼蛇神、猪猫虫鼠,总而言之,一切“冲击对象”统统都要严加监护、看守,以免他们在节日期间出问题。中国作家协会被揪出来的达四十多人,而革命群众一共只剩下一百三十人左右,其中有不少还是“逍遥派”,躲在家里不来上班的,又派出了一部分人去外调。因此,只好把“冲击对象”分成若干个小组,分别关在几座宿舍里,每座宿舍只派出几个“革命群众”轮流值班看守,从人数上来说,他们比“冲击对象”还要少得多,只好看而不管,光守着大门,不让里面的人逃跑出来就算完成任务。至于“冲击对象”之间会不会趁此机会串供,订立“攻守同盟”,他们根本不过问,实际上也无法过问。

有好几天时间,邵荃麟和我两个人被关押在小羊宜宾胡同五号一间很小的房间里。那时他患着严重的肺气肿,每天晚上不注射安茶碱就咳嗽得睡不着觉,也妨碍别人睡觉。革命群众知道我懂得一点医疗技术,因此把我们关押在一起,好让我给他注射安茶碱。医生和护士都是革命群众,为了划清界限,是不肯给他注射的。有一天半夜里,他咳嗽得很厉害,我端着茶缸坐在床前给他接痰,他忽然用冰冷的双手紧握着我的左手,断断续续地说:“秋耘,我们总算共事多年了,你给我想想看,我参加革命这几十年以来,有没有干过什么对不起党的事?”我带着哽咽回答他道:“你在1946年以前的事,我不知道。自从1947年以来,我们大部分时间都在一起。我想,我们可能犯过这样或那样的错误,但有意识地去搞什么阴谋诡计,搞反党反社会主义的勾当,我没有干过,我相信你也不会干的。人家说你是叛徒,假如这是真的话,那么,我和一些在您直接领导下干地下工作和策反工作的同志早就该被出卖了,落在敌人的手里了。怎么能安然无恙地活到全国解放呢?要知道,当时有些事情咱们是把脑袋掖在裤腰带上去干的啊!我想,总有一天,组织上一定会把问题弄清楚的。”他喘着气,一字一顿地说:“唉,这些年来(我想,他的意思大概是指自从1964年秋季批判“中间人物”论以来),有好些事情我都不大了解,也没有办法向同志们解释清楚,但,我相信……党,相信群众……”接着,一阵猛烈的咳嗽打断了他的话,他就没有说下去了。在地下党时期,我曾经和邵荃麟同在文委工作,他担任书记,我担任过党小组长、支部组织委员、文委候补委员等职务,同在一个党小组里过组织生活,一起参加整党,对于他的历史我还是比较清楚的。他是在1926年入党的,参加过北伐战争期间的上海工人第三次武装起义,打过街垒战,以后又长期干地下工作,曾经在周总理直接领导下参与过许多机要工作。他的历史也没有什么可疑的地方,30年代初期他在上海法租界被捕过,是他家里花了两千块大洋保释出狱的,他的父亲是一个贩卖中药材的大商人,两千块大洋算不了什么。这个问题整党时他亲自谈过,有证明人和证明材料,到1956年审干时也早已作过结论。怎么又会突然变成叛徒和反革命分子呢?当时我没有把这些想法说出来,只是在黑暗中紧握着他的手,默默无言地度过那个漫长的秋夜。

法国16世纪大哲学家蒙田曾经迷惘地写道:“我能知道些什么呢?怀疑是一个软枕头。”在十年动乱期间,也许还在这之前好几年,我对一切都怀疑起来了,是和非,善和恶,真理和异端,好人和坏人,光明正大和阴谋诡计……好像一切都颠倒了过来,你不能按照正常的逻辑去衡量、去理解。我想,要么就是我自己发了疯,要么就是整个世界,至少是某些领导人发了疯,丧失了正常的理智。不过,对于我来说,怀疑并不是一个软枕头,它无宁是一张钉床,我躺在它上面穷年累月地忍受着痛苦的熬煎和考验。

我曾经读过好些中国和外国的历史著作,我还不曾发现有哪一个国家在哪一个年代里发生过像中国在“文化大革命”期间那么多、那么荒唐、那么惨绝人寰的悲剧。有一本传奇的笔记小说记载过一个荒诞不经的故事:有一个地方发生过一场“蛙战”。一群成千上万只青蛙和另一群成千上万只青蛙之间展开了一场你死我活的恶斗,你咬我,我咬你,有时几十只、几百只青蛙扭打成一团,直到双方都尸横遍野为止。因为那一年大旱，大部分池塘沼泽都干涸了，所以蛙群要争夺有水草的地方，这样残酷的战斗显然还是为了一个争夺“生存空间”的目的。但“文化大革命”期间在全国范围内展开的“派仗”（全面武斗），伤亡人数也动辄以成千上万计算，为的又是什么目的呢？难道人类真是比青蛙还要愚蠢的动物么？天晓得当时是怎么搞的？难道仅仅为了江青一句“文攻武卫”的号令，就有成千上万的人甘愿把性命都豁了出去，奋不顾身，冒着枪林弹雨，肝脑涂地，粉身碎骨。

跟我们同关在一起的有一个二十多岁的青年，名叫朱学逵。他是1964年度的北京大学中文系毕业生。那一年春末夏初，我奉中宣部副部长周扬之命，去北大、南开、山东、复旦、四川等五所大学挑选十名应届中文系毕业的高材生给《文艺报》当见习编辑，培养他们成为文艺评论工作的新生力量，朱学逵就是其中的一个。我认真审阅过他的毕业论文和全部档案，他的业务水平算得上中上，又是烈属（他的父亲是个同情革命的群众，解放战争期间被国民党反动派杀害），可谓“根正苗红”。“文化大革命”初期，他就当上了中国作家协会红卫兵大队长，经常给我们这些“黑帮”训话。他说，我们这些“走资派”的地位相当于解放战争中国民党的中、高级俘虏军官，某某人是军长，某某人是副军长，某某人是参谋长……只许规规矩矩，不许乱说乱动。不过，他并没有动手打过人，没有虐待过“俘虏”，不实行“红色恐怖”，大家对他也没有什么恶感，后来在派性斗争中，他给作为对立面的那一方检举揭发，说他在《毛泽东选集》上面圈圈点点，在有些地方还加上问号和提出疑问的批语，这些“大不敬”的行为统统都被认为属于“现行反革命”罪行。因此他这个红卫兵大队长就马上被扣押起来，关进“牛棚”，与“走资派、反动学术权威、叛徒、特务……”同一命运。不过，在关管上比我们这些人稍稍放松一些，劳动强度也轻一些。

朱学逵有一个很要好的同学阎长贵是中央“文革”领导小组

成员戚本禹的机要秘书。戚本禹当时是个炙手可热的权贵。每当他到中国作协来巡视工作，我们这些“黑帮”全都要肃静回避，关在房子里不许外出，小便也只准尿在痰盂里，以确保“首长”的安全。由于阎长贵在戚本禹面前替朱学逵说了几句好话，戚本禹一声令下，朱学逵就马上被“解放”了。当然还没有官复原职。他经过这一番波折之后，似乎变得老实得多，碰到我们这些“俘虏军官”也点点头，大概是“看破红尘”，只想当个“逍遥派”了。

人世间有许多意想不到的事情，正如老子所说，“祸兮福所倚，福兮祸所伏”，朱学逵刚被“解放”不久，王（力）、关（锋）、戚（本禹）一案就被揭发了出来，朱学逵的问题反而闹大了。人们说，朱学逵是一个大学刚刚毕业的小人物，竟然有戚本禹这样的大人物出头来替他说话，可见他的来头不小，很可能戚本禹就是他的黑后台。这样的推论当然是毫无根据的，朱学逵根本不认识戚本禹，戚本禹也没有接见过朱学逵，戚本禹之所以要替朱学逵说话，无非是给阎长贵一点面子，争取阎长贵更加死心塌地给他效忠，感恩图报。但是戚本禹既然变成了“五一六”反革命集团的头子，那么受过他庇护的朱学逵至少也可以算是一只“小爬虫”了。1968 年春天，中国作家协会开了一个群众大会批斗朱学逵（我们这些“黑帮”当然不许参加，也不用陪斗）。宣布他的罪状是“现行反革命”加上“五一六”反革命集团的“小爬虫”，会上有人提议要把他送到北京卫戍区拘押起来，其实这只不过是说说而已。像朱学逵这样的“小爬虫”，全北京市何止数以万计，卫戍区怎能收容得了。何况进了卫戍区，可以安安静静过日子，不用挨批挨斗，比之在“群众专政”之下还舒服得多，安全得多。朱学逵毕竟还年轻，没有政治斗争经验，经不起那么一吓，上午刚开过批斗会，中午十二时零五分，他就甩开了监视他的一位女同志，跑进五楼的男厕所，爬上窗台跳进另一个世界里去了。那时他刚结婚几个月，临跳楼前还把新手表搁在窗台上留给他新婚的爱人，来不及写遗书了。他当时究竟是怎样想的,谁也不知道。我觉得奇怪的是,当一个人在决定割弃自己生命的时候,还会念念不忘一块新手表。《诗经》中《小雅·小弁》一诗写道:“我躬不阅,遑恤我后?”(我自身还保不住,又何必担忧身后之事。)有些人可不是这样想的!他跳楼时大概是脚先着地的,震坏了内脏,受到致命伤,地上没有血迹,也没有脑浆。他没有断气,还会呻吟喊痛,人们拿旧报纸覆盖着他的身体,没有把他送进医院抢救,他还挣扎、呻吟了好一会儿才死去,真是叫人惨不忍睹。当天下午四点钟,“造反派”第二号头目杨九江召集全体“黑帮”训话,宣布朱学逵畏罪自杀。但他犯的是什么罪,却没有对我们说明。接着就强逼我们挨个儿表态,“声讨”朱学逵。我只说了一句:“他这样死,真是轻于鸿毛!”马上就有一个造反派头头插话驳斥我:“不对!你内心可能同情朱学逵!你应当说,他这样死,只算是臭了一块地!”在那个严峻的年代里,是不允许人们有一丝半点同情心的,哪怕是对于一个无辜受害的死者。要说这是伤天害理,一点也不过分。

“文化大革命”的十年历史,可以说是用上百万人的鲜血、上千万人的眼泪写成的。当然,所谓非正常的死亡,不仅仅限于自杀,在武斗中阵亡的,被迫害、刑讯致死的,患病后得不到治疗致死的……人数还远超过自杀者之上。不过,在知识分子当中,自杀而死的似乎特别多。多数人是经不起精神上和肉体上的折磨或者失去亲人的痛苦而宁愿结束自己的生命的。也有些人并不是由于上述的原因,仅仅为了理想和希望破灭而死的。据我所知,著名散文作家杨朔并没有受到过太多拷打和肉刑,但由于精神上不堪折磨,却在1968年8月3日晚上突然昏迷致死,死因不明。我在他死前一个多月还在街上碰到过他,悄悄地交谈过几句话。从表面上看,他的身体似乎还不错,气色也还正常。诗人闻捷是在被“解放”一段相当长的时间之后才用煤气窒息自杀的。我的老同学、文学研究工作者、武汉大学中文系教授刘绶松夫妇是获悉“被解放”的消息后才双双上吊自杀的。《人民日报》文艺部副主任、杂文作家陈笑雨(马铁丁)在运动开始不久就跳湖自杀,他并没有受过什么折磨,每天还可以回家。他在家门口留下一张“生不如死”的条子就走了。……但是绝对不能说他们的死与十年动乱无关。一个人,不管是作家也罢,不是作家也罢,当他的理想和希望完全破灭,不相信未来还会有美好的生活的话,就很难有活下去的信心和勇气。十年动乱是一个漫长而曲折的苦难历程,它有足够的魔力来摧毁许多人的理想和希望,包括坚强的和脆弱的,单纯的和复杂的,甚至有不少身经百战的将军,出生入死的地下工作者,饱历沧桑的无产阶级革命家……他们都是用自己的手来结束自己的生命的。这样的人,哪怕在敌人的牢狱中也不会自杀,因为他们的理想和希望没有破灭。但是像“文化大革命”这样的灾难,他们就经受不起,因为他们没有思想准备,幻灭感征服了他们。人生最痛苦的是,“梦醒时无路可走”,在十年动乱期间,不少阅历较多的人都有这种感觉。幻灭感是一种致命的毒药。

在这里,我想用有限的篇幅来叙述一下诗人闻捷(赵文节)自杀的经过。我跟闻捷虽然不算是深交,但是也曾经两度共事,第一度在新华通讯社总社,第二度在中国作家协会。他是一个感情丰富而性格强烈的诗人。少年时代就参加抗日救亡工作,26岁到延安,一直在老解放区成长,他的生活道路可以说是一帆风顺的。“文化大革命”初期,红卫兵去抄他的家,要没收他的藏稿,他的爱人抱着他的《不尽长江滚滚流》长诗原稿跳楼自杀了,她是把他的作品当作他的生命的一部分热爱着的,这部沾满了鲜血的诗稿竟然也失落了,没有保存下来。接着,闻捷被隔离审查达数年之久,日子当然很不好过,但还是熬过来了。不幸的是,负责审查他的专案组组长是一个年轻的离了婚的女同志,经过几年的审查过程,她比较了解闻捷的为人和内心世界,因而对他产生了爱情。闻捷对他妻子悲惨的死亡虽然感到无限哀伤,但他那敏感而多情的性格使得他无法拒绝一个青年女同志的爱情,他把她当作一个大孩子,一个得意门生。其实他们的爱情无论在道德上还是在法律上都是无可非议的。闻捷在被“解放”以后就申请跟那位女同志结婚,这根据法律和党纪都是没有理由加以禁止的,既然双方都是没有配偶的公民,闻捷犯的“错误”又不是敌我矛盾,甚至没有受处分,他们彼此完全有互相结合的自由。可是这件事情让张春桥知道了,就大发雷霆,他说这是闻捷用他的资产阶级感情诱惑和腐蚀了那位革命的女造反派战士,这是绝对不能容许的。闻捷无法忍受这种人格上的侮辱和感情上的折磨。就在一个晚上把自己关在厨房里,打开了煤气炉的阀门,静悄悄地告辞了人世。他有一副好心肠,自杀前还用布条封密了门缝,不让煤气走漏出来伤害邻居和孩子。

多年以后,这位女造反派写了一部长篇小说《诗人之死》,详细地描述了这一悲剧的全部过程,这是一部很感伤的书,是一部“儒林哀史”,艺术上虽然粗糙一点,但还是很动人的。但,即便在“四人帮”被粉碎了五年多以后,直到 1981 年年底,这部书还是不能得到顺利出版的机会。上海文艺出版社通过了,发排了,由于某一位领导的干预,又停印了。第二年才由一家比较小的出版社接受出版。闻捷之死在“文化大革命”千百万桩悲剧中自然不能算是最惨苦的,也带有一定的偶然性。但由此可见,中国知识分子地位的低下和命运的悲惨,确是使人痛心的,特别是这一切都发生在社会主义新中国建立了二三十年之后。郁达夫曾经说过:“世界上的老百姓,恐怕没有一个比中国人更吃苦的”,而尤以知识分子为甚,特别是精神上的痛苦。

平心而论,我个人在十年动乱中的遭遇,在“牛鬼蛇神”当中,还算是比较走运的,我没有像侯金镜那样受过毒打,也没有像邵荃麟那样长期被监押在牢狱中,加在我身上的肉刑,最厉害的只不过是在粗沙上罚跪两三个小时,或者用帆布腰带在背上抽打几下,没有给身体和器官造成严重的损害,伤痕还是比较轻微的。特别是到了1969年以后,“文化大革命”的重点已经转移到“清队”、抓“叛徒”和“抓特务”,我在这两方面都没有沾上什么嫌疑,因此实际上已经处于“半解放”状态,可以自由看电视和电影,可以参加庆祝“九大”的游行。加以进驻中国作协的军宣队是来自张家口地区的炮兵部队的,那里面有一个负责人在抗日战争时期是东江纵队的连、排级干部,到“文化大革命”时期已经是正团级了。他看过我的自传和简历,知道我早就当过八路军办事处的工作人员和军调处执行部第八小组的联络参谋,解放战争后期还当过粤赣湘边纵第一支队的情报参谋,看在老战友的情谊上,对我特别照顾。6月间,有一天晚上,他找我去单独谈话,明确地告诉我:“不瞒你说,你的问题我们已经反复调查研究过多次了。你并没有多少罪行,只写过一些有错误的文章。走资派性质的错误当然有一些,但你只是执行者,而不是决策者、推行者,上纲也上不到‘三反’。顶多两三个月后就可以解决问题了。当然,你的态度要端正一些,检讨要深刻一些,你要放明白点,只有这样做,才能取得群众和组织的谅解。”军宣队真是“一言重于九鼎”的,哪个人可以“解放”,哪个人不能“解放”,在很大程度上取决于军宣队负责人的态度。果然到了九月上旬,我就被通知经过上级指挥部批准,决定解放我,结论的措词也很温和,只说我在执行任务的时候犯过一些走资派性质的错误,实际上就是宣判“无罪释放”,没有留什么尾巴。这一次是中国作家协会第二批解放干部,被解放的只有寥寥三个人,还有一个是“敌我矛盾当作人民内部矛盾处理”的。在这之前,被“解放”的作家,知名的只有谢冰心和李季两人。

我被“解放”的时候,大多数难友还关在“牛棚”中,经过革命委员会批准,我被允许向他们告别。因为按照身份来说,我已经是革命群众的一员了。我向韩北屏告别时,他的情绪很消沉,悄悄地告诉我说,他已被确诊患有胃癌,又得不到有效的治疗和适当的休息，恐怕至多只能活上半年左右，这一辈子大概和我不会有再见面的机会了。我当时也觉得黯然神伤，潸然泪下，只好说了几句安慰式的“多余的话”，虽然明知道他不会相信，也是无济于事的。平时患胃癌的病人一般也只有百分之十左右的治愈率，何况当时是在“非常时期”，药物奇缺，又没有医生敢给“黑帮”动手术。至于那些被列入归中央专案组管的审查对象，例如邵荃麟、刘白羽、陈白尘等人，则绝对禁止我跟他们接触和交谈，连在有人监视的情况下见面也不允许。有一次，我借搬运蜂窝煤的机会，见到邵荃麟一面，他那时已经瘦得不像人样了，这是我一生中见到他的最后一面。后来他死在十三陵附近的秦城监狱里。据当时关在他对门牢房中的刘白羽告诉我说，邵临死前的那个晚上高声惨叫了好一会儿，是由于疾病折磨还是由于被拷打，他也不知道。

我被“解放”后的第二天，军宣队队长、工宣队队长接见了我，提出两条出路任由我自己选择：一条是跟随中国作家协会所有的工作人员到湖北咸宁干校去，另一条是让我自己一个人回到广东去。他们指出，由于我原来所在的单位中南局及其下属机构都统统被“砸烂”了，我回去之后多半会去干校，但广东被解放的“走资派”（厅、局长级以上干部）为数甚少，说不定过不了多久就要我出来工作。我考虑了一下，决定选择后者。我想，“文革”前夕，我在广东《羊城晚报》只工作了四十多天，又不是主要的当权派，欠下的债不多，既然北京已经“解放”了我，并且已经作出定案结论，回到广东，只要循规蹈矩，不犯什么新错误，不捅什么新漏子，大概总可以平安无事，苟存性命于乱世的。要说去干校，广东的自然条件也可能要比湖北强一些，至少冬季没有那样冷。“在大地方打官司，在小地方吃官司”，这是最合算的。何况进干校还不等于“吃官司”，当时，“五七战士”倒是一个挺光荣的称号呢！

因此，我决定回广东去，一个星期后就动身。临走之前，我去遍访所有旧游之地，在那种“非常时期”，北海、景山、陶然亭……

全都冷落不堪,满目是衰柳残荷,增人怅惘,我也情不自禁地发出“鱼龙寂寞秋江冷,故国平居有所思”的感慨了。当然,这种“反动透顶”的感慨是不能说出来的。

军宣队特别批准我买了一张硬席卧铺票,说明回去后可以向原单位报销,以示关怀。那位军宣队队长说,按照我的级别和职务,本来是应当坐软席卧铺的,但刚“解放”不久,还是“克己”一点为好,我当然也欣然从命,让我坐卧铺,已经算是最“宽大”的了,何必非软席不可呢。

四 为跌下来而建造的塔

1971年10月下旬,广东人民出版社(后改为广东省出版事业管理局)恢复建制,省革委会委派省委宣传部副部长黄文俞担任出版社革委会主任(局长),我和其他三位同志担任副主任(副局长),我分工主管编辑业务。老实说,那一段时间几乎无书可出,无事可做,除了一些公式化、概念化的民兵故事、报告文学之外,只好翻印一些中央一级出版社出版过的小册子和发表在《人民日报》、《红旗》上面那些署名梁效、池恒、罗思鼎、江天、洪广思等又长又臭的文章和两报一刊社论的汇编本。大量出版物堆积在书库里发黄发霉,销售不出去。这一类政治书,除了摊派给机关、企业等单位作为干部职工的学习资料外,谁也不会花钱来买的。

我尽量利用空闲的时间多读点书,多下基层去跑跑。我虽说生长在广东,1951年以后,就调到外地工作,十多年来只回来过广东两次,都是来去匆匆。广东省有许多地方我都没有去过。从1970年至1975年这几年内,我几乎跑遍全省每一个地区,光是海南岛就去了三次之多。在梅县地区和汕头地区,我都下到生产大队和水利工地住了一个月左右,看到我们这个所谓“跨纲要省”的农民群众,包括在水利工地上干重体力劳动的民工,一天三顿都以白粥充饥,连一顿干饭也吃不上,下粥的小菜只有咸榄角(盐渍橄榄)和咸菜,偶然吃到点豆腐煮猪血,就算是打牙祭了。民生多艰,一至于此,真是令人无限感慨。

到了“文化大革命”后期,广东的农业生产更是每况愈下。为了做农村副业的调研工作,我在位处珠江口号称“鱼米之乡”的东莞县道滘公社(那里以生产草席著名)住过一个星期左右。农民眼看着一船船支援越南的大米和其他物资通过珠江运输出口,就大发牢骚骂娘,说中国人自己都吃不饱,却把一船船粮食和副食品无偿地支援越南,真是慷国家之慨,打肿了脸充胖子。说句公道话,在当时,支援越南人民的抗美斗争固然是义不容辞的,但是也应当量力而为,而且可以要求他们在战争结束以后分期分批偿还债务。后来越南黎笋统治集团在全国统一后就忘恩负义、恩将仇报,这是我们始料所不及的。至于我们同样慷慨无私地支援那个声名狼藉、不得人心的红色高棉领袖波尔布特,更是大大的失策。波尔布特的极“左”政策逼死了不少旅柬华侨和柬埔寨人民,使八百万人民濒临饿死,全国陷入恐怖之中,越南侵略者乘机入侵,终于断送了这个新生的人民民主国家。

1973 年初夏,正当我百无聊赖的时候,诗人郭小川从湖北咸宁“五七”干校出差来到广州,约我去见面。有一天,从傍晚到深夜,我们坐在珠江之滨二沙头体委招待所陈毅同志手植的大树下,恳谈了四五个钟头。他丝毫也不隐讳对江青和姚文元的不满和愤慨。他在我的耳边说了许多“悄悄话”,说江青和林彪本来就是一丘之貉,林彪虽然已经自我爆炸,但江青一伙(那时还未有“四人帮”这个名称)仍然在台上,“不去庆父,鲁难未已”,中国的政治危机还是极端严重的,江青一伙得势,无产阶级的江山就坐不稳了。在当时,这样的话真是“说出就是祸,能点得着火”。我一边听,一边苦苦地劝他说:“小川,你的心情我完全理解,你的观点我也同意,但这种话是不能说出来的,说出来有可能要掉脑袋,而且于事无补,你何必‘以身试法’呢？邓拓说:‘莫谓书生空议论,头颅掷处血斑斑!’就算你不惜抛头颅,洒热血,又有什么用?”他忽然激动地说:“我姑妄言之,你姑妄听之就是了。我知道,你是不会去告密的,这儿大概也不会装有窃听器!”郭小川真是一个才华横溢、天真得可爱的大诗人,五十多岁了,还是像个大孩子似的。我不知道他有没有跟同来的庄则栋说过类似的话,如果说了,那简直是发疯,自取杀身之祸。果然,到了 1973 年年底,他又被隔离起来了,关在天津附近的静海干校。(本来他早已获得“解放”,干校还准备把他分配到《体育报》当特派记者。)1975 年秋季,在王震同志的救援下,他第二次被“解放”,获准到河南林县他的女儿郭梅梅那里“体验生活”。1976 年 10 月 18 日晚上,也就是在“四人帮”被粉碎后的第 12 天,他在返回北京的旅途中,在河南省安阳市第一招待所里不明不白地被烧死了。说起来也凑巧,他住的那个房间是我同一年五月间住过的,面积很宽敞,又有套间,就算塑料褥子被烟卷点着,发出有毒的气体,也不易使人窒息致死。在十年动乱中,他身患重病,备受折磨,终于熬过来了,却死在“四人帮”刚刚被粉碎之后,真是有点冤枉。他跟我一起参加过“一二·九”运动,那时他还是个高中学生,比我还小一岁。他逝世那一年,只有 57 岁,假如不是惨遭不测,本来还可以写出更多脍炙人口的诗篇的。他死后,我写了一篇哀悼他的文章,是题目“一代诗人未尽才”,我想,对于郭小川来说,这句话并非过誉。

出版工作确实已经到了山穷水尽、无可作为的地步,新出版的书籍绝大多数都不是我所愿意出版的,出版以后我也懒得去翻阅它,而我认为值得出版的书籍,又根本无法出版,我对出版工作这一行简直心灰意冷,只好做一天和尚撞一天钟。碰巧那时国家出版事业管理局和中央教育部联合在广州召开编写、出版中外语文辞典的筹备会议,国家出版局局长徐光霄要向广东省委借调一个对业务比较内行的厅、局级干部去主持修订《辞源》的工作。我想，既然在出版部门无用武之地，那么，去修订《辞源》也好，即便不能“遁入空门”，那里至少是一个避风港湾，离开现实政治远一点，不必日日夜夜都提心吊胆，担惊受怕，或者被逼作违心之论，干违心之事，这正是我所求之不得的。因此，经过广东省委宣传部推荐，国家出版局同意借调，我就欣然从命了。

1975 年 8 月间，我和广东省出版局局长杨奇同志同去北京参加修订《辞源》的筹备会议，那时北京政治气氛紧张，人心反侧不安，似乎还有甚于“九一三”事件的前夕，有关江青的“四人帮”妄图篡党夺权和政治局内部斗争激化的消息甚嚣尘上。美国女记者维特克所写的《红都女皇》一书（原名为 Comrade Jang Ching，无中译本，一般人都管它叫《红都女皇》，其实原意为《江青同志》）已经流传到国内来，北京有不少人看到过，他们说出版这本书的目的，完全是想为江青树碑立传，制造舆论，做好“登极”的准备。1981 年冬，在我美国一个朋友的家中曾经粗略地浏览过一遍，这本书的内容确实无甚可观，大部分是根据江青自吹自擂的所谓第一手材料编写成的，其中无中生有、似是而非的东西很多。比方说，保卫延安、击退胡宗南入侵部队的战役是由江青亲自协助毛主席部署和指挥的。江青从来没有受过军事训练，带过兵，打过仗，连一点军事知识都没有，怎么能指挥几万大军，打那样大规模的战役呢？假如说，当时她在毛主席的身边，偶尔出过一些点子，还勉强说得过去，但这本书也没有提到这些点子的具体内容。

在我们开会期间，突然发生了一桩怪事。在 1975 年 8 月中旬的一个晚上，已经到了深夜十二点多钟了，姚文元突然召集文化部、国家出版局、《人民日报》、《红旗》杂志等有关单位的主要负责人，传达毛主席有关批判《水浒》的“紧急指示”：“《水浒》这本书，好就好在投降，作反面教材，让人民知道什么是投降派……《水浒》只反贪官，不反皇帝，摒晁盖于一百零八人之外，架空晁盖，接受招安……宋江投降，搞修正主义，宋江和高俅之间的斗争只是地主阶级内部这一派和那一派的斗争……”这些重要“精神”是我离开北京大约半个小时之前，才由国家出版局许力以副局长在北京火车站上一个角落里拿着原始的记录本向我一字一句传达的，据他说每一句都是毛主席的原话。我听了觉得很纳闷。根据以往的经验，凡是在文艺领域内发动一场大规模的批判运动，总是在政治上针对某一个大人物而发的，文艺批判很快就演变为政治斗争，批判《刘志丹》是这样，批判《海瑞罢官》也是这样。甚至批判《陶渊明写〈挽歌〉》，也说它是影射“庐山会议”，为彭德怀翻案。

谁是晁盖，这是不言而喻的。那么，谁又是现实生活中的宋江，谁要架空晁盖，摒晁盖于一百零八人之外呢？当时我反复想了很久，也猜不出这个千奇百怪的谜语。直到1975年年底，党中央在北京召开了“打招呼会议”，在会上宣读了经过毛主席审阅批准的“打招呼的讲话要点”，开始发动所谓“批邓、反击右倾翻案风”运动，我这才恍然大悟，谜底揭开了，原来所谓投降派宋江，指的就是周恩来和邓小平。从“批林批孔”开始，矛头一直是指向周总理的，后来周总理病危了，矛头又转向接替周总理主持工作的邓小平。但，通过批《水浒》去批邓，总感到难以言之成理，甚至荒唐可笑。也许正因为这样，虽然经过一再号召，批判《水浒》的文章发表得并不很多，而且大都是含沙射影、闪烁其辞、不着边际的，一般读者都莫名其妙。当时中央还下达命令，要大量印刷一百二十回本的《水浒》，因为七十一回本并没有写到宋江投降。老实说，这部一百二十回本的后半部是粗制滥造出来的，根本没有什么看头，所以后来大量积压在仓库里，只好拿去化浆。一般读者对“宋江投降”似乎不感兴趣。

我虽然算是躲进了避风港，但1976年这一年，还是过得很不安宁。1月8日周总理逝世，在全国人民群众中引起了沉痛哀悼和极大震动。悼念周总理的行动在全国各地风起云涌，实际上已经形成对“四人帮”的强烈抗议和示威行动，“四人帮”怕得要命，恨得要死，从而不择手段地严厉禁止和残酷镇压。

四省(区)第一次修订《辞源》协作会议定于1976年1月15日在广州越秀宾馆举行。根据周总理治丧委员会事先发出的通知，全国定于1月15日举行追悼会，下半旗志哀，停止娱乐一天。前一天，越秀宾馆用党支部和工会的名义通知全体住客，第二天上午8时在宾馆礼堂举行追悼会，要求每个人都准时参加，并发给每人一条黑纱和一朵白花，让大家参加追悼会时佩戴。但是14日下午2时半左右，我收到广东省出版局派专人送来的周总理治丧委员会的"特急密电"，内文通知15日全国所有机关、团体、学校一律不准举行追悼会，干部和职工不准佩戴表示哀思的黑纱和白纸花，并注明这封密电只发到各省(区)直属机关部、委、办、厅、局一级和地委一级的党委(党组)，不准外传和往下传达，假如群众要求举行追悼会，领导应当设法加以劝阻。我手里拿着这封突如其来的密电，既感到愤慨，又感到十分为难，只好去请示代表国家出版局前来参加和指导协作会议的陈翰伯副局长。("一二·九"时期，他是燕京大学学生运动的主要领导人之一，是我的老战友，彼此可以信赖。)他沉吟了半晌才慢条斯理地说："你看，密电上只是说各级机关、学校、团体一律不准开追悼会，我们以住客的身份去参加越秀宾馆召开的追悼会，看来还是可以的吧！不过，国家出版局和你们省出版局只有条条关系，我看你还是应当请示一下省里的有关领导，首先要尊重省委领导的意见。"我马上打电话去请示省委宣传部，找不到正部长，有一位副部长答复我说："既然从中央来的陈翰伯副局长同意你们参加追悼会，那就参加吧。但是你千万不要以协作会议主持人的身份在追悼会上讲话或者读悼词，全体代表都要明确仅仅是以住客的身份去参加，而不是以协作会议代表的身份去参加。"接着，我把这一决定告诉杨奇同志，他也认为十分稳妥，无懈可击。当时我的心情非常复杂，又非常沉重。我隐约地感到，中央肯定出了问题，因为像这样临时下紧急命令禁止举行追悼会的措施是建国二十多年以来闻所未闻、见所未见的。何况在当时来说，周总理是党和国家的第二号人物，难道在他逝世后开个追悼会也要下令禁止么？可见中央政治局里面有那么一小撮人，他们疯狂地反对周总理，攻击周总理，把周总理当作头号敌人，为首的自然是江青，1975 年秋天我在北京开会时就听说过了。

我知道我们的党和国家遭遇到不幸，发生了极其严重的政治危机，深深地感到沉重的忧郁。我写了一首旧体诗，虽然诗味不多，倒颇能表达出我当时的心情：

神州八亿倚长城，谁料长城此日倾。
老去杞忧无可寄，不徒今日始伤情。

我说是“杞忧”，其实也并不能算是杞忧。我明确地认识到，当时的政治局势确实是十分险恶，我们的国民经济已经濒于崩溃的边缘，“四人帮”的狐群狗党窃踞要津，酝酿着发动政变。苏联又陈兵边境，虎视眈眈。说是国运千钧一发，危如累卵，也并非危言耸听。

1976 年 4 月 5 日是农历清明节，这是中国现代史的一个重大转折点。关于“四五”运动的过程和它伟大的现实意义、深远的历史意义，已经有许多文章和报告文学作过详尽的评论和描写，不必再在这里赘述。我当时不在北京，没有亲自目睹这一个伟大而悲壮的场面，但是在迢迢千里之外的广州，也同样感受到这一强烈的辐射波的震动。中央的两个“决议”①是在 4 月 7 日晚上通过中央

---

① 4 月 7 日，中共中央政治局根据毛泽东主席的提议，通过《中共中央关于华国锋同志任中共中央第一副主席、国务院总理的决议》和《关于撤销邓小平党内外一切职务的决议》。

人民广播电台首先播发出来的，我听到后心情十分沉重，紧皱双眉，一言不发。我知道这是一个信号，显示政治危机已经极端严重，人民群众对“四人帮”的倒行逆施已经忍无可忍，一触即发，假如这种局面发展下去，1956 年秋天的“波匈事件”很可能再一次在中国重演，这不但会导致兵连祸结的内战，也有可能导致苏联武装干涉。那天晚上，有几位客人坐在我的客厅里，议论纷纷。我始终保持沉默，没有表态。在那个时候，哪怕说出一句不太恰当、不太得体的话，就会马上招致飞来横祸，对这一点我是深有体会的。故作违心之论，我又不甘愿。

可是，长久保持沉默的自由是没有的。第二天，也就是 4 月 8 日的早上，一上班就接到省委宣传部的电话，通知我去参加讨论两个“决议”的座谈会，限上午八点半到达。我坐小汽车赶到会场时恰好是九点钟，会议看来刚刚开始不久。会议内容无非是要在座的人挨个儿对两个“决议”表态，当然全都是“完全拥护”。我实在想不出有什么话可说，只好把省委发出的电报逐字逐句照念了一遍，也算是勉强过关了。我相信，在这种场合，大多数人都是口不从心，硬编出一些空话和套话来说。因为任何一个头脑正常的人都不会相信，成千上万的人民群众在天安门广场上追悼周总理的行动是“反革命暴动”，而早已被“隔离”起来的邓小平竟会是这一场“反革命暴动”的幕后指挥者，因此把天安门广场事件说成是“反革命暴动”和撤销邓小平党内外一切职务的“决议”都是毫无根据的。当然，在那个年代里，要求有什么言论自由是不切实际的奢望，就是保持沉默的自由，作为党员领导干部，也是不可能有的。

天安门事件发生后，全国各地的工人和学生都有声援和抗议的行动，广州红花岗烈士陵园也发现有部分大中学校的师生前往献花圈和献挽诗。在“四人帮”强迫命令下，各地的机关、团体、学校……都采取追查献花圈、献挽诗、散播“政治谣言”的紧急措施，并且指定要以在 1975 年 7、8、9 三个月去过北京的中、高级党员干部作为追查重点。我在 1975 年 8 月份曾经在北京住过十多天,接触过不少高级干部,自然是追查的重点对象。幸亏我从北京回来以后,守口如瓶,绝对不跟任何人谈及政治问题。就是向领导同志汇报情况,我汇报的内容也只限于许力以向我传达的正式记录,一字一句地照念,不加解释和发挥,小道消息一概不谈,力求做到无懈可击,滴水不漏。我深知道"祸从口出"这句古训的严峻意义。

"四人帮"的鹰犬们大概看到在我的身上捞不到什么油水,就采取迂回战术,转移目标,旁敲侧击。我的女儿在中学里当数学教师,那所中学的革委会政工组奉命对她进行突然袭击,追问她是否听到过什么"政治谣言",言下之意,就是查问我从北京回来以后,有没有散播过什么"政治谣言"。有一段时间,她因动手术住院大半个月,我去探望过她三次,政工组那些人还点明,她在住院期间有没有听到过"政治谣言",她回答说一无所知。实际上,当时我已经 58 岁了,再幼稚无知,也不会在医院的病室里大谈什么政治新闻。但由此可见,那一次追查"政治谣言"倒是做得十分彻底,无孔不入的。

在这种"山雨欲来风满楼"的动荡不安的政治气氛下,1976 年 7 月 28 日,河北省唐山、丰南地区发生七级以上的强烈地震,并且波及天津、北京两市。据事后不完全的统计,死亡 24 万 2 千多人,重伤 16 万 4 千多人,著名的工业城市唐山遭到毁灭性的破坏,几乎夷为废墟,京、津两市的居民也有伤亡。当时全国军民都竭尽全力支援灾区,把大量衣服、食物、药品和医务人员设法送到震中心所在地。但是由于"四人帮"的干扰和破坏(张春桥就公开说:"抹掉个唐山算得了什么,不能以救灾压批邓。"),加以技术条件比较落后——没有起重机,没有空降部队,全靠部队战士跑步前往,用手搬挖砖瓦,灾情特别严重,受灾地区面积太广……救援工作并没有取得预期的效果。自建国以来,这是第一次伤亡人数最多、经济损失最大的特大自然灾害。日本的广岛和长崎在第二次世界大战末期挨受了两颗原子弹轰炸所造成的损失,也不过如此。当然,和十年动乱期间发生的"人祸"对比起来,损失大概只占"九牛一毛",确实也"算不了什么"。

那一年七八月间,我会同商务印书馆沈岳如、许振生两位同志前往南宁、桂林、长沙、郑州等地巡视和检查修订《辞源》的工作。我们发现各地还是按照"文革"期间的惯例,借调一些工人来"掺砂子"。这些工人一般文化水平都不高,有些是矿工,有些是纺织工人,他们在生产上也许是能手,是先进分子,但对修订和编写《辞典》实在使不上劲。在南宁和郑州,都有好几位工人同志向我提出,他们不想再在《辞源》编辑室里混日子了,倒不如让他们回到生产第一线去,多少还可以生产点物质财富,为国家做出一些贡献。我把他们的意见向当地的领导同志反映了,希望他们认真加以考虑。但是这些领导同志说,开门编书,吸收工农兵参加是大方向,假如让工人同志都回到工厂里去,万一将来有人指责我们是专家路线,业务挂帅,我们可承担不起这样大的风险。在当时的形势下,他们有这样的顾虑是完全可以理解的。所以我没有坚持,也不好坚持。四省(区)参加修订《辞源》的人员一共达三四百人之多,其实真正能够起作用的至多不过一百人左右,结果浪费了大量人力、物力和财力,有些工人同志在《辞源》编辑室里被冷藏了一两年之久,无所事事。

建国后二十多年来,我国经济建设老是上不去,主要原因之一就是外行人太多,起初还只是说"外行可以领导内行",后来逐步发展到要以外行取代内行了。这样搞下去,当然成事不足,败事有余。1980 年石油工业部发生的"渤海二号"事件,就是一个突出的例子。其实这不应该完全归咎于主管人员,而应当更多地归咎于我们的干部制度,根本没有文化或者文化水平很低的文化厅、局长,根本不懂教育,斗大的字也认识不了几升的教育厅、局长。完全没有科学知识的科学院院长,没有任何一门学术专长的大学校长,把《镜花缘》念成"镜花绿"的图书馆馆长,连人体的血型有多少类都不知道的医院院长……几乎比比皆是。这样外行的领导干部连日常的业务工作都应付不过来,又怎样谈得上向"四化"进军呢?同时,各级党政军机关和企业机构臃肿,冗员众多,还远远超过旧时代的衙门,封建时代只有一个县太爷,而我们的正副县长往往有五六人之多。加以工业基本建设投资大量的、无限制的浪费,必然使国家的财政开支越来越庞大,人民的负担越来越沉重,生活水平长期都不能提高。北宋的三朝元老,出将入相五十多年的老官僚文彦博说过:"北宋王朝是靠士大夫治天下,而不是靠老百姓治天下。"究竟我们这个社会主义国家是靠官僚治天下,还是靠老百姓(特别是劳动人民)治天下呢?这确实是个值得深思的严重问题。

9月的头两天,四省(区)修订《辞源》编辑室的负责人和商务印书馆总编辑陈原在郑州开了一个碰头会,会议解决了一些事务性的问题。老实说,在那种沉重而动荡不安的政治气氛中,谁都不知道那么一部近十万条词目、一千多万字、厚厚四大本的大型《古代汉语辞典》能否继续修订下去,即便修订出来了,又有没有出版问世的机会。

在一天傍晚散步的时候,陈原给我讲了俄国盲诗人爱罗先珂童话集中的一个故事《为跌下来而建造的塔》。这个故事原来的寓意是什么,我不知道。陈原愁眉不展、怀着沉重的心情说:"秋耘,你明白吗?现在我们所做的工作,说不定哪一天会给我们带来跌得粉身碎骨的下场,我们是在建造一座为跌下来而建造的塔,建造得越高,将来就跌得越惨!"我知道,在不久以前报纸上发表了一篇狠狠批判《现代汉语词典》(试用本)的文章,给这部纯粹语词性的词典戴上的帽子多得惊人,也高得出奇,有些简直是"匪夷所思"。谁知道《辞源》会不会遭遇到同样的命运呢?一部《辞源》,

这确实算不了什么，顶多是枉抛了几百个人几年的心力，最后全部报废，几个负责人挨一顿整。在当时，连一个建立了 27 年的中华人民共和国都有毁于一旦的危险呢！“皮之不存，毛将焉附？”我们这样担忧，其实也是书生气在作怪，也许有人会觉得十分可笑。

早在 60 年代初期，姚文元对《文艺报》的记者谢永旺同志说过一句话：“物极必反。”假如我们不以人废言，这句话还是符合辩证法、符合事物发展的客观规律的。1976 年的头几个月，“四人帮”的一切胡作非为，真是可谓做绝了，必然会引起矛盾的激化。“四五”天安门广场事件，是在党的正确领导的影响下人民群众自发的革命行动，也是“四人帮”的淫威硬逼出来的。假如他们当时稍为收敛一点，不乱抓人，不滥杀无辜，虽然对抗性的冲突迟早也会爆发，但时间可能会稍为推迟一些。在 1976 年秋季，无论在上层政治力量的对比上，在舆论的准备上，特别在武装力量的较量上，“四人帮”都远远没有具备接管政府的条件。当然，假如毛主席不是在 9 月 9 日逝世，他们也许会多等待一些时间才发动政变，不敢贸然提出“按既定方针办”，妄图在一个早上就接管政府。

其实当时“四人帮”拼命夺取权力，结党营私，妄图发动政变，也是在建造一座为跌下来而建造的塔。

选自《黄秋耘文集·风雨年华》，花城出版社 1999 年

怀念秋耘

张光年

与友人谈起不久前在广州病逝的黄秋耘同志，不胜痛惜！一提起他，在我面前就屹立起一位忧国忧民、在民众疾苦面前不肯闭

上眼睛的文人形象。那是什么年月啊,那正是人为的三年困难、哀鸿遍野的年代。聪明人,怕惹是非的人,听在耳里,记在心里就是了。他偏要一写再写,提醒作家们不要罢笔。还通过小说《杜子美还家》,点明历史上一切有良心的文人,在群众疾苦面前是要大声疾呼的。

谁都知道黄秋耘同志是好人,可是你讲好话不是时候啊。虽经当时的作协党组书记好人邵荃麟同志多方维护,甚至发表假批判《修正主义文艺思想一例》帮他蒙混过关,仍然免不了那一段不公正的待遇(还好,保留了党籍。至于他事后怪罪几位女同志,那是他错怪了)。

我和秋耘在《文艺报》共事多年,是可以谈心的朋友。我有一些什么毛病,他都深知和谅解。有一件事,使我迄今深受感动。大约是 1985 年春天,中国作家协会第四次代表大会开过不久,忽然有人(手中暂时掌握权力的人)派人到处散播流言,硬说这次大会及我在会上的长篇报告(巴金信上、冰心文中说是"极好的报告",全体理事会和大会上一致通过的)犯了"资产阶级自由化"的错误。来头不小,作家震惊,报刊上一片沉默。忽有黄秋耘沉默不住了,他在广州报纸上郑重发表文章,针对那些流言蜚语提出抗辩,说他是作协"四大"参加者,他和作家们对大会和报告是满意的,"资产阶级自由化"的罪过是谈不上的(黄文大意如此)。道路传闻,秋耘曾因此受到指责,怪他"多事"。他就是爱"多事"啊!他就是坚持良心,坚持真理,坚持讲真话啊!

亲爱的同志!怎么搞的?虽然我是老人(刚过 88 岁生日),是病人(即将治愈的肺癌),可我的头脑是清醒的,笔下还是能说话的,为什么一写到秋耘,我就傻了?前几天,我趁上午精神好些,试着动笔。那三个上午,每天只写 100 字!前天下定决心,排除滞碍,也才奋斗出 300 字!期刊截稿期快到了,此刻,再试试看,换成与友人对话的方式,希望写得顺利些。

“文革”十年,我们不在一起受难。那些年怎么过的,事后不曾交谈过。我读过你写的一篇小说,这篇小说还拍成电视剧了。记得其中有文人被抄家,文稿信件被撕碎抛满地上的场面。这当然是很平淡很普遍的镜头,但当时也曾引起若干联想,甚至想到我写给秋耘的两封信是否也被撕掉了？撕掉了就好……

这以后,就是1985年的春夏之交,我和一批作家访问深圳、珠海特区等地,吸取南方改革开放的新鲜空气。可是好事多磨,我的喜忧参半的心情,反映在当时草就的几首词章中。访问团北返后,我和叶绿留在广州“小岛”(省委招待所)休息一段时间。这时你常来“小岛”。我们在大湖边散步,在椰林下漫谈:文事,国事,天下事,无所不谈。畅谈的内容记不住,畅谈的情景和心态却是久久难以忘怀的。你那时鼓励我,赞赏我的旧作《英雄树》和新作《大鹏歌》,嘱我任择其一写成屏幅送给你。我写了前者。稍后我到梅花村府上向你家辞别时,看到我的拙作已被裱好悬之书房。我开心了。更有开心的是,在你家午餐时吃了那么鲜美的清蒸鲩鱼。

大约是90年代前期某一天,秋耘从天津开完会来京,住韦君宜同志家。君宜是我们的老友,这时病重了。秋耘是很重友谊的人,来我家谈君宜,不胜感伤,直说“恐怕是最后一面了”。实际上,君宜生命力强,尽管行动不便,执笔不便,她病中仍克服困难,写出涉及延安抢救运动这样尖锐题材的小说《露沙的路》。出版后她托人送我一本。那时她已卧倒在协和医院病床上,失掉语言表达能力。我一口气读完这本动人心魄的小说,用毛笔较大字体写信给君宜表示赞叹。稍后到医院看望她。秋耘读了此书,也一定是赞叹不已的。

秋耘的帕金森氏病拖了很长时间,一时轻些一时又重了。这两年我不时打电话到他家探问,听说他好些,每天上午可以出外呼吸新鲜空气,感到宽慰。一旦噩耗传来,使人难以相信。想到这位文友年轻时候,为我党地下工作做出重要贡献。后来潜心文艺事业，以其正直果敢的胸怀，多年奋笔不懈，留下大量宝贵成果，我的这位文友是值得尊重和纪念的。

2001.11.7 于北京

选自《张光年文集》第 5 卷，人民文学出版社 2002 年

忧郁的黄秋耘

王　蒙

秋耘是我最早熟悉的老作家之一。早在 1956 年，当时他与韦君宜一道主编的《文艺学习》连续几期展开了对于我的小说《组织部新来的年轻人》的讨论；而且讨论有愈搞愈大，不好收场的趋势。韦主编与黄副主编找我交谈，韦的谈话基本上是对作品一分为二，但以保护作者为主。黄的谈话则一直是欣赏和叹息。他尤其喜欢赵慧文这个人物。后来的接触中他频频提到赵慧文，有一次在钟敬文老师家里看到一幅字，是一首旧诗，诗不记得字句了，只是记得它很抒情，朦胧委婉而且忧伤——我在 20 岁左右的时候正好有点喜欢这种情调——秋耘立刻说："赵慧文……"其实我自己并没有从那首旧体诗里发现什么赵慧文。顺便说一下，当时对于小说的批判意见里，有个人就指出赵慧文是特别地不健康。

后来反右了，我不用说了，秋耘和君宜日子也不好过，但他终于被邵荃麟保护过了关(他自己告诉我的)。即使在反右以后，在那个"失态"的季节，秋耘一直对我关心备至。后来情况稍微好一点，就是说在 60 年代初"调整、巩固、充实、提高"的那个时期，他热心于《青春万岁》的出版，帮我出了许多主意。当然，人难胜"天"，书还是没有出来，秋耘是尽了力了。他的信中提到过，如果书出来，他要"浮一大白"。他谈起这部长篇小说，一直说："我喜欢这

部书”,就像他读的不是清样而是成书似的。

1957 年以后《文艺学习》没有了,他到《文艺报》担任了编辑部主任。60 年代以后,他的住在东单小羊宜宾胡同的家,是我最常去的地方之一。他也数次到我住的一个极破烂的小平房里来过。每次他都爱护备至地向我介绍许多情况,中心意思是说空气愈来愈紧张,许多事情都不好办,我们只能善自珍摄,小心谨慎。每次他说起话来也是小心翼翼、长吁短叹的。与此同时,他又不停地为我想办法,一会儿说我的这个短篇可以寄《鸭绿江》,一会儿又建议我的另一篇作品寄给《新港》,当然由于气候不对,寄哪儿也没有用了。

最难忘的是 1962 年初夏,我一次建议他同去颐和园游玩,他同意了。我提出我们游泳共渡昆明湖:从知春亭游到龙王庙去,他也欣然接受。他是广东人,游得很好,倒是我第一次游那么远,颇有点气喘如牛、手忙脚乱的狼狈。但总还是安全地游过去了。这次游泳显然给他留下了深刻印象,在后来我去到新疆以后的通信中,他曾怅然地提到:“如今畅游难再矣。”

1962 年的十中全会提出“不要忘记”以后不久,他的历史题材小说《杜子美还家》与《鲁亮侪摘印》被指责为借古喻今,也是恶毒攻击一类吧。他的情绪更低落了,他心惊胆战地告诉我海瑞的戏,还有田汉的《谢瑶环》都被点了名。他告诉我说,田汉的戏里有一个毒刑叫做“猿猴戴冠”,被康生指出那就是“戴帽子”。又过了几天,是陈翔鹤的历史小说也被批评了,说是因为陈的小说里提到如果某个古人活到今天说不定应该担任某个文艺家协会的主席,这不就把历史故事挂到今天来了吗?等等,一片肃杀的消息。

到 1963 年,我要去新疆,他非常依依不舍,并写诗相赠。后面四句是:“文章与我同甘苦,肝胆唯君最热肠,且喜华年身力健,不辞绝域做家乡。”前面四句记不起来了,反正很有感情。

赴疆前夕,他主动问我有什么经济上的需要,就是说他愿意借钱给我作长途迁移之用，在大家都困难的时期，他的这种相濡以沫的友谊也是令人非常感动的了。我也确实借用了他的钱，至疆后一个月汇还了他。

我赴疆后不久，接到他的来信，说是他奉调将赴广州羊城晚报社工作。他还提到“青春做赋，皓首穷经”，他今后不打算写多少东西，而是闭门读书了。他写了诗给我，说是“不窃王侯不窃钩，闭门扪虱度春秋……”也是不惹是非，得过且过之意。令人感到了一丝悲凉。如此这般，真是无路可走。果然，一场大浩劫遍及全国，灾难也就到了头了。文革后期与“四人帮”倒台初期，他几次到北京，参加《辞源》的编纂工作。我也数次与他在京见面。得知我们二人在文革中的遭遇还算是好的，只是一般的靠边站，倒还没有什么飞来横祸也没有受多少皮肉之苦。也许这应该归功于他的一贯的小心翼翼与叹气不止吧？鱼相忘于江湖，近二十年，情况好了，人就忙了，相互联系反而少了。1982 年我们一道去美国参加一个研讨会，我发现他还是一副沉重兮兮的性情，似乎他的脑子里仍然是各种要整肃谁谁的消息，我忽然觉得他有点习惯性的忧郁。而我想，人生不能没有忧患意识，正如不能只有忧患意识，何况我当时确实有点也许是天真的兴奋劲儿。记得也是在此次的国际研讨会上，我提到某女士的著作体现了诗教的“怨而不怒”的风格，秋耘便起立发言，表示他不赞成什么怨而不怒。这是第一次我看到他的比较激烈的一面。后来在我担任公职期间，1988 年，我去广州出差时到他家看望他，他引用诗句以为对我的警策。他引用的句子是：“寄语位尊者，临危莫爱身。”是充满了忧患意识的了。这句话给我的印象太深，太刺激了。我也知道做到这一点是不容易的。

今年 8 月下旬，我照例从北戴河游泳写作回来，友人邵燕祥来电话告诉我秋耘已经过世的消息，我又连忙把噩耗告诉与他相熟的张洁。我们都说：“一个好人啊，过去了。”后来才接到讣告，由于我搬家，讣告是寄到原地址去的，从原址转来，就晚了几天。

都知道秋耘是一个人道主义者，他翻译过罗曼·罗兰的著作。人道主义者选择了中国共产党领导的人民革命，这是历史的必然，难道人道主义能够选择帝国主义、封建主义、官僚资本主义三座大山的统治么？秋耘是老革命，曾经从事过艰苦卓绝的秘密工作，然而文人的气质、书生的理想主义，在这种背景下的人道主义在严峻的现实面前显得是多么无奈！他碰到的挫折大概也不少吧？但他也坚定地说过："在我历练诸多之后，我承认，革命的过程与我想象的有很大出入，但是，如果回到当年的情况，我仍然会毫不犹豫地选择革命。"他的话是意味深长的。老年以后，每次与他见面，他都给我以泪眼迷离的感觉。另一个作家对我说：秋耘是那种"官愈做愈小"的老革命。戏言乎？不平乎？呜呼！

而他的人道主义、理想主义和对不幸者孤独者弱者包括对那个季节的我的关心，都是令人永远不能忘怀的。他自己告诉我，文革后周扬在广州与他见面时，特别提到了还是要讲讲人道主义。

作者附记：年前写了这篇文章，最近又参加了与钟敬文老师的遗体告别。1963 年底我与秋耘共在钟老家里吃饭，也算钟老为我的赴疆饯行。我记得那天我第一次吃到了蚝油猪肝，文中所述看旧诗一节，就是那一次的事。秋耘与钟老都是广东人，他们早就是好友。如今，二位长者都去了，悲夫。谨以此文同时怀念尊敬的钟敬文老师。

原载 2002 年 3 月 18 日《文汇报》

怀念您啊！秋耘师

周尊攘

8月15日晨8时,忽然接到老同学罗源文从广州打来长途电话,说黄秋耘老师已于本月6日23时45分不幸逝世,今天《广州日报》发了消息,并且在电话中将报上的消息全文念给我听。当时我脑海中是一片迷雾,只觉得秋耘师走得太早了,太早了!

在这之前约一两年,我曾写过两三封信给他,都没有得到回信。我知道他患有糖尿病,后来又加上帕金森病,行动不便,精力亦不如前了。但当他最后一次寄给我和内子安珍四本《黄秋耘文集》时,就感觉异样了。以往他赠给我们的书,总是他亲自签名落款的,他的字迹很特别,十分地与众不同,但这次显然是他人代笔,还加盖个图章(以往他没有这个习惯),时间是1999年9月10日。这就是说两年前左右,他的病情已经较重了,难怪他没有回信,所以我就向罗源文打听。

认识秋耘师是1950年的时候,那时我是华南人民文学艺术学院文学部的学生,黄秋耘是我们的老师。当时他的主要工作是在《南方日报》社。他给我的第一个印象是位白面书生,一双大眼睛,讲课时喜欢看着空中,仿佛时时在寻找和思索。讲普通话时带有浓重的粤语口味,其实他1939年已到北平清华大学读书,以后又多年在北京工作,口音始终无多大变化,可见确是"乡音难改"。当时文艺学院计划将学生的习作编一套青年创作丛书,秋耘师负责编的那卷,我的一篇《〈欧也妮·葛朗苔〉读后感》被选上,于是我对他产生了好感。另外秋耘师还有一件事在同学中传为美谈:同学冯宗饶是我们的老大哥,有作品《桃湾的退租》在《南方日报》副刊连载,后来听说因为经济困难学业难以为继。这事给秋耘师知道了，他十分珍惜人才，就从自己微薄的工资中拿出一部分帮助他，使他得以继续完成学业。

1953 年初，华南文艺学院遵照教育部高等艺术院校调整方案停办，我也在这时参加了抗美援朝，到了中国人民志愿军后勤部《前线后勤》报社工作。1956 年报纸停刊，编辑记者复员转业，并允许自己寻找门路。我回到北京，住在总参招待所，想起秋耘师当时就在中国作家协会《文艺学习》杂志社任副主编，我就试着给他写了封信。不料很快就得到他的回复，约我到编辑部见面，信中还附有一张路线图，告诉我怎么走。

那天是 1956 年 7 月 7 日，吃过早饭，我就高高兴兴地按照路线图找到东总布胡同贡院西街一号。在四合院为主的北京胡同中，我看到的却是一幢两层西式洋房，包围在一个小花园中。但它并不感觉突出，原因是它和附近的四合院房子一样，都显得那么陈旧。

“周尊攘同志吗?”一阵脚步声从楼上下来，并传来秋耘师熟悉的声音。

我急忙转过身来答应。只见他的模样并没有改变：大大的眼睛，尖尖的下巴，白皙的皮肤，只是眼角添了几根鱼尾纹。他穿着白衬衣，斜纹布灰袄，还是那样简单朴素，还是满口的广东腔普通话。他向我介绍了《文艺学习》的刊物性质，编辑部组织人员概况。他说我们的编辑不少都是著名作家的夫人，如严文井的夫人李淑华，艾芜的夫人王蕾加，张天翼的夫人沈承宽，萧殷的夫人陶萍等，她们都有丰富的革命经历和很高的文学修养，可供我们学习。从秋耘师的介绍中使我感到，如有幸能进到《文艺学习》工作，将会获得一个很优良的工作学习环境。接着秋耘师说，是否吸收进来之前，要先看看档案材料和作品，他问我发表过什么作品，我说在广州和部队时，在报刊及部队功模史册上发表过一些书评和通讯特写。以后，我找了一些发表过的文字送去给他，和主编韦君宜同志见过一次面。中国作家协会组织人事部门直接和我所在部队联系档案，如此往返几次，我就得到同意进入《文艺学习》编辑部工作了。

《文艺学习》当时是一份很受青年欢迎的刊物，发行三十多万份。甚至停刊三十多年之后，一位当年的大学生读者见到我时还赞不绝口，并对我这个当年有幸厕身其间的编辑表示尊敬，这使我十分惶愧。因为我脑海中始终浮现着的是君宜同志每天从正义路的家步行不少的路到贡院西街上班的情景，秋耘师拿着刊物用广东腔国语找人侃侃而谈的模样，还有老成持重的脸孔瘦削的麦青同志和蔼的笑容。1957 年上半年，正是“知识分子的早春天气”，刊物版面十分活跃，同时开辟几个专栏展开讨论。最有影响的当推“关于《组织部新来的年轻人》的讨论”，惊动到党中央毛主席。他召集了当时北京市委书记彭真、《人民日报》总编辑邓拓等领导人开座谈会，肯定了小说的积极意义。不言而喻，也肯定了刊物的讨论。与此同时刊物还开辟问题讨论专栏“矛盾在哪里”，发表了多篇旨在探讨当时文艺创作公式化概念化的根源所在。秋耘师的《刺在哪里？》以其有力的论据和中肯的分析获得大家的好评。没想到反右以后，中国作家协会领导下的八大刊物，第一个被开刀的就是这份普及性的刊物《文艺学习》。1957 年 9、10 月左右，大会小会开会批判。记得当时秋耘师的《刺在哪里？》被指责为“文学上的一股右派寒流”，认为“《文艺学习》编辑部全体成员都不知道应该把青年引到哪里去”。当年年底杂志停刊，编辑部人员少数调整到作协余下的刊物，多数调出北京或下放劳动。秋耘师和君宜同志下放河北怀来，我则到了太原山西人民广播电台当记者，三年后调上海《文汇报》。《文汇月刊》创刊后，我就到月刊当编辑，相伴 10 年，随刊物无疾而终而告老还乡。

在《文艺学习》的时候，虽然朝夕相见，我和秋耘师却很少个人交往，和他接触较多倒是在粉碎“四人帮”以后。1979 年我任

《文汇报》驻京记者，秋耘师当时任中南四省合编的大型辞书《辞源》的主编之一，孑然一身，住在北京王府大街商务印书馆审稿。这幢灰色的大楼，50年代曾是中国文联和中国作协的所在地。我们都曾在这里参加过各种活动，既有轻松的舞会，也有声色俱厉的批判会。秋耘师任《文艺报》负责人时在此又呆了六七年之久。如今大楼已经陈旧不堪，秋耘师多愁善感，重归故地，当会百感交集，该不会做噩梦吧。有时晚上无事，我就去探望他。他住处是一个普通房间，里面有两张床，既无沙发，更无电视，闲下来只有靠在床头看书，我们就这样坐在床沿促膝而谈。

当时，我写了个中篇小说，故事说的是“文革”期间某农场一对知青在谈恋爱，由于受到唯成分论的影响而被拆散，女的绝望而死。我请秋耘师看一看，提点意见。秋耘师说，辅导创作秦兆阳最内行了，我替你转给他看。不久，他就将我的小说稿连同秦兆阳同志的详细意见一起给了我，当时我十分感激。

后来，沙叶新的话剧《如果这是真的》到北京做内部演出。因为这个戏是揭露不正之风的，在上海已不许公演，到北京演出时，改名《骗子》。我问秋耘师看过没有，他说没有，我就弄了两张票和他两人去看。座位虽在前面，但却偏在一侧，我觉得很不好意思，但他却并无半点委屈感。看过后他说：我看很好嘛，为什么不能公演？

1980年以后，我回到上海，并转到《文汇月刊》编辑部工作，负责散文、杂文。经编辑部同意，我当即和秋耘师联系，决定为他开辟专栏，请他经常赐稿，他马上就答应了，并且源源不断地寄稿给我。月刊出版了10年，几乎连续不断、至多隔三岔五都有他的文章。同样情况我还约请了秦牧同志，同样得到他的大力支持。

1984年，秋耘师赴日参加国际笔会途经上海，住申江饭店。我和安珍一起去看望他，因为安珍当年也在《文艺学习》工作。可是秋耘师已经不认识她，客气地问了一声“您贵姓？”当我说明后，才不禁哑然失笑。这次他兴致勃勃，让我带他去外滩，游览租界时曾挂过“华人与狗不得入内”的黄浦公园，观看在上海靠炒地皮发迹的犹太人沙逊修建的沙逊大厦。最令我想不到的是他想尝尝久仰的上海阳春面。其实这是一碗素面，上海市民大众最经济的餐食。我想这可能是他的杂文《从契诃夫劝人坐三等火车》的精神体现吧！

80年代初期，我到广州看望了秋耘师，他当时任广东省出版局副局长。谈起上海的出版情况，我告诉他，上海女作家戴厚英写了一部长篇小说《诗人之死》。稿子给了上海文艺出版社，责任编辑和总编辑都签字通过了，并已发到印刷厂排印，准备出版，就在这当儿，忽然从上而下冒出一股摆不上台面的压力——不许出版。戴厚英为此气愤填膺。秋耘师听后深抱不平，说：“这回我可以行使一下我这个出版局副局长的职权了！”意思是让下属出版社设法联系出版。后来是否由于秋耘师的介入，我不得而知，但花城出版社很快就派人到上海向戴索稿。由于戴觉得这样便宜了上海出版部门那些官员，还想讨个说法，该稿就没有给“花城”，而是答应另写一部，接着她以17天21万字的惊人速度完成，这就是轰动中外文坛的小说《人啊！人》。后来戴厚英在上海见到我时，也说起她见到秋耘师的情况，对秋耘同志的关怀表示感激。戴不幸遇害后，秋耘师写了悼念文章，“对她的倔强不屈的性格和泼辣文风”表示钦佩。

1987年春节，我在广州，正月初二，我去向秋耘师拜年。那天他兴致特别好，几乎无话不谈。说起了韦君宜和她的丈夫原北京市委宣传部长在“文革”时的不幸和君宜中风的情形。我告诉他君宜同志曾到过上海进行治疗，住在上海文艺出版社招待所，我和安珍蒸了个鸡送去给她进补。她虽然行动不便，但精神尚可。秋耘同志说，她真是祸不单行，不久前又跌断了右手，书看久了也不行。接着我们又谈起散文，说起他的《雾失楼台》和《丁香花下》，他说在国际笔会中一位英国汉学家表示很欣赏《丁香花下》,现在这两篇都有了多种外文译本。他又问我喜欢其中哪一篇,我说两篇都很喜欢,《丁》正如题目一样,玲珑的紫色小花,散发着幽幽的清香,而《雾》也是这样,让人在朦胧中哀愁地去思索。他告诉我写了一篇寓言《雪雪》,说的是一只白母猫,咬死并吃掉了它的同母弟弟,原因是它误以为鼠,无知而导致残忍,问我敢不敢登?我说寓意很深,可以登,但主编就不知道了。后来他给了我一篇西德游记。他说不久将要出版他的一本书《秘密大抢救》,记录了香港沦陷以后我地下党抢救文化名人离港的曲折内幕,而当时他就是打入敌寇心脏内部首先获得情报的特工人员。为了侦察日寇活动,他还在青山寺落发为僧,法名般若。秋耘师说的这本书以后有否出版,我不得而知。

我最后一次去看望秋耘师,具体时间已想不起,只记得那时他37号的老房子已拆除重建,他临时被安置在19号楼下。面积倒不小,只是光线暗些。我进去时,他站起来迎上几步,我发现了他步履已经蹒跚,手也抖得厉害了。我们的话题依然离不开文艺界、特别是北京文艺界的情况。谈起已经不幸逝世的秦兆阳时,他十分感伤,说他被划为右派下放柳州后,曾几度寻求自杀。平反后回到北京,仍有人凭借昔日余威,遥控出版社不给他出书。我说我也曾到北池子他家去看过他和他的夫人张克,因为张克曾经当过《文艺学习》的党支部书记。我代表《文汇报》向秦约稿,他给了我一首诗,后来发表在"笔会"上。

那天,秋耘师留我吃了晚饭。临走时师母蔡莹悄悄地对我说:"他今天很高兴,只是谈的时间长了些。"听后,我发觉自己粗心了,感到有些内疚,想不到这却是我和秋耘师的最后一次见面。

2001年8月28日 上海

原载《新文学史料》2002年第1期

秋耘同志在《文艺报》

谢永旺

一

认识秋耘同志，是在1959年初，他从下放的张家口地区回归作家协会，担任《文艺报》编辑部副主任的时候。他分管理论组，我在理论组做编辑，正好是他的部下。

秋耘的名字，却是早就知道的。还在高中和大学读书时，读罗曼·罗兰的《约翰·克利斯朵夫》，也读到了他翻译的《搏斗》，后来又从《文艺学习》上不断读到他的文艺随笔，在我的心目中，这是一位学识渊博的老作家。1956年秋，我已是《文艺报》的工作人员，刚出大学之门，步入声名煊赫、久已向往的单位，又值提倡百花齐放、百家争鸣的年代，自然怀着极大的热情和期望，阅读文艺报刊，注意文艺动向。想在编辑和写作上都有所作为。这时，读到秋耘的《不要在人民的疾苦面前闭上眼睛》、《启示》及稍后的《刺在哪里？》，很觉动心和赞佩。“缺少对人民命运的深切关心，缺少对生活的高度热情，缺少‘己饥己溺、民胞物兴’的人道主义精神，缺少‘死守真理、以拒庸愚’的大勇主义精神，就没有崇高的人格，也没有真正的艺术，剩下来只不过是美丽的谎言和空虚的偶像”。这样的见解，对于我这一代曾受“五四”文学启蒙和俄罗斯文学熏染的青年人，无疑很有吸引力，引起共鸣。他的文章也写得简洁，有韵味，心里想着是以后学写短文的一个样本。因此，《苔花集》出版的时候，特意去书店买得一册，从头细读。“苔花如米小，也学牡丹开”的诗句和境界，也从此深印心中了。

按年龄和学历，大学毕业不算小了，但我经历单纯，幼稚得很，人生体验实际还处在不识愁滋味的阶段。在我眼里,文坛都是明朗的天。绝没想到,那可真是暴雨袭来、翻天覆地的大变动年代,似乎眨眼间文坛就变了样子,平静变为喧嚣,香花变成毒草。秋耘的文艺观点成为修正主义文艺思想的一个例证,受到公开的批判。《文艺报》唐因、唐达成《文艺批评的歧路》、《烦琐公式可以指导创作吗?》,更作为右派言论而受到严厉的讨伐了。我感到震撼惶悚,也感到茫然无措。一方面有形无形、有意无意地接受经验教训,以后可要循规蹈矩,谨守"正统",警惕"异端",一方面心里仍存疑惑:"不要在人民的疾苦面前闭上眼睛",又错在哪里呢?

二

秋耘同志来《文艺报》,而且负责分工敏感的理论工作,我多少有些意外,又兼初次认识,不由多观察他。开始,秋耘十分谨慎,少言寡语,按部就班地审阅我们送他的稿件,签署意见。不久,就和组里的成员熟悉起来,我们也都与他合得来,气氛相当融洽。他随和,宽厚,有长者风度,对我们年轻人尤其循循善诱,从不责备求全。有时,在随意谈笑间他会背诵几句古人或近人的诗句,讲些历史上的人文典故,趣味典雅。有时,我们也觉察他似乎另有心思埋在心底,不在会上表露,也不向我们诉说。他是老党员,很有组织观念,我们不便多问,又加辈份隔在那里,我们对他内心深处的东西不能多所触及。后来读他的诗文,才知他 1957 年风暴之后的悒郁苦痛,"抑情无计总吞声"啊。但他为人处事,非常认真,工作一丝不苟,兢兢业业。即使中午打打乒乓球这类日常活动,他也从不马虎,必换上一双白色的球鞋,然后挥拍。

秋耘视写作为生命。庆祝中华人民共和国建立十周年,他和冯牧合作,评论十年长篇小说的成就与经验,用"昭彦"的署名(仿佛记得,他和我说过,昭彦是他的本名)。此后撰写《三家巷》、《山乡巨变》、孙犁小说的评论，才又恢复“秋耘”的署名。这些文章，从细致的艺术感受出发，把社会内容的分析和艺术特色的分析结合得相当完整，称得上是富有个性的美学批评，为当时较为单调的文学批评园林增添了若干秀色，令人耳目一新。在60年代初两三年里那春风化雨的短暂时期，他的文艺随笔也很出色。开始浅谈“摹仿”一类，随后就多方面涉及一些敏感问题。只看题目，如《“山石”与“女郎”》、《不拘一格》、《人尽其才》、《破水瓢的启示》、《“千万不要忘记它是艺术”及其它》便可明白他是如何执着地维护文学的创作个性。他写短文很快，有时就在办公室伏案，一两个小时写成一篇，立即拿给我看（我负责“文艺笔谈”一栏的具体编辑工作），兴致好的时候还要朗读他满意的几个段落。写完《高尔基这封信告诉了我们什么?》，他悄悄地说，高尔基给富曼诺夫这封信不止谈了重视小说的艺术表现力，还讲到不要回避生活中的矛盾，甚至说什么生活仍然跟“红萝卜”一样，表面红色，内里白心、黑心。“这红萝卜的比喻我可不敢讲”，说时，笑悠悠的，眼神中露出几分智黠，几分无奈，几分自得。秋耘对自己的有些文章，常常是很欣赏的。

这个时期，秋耘当然不再写“在人民的疾苦面前闭上眼睛”这类题目的杂文随笔，但历史题材的小说创作却仍然充盈着“为民请命”的精神。《杜子美还家》写安史之乱，诗人还回家乡亲眼所见村庄荒败、民不聊生的苦况，笔调悲凉沉郁。《鲁亮侪摘印》写清朝雍正年间，幕僚鲁亮侪敢于违抗总督田文镜的命令，实事求是地处理一位爱民县令的冤案，行文明快激越。这两篇小说，前者表现忧国忧民，后者赞颂高风亮节，均写于1962年春夏，不能不说是借古人的酒杯浇自己胸中的块垒了。我所见的秋耘，温文儒雅，书生风貌，但他内心激情如火，深含锋芒。忧患意识，极重情操，最是他令人敬佩的地方。

由此不难想见，“四人帮”灭亡，新时期到来，他是如何地欢欣鼓舞、心胸激荡了。他多次参加《文艺报》的座谈会，为拨乱反正慷慨陈词；他为《文艺报》写了不少好文章，一面清除"余悸"与"余毒"，一面鼓吹新的文学创作。他的创作也进入新的高潮，留下了《雾失楼台》、《丁香花下》诸篇佳作。秋耘同志和当代许多作家一样，在创作和评论上不能不随时代的变迁而沉浮隐显，但他从来不失忧国忧民和重视操守的本色。一旦环境允许，他必然地要为人民的苦与乐而奋笔直书。"血泪文章战士心，炎黄多难共浮沉"，真真确确是他发自衷心的自况。在悼念荃麟的文章中，他提及早年翻译罗曼·罗兰的《搏斗》，是应荃麟之命，借此克服罗曼·罗兰式人道主义的影响，提升马克思列宁主义的世界观，这是有历史缘由、可以理解的。但在今日看来，那种深沉的人道精神并没有消失，传统的忧患意识也没有丢弃，我以为这正是他性格中的优长之处，是他这一个共产党员个性特征的组成部分。

秋耘念旧。新时期以来，每有新作出版，都要寄赠一册，郑重签署名字，使我铭感难忘，倍加珍藏。90年代初，我被免去《文艺报》负责职务，他赴天津开会，转道北京，住韦君宜家，特意打电话给我，劝慰勖勉，并嘱咐我趁此机会多读书、多写作，殷殷之情更加使我感动。是我有负他的期望，书读了一些，文章却写得太少。1995年秋冬之际，我的评论集《当代小说闻见录》出版，寄去一册，请他继续指教，很快接到他11月23日复信，说了"倍感亲切"的话，又说："上月沈季平（闻山）来访，告诉我一些文艺报旧人的近况。剑青英年早逝，冯牧不久前亦已辞世，怀念故人，不胜怅惘。"如今取出这封信，重读之下，不禁心里难过。我在《文艺报》工作时的师长辈中，又走了一位我所敬重的人，思之黯然，凄然，痛觉无奈。

三

秋耘同志因“中间人物”问题受过严厉的批判。著名的“不好不坏、亦好亦坏、中不溜儿的芸芸众生”17 字,就是加在我的稿子《从邵顺宝、梁三老汉所想到的……》上面的,刊于 1962 年 9 月号《文艺报》,署名沐阳。

其实,秋耘为我改稿,是件平常事。《文艺报》有个好传统,非常重视青年编辑的培养,提倡读书写文章。有时出题目,指定为本刊写稿,甚至建议向外刊投寄,恨不能这些青年人个个都成为编写兼擅的能手,以至成为出色的评论家。写了稿子,总是鼓励有加;如果能用,常常动手修改。在这方面,秋耘最热衷、最诚恳,也是做得最自然的一位。我们的办公室,就在原王府大街 64 号五楼上,门对门,只要上班,就会见面,耳濡目染,兼之时聆教诲,使我受惠甚多。我在自己评论集的“后记”里,特意感谢侯金镜、黄秋耘同志教我做编辑、也教我写文章,就包括这一次修改。

关于“中间人物”事件,秋耘写过专题文章,有翔实记述,我下面再做些细节上的补充。

《从邵顺宝、梁三老汉所想到的……》一文,是约稿未成而自己动笔的。大连农村题材创作会议后,《文艺报》要有所宣传配合。这是常例。报道由会议参加者唐达成同志写,文章由我负责约稿。我去请陈笑雨同志写,他曾是《文艺报》的老领导,依然以他惯有的爽朗和亲切,谈笑风生,文章却委婉谢绝了。时间紧迫,秋耘说:“你写吧。”我正热衷于写随笔短文,欣然应命,即按传达的会议精神草拟了文稿。秋耘谦虚,用铅笔修改了给我看,凡我同意的地方,便按稿面规矩,用红笔描上发稿了。“不好不坏、亦好亦坏、中不溜儿的芸芸众生”一句,确实生动,我毫无异议。略有疑虑的是另一处修改,我依当时一般提法写了塑造英雄人物是文艺创作的“首要”任务（老实说这是为了防备受到责备而预先求全的），秋耘改为“责无旁贷”的任务，我把担心告诉他，他说，并不是每一部作品都要塑造英雄人物，一篇随笔也不是文件，提“责无旁贷”就可以了。我也同意，描红了。这一句倒没有引起注意。

文章刊出后，林默涵指示《文艺报》应当再发批驳文章，表明态度，消除影响。于是便有李曙光的《创造我们时代的英雄形象》，刊于 1962 年 12 月号，署名黎之。当时听说，黎之文章排出校样，曾送荃麟审阅。谁都知道“中间人物”问题事关荃麟，但他是作家协会党组书记，《文艺报》每有社论或重要文章都送他校样，这次送审倒也不违常情。荃麟阅后表示：沐阳文章的主要内容表达了我的观点，同意发文批评。至于是不是写在校样上的批复，我没有见到，记不清了。不过，我当时就觉得，真是难为这位领导人了。

1962 年，“中间人物”问题还只是作为理论上的不同见解对待的。“商榷”固然可以是一种批判，但毕竟是学理性的。黎之的文章批评沐阳，也是针对荃麟的，因为批评者明知主要观点来自荃麟，只是不便点名罢了。批评也没有涉及秋耘，那时外人不知秋耘改稿事。待到 1964 年“整风”，揭发批判荃麟，有人查档案，找原稿，才见到秋耘的铅笔字痕，随后把他特别提出来作为突出的批判对象。这原因，我想是因为秋耘被认为“老右”，逮住他，有助批判的声势。至于对荃麟之所以那么严厉，如秋耘在《“中间人物”事件始末》所说，毛泽东主席“两个批示”下达后，总得向上有个交代。“建国十多年以来的政治生活中，每逢碰到这样的‘非常时期’，总要牺牲几个头面人物来当‘替罪羊’的……”荃麟是文学界的“头面人物”，牺牲了；秋耘也是有影响的人物，连带地牺牲了。前辈热情改稿，晚辈乐于接受，有什么稀奇呢？即使上下级吧，也很正常。没想到秋耘一句修辞性改动，竟然被挑出来公开批判，以致后来不能再在《文艺报》工作，虽非我的过失（我始终认定，经我描红同意的，就是我文章的一部分了），我仍然感到歉疚，是我拖累了他再一次陷入沉闷与苦痛的境地。直到“文革”以后，“大连会议”和“中间人物”理论受到公正的评价，我才感到心安。而秋耘同志历年对我的言教身教，我是深记于心，永怀不忘的。

2001 年 10 月

原载《新文学史料》2002 年第 1 期

秋耘领我进《文艺报》

吴泰昌

说实话，我至今尚不明底细，我是怎么迈进《文艺报》门槛的，一进来，就滞留了三十多年。

1964 年春天，我在北大研究生论文答辩和国家考试后，开始感觉到我未来命运的动静了。中国社科院文学所《文学评论》杂志副主编毛星是参加我论文答辩和国家考试的老师之一，紧张的场面顺利结束后，我拖着疲乏的身躯正要回宿舍大睡一场，在临湖轩门口，毛星同志走过来问我，毕业后想去哪里工作，定了没有？我摸摸头，对这突如其来的关心，一时答不上来。我与他不熟，与《文学评论》只有过一次交道。1962 年底我投寄过给他们一篇短文，经责编蔡葵手 1963 年第 1 期刊登了。中国社科院文学研究所，我 1955 年进校时还在北大，是北大文学研究所，在哲学楼，所里的一些专家，如郑振铎、俞平伯、钱钟书、余冠英等，只在校园马路上偶尔见到。不久，系主任导师杨晦约我去他家里。他告我，何其芳同志向他谈起，想要我去他们所《文学评论》杂志。其芳同志当时是社科院文学所主持工作的所长。他是北大哲学系毕业的，杨晦是比他早十几年北大哲学系毕业的，按辈份，是师生关系。杨晦老师见我没有答复，说还是留校作教学研究吧！他还告我，北大正在酝酿成立美学研究所，也是个做学问的好地方。

我第一次真切地感到，我未来的命运要与文学期刊结缘，是杨晦导师再一次约我去谈话。我走进他的客厅，他劈头就说，看来留不住你了，《文艺报》决定要你去，他们已来人和我谈了，并已看了你的档案。他看我依然没有反应，接着说，《文艺报》是个锻炼人的地方，同教学、研究不一样，他们的工作与文艺运动、文艺创作联系紧密，去吧！听他的口气，我未来的工作就算是定了，等待的只是正式宣布。

当时我与《文艺报》谈不上有联系。《文艺报》是全国权威的文艺评论期刊，我常从期刊室借阅。我与《文艺报》发生过两次干系，都是在研究生期间。1962 年，我在上海《文汇报》上发表了一篇谈文学是人学的文章，不久，《文艺报》上发表了电影学院许之乔教授的反驳文章，与我的文章争鸣，虽说是争鸣，后来为我所尊敬熟悉的许教授在这篇文章中也夹带了些火气。还有，《文艺报》召开过一次关于柳青长篇小说《创业史》的讨论，是师兄严家炎将我拉去参加了这个会。家炎是《文艺报》的特约评论员，座谈的内容涉及到他一篇谈梁三老汉的文章观点，他知道我在写毕业论文时，对《创业史》有些想法。就这样我跟他头一次去王府大街 64 号《文艺报》编辑部。初生牛犊不怕虎，会议主持人安排我发言，我居然说了许多。我的发言中心意思是，《创业史》中作者着力塑造的社会主义新人形象梁生宝之所以性格不如梁三老汉丰满，并不是作者艺术表现力不足，主要是梁生宝这个人物是在正兴起的社会主义合作社运动中刚涌现的，现实生活本身尚未来得及给梁生宝人物形象提供更多丰满鲜活的东西，所以作者在对新人梁生宝形象刻画时不时采用理念的方式。会议小结时，主持人对我这个观点作了肯定。当时主持《文艺报》日常工作的副主编侯金镜在场。我想，也许这是《文艺报》要我的一个偶然因素。

1964年5月,我来《文艺报》之后,才慢慢知道,去北大了解我的情况并看过我档案的,就是著名文艺理论家黄秋耘同志。秋耘当时是《文艺报》编辑部副主任,分管文艺理论这一摊。我一报到,就被安置在编辑部的理论组做编辑。早我半年之前,刚从中国人民大学文艺理论研究班毕业的李基凯也被分到这个组。我来理论组时,组长是黄沫,副组长谢永旺,永旺1984至1990年出任《文艺报》主编,我成了他的助手之一。胡德培后来去了人民文学出版社,曾任《当代》杂志副主编,蒋学会是60年代初从莫斯科大学新闻系毕业的,后来在中国影协工作,有名的俄语电影翻译家。她在干校时带了一架苏联产的相机,我在干校时稀有的留影,都是她拍摄的。

我初夏来《文艺报》,秋天,《文艺报》又陆续从全国各地大学调来了十来名本科毕业生。

1984年,著名作家严文井在谈我散文的一篇文章中说:"1964年,《文艺报》为了充实编辑部,物色接班人,从全国名牌大学里,百里挑一,甚或是千里挑一地挑出十来个'尖子',泰昌就是其中的一个。"文井的这番话,至少对我,是过誉。他当时是中国作协党组副书记,可见《文艺报》一次调来如此众多的年轻人是中国作协党组的一项决策,秋耘同志则是受命负责完成这项物色任务。

秋耘同志如何从全国各地去"挑人"的详情我不清楚。至少他认真地有眼力地在"挑",我有点了解。从北大物色杨匡满时,他曾问过我。我在研究生学习期间,杨匡满在本科学习。当时我在负责编北大校刊《红湖》副刊,匡满勤于写诗,他有不少诗是在《红湖》上发表的。所以我在校与他较熟。秋耘叫我挑选些匡满的诗给他看。有次中午在机关食堂吃饭时,秋耘叫我坐过去,他说杨匡满这人条件不错,已定了,身体弱一点,有点小病,没有什么关系。他对匡满体弱都了解,我想他挑人时,绝不仅仅是看看档案,看看作品,对人的整体了解是非常细心的。

怀念秋耘时，想起了我如何走出校门迈入社会的一段经历，沉淀下来的是秋耘同志对事业，对年轻人那股认真负责任的精神。我在《文艺报》工作漫长的一段，在风雨坎坷中成长，与秋耘这位领我入门的前辈的关心是分不开的。

我到《文艺报》后住处一度离秋耘家很近。有时晚上或周日去他家坐坐，他的夫人蔡莹，是某中学校长，他的女儿，我叫她小妹。交谈中，他多次提醒我从事编辑工作知识要既专又博，阅读要既精又杂，为文切忌四平八稳，要言之有物，有针对性，要锻炼会写短小文章。读他署名“秋耘”或“昭彦”的许多文艺短论，感觉他的写作就是有这种明确的追求，他的文艺短论、杂谈形成了朴实、凝练有棱角的风格，另外，他对遣辞用字也非常讲究，他常说，要将文章写得漂亮。1965 年，秋耘回老家广东，任《羊城晚报》编委。“文革”中他被揪回作协接受审查，我们去湖北干校，他又回广东了。

1973 年，我从干校去石家庄《河北文艺》杂志社工作。他经历了文革的磨难，又开始新的工作，任广东省新闻出版局副局长。那时全国出版的文学期刊不多，我每期给他寄《河北文艺》，他看得仔细，时有信函往来。他听说田间同志复出，很兴奋地嘱我动员他多写诗，多发作品。

秋耘同志非常重感情，怀念惦念他心头上牵挂的朋友。我们有机会见面，或在北京，或在广州，谈话内容多与中国作协、《文艺报》分不开。他对《文艺报》副主编侯金镜在干校惨死的情况问得特别仔细。1985 年，《文艺报》承办中国作协主办的全国优秀中篇小说评奖，他是评委，来京后，他要我陪他去看了光年、冯牧等《文艺报》老友。他此次来京很愉快，回广东后曾给我写信谈了他此行的感触。他也非常关心当年他受命物色来的《文艺报》那些年轻编辑的情况，他说，你们毕竟还年轻，日子还长，命运会比我们好！

新时期起始，秋耘写作旺盛。他的散文影响给读者的印象超过了他的文艺短论。他送了一本《往事并不如烟》给我，这本书在

1989 年中国作协主办的新时期全国优秀散文集评奖中获了奖。说来惭愧，我的散文集《艺文轶话》也获了奖。他知道这个消息后，曾给我一封信，说我散文有进步，劝我要找准自己的路子，更放开些写。

90 年代以来，我多次去广东，也数次去广州梅花新村看望他。我的感觉，他时时生活在对并不如烟的往事的回忆中。他平日话语不多，但偶有激动。我最后见他一面，大约是 1995 年，他记忆力明显衰退，他问我吴松亭现在《文艺报》做什么，我有点吃惊，松亭从干校直接回老家江西了，时任江西文联《星火》杂志主编，松亭与他有联系，每期还给他送刊物。他言谈持重，有时几分钟我们默然相对，彼此情绪低落。他迟缓地送我到门口，说我不能再陪你看珠江夜景了！我记得，他曾陪我夜游珠江，在江岸喝茶，他难得的微笑至今还清晰地记住。

原载《新文学史料》2002 年第 1 期

黄秋耘其人其事

胡德培

新中国成立十周年前夕，我被分配到中国作家协会《文艺报》编辑部工作，黄秋耘便是我的直接领导之一。后来，他调回原籍广东。

“文革”中，他是较早被“解放”的干部，后来安排任广东省出版局副局长。但是，他素来不愿做官，喜欢埋头做些文字工作，因而与编辑出版工作总发生着这样那样的瓜葛，不断默默地做出自己的贡献。

一　《辞源》修订本的编纂

《辞源》是我国现代第一部大型辞书。1915 年以甲乙丙丁戊五种版式出版。从 1958 年开始修订，中经许多波折。1976 年，由国家统一规划，广东、广西、河南、湖南四省（区）协作承担修订工作，黄秋耘与吴泽炎、刘叶秋三人担任编纂，他是整个修订工作的总负责人。前后四年多，相当一段时间黄秋耘住在原王府井大街 64 号中国文联大楼（当时为商务印书馆和中华书局）负责修订工作。

《辞源》重视注明每一个语词的来源及其使用过程中的发展演变。黄秋耘特别注意找寻和核对书证，标明作者、篇目和卷次，工作非常细致认真。遇有疑难问题，或是请教他人，或是翻寻典籍，常常反复再三，直至找到确实可靠的解释或证据为止。修订版《辞源》出版后，在国内外有很大影响。

1980 年，黄秋耘写了一首七律《〈辞源〉书成有感》："不窃王侯不窃钩，闭门扪虱度春秋。穷经拟作埋名计，训诂聊为稻谷谋。怀旧每兴闻笛叹，登高犹作少年游。万家灯火京华夜，月夕花晨忆广州。"

2001 年下半年，商务印书馆前总编辑陈原曾作题为《〈辞源〉三主编》的报告，对黄秋耘等人在该书修订工作中的建树和贡献，有相当中肯的评价。黄秋耘逝世后，该馆在唁电中说："商务同仁至今仍非常怀念黄先生在商务的岁月。"即是指他对《辞源》修订本编纂工作中的卓越贡献。

二　主编《邵荃麟评论选集》

邵荃麟，1906 年出生，浙江慈溪人。从 20 世纪 20 年代开始投身革命，1926 年任共青团上海江湾吴淞区委书记，后历任共青团浙江省委书记，中共浙江省委常委，重庆局文委委员，香港工委副书记、文委书记,《大众文艺》丛刊主编等职。新中国成立后,历任政务院文教委员会副秘书长,中宣部副秘书长,中国作家协会党组书记、副主席,《人民文学》主编,全国第一、二、三届人大代表。从30年代开始发表作品,著有短篇小说集《英雄》、《宿舍》,译著有(俄)陀思妥耶夫斯基的长篇小说《被侮辱与被损害的》等,是当代颇有影响的作家、文艺理论家和翻译家。

1942年,黄秋耘在桂林结识邵荃麟。1947年初,黄因故暂避香港,在邵荃麟的直接领导下工作过。他的第一本散文集《浮沉》也是在邵荃麟的同意和支持下出版的。

全国解放后,邵荃麟担任中国作家协会党组书记期间,1954年把黄秋耘从新华社福建分社调到中国作协,参与韦君宜主编的《文艺学习》编辑工作,使黄秋耘重新走上文学之路。至1957年上半年,黄秋耘陆续写了一些针砭时弊、关心群众生活的杂文、随笔,如《刺在哪里?》、《犬儒的刺》、《不要在人民的疾苦面前闭上眼睛》等,差点被划为"右派",是邵荃麟等人保护了他,使他幸免于难。黄秋耘是邵荃麟可以讲心里话的一位亲密的朋友和同志。

可惜,像邵荃麟这样一位老同志,在"文革"中未能逃脱厄运,被反复批判和斗争,秘密关押,备受折磨,1971年6月在狱中饮恨而死。

邵的夫人葛琴,也是20年代参加革命的老同志、老作家,因受株连,全身瘫痪。"文革"后,黄秋耘受葛琴及其家人的委托,在完成《辞源》修订之后,即住进人民文学出版社,由查国华等人协助,为邵荃麟整理和编辑最后一部遗著,这即是1981年在人民文学出版社出版的两卷集《邵荃麟评论选集》。

三 引人注目的《风雨年华》

黄秋耘是一位富有传奇色彩的人物。

他父母都接受过西方文化教育。他从小在舅舅和叔叔影响下，喜欢中外古典文学名著，尤其喜欢古典诗词，同时接触过大量中国现代文学作品；在香港上小学和中学，接受爱尔兰老师的英语教育；后来，用英文答题，获得高分，考入清华大学国文系。时遇国难当头，日寇入侵，他积极投入“一二·九”学生运动，加入中国共产党。后为中央某部指派，投笔从戎，到我国东南沿海地区从事秘密军事情报工作。他曾打入日本驻香港的一个情报机构，获悉日军进攻广州及华南地区的时间、计划等准确情报，为国为民做出了重大贡献。新中国成立后，从事文学创作和编辑工作，由于对现实社会斗争的复杂性和尖锐性很不了解，缺乏足够的思想准备，著作中常常流露出“为民请命”、哀其不幸和拯救弱者的情绪，从反右派运动开始，几次都差点遭遇灭顶之灾，境遇坎坷。

“文革”后，他已过“耳顺”之年，在经历升降沉浮、繁华与痛苦之后，决意将过去40年亲身经历的“漫长而曲折的道路，大部分还是坎坷不平的苦难历程”叙写出来，“尽可能把事实的真相告诉子孙后代”。于是，便有了长篇回忆录《风雨年华》。当他这部回忆录刚刚写出一半的时候，便立刻引起香港及海外人士的密切关注。美国某部门特意邀请他出访。事前，美国驻广州总领事约见他，实有亲自“考察”之意，可见其重视程度。

2001年8月，黄秋耘病逝于广州。他在遗嘱中写道：“丧事一切从简，尽可能不打扰他人。”似乎是无声无息地离开了我们，但在北京，上海，尤其是在广州、香港及海外却引起了相当强烈的反响，有许多唁电、唁函，一些报刊还用专版或专辑刊发多篇文章纪念他。这是他平凡而富有传奇的一生，以及他的人品、文品及其精神对人们的影响所致！

四　新时期主要写作和出版

黄秋耘一生真诚做人，直率写作，文字简约精当，情感真挚，除了被迫不能握笔的年月，他一直笔耕不辍。1980 年至 1999 年，他先后出版了 13 本书和一套《黄秋耘文集》(4 卷)。现择其要者，简介如下：

1.《锈损了灵魂的悲剧》，1980 年人民文学出版社出版。这是他“文革”后出版的第一本书。收集他五六十年代写的随笔、杂文中一些有代表性的篇目，是我出面组稿并担任责任编辑。因此，那一时期我和他来往信件较多。

2.《丁香花下》，1981 年百花文艺出版社出版。这本散文集只有七八万字，但分量很重。如黄秋耘所说，“这些往事全都是我亲身经历过的”，“在每一篇中都糅合着浓郁的抒情”，感人肺腑。其中，根据《丁香花下》改编的话剧，在清华大学举办的纪念“一二·九”运动 50 周年文艺晚会上演出，赢得热烈的掌声。根据《雾失楼台》改编的同名电视剧，使许多人流下了热泪，因此荣获了电视剧“金帆奖”。

3.《风雨年华》(已如上述，兹从略)。

4.《往事并不如烟》，1987 年花城出版社出版。分三辑：一是抒情及叙事散文；二是人物特写及文学传记；三是出访美国、日本、联邦德国的游记和见闻。以收 1981 年至 1986 年的新作为主，如《冬天，火的回忆》、《月迷津渡》、《历史悲剧的后遗症》、《荒原上的“狼群”》、《我所认识的韦君宜》、《相见在大洋彼岸》等，也收入了《矿穴》(1936)、《艺术家、思想家、战士》(1950)等有代表性的旧作，皆比较突出地显露了作者朴实而深沉、真挚而强烈的抒情风格。此书获得全国优秀散文集奖。

5.《黄秋耘文集》，1999 年花城出版社出版，共 4 卷。收入作者几十年各方面的主要作品，附录黄伟经对黄秋耘的长篇访谈录《文学路上六十年》。

此外，1983 年至 1985 年，黄秋耘住中共中央党校，由蒋南翔牵头，与韦君宜、何礼等共同编写《“一二·九”运动史要》。

五　指导《李自成》及创作艺术规律的研究

粉碎“四人帮”后，在我头脑里，曾经一度被埋没的“文学梦”又开始“死灰复燃”。此时，社会上正出现关于姚雪垠长篇历史小说的“《李自成》热”，电台连播，书店脱销，人们争相传阅。我托文学界的熟人去中国青年出版社购得一套，以进行文学 ABC 的重新学习。1977 年春夏，我试着写了两篇论文，同时为重返文学工作岗位做准备。从老领导冯牧口中知道黄秋耘正参与主持修订《辞源》的工作，我去看望他。他很支持我回到文学编辑部门。我拿出有关《李自成》的论文向他请教。他看过后，写了三页纸的审读意见寄我，同时约我面谈。他对《李自成》的成功和不足，对我论文的立论和分析都提出了弥足珍贵的观点和看法，而且颇有些具体而深入的指导性意见。

我向他陈述了想结合《李自成》以“解剖麻雀”的方式进行研究，进一步联系中外文学名著探索创作艺术规律方面的问题，为我以后继续从事文学编辑工作奠定基础。黄秋耘很坦诚而耐心地对我说：“艺术规律这个问题太大，太复杂，几句话说不清楚。你最好从一个一个细小的地方入手，探索创作的主题思想、艺术结构、故事情节、语言运用等方面具体规律性的问题，然后将这些问题汇总起来，可能就比较容易让人去理解去把握了。”

由于黄秋耘、冯牧和严文井、韦君宜等前辈的支持和帮助，我很快从北京语言学院调到人民文学出版社，并陆续写作了几十篇关于《李自成》的论文，于 1981 年出版了《〈李自成〉艺术谈》（四川人民出版社出版）和《李自成人物谈》（宁夏人民出版社出版），以后，结合编辑工作又写作了关于创作艺术规律方面的文章三百余篇，先后出版了《艺术规律探微》（时代文艺出版社 1985 年出版）及其续集（中国文联出版公司 1999 年出版）。

六　关于《骈体语译文心雕龙》的出版

《文心雕龙》是一千五百多年前我国古代的一部文学理论巨著，体大思精，年代久远，又是用古文骈体写成的，因此，往往使诸多学子反复研究而难于解读。著名诗人、文艺理论家张光年（即光未然），年轻时候就喜欢研读。他在担任《文艺报》主编时，从1961年开始，陆续用语体骈文翻译《文心雕龙》中的《神思》、《体性》、《风骨》、《定势》诸篇，向编辑部同仁（以后扩大到中国作协《人民文学》等编辑部）和中国人民大学文学系逐篇讲授，《文艺报》编辑部曾作为《业务学习资料》内部印发。可惜，经历“文革”巨变，资料散失。

我当时是《文艺报》最年轻的编辑。怀着对光年同志的敬仰，对《文心雕龙》这部优秀文论的热爱，曾经认真地一边听讲，一边详细地做了笔记。不幸在“文革”及“五七干校”的艰难岁月中将其遗失了，常常深以为憾。

张光年自己手中的原稿及《资料》也无法找到了。

但是，值得庆幸的是，黄秋耘这位有心人，在1983年中国《文心雕龙》学会正式成立的前夕，他从广州将这份《业务学习资料》找出来寄给了张光年。信中还戏说：经过十年动乱，这可能是他保留下来的“海内孤本”了。张光年真是喜出望外，从此激发起他重理旧业的热情，继续翻译《文心雕龙》，先后写了30篇译文。这就是这位中国《文心雕龙》学会首任会长，2001年由上海书店出版的《骈体语译文心雕龙》一书。此书甚得学术界的赞誉和肯定。

原载《出版科学》2003年第1期

存　目

著　作

黄秋耘　《黄秋耘文集》(四卷本)

花城出版社 1999 年版

论　文

黄秋耘　《为彻底肃清黄色书刊对青年的毒害》

《文艺学习》1954 年第 8 期

黄秋耘　《批判我自己》

《文艺报》1957 年第 9 期

郭庆山　《一位忧国忧民的文学家——我所认识的黄秋耘》

《人物》1986 年第 6 期

胡　清　《中国图书与国际舞台——访黄秋耘》

1991 年 10 月 11 日《新闻出版报》

海　帆　《悲天悯人话苍生——一个晚辈眼中的黄秋耘》

《新文学史料》2002 年第 1 期

胡德培　《秋耘精神》

《新文学史料》2002 年第 1 期

阎　纲　《黄秋耘相信眼泪》

《新文学史料》2002 年第 1 期

胡德培　《血泪文章,战士心——记黄秋耘的创作人生》

《人物》2002 年第 11 期

龙世辉

龙世辉(1925～1991),湖南武冈人。黄浦同学会会员,中共党员。1952年毕业于辅仁大学中文系,后到文学研究所进修。1953年调入人民文学出版社。历任现代文学小说组副组长,《当代》杂志编辑部副主任,后任作家出版社副总编辑。

龙世辉是杰出的文学编辑家。在他任编辑期间,曾先后编辑出版的著名作品有《林海雪原》、《前驱》、《清江壮歌》、《三家巷》、《苦斗》、《在和平的日子里》、《芙蓉镇》、《将军吟》、《代价》等著名作品200多部(集),这些作品在读者中产生了广泛影响。

其本人出版的作品有《龙世辉寓言集》、长篇小说《蓝光》、文学评论集《编余随笔》等。

试论文学编辑

龙世辉

编辑,文学书刊的编辑,有时被誉为"伯乐",或称赞为"无名英雄"。能称得上伯乐的编辑是有的,鲁迅、叶圣陶、茅盾、巴金都当过编辑,对培养扶植新一代作家有过卓越的贡献,是当之无愧的伯乐。还有一批老作家,如张光年、赵树理、冯雪峰、侯金镜、孔罗荪、王任叔(巴人)、楼适夷、秦兆阳、萧殷、秦牧、严文井、韦君宜……也都当过编辑,主持过出版社或一个文学刊物的工作,曾经把很大一部分时间与精力放在编辑工作上,许许多多新作家的出现,许许多多优秀作品的诞生,都和他们的热情关怀与亲切指导分不开,至今文坛上还流传着许多关于他们的佳话。他们是当代的伯乐。他们受到人们的崇敬是理所当然的。他们是编辑,又是作家,而且是先成为作家,后当的编辑,是作家兼编辑。他们是我们的前辈,是我们学习的榜样。

至于一般编辑,他们人数众多,绝大部分都不是作家,也不为人们所知晓。他们大部分是解放后参加工作的文科大学生,也有一部分是在工作岗位上锻炼出来的自学成才的同志。他们为组织稿件,跑遍祖国的大小城镇和农村,踢破作家的门坎。他们一字一句整理加工着稿件,包括改正每一个标点符号,为核对一句引文或史实要翻阅查找成堆的资料。他们为提高作品的质量,和作者共同切磋,出点子想办法。他们为取舍一篇稿件,左琢磨右掂量,和领导、同事们讨论商量。他们为发现一篇优秀作品而欣喜若狂,以致又嚷又叫,兴奋失眠。他们忙起来白天黑夜连轴转,连节假日也搭了进去。他们中不少人自己有写作才能,也发表过作品,但压下自己的创作冲动,把自己的精力和才能献给别人。他们站在文学

龙世辉编辑的部分文学名著

第一线发作品，不怕担当风险。他们中有的人有过政治上的创伤或个人的不幸，但工作起来就把这些抛到一边。他们虽然不能说已经是伯乐，但对某一位作者或某一篇作品，却起着伯乐的作用。他们默默无闻地工作着，有许多人从青年已经进入老年。

有个刊物的老编辑因眼睛深度近视，老是用脸贴近稿子看稿件，青年作者们说，他们发表的作品是这位老编辑用鼻子闻出来的，不是用眼睛看出来的。

——这就是一位老编辑的形象！

蒋子龙在他的《赤橙黄绿青蓝紫》获奖后写的一篇回顾性的文章中说："小说是作家写的，可是作家碰上一个什么样的编辑，很有可能会决定他的作品的成败。作家在动笔之前是心里有'根'的，作品完成之后心里又往往没有'根'了，很想听听别人的意见。独具慧眼的编辑，既不捧杀，也不棒杀，而是帮助作家找到作品里真正的'根'。"接着，他又叙述了他和一位编辑的一段往事："1976年，我写过一篇小说叫《机电局长的一天》，光是开头，编辑就逼我返工五次。有一天晚上停电，我摸黑骑了45分钟的自行车，到旅馆看他。他老兄蹲在厕所里还举着我的稿子在琢磨。看完我费了九牛二虎的力气新写的开头,仍不满意地说:‘你还有潜力,你的劲还没全使出来。’你从他嘴里永远听不到满意的话,总是莫测高深,不把你挤得水干油尽不罢休。回来的路上,我和一辆三轮车相撞,推着自行车回家。路上又想了一个新的开头,激动得不得了,回到家点起蜡烛重新写了前面的几百字。第二天我刚起床,编辑就来敲门。他看完新的开头,一拍大腿:‘好了,我可以去买火车票了!’”

——这又是一位编辑的形象!

编辑,好的编辑,就是这样工作,这样协助作家完成作品的。作品是作家的新产儿,编辑是助产士。成千上万的作品,哪一篇不灌注着编辑的感情和心血!成千成万作品的诞生,说明文学事业的发展,也证明着编辑所作的努力与贡献。“作家是锤头,编辑是锤把儿;作家是水泥柱,编辑是钢筋,光使劲不露面。”蒋子龙在文章的结尾打的这个比喻,对编辑不免有点过誉,但是他的基本意思是对的,“使劲不露面”倒也是事实。

编辑要起到蒋子龙说的“水泥柱里的钢筋”作用,那绝不是一件容易的事。他的话与其说是作家对编辑的鼓励,还不如说是对编辑的要求。在较高的意义上说,编辑的职能要求编辑的也正是这样。编辑,必须具备较好的文学基础知识和专业修养,以及其他的广泛的各种知识。稿件的内容和题材各种各样、千奇百怪,工农兵学商、中外古今的都有,编辑如果缺乏良好的文学基础和广泛的知识,就会在有的稿件面前束手无策。王任叔说过编辑应该是“杂家”,大概就是这个意思。编辑,应该有较高的文学艺术欣赏鉴别能力,能够从千百万件稿件中挑出优秀作品,同时要注意到各种不同的风格流派,把思想健康而又艺术形式多样的作品送到读者手里。王任叔说过:编辑好比厨师,要能烩制各种适合不同胃口的菜,不能光做你自己爱吃的。编辑,既要对稿件能提出中肯的意见,协助作者提高作品的思想艺术质量,并能对稿件进行细致的文字加工,消除一切错误,在必要的时候还要进行一定程度的修改甚至动大“手术”;又要有联系作家、组织稿件进行各种社会活动的能力。王任叔常说:编辑应该是“静如处子,动若脱兔”。这一静一动,几乎概括了编辑工作的主要内容。编辑,取稿的唯一标准应该是稿件的质量,只能择优选用,最忌私人感情,更不能和作者搞无原则的拉扯和交易。王任叔一再告诫编辑:“大夫无私交!”编辑不是士大夫,编辑工作也不是外交工作。这话乍听起来似乎有点过于严肃,我们也不能一概反对编辑和作家的正常关系和交往,但是这话的精神和原则,是值得每个编辑深思和遵守的。编辑,应该有较高的政策思想和理论水平,能够判断那些一时难于识辨的作品,具有编辑的勇气和胆识,甚至承担风险,去支持作家的创新。王任叔对那些大胆工作而有成绩的编辑,总是给以信任、鼓励和提拔,他曾经不按常规提前晋升一些编辑的职称。编辑,总是“为他人作嫁衣裳”,这就要求编辑有一定的牺牲精神。那种把编辑工作和自己的写作本末倒置,或是利用编辑工作岗位只顾谋求私利的人,和这种精神是格格不入的。牺牲精神是编辑的美德。甘当“无名英雄”,愿做“水泥柱里的钢筋”,“光使劲不露面”,才真正无愧于编辑的称号。王任叔在出版社任职将近十年的时间里,白天他总是按时上班下班,处理各种稿件和事务,只在晚上利用业余时间进行写作,而他为了避嫌,从未在自己主持的出版社里出过一本书。这虽然是太过分了的做法,但精神是可嘉的。

这就是一个文学编辑所必须做的和应该具备的!只有这样的编辑才能赢得作家和读者的信任与称赞。郑九蝉说:“《能媳妇》不全是我的作品。这里有编辑们的心血。我是踩着他们的肩膀成材的。这只要看看我的《能媳妇》原稿就知道。”杨鑫基说:“我是从事文学创作不久的新手。作品艺术上有很多不成熟的地方,但在许多同志无私热情的关怀、爱护下才得以问世的。特别是人民文学出版社和《当代》编辑部的同志，严格审查把关，才使作品有了今天的面貌。我永远地对他们怀有敬意。”

“永远地对他们怀有敬意”，这是一句似乎平淡而又真挚的话，做编辑的如果赢得了作家们这样的感情，那将是最大的安慰和奖赏。我曾经是丁玲同志主持的“中央文学研究所”第一期第二班的学员，临毕业分配工作时，班主任马烽同志对我说，一是去报社当记者，一是去出版社当编辑，叫我考虑选择一下。没过三天，马烽同志又找我说：“你自己不必考虑了，我们已经替你考虑好，当记者可能会发挥你的所长，但考虑到你比较毛躁，还是去出版社当编辑，磨炼磨炼。”在送别我的时候，副班主任徐刚同志念了一首诗，作为临别赠言：

> 不要像一只鸟，
> 扑拉拉地飞过去，
> 没有留下任何影子，
> 让那些和你在一起过的人，
> 留给他深远的怀念！

我就是这样带着领导的馈赠走上编辑工作岗位的。这只是我个人的经历。但在30年的编辑生涯中我深深地感到，一个编辑在工作中要留给别人深远的怀念可真不容易，就不要说“敬意”了。可是我的同伴们，我的同行们，许许多多无愧于编辑职能的编辑，他们以自己的工作，赢得了作家的敬意，赢得了读者的赞誉。书店和邮局摆满的书籍和报刊就是他们的工作报表。他们为他人作嫁衣裳，而自己却没有当过新娘。他们把别人的名字写上作家的名单，而自己却名不见经传。他们是一批勤勤恳恳而又默默无闻的人。

默默无闻的编辑是应该受到人们尊重的，就好像其他任何职业、任何劳动者应该受到尊重一样。可是正是这种“默默无闻”反而被有的人瞧不起。编辑自己无名无利,可是编辑的工作却密切联系着别人的名利。在有的人眼里,编辑不过是为他服务、替他发表作品的工具。作品发表不了,就骂编辑是“扼杀新生事物的‘刽子手’”。有人感叹说:“现在不要说伯乐,连马车夫都没有了!”有人求编辑帮他修改稿件,并写下了看来似乎感情真挚的话:“我们的友谊和它(指作品)一起诞生。”一旦作品受到欢迎,出了点名,编辑再改动他作品中明显不妥的地方,就利用他刚刚得到的一点声誉,告编辑的状。有的人的作品,经过大大小小的编辑提意见修改发表得了奖,他站在那个讲台上,竟说编辑打击、挫伤作者的积极性,压制创新。他的作品得了奖,编辑反而成了罪人!作品发表了,编辑却要挨骂受气。

提这些已经过去了的往事,不是为了替编辑出气。也并非不承认编辑的意见和做法有时可能失误,何况确实也存在不负责任的编辑呢。令人深思的是编辑为什么会受到如此这般的对待和轻蔑?前面提到的那些前辈作家兼编辑,他们在自己的成长发展过程中是否也受到过这样的对待和轻蔑,我们不得而知;但现在,作家在他们面前,至少在表面上是尊敬的。有人对一般编辑的意见,总是摆出一副不屑一听的神态,而对一位作家兼编辑的前辈却说:“就你的意见对我有帮助。”另一位青年作者看到编辑修改他的稿件,那话儿就说得更好听:“像×××这样的老编辑,自己写不出东西,拿别人的作品大删大砍过瘾!”过去一段时期,甚至有过一种这样的说法:“会中国字的都能当编辑。”这真比骂人还难听!

原来,不是作家的编辑,没有作品的编辑,或者说,水平和能力不及前辈的编辑,就可能被人看不起,就可能受到轻蔑。轻蔑地对待编辑或谩骂编辑的人当然只是少数,但看不起编辑的风气在社会上却有一定的普遍性,编辑没有社会地位也是长期存在的客观事实。我们不必再列举那些颇带点刺激性的事例了。在这种风气下，编辑中有人不安心工作，或是满腹牢骚，经常怨气冲天，工作不好好干；或是一心想写出作品，挤入作家的行列，好争取一点社会地位，对编辑工作却马虎应付；还有个别编辑干脆置工作于不顾，借编辑以营私，写出的东西又不成样子，热衷于搞“交换文学”。有位刊物的编辑和友人在通信中说：“我们编辑部的同志并没有几个人把精力都用在刊物上，百分之八十的同志都在写东西，也都在发表东西。编辑工作是次要的。……在编辑工作上，我是拼命卖过力气，可又怎么样，我有些心灰意冷。……”

这种情况不止出版界才有。此风不煞，将严重影响文化事业的发展。长期以来，编辑人员受到不应有的冷遇，出现了令人忧虑的情况，仅仅责怪编辑是不能解决问题的。编辑的社会地位难道应该“低人一等”吗？确有写作才能的编辑，难道不应该在做好工作的前提下给以适当的照顾和安排吗？编辑没有社会地位，对他们又只是使用，使用，这种情况不能再延续下去了。作家协会在这个问题上已经开始有所认识，并做了初步的改进：如发展某些编辑入会；获奖作品发奖时也请责任编辑到场，作为正式代表出席；他们所属单位的编辑职称也评定过了。这是鼓舞人心的改革，我们表示热烈欢迎。但是，这是一个全国性的问题，如果不从全国的角度来认识和处理问题，那是很不够的。

编辑也能成为作家当然是好事，对工作是有利的，我们希望更多的编辑成为作家。但是第一，既然是编辑，首先得做好编辑工作，严重影响或不顾编辑工作，一心只想当作家的思想和做法是不能提倡的；第二，能成为作家的编辑究竟是少数，作家——编辑，和编辑——作家所走的道路，恐怕是不完全一样的，解放后参加编辑工作的文科大学生成千上万，有几个真正能成为作家？对这一点应该有一个冷静清醒的认识；第三，能成为作家的编辑不一定就是优秀的编辑，未能成为作家的编辑也不一定不能成为优秀的编辑，事实上大量优秀的编辑大部分都不是作家；第四，写作和编辑工作不应该对立，应该相辅相成，但客观上它们又确有矛盾，忽视这种确实存在的矛盾，只讲认识上的对立统一，那是自欺欺人的把戏；第五，编辑和作家确有相通的和共同的地方，但他们是两种不同的社会分工，各有各的要求和职能，不是所有的作家都能当编辑，也不是所有的编辑都能成为作家，事实上也没有必要这样做。如果认为只有成为作家的编辑才是有出息、有能力的编辑，只能说是一种偏见。如果这种偏见竟然来自作家，那就更是可悲和可笑的了！

所以，从某种意义上说，编辑就是编辑。应该给他们冠上闪光的但更是符合实际情况的称号：编辑家！

我们只能从编辑的职能来要求编辑，看待一个编辑的水平；符合编辑职能的编辑就是好编辑，就是编辑家。科学家，作家，教授，编辑家……都是"家"，都是学有所长的知识分子，都是为人民、为祖国、为子孙后代贡献自己知识的脑力劳动者！在这个问题上我们长期存在着模糊的观念和认识，现在不应该再含糊了。也许世界上没有人把编辑叫做编辑家，那我们就第一个这样叫吧！我们应该给编辑家们造造舆论，给他们应有的地位和待遇，就像对其他的"家"一样。编辑家们过去太苦了！编辑家们手中有笔，但他们的笔只在别人的稿子上勾画；编辑家们也有能说会道的嘴，但他们津津乐道的只是别人的作品写得如何如何。假如你也当过编辑，你将作何感想呢？

还是让我们听听一些作家是怎样谈论编辑的吧！

> 编辑把自己的心血藏在别人的成绩里，因此，任何把作家和编辑分开的奖励，都会使作家的内心深处感到惭愧和不安。
>
> ——蒋子龙：《水泥柱里的钢筋》
>
> 我的第一本书出版时，是"文化大革命"刚刚结束的那一年。

当时,我好得意。我拿着还散发着油墨气味的书,觉得自己是世界上最幸福的人。的确是'名利双收':稿费制度刚恢复,我得了两千元稿费。

我去找我的责任编辑,想与他分享我的幸福。他已年过半百,在他手中不知造就了多少作家,他却鲜为人知。为我那不成熟的稿子,他费了多少心血!

在路上,我望天,天好蓝。太阳也比平时娇艳。我感到行人在向我微笑。忽然闪过这样一个念头:如果现在有人要我的手表,我会毫不犹豫地摘给他。

来到他家里,立即察觉到一种异样的气氛:他沉着脸坐在桌前,一声不吭。妻子在厨房里叹气。孩子在墙角抹眼泪。一问,方知是怎么回事:孩子刚才去买菜,丢了一块钱。

桌上也放着一本我的书。我悄悄望望他的脸,那张布满皱纹的脸上浮现着一种淡淡的愁容,哪有我揣测的高兴和激动?

我突然意识到:我错了。我怎能以自己的心情去衡量别人?他们为作者造福,使作者出书,这一切都是在默默中进行的。

刚才我还想把手表摘给别人,多么可笑呀!我脸红了。

我坐了一会儿便告辞,在我身后,响起了一阵剧烈的咳嗽声。不知为什么,我有些难过。

这一切,仿佛是不公平的。

责任编辑,难为你了。我心里说。

——刘亚洲:《获奖作者的话》

我想:蒋子龙和刘亚洲说的,肯定是真实的!类似的话语,还有不少作家也说过,恕我在这里不一一引述了。

我感到高兴的,不是因为他们这几位作家说了编辑的好话,而是因为他们的这些纸短情长的语言和实际行动,正代表了一种正气,代表了一代文风,也应该成为我们的一代世风!

文学事业本来就是人民的事业，党的事业，让我们的作家和编辑团结起来，齐心协力，为繁荣和提高我们社会主义的文学事业而共同奋斗吧！

1983 年 5 月 9 日深夜

选自龙世辉《编余随笔》，人民文学出版社 1995 年

关于《代价》的题外话

陈国凯

中篇小说《代价》是很幼稚的习作，在《当代》丛刊上发表后，收到一些读者的来信，要求谈谈写作《代价》的心得体会。我是个刚学步的文艺学徒，偶尔能写出一两篇粗浅习作，是党和文艺界的同志们关怀的结果。讲不上什么心得体会，不过，我倒想谈谈关于《代价》的一些题外话，坦率地说：没有人民文学出版社的领导和编辑同志们的感人至深的关怀，《代价》这个粗浅的中篇小说是出不来的。

我是个学识庸浅的工人作者，在工厂里干了 20 年活，在老作家的关怀下，也偶尔写点短篇小说，没有写长东西的打算，除了由于水平低、工作忙之外，还担心我这无名小辈写出来的长东西会被编辑同志丢到字纸篓里。由于这几方面的原因，我没敢去写中长篇。《代价》在很大程度上说来，是老作家韦君宜同志和老编辑龙世辉同志“压”出来的——他们给了我极大的信任和关怀，给我压了担子。

1978 年年底，我参加了广东省文学创作会议，人民文学出版社的负责同志韦君宜也来广东参加了会议。经老作家肖殷同志的介绍，君宜同志专门找我谈了话，给予我亲切的关怀和鼓励，并约

我写一部中篇小说。在她的帮助下，当时也确乎有点“雄心壮志”，答应写一个中篇，但是君宜同志一离开广州，我心里又打了“退堂鼓”。我想：人民文学出版社是名家荟萃之地，门槛很高，恐怕连名家的作品都看不完，哪里有空来看我这无名小卒的涂鸦之作，她一走，被她激发起来的创作热情也就烟消云散了。

1979 年 12 月的一天，我突然接到人民文学出版社发来的信，要我来京参加该社主办的中长篇小说作者创作座谈会。

在工厂党委的支持下，我获准来京参加这次会议。会议期间，听到我景仰的许多文学界老前辈的讲话，听了王蒙、陆文夫等这些文学界老大哥的发言，这些讲话和发言开阔了我的眼界，打开了我闭塞的心扉。我看到参加会议的有不少是青年作者，他们有的比我年纪轻，但是已经带着丰硕的成果走上文坛。二十来岁的女作者竹林同志在短短的几年里，以锲而不舍的精神完成了她的长篇著作《生活的路》。这些年纪很轻的同志在文学创作上表现出旺盛的革命斗志和强烈的进取精神，更可喜的是他们敢于直面人生，表现出文学工作者对人民的高度责任感。在他们面前，我感到惭愧，也使我增长了勇气。我觉得没有任何理由值得气馁。我应该老老实实地向他们学习。

在会议结束的时候，人民文学出版社的龙世辉同志和我进行了一次情词恳切的谈话。

我回到广州后不久，由于广东省委宣传部和作协广东分会的关怀，给了我三个月的创作假。我花了一个来月的时间比较认真地读了《高老头》、《基度山伯爵》、欧阳山的《三家巷》、杜鹏程的《在和平的日子里》，并写了一些读书笔记。边看书边进行构思。8 月份正式写《代价》。我写东西没有写提纲的习惯，头脑中有那么几个人物，有个故事梗概，就写起来了。原来构思的东西比较简单，但是写着写着，半路上又冒出个人物来，又要顾及到这个人物和周围人的关系，我就像很蹩脚地初学弹钢琴的人，顾了右手又顾不上左手，到处捉襟见肘，漏洞百出。而且写着写着，人物的发展和自己原先构思的也不一样，譬如小说中的余丽娜，我原来构思中就不想让她死，但写到后来，觉得从她的性格发展，她是应该死的。为了她应该不应该死的问题，我思想斗争了很长时间：最后，我觉得还是尊重人物性格发展的要求安排了悲剧的结局……就这样边想边写，到9月底写完了初稿。

写完初稿之后，我把稿子交给了两位“读者”看，一位是我的爱人，一位是我工厂的朋友。这位朋友和我是多年的患难之交。他是工人血统，秉性耿直，嫉恶如仇，“文化大革命”中我在“牛棚”时，他向我伸出友谊之手。他是文学爱好者，读了很多书，是对我的习作“最权威”的评论者。我这个朋友和我的爱人以最直率最严厉的批评家的态度“干预”我的创作，用最“挑剔”的眼光批评我的作品，我常常被他们评论得垂头丧气。他们不仅评论而且给我出点子，指出应该如何改。有时我们争吵得面红耳赤。但是当心静气平之后，我又不得不佩服这“批评家”的眼光了。他们评论的最主要标准简单地说起来就是一条：作品中的人物真不真，可不可信，作者是不是对读者吹牛撒谎。他们用严厉的眼光来检验我这个作者对读者的道德良心。初稿经过他们十分“挑剔”的批评之后，我又改写了一遍，到10月底改完之后，就带着它来京参加文代会了。在开会期间，我怀着惴惴不安的心情把第一次学习写的中篇稿子交给龙世辉同志。当时的心情，就像初次临盆的产妇分娩时的心情一样，十月怀胎，孩子生下来了，但是不知生出来的是活的孩子还是怪胎。打个不恰当的比方，编辑像是接生员，如果接过手的孩子是个怪胎，他们的心情也会挺失望的。

过了十来天时间，我预料不到的快，龙世辉同志来找我了。他告诉我：“孩子”不是死胎，是个有“生命”的东西。并告诉我，稿子已送请领导同志去“诊断”。老编辑江秉祥同志也很快看完了。韦君宜同志正在开文代会，忙得很，我估计等到她看完稿子，大概是 1980 年之后的事了。可是,当我回到广州不久,接到世辉同志的信,说韦君宜和秦兆阳两位领导同志都很快看了稿子,亲自作了一些修改,并于 12 月 8 日正式发排。这就是说:从初稿交出,不到一个月的时间,出版社的领导和编辑同志就如此迅速地处理了一个无名小卒写的 15 万字的幼稚习作。这大大出乎我的意料,也深切地感受到老作家和编辑同志对文学青年的极大关怀。也许因为我是一株嫩弱的幼苗,所以,他们对我所施加的爱更深沉一些吧。发稿之后,秦兆阳同志还给我写了一封热情的信,他的谦虚和热诚给我留下很深的印象。

我特别要谈到老编辑龙世辉同志,他为《代价》这部中篇小说的问世做了大量的工作。更使我感动的是,他为了帮助提高我的写作水平,为了让我多读一些书,考虑到我买书的困难,竟多次自己花钱买书送给我这个文艺学徒,这使我联想到工厂里我很尊敬的一位老师傅。我的师傅不但手把手地教我学技术,教我做人,还把自己的技术书送给我这个当徒弟的。这不是几本书,而是阶级的深情、阶级的爱,是人与人之间真诚的关怀和真诚的爱。

老作家秦牧同志曾经说过这样的一段话:文学队伍像一支登山队。如果说作者是登山队员,那么,编辑就是登山队的向导。在登山的过程中,向导没有留下自己的名字,但是在登山的道路上,每一步都留下向导的深深的脚印。这段话给我留下很深的印象。尽管《代价》是很粗浅的习作,但走出这一步,也是老作家和编辑同志——我学习写作上的向导扶着我走的结果。要说写作《代价》有什么心得体会的话,我觉得使我感受最深的是:青年作者的一本书的诞生,饱含着老一辈作家和编辑同志的心血劳动,饱含着他们对文学青年的深沉的爱,这种爱,是使我永生难忘的。

原载 1980 年 5 月 28 日《文学书窗》

燃烧了自己　照亮了别人

——介绍老编辑龙世辉

黄　伊

1981 年 3 月的一天，在庆祝人民文学出版社成立 30 周年大会上，各界来宾和新老工作人员数百人欢聚一堂。年逾古稀的老作家、老诗人，前副社长兼副总编辑楼适夷同志，以元老和顾问的身份出席这次盛会，并在会上发表了即兴讲话。老社长如数家珍地讲起了出版社历年来所取得的丰硕成果。讲着讲着，他兴致大发，热情洋溢地向满座宾客和全社同志介绍起老编辑龙世辉在《林海雪原》编辑工作上所做的贡献……

老社长那天的讲话，给我留下了深刻的印象，也引起了我进一步了解老龙的兴趣。近一年多以来，我和老龙在一间办公室里工作，桌子紧挨着桌子。通过平日的接触，再加上其他编辑同志的言谈，我逐渐了解到，老龙在 30 年的编辑生涯中经手编发的书稿，何止一部《林海雪原》！介绍他在编辑工作上所做的贡献，了解他所处理的某些书稿的经过情况，也许可以看到近 30 年来我国文学创作活动及一些作家成长的一个小小的侧影。

老编辑的简历和粗略的统计

1925 年底，龙世辉出生在湖南武冈县城的一个教师家庭。他从小一面在学校念书，一面在家由父亲讲授古文，受着双重教育。他整个中学阶段是在抗日战争烽火中度过的。1952 年，龙世辉在北京辅仁大学中文系毕业后，又进入中央文学研究所学习，为第一期第二班学员。1953 年来人民文学出版社工作至今。其间,1973 年至 1978 年曾在北京语言学院编撰汉语教材和词典,做的也是编辑工作。

在老龙大半生的编辑工作中,经他手编辑的书稿,据不完全、不十分准确的统计,大致有:长篇小说 29 种,五四作品 6 种,古典文学 1 种,剧本 2 种,外国文学 3 种,中篇小说 4 种,短篇小说 9 种,散文、报告及各类编选 36 种,共约 90 种。在《当代》编辑部工作期间,老龙参与编辑工作的中篇约 30 篇,短篇小说约 23 篇,散文报告约 3 篇,共约 56 篇(截止到 1982 年年底为止)。如果和过去编的书稿一起统计,总数共约 146 种(篇)。

这个数字说明了一个编辑大半生的工作情况,但一个编辑的活动,远比统计数字生动、活泼、感人得多。

在编辑工作上所得到的锻炼

老龙青年时期参加了许多书稿的具体的编辑工作,如《抗美援朝通讯报告选》、《经济建设通讯报告选》、《农村短篇小说选》、《农村跃进之歌》、《大跃进的一天征文选》、《散文特写选》(周立波主编,1960 ~ 1961 年)等等。这些书稿,有的他只参加整理发稿,有的是他负责甚至由他一个人独立完成的。编选工作活重量大,是编辑工作中的苦差事,而老龙青年时期的很大一部分时间和精力,都投入了这项工作。这些编选出版的书籍,质量良莠不齐,由于各种历史原因,能流传下来的不多,有很多经验教训可以总结,这是一方面。另一方面,这种编选工作能极好地锻炼一个编辑,老龙后来能应付和担负各种繁重的编辑工作,并且取得了一定的成绩,恐怕和他的这种经历有极大的关系。对于青年编辑来讲,这也许可以算作一条值得借鉴的经验吧。

学习老编辑，帮助年轻编辑

1953 年，龙世辉从中央文学研究所刚来出版社的时候，对编辑业务不熟悉，出版社也没有一套培训编辑的制度，老龙开始作编辑工作，是向他的同事张奇同志（1976 年因肝癌去世）学的。他经常提到他的这位师兄，学习张奇助人为乐的精神，有新同志来，他总是主动、热诚地给予帮助，如复审稿件，检查、补充加工发稿，修改审读意见和内容说明等。只要人有所求，而他又力所能及，不管分内分外和有无领导指派，他都乐于相助。

浩然的第一本小说集稿《喜鹊登枝》，一位当时比老龙更年轻一点的编辑读后，由于刚来缺乏编辑工作经验，一时掌握不好出书标准，开始持否定态度。老龙平常读过浩然的几篇作品，印象还好，便主动拿来看了，并提醒说，浩然的作品努力歌颂新人新事，这个倾向值得肯定；作者熟悉农村生活，语言比较生动、朴实；是否可以考虑精选一点，替他出个集子，以鼓励新作家的成长。那位编辑接受了老龙的建议，改写审读报告后送总编辑终审。王任叔同志读后大加称赞，不但立即批准出版，还自任责任编辑，亲自润色加工，并连续写了好几篇评论。王任叔同志大力支持青年作家的热情是很可贵的。但是，当时作为一般编辑的龙世辉同志，为一本并非自己负责的书籍出版问题所作的努力，一直很少为人所知。

在处理复杂困难稿件中经受磨练

在出版社呆得久了的同志都知道，常常有一些稿件的处理是比较复杂困难的。之所以复杂困难，有各种原因。一个编辑在处理这些稿件时，不仅对自己是一个磨练，而且是得到锻炼和提高的极好的机会。在这一方面，老龙是经受过检验的。

阿英的剧本《李闯王》，注释部分引用了大量明史。该书解放前虽然曾经出版过，但注释中讹误较多。老龙接受了这部书稿的整理发稿任务后，从北京图书馆借来作者引用过的大批史料，根据不同版本逐条进行校勘，任务是艰巨繁重的。校勘完毕，老龙去拜访阿英同志。阿英听了龙世辉的汇报后表示满意，并问他是哪个大学毕业的，他说是辅仁的。阿英点头赞许说："呵！原来你是陈垣的学生，难怪会这些！"

一位老作家的一部长篇小说，30 年代曾发表过前几章，鲁迅在一篇文章中曾经提及。该书后面绝大部分篇幅是陆续写成的，并未发表，也存在一些问题，鲁迅先生自然也没有看到。如何协助这位老作家修改整理这部稿件，是一个难度较大的工作。龙世辉从一位因政治运动受审查的同志手里半路接替该书的责任编辑，以审慎、谦逊的态度和这位长辈老作家打交道，老作家最后接受了编辑部提出的中肯的意见，终于使这部经历了几个时代的长篇巨著和读者见了面。

李晓明的《破晓记》，原稿中游击队长不幸被地主武装俘获，钉在祠堂墙壁上"示众"，死活不能。其叔不忍侄儿受此活罪，卖掉口粮买了几颗子弹，借枪半夜三更偷偷把游击队长打死。恶霸地主为斩草除根，四处搜寻，要杀害游击队长之子，他又领着侄孙子主动送上门去，当着恶霸地主的面，亲手将侄孙子的右手砍掉，说这样长大了也不能报仇，只求饶孩子一命。老龙当时看了稿子，认为这是一个败笔，艺术效果不好；假如保留这个情节，估计读者感情上也很难接受。但作者自己不以为然，编辑部当时也有不同看法。老龙作为该稿的审读人之一，坚持要改，只好作为他个人的意见向作者转达。最后，作者还是接受了老龙的意见，作了修改。出书后，作者还专门为此事登门表示感谢。

积极发现和扶植新人新作

在工作中,老龙一直非常注意发现与扶植新人新作,如曲波的《林海雪原》,贺政民的《玉泉喷绿》,陈立德的《前驱》,马识途的《清江壮歌》,周建明的《湖边》,陈国凯的《代价》,莫应丰的《将军吟》,古华的《芙蓉镇》,以及后来在《当代》上陆续发表的刘建安的《白莲湖》,鲍咏石的《宿愿》,冷杉的《这一家》,贺晓彤的《铭刻心底的回忆》等等,都是老龙负责经手的(当然,其中有的作品还有别的编辑同志的贡献与辛劳)。这些作品有些现在正为人们所熟知,作家也成了名家,但老龙当时处理这些稿件时,它们的作者大都是文学新人。

提起老龙发现和扶植新人新作,人们都不会忘记有关《林海雪原》的往事。

事情追溯到那金色的50年代。有一天,老龙从组长那里抱来厚厚的一大摞原稿。打开来一看,稿名《林海雪原荡匪记》。稿纸有大有小,每一叠用各种颜色的碎布条拴着,字儿老长老长一个,伸胳膊踢腿的,很不好认。说老实话,老龙起初读它时,并没有抱多大希望。但是,当他耐心地一页页翻下去的时候,却完全沉浸在小说的故事之中了。透过这一大摞看来很乱的稿子,他看到了一个有着浓厚浪漫色彩的传奇故事和英雄人物。奶头山和威虎山在吸引着他,杨子荣和少剑波的英雄业绩激荡着年轻编辑的心。读完了全稿,他马上向楼适夷同志作了汇报。汇报中他既为发现了一部优秀的新稿而兴高采烈,同时也谈到这部稿子艺术上、文字上的缺欠。在楼适夷同志的鼓励下,《林海雪原》的编辑发稿任务就落在老龙的肩上。

稿件的修改工作是作者自己的责任,但曲波同志历时数月作了一次修改后,自歉地表示,他只读过六年书,改起来有一定的困难,恐难达到要求,只好委托编辑部全权处理。当时还是年轻编辑的老龙同志,出于对文学事业的热忱和工作的责任心,毅然接受了作者的委托。老龙回忆说:"我花了三个多月的时间,把我的全身解数都使上了!"

《林海雪原》终于定稿了。为了扩大影响和听取读者的意见,他把该稿推荐给当时《人民文学》杂志的副主编秦兆阳。秦兆阳同志大加赞赏和支持,并在该刊上选载了部分章节。后来,书籍刚和读者见面,老龙又在《人民文学》、《中国青年报》、《读书月报》、《大公报》和一份俄文刊物上,分别发表文章,向国内外读者介绍这部作品。作者曲波为了感谢编辑在出版他的处女作时所付出的辛劳,特别送了一本精装本给老龙,并且在该书的扉页上,亲笔题了这样几句话:"在英雄们事迹的基础上,加了您和我的共同努力,我们的友谊和它一起诞生。"老龙在《林海雪原》一书上所作的工作,也受到社长兼总编辑王任叔(巴人)的称赞。他听说了《林海雪原》的编辑过程,事后亲自一页页检查了原稿,并下了一句评语:"应该这样改!"

上面所举的这个例子,已经是二十余年前的往事了。我现在再讲几件事,看看当年勤勤恳恳地在文艺的百花园里辛勤劳作的龙世辉同志,在"四人帮"倒台以后,又做了哪些发现和扶植新人新作的工作,又是怎样不辞辛劳地采集百花的。

1980 年的一天,担任人民文学出版社小说南组副组长的老龙,在办公室里接待一位作者。他一口湖南乡音,自报家门,自我介绍,说他写了一篇中篇小说,尚未最后定稿,想请编辑同志看看——这就是《芙蓉镇》的作者古华。老龙把他当作一般的投稿者,和他寒暄几句,把稿子留下来,就低头看他那永远看不完的稿子。过了一些日子,等他拿起《芙蓉镇》来审读时,正像他自己所说的,一下子被那山镇 30 年的风云变幻、风土民情和浓郁的生活气息吸引住了。一个小小的芙蓉镇,几个小人物的命运,使你激动,使你叹息，使你同情，使你流泪，又使你深思！作者寓政治风云于风俗民情的图画中，借人物的命运演出山镇的生活变迁，描绘出一幅当代农村的社会生活的真实图景。他和组里的同志一道，高度评价了这篇作品。

但是，老龙到底是一个编辑工作中的行家里手。他对原稿中一个比较重要的人物，提出了一个很有见地的意见：

在原稿中，黎满庚原是个正直、真挚的共产党员。可是政治压力一来，马上一百八十度急转弯，变成一个出卖灵魂的小丑。老龙觉得这个弯拐得太急，没有写出人物由好变坏的令人信服的过程。他提出意见后，古华增添了王秋赦这个人物，把黎满庚一分为二，成为现在这个样子。

作者把文章改好后，老龙不但建议接受出版，还向《当代》的负责人秦兆阳同志建议，在《当代》先行发表，后获得《当代》文学奖和首届茅盾长篇小说奖。古华这位多年来虽然勤勤恳恳写作，但一直默默无闻的中年作家，就这样一下子冲到了文坛的第一线，赢得了广大读者的赞誉。

龙世辉同志发现作品，支持青年作家，是不遗余力的。在这里我还可以举出两个比较突出的例子，这就是他对陈国凯的《代价》的积极支持，以及为莫应丰的《将军吟》的出版所作的努力。当他看中了一本小说，就要为它说话——在会议上说，在报刊上说，在出版社内部说，在小说评奖时说。当然，他对新作家和新作品在热情推荐的同时，为了把一部作品出版得更好一些，在一些牵涉到作品的思想内容的地方，他总是严格把关，坚持正确的观点。

青年作家陈国凯的中篇小说《代价》，正像该书的"内容介绍"所说，"写的是文化大革命中一个科研工作者的家庭遭遇。卓有贡献的工程师徐克文，被老同学丘建中无辜陷害，全家付出了血和泪的代价。但为了实现四个现代化，以惊人的毅力与意志，在痛苦中顽强地工作，为了建设新的未来而战斗。作品深刻揭示了崇高的和卑劣的两种人的精神面貌,展现出一场真善美与假恶丑的灵魂搏斗。"《代价》这篇作品发表后,在读者中引起了强烈的反响,但也有争议——有人说它是“伤痕文学”;有人嫌它的眼泪流得太多;有人说它揭了我们生活的疮疤……老龙觉得:《代价》这部作品好就好在它是歌颂三中全会路线的。只有党重新掌握在真正的马列主义者的手里,像徐克文这样的工程师才有出头之日,他们才能把全部的聪明才智献给社会主义,献给祖国的“四化”;而那些灵魂卑污的丘建中之流,才会在光天化日之下现出他那丑恶的原形。老龙和他的伙伴积极宣传和推荐这部作品,终于使它获得了《当代》文学奖。

莫应丰的《将军吟》,是第一部正面描写“文化大革命”的长篇小说。它围绕空军某兵团司令彭其在“文化大革命”中遭受迫害的经过,通过三个将军不同命运的描述,控诉了林彪、“四人帮”的罪行,比较深刻、真实地反映了现实生活中极其复杂、尖锐的矛盾和斗争。作者以饱满的政治热情,塑造了老一代革命者彭其坚持革命原则与错误路线作斗争的英雄形象;刻画了赵大明、陈小炮、彭湘湘等在斗争中成长起来的青年一代形象。作品对“文化大革命”的描写是全盘否定的。作者写作该稿时,“四人帮”尚未垮台,交稿时党的十一届三中全会虽已开过,但当时对“文化大革命”尚未明确作出完全否定的结论。对这样一部稿件,能否马上出版,老龙当时是有顾虑的。但他并没有畏缩,而是向群众、向领导吁请讨论,慎重研究,终于得到了通过。这部小说在《当代》发表和出版单行本后,引起读者的强烈反应,也受到有关领导同志的重视和好评。现在大家一致认为这是一部比较正确地描写“文化大革命”的好作品,曾获得《当代》文学奖,去年又荣获首届长篇小说茅盾文学奖。不过,话又说回头来,就是像《将军吟》这样优秀的作品,当老龙发现某个情节有值得商量的地方时,他还是毫不犹豫地提出自己的看法,建议作者考虑,作了必要的修改。

积极组织反映现实生活的优秀作品

十一届三中全会以后,我们党的政治路线已经十分明确,就是要把工作重点转移到经济建设上来。龙世辉同志觉得,紧密地注视现实生活,更多地关心我们祖国的命运,用我们富有时代感的作品,去吸引读者,教育读者,鼓舞读者,推动历史的前进,是一个有责任感的编辑义不容辞的义务。因此,三中全会以后,老龙用更多的精力,更大的专注去发现、组织反映现实生活的优秀创作。

蒋子龙的小说《赤橙黄绿青蓝紫》,初稿只有三万多字。作者把稿子寄给《当代》时,老龙是第一个读者,读后热情赞扬,认为这是一部反映"四化"建设,描写工人生活的难得的佳作。后来在编辑部的建议下,作者把作品修改得更加充实,更加完善,时代感更强了——当一个善于做青年思想工作的共青团干部,拂去蒙在他们身上的灰尘之后,比黄金还要珍贵的年轻人,我们国家未来的主人和脊梁,就顶天立地地站在你的面前。

单学鹏在"四人帮"垮台前后,曾写过近二百万字的稿件,都没能成功,很是苦恼。老龙和他在北戴河邂逅相遇,初次见面,听说他写了一个以海港为背景的中篇小说,便把稿子拿过来,在休假期间看完了这篇作品。这就是 1981 年《当代》第六期发表的《这里通向世界》。这篇作品充满着极其尖锐的矛盾冲突:由于港口管理混乱,大批外轮卸不了货,国家只好动用大批宝贵的外汇,去赔偿外轮的损失。可是,那些官僚主义者对港口这种严重的状况却熟视无睹,热衷于到国外去考察,实际上是想借此机会去开开洋荤。只有那些对实现祖国"四化"看得比生命还重的人,对此忧心如焚。他们深入群众,调查研究,依靠工程技术人员和广大港口工人,终于扭转了港口吞吐不畅的被动局面。

龙世辉同志对《这里通向世界》,像当年对待《林海雪原》一样，从审读到编辑加工，定稿发排，倾注了他的全部心血。

《赤橙黄绿青蓝紫》和《这里通向世界》发表后，都曾先后在电台广播，拍成电视剧和电影，陆续搬上银幕。这两部作品都获得了《当代》文学奖。《赤橙黄绿青蓝紫》还获得1982年全国中篇小说创作奖。

龙世辉同志曾经担任过《当代》编辑室的副主任。《当代》是一个大型刊物，每期发行几十万份，他的责任相当重。我和老龙原在一间办公室里，我属小说南组，和他不是一个部门。但每期《当代》有什么好稿子，特别是他看中的作品，他总是情不自禁地向我宣传一番。比如，刘亚舟的《黄植诚少校》，京夫的《娘》，向彬的《心祭》，刘文忠的《姐姐》……有的是他发现的，有的是其他同志发现，他大力支持的。他的工作更多更累，有些稿子白天改不完，还得带回家里去开夜车。我们同在一间办公室前后一年多，我终于找到他满头白发的原因了。

坚持练笔，体会作家创作的甘苦

当一个编辑，第一位的工作当然是做好编辑工作，这是毫无疑义的。特别是50年代培养出来的老编辑，都认为这是天经地义的事。但是，为了做好编辑工作，使自己能够得到提高，我们有些同志又坚持练笔，坚持业余写作，既可提高自己，也能体会作家创作的甘苦，和作家有更多的共同语言。我有幸读过老龙在业余时间所写的全部作品。他就好像是一个火把，燃烧了自己，照亮了别人。论才华，他假若不当一个默然无闻的编辑，也是完全可以当一个作家的。

老龙在辅仁大学时，原是想搞创作的。他在中学、大学、研究所时，都练习过写小说，还得到老师和前辈们的鼓励。但是，自他走进人民文学出版社的大门，当了编辑以后，因为编务繁忙，为了做好岗位工作，只好强压心头的创作欲望，利用业余练习写作。30年来，他发表过小说、散文十余篇，寓言、小品四五十篇，评论、随笔七八十篇，改编出版元曲《窦娥冤》一本。有五篇寓言曾被北京台配乐广播了一年多，另有四篇被江苏人民出版社选入《中国现代寓言集锦》。这些已发表的文章，总共有三四十万字，虽不成系统，却可以看见老龙文学活动的一斑。其中大部分评论文章，不但在客观上配合了出版物的介绍和宣传，有许多是第一手的材料。我们可以从中看出一个编辑是如何发现、培养、扶植文学新人的；他为什么看中了这部书稿；他怎样对人民、对党负责，注意作品的社会效果。他是作家最好的朋友，把许多新人推荐给读者和文学界；但是，一点也不妨碍他坚持原则。当他发现作品有缺点时，他又是敢于直言不讳的。

老龙的不足之处

老龙是个科班出身的文科大学生，进过研究所，小学时候受过家庭影响，后来又在语言学院专门搞过五年语言工作，再加上30年的编辑工作经验，无论从哪一方面来说，都是一个够条件的编辑。可是他有一个缺点——工作作风比较粗心，常常给出版物带来一些本应该避免的错误。在他青年时期，出版社里有一位同志从他发的一本书稿的校样中，挑出一百多处错误，刷了满墙的大字报，还对他一鞠躬说："龙大编辑！您这样发稿，我们没法校对！"

老龙真该谢谢这位畏友呢！后来他每逢发稿，就想起那位叫他"龙大编辑"的同志，工作比以前细致多了。但工作一忙，思想稍一放松，旧病还是会复发。最近经他的手发稿的冷杉的小说《这一家》，文章发表以后，语言研究所的一位朋友给他挑出语法上的毛病几十处，有的地方细细推敲起来，错得非常可笑。老龙已经具有30年的编龄，年近花甲，不是说他的能力不能克服这种文字上的毛病，主要的原因，还是由于粗枝大叶的作风所致。而编辑工作，是一个十分细致的工作，是万万马虎不得的。

“好好努力工作，读者不会忘记你的！”

在50年代，楼适夷同志曾经鼓励龙世辉说：“好好努力工作，读者不会忘记你的！”前年，老作家、社长严文井曾当着一位青年作家的面说老龙是一位“热情的，难得的编辑”。去年，首届长篇小说茅盾文学奖在北京召开时，龙世辉也被邀请作为正式代表参加大会，作家们得奖，编辑的席位也是光荣的。我们衷心祝愿龙世辉同志在编辑岗位上作出更大的成绩，为建设社会主义精神文明发挥更大的作用。同时，也热忱地希望在我们出版界出现更多的“伯乐”，出现更多甘“为他人作嫁衣”的无名英雄。

选自《无名集》，山西人民出版社1985年

论编辑主体价值的动态把握

——珀金斯与龙世辉，两个矛盾世界一瞥

李　频

把珀金斯与龙世辉相提并论，妥当与否，确实令人踌躇多时。珀金斯是美国最受人尊敬、最有影响的编辑家，在美国编辑界享誉甚高，有“美国编辑的元老”之称。他发现了海明威、菲茨杰拉德、沃尔夫等天才的作家，编辑出版的作品也荣膺诺贝尔文学奖。龙世辉呢，作家出版社的前副总编辑，自从1953年进人民文学出版社以来，编辑出版过《林海雪原》、《三家巷》、《清江壮歌》、《将军

吟》、《芙蓉镇》等长篇小说。《林海雪原》在50年代家喻户晓;《将军吟》和《芙蓉镇》虽然难与海明威的优秀作品比肩,但都获得首届茅盾文学奖,是我国当代文学,尤其是新时期十年文学的代表作。龙世辉在我国当代文学编辑事业中取得了杰出成就,应当说这并不是过誉之词。

当然,龙世辉与珀金斯更相同的不在这表面的"形"似,而在于更深层更本质的"神"似。在对编辑的地位与作用的认识上,他俩惊人地一致。珀金斯极力主张而且身体力行的是"编辑要自我埋没的哲学"。龙世辉呢,前半生都躬耕于方格稿纸上,奉行"为他人作嫁衣裳"的座右铭。在给学生上图书出版课程时,珀金斯的第一句话:"你们首先要记住,编辑不要对书稿添枝加叶。最多,他就像一个女仆那样为作者服务。千万不要觉得自己了不起,因为编辑至多是出点力气,而不是创作。""因为一个编辑最终能够从一个作者身上发掘的,只能是作者本身所固有的。"①龙世辉也做如是观,他在《打开思路,勇于开创》一文中,以为:"办好刊物当好编辑的条件,要求很多,谈不胜谈,但最根本的一点就是要打开思路,勇于开创。""对作家说是如此,对编辑说也是如此。""需要打开思路开创的方面很多,思想上、题材上、手法上、风格上、流派上……哪一方面都需要打开思路,都需要开创。这些创作上的具体问题,需要作家们去探索。作为'助产师'的编辑,所起的作用是有限的。"②一个说编辑不是"创作",一个说编辑的作用有限。这在近几年大歌大颂编辑的创造性劳动的赞美诗中,未免是一个不"和谐"的音符。

对照珀金斯、龙世辉的编辑实践,细心的人们又会发现他俩无异于撒了一个弥天大谎,至少是言行不一,对编辑作用过低评价与他们自身在编辑岗位上所做的贡献反差太大。沃尔夫的名作《时代与河流》是他扑在电冰箱上写成的,写满一张稿纸便扔入脚边的木箱里,连第二遍也来不及念,最后用卡车把这个巨大的怪物装来,可珀金斯居然把这繁杂的手稿整理出版了。"在该书的整个编辑过程中,沃尔夫对马克斯的文学专长,表示的只是钦佩和赞赏,并且十分愉快地接受他的建议。沃尔夫相信自己的作品,但对珀金斯的意见更深信不疑。"③以前向珀金斯推荐这一书稿的玛德林·博依德认为:"如果没有另一位天才——珀金斯——这个世界将永远不会听说沃尔夫这个人。"并大胆地问着珀金斯:"你为什么不创作呢?我觉得你有能力,会比那些大多数搞创作的人写得好得多。"④单是从这个例子,就可见珀金斯编辑劳动中艺术创造的高度,更不用说他蔑视传统的鉴赏标准,对美国文学进行彻底的改革的胆略。龙世辉呢,《林海雪原》初稿《林海雪原荡匪记》交到编辑部时,稿纸有大有小,每一叠用各种颜色的碎布条拴着,字儿东倒西歪的很不好认。作者曲波只读过 6 年书,改起来困难不少,历时数月修改一次后交给编辑部全权处理。龙世辉毅然接受了委托,进行深度加工,花了 3 个多月的时间,把全身解数都使上了。小说出版后,深受读者喜欢。曲波为了感谢龙世辉在小说出版中所付出的创造性劳动,特别送了一本精装本给他,并在扉页上留言:"在英雄们事迹的基础上,加了您和我的共同努力,我们的友谊和它一起诞生。"获得首届茅盾文学奖的《芙蓉镇》,初稿只有现在的四分之三,也没有王秋赦这个人物,黎满庚和王秋赦原是一个人,是龙世辉发觉黎满庚有点人格分离、转变突兀而提议改的,单是这两个事例,就可见龙世辉编辑工作的创造程度了。

既然如此,两位编辑家为何又异口同声地抹煞或贬低自己的编辑劳动的创造程度呢?如果说龙世辉生长在一个道德、伦理意识高度发展的文明古国,中国人传统的文化心理阻挠了他不敢去争一日之短长;那么珀金斯绝不存在这个问题,他生活的是一个高扬自我解放个性的现代化社会,社会环境允许他也鼓励他为自己的创造性劳动主张权利。如果说龙世辉是鉴于在中国,编辑工作一直不受重视的文化土壤而妄自菲薄,那他作为一个国家级出版社的业务领导同志正应该趁这几年编辑学研究火热起来,勇敢地站出来为编辑劳动的高度创造性而正名,而“鼓”与“呼”。这样看来,即使这两位编辑家的认识是偶然性巧合,这种偶然性中定有必然性作为基础。我们应该从编辑工作内部去寻找原因。

在富有经验的编辑家的价值观念体系中,作者至上是个核心观念。相反,编辑自我的价值只能消融在编辑工作的对象中,借作家、作品来体现,当然也仅仅是体现而已,并不是直接表现出来。珀金斯“坚信图书编辑人应该尽量少抛头露面。他觉得公众对编辑的欣赏将逐步破坏读者对作者的信赖,伤害作者的自信心”⑤。因此,他主张:“编辑要争取做无名氏”,“编辑不应该是显要的,或者被人认为是显要的。因为他的生命中最要紧的是作家”。珀金斯曾这样刻画编辑的形象:“一个蹲在大将军的肩头的小矮子,建议他该做些什么,不该做些什么,而自己却不引起他人的任何注意。”⑥龙世辉也认为:“编辑从来是一个不出场的人物”,“我就从来不相信、不理会、不追求那些好听得不能再好、美丽得不能再美的桂冠”。同时,他最欣赏的对编辑的刻画也是“水泥柱里的钢筋”。蒋子龙在《赤橙黄绿青蓝紫》获奖后,在一篇回顾性的文章《水泥柱里的钢筋》中说:“小说是作家写的,可是作家碰上一个什么样的编辑,很有可能会决定他的作品的成败。”“作家是锤头,编辑是锤把;作家是水泥柱,编辑是水泥柱里的钢筋,光使劲不露面。”龙世辉多次在文章中、在讲学中引用它。在这里,珀金斯与龙世辉又殊途同归,尽管语言形式不同,喻体有别,但所指的涵义却如出一辙,都强调编辑社会地位和文化功能的潜隐性。

“将军肩上的小矮子”,“水泥柱里的钢筋”,这是对编辑形象的多么生动准确的刻画。小矮子和钢筋虽然不被人注目,但他们并非不出力,相反出力很大。与珀金斯打过交道的作者都承认:“他谈论文学比任何一个作家要好。”珀金斯大学毕业后也做过作家梦,“但是他在他的出版工作中从来没有流露出没有当上作家的懊恼情绪。他把他自己的看法自愿提供给那些有时间、有情绪致力于某个单独的写作计划的作者,以此来宣泄自己被压抑的写作欲望。”龙世辉呢,在辅仁大学时,就立志于搞创作,在中学、大学、研究所时,都练习过文学创作。论才华,他假若不当编辑,是完全可以成为颇有名气的作家的。但他把自己的审美创造力化合到了自己所编辑的作品中。

可见,珀金斯与龙世辉有保留地说明编辑劳动的创造性程度,并不是一般的自谦之辞,而是从编辑工作实际出发所作的文化选择。这种选择以有保留地评价编辑的自我价值为代价,显现出一个具有自我牺牲精神的高大人格。

珀金斯、龙世辉的选择是正确的,表现了他们对编辑工作规律的深刻把握。然而,挖掘、整理其编辑成就的编辑学研究者也未必不正确,尽管这样做有违他们反对扬名的主观愿望。编辑家和编辑学研究者各有各的思维向度,各有各的文化选择。因此,珀、龙自身的矛盾二重性又转化为编辑家和编辑学研究者的矛盾。矛盾的焦点表面看来是编辑要不要扬名的问题,深层意义上说是如何评价编辑家的主体价值问题。

在编辑家看来,为广大读者输送文质兼美的精神食粮是他的既定目标,因而他坚持作家本位观念,推崇作家,把编辑自我排斥为第二性的;同时,反对编辑扬名,以为编辑扬名有损作家的形象,对编辑工作不利。

在编辑学研究者看来,编辑学学科的建设是他们的研究目标,编辑家被看成是第一性的。相反,作家只是他研究编辑家时旁涉的对象。随着编辑学研究向纵深发展,有成就的编辑家大扬其名是历史的必然趋势。就目前来说,这种“扬名”既是编辑家研究的产物,也是编辑学研究的近期目标。充分肯定了编辑家的主体价值,就意味着为编辑学的存在及地位奠定了第一块基石。长期以来,编辑无地位,目前也有相当一部分人误以为编辑无学,原因固然是多方面的,其中之一就因为有成就的编辑家们扬名的、有名的不多。前几年，挖掘、整理了鲁迅、茅盾、叶圣陶等编辑家的编辑实践，但是，他们是以创作奠定了他们的社会地位，编辑不是他们的第一职业，而是他们的第二职业。这类“副业编辑家”的研究当然也是编辑学研究的重要方面，但很难消除有时甚至加深人们对编辑无学的误解。

如何解决这一暂时的矛盾？我们只能求助于更高层次的统一。这就是从整个人类文化创造的长远利益，从编辑工作以及编辑学整体出发，寻求矛盾双方的理解与合作。一方面，编辑家要更新有关“扬名”的观念，正确理解“扬名”的内涵。扬名，既有对编辑成绩的张扬，也有对编辑活动失误的批判扬弃。编辑家要有勇气敢于让后人评论自己的是非功过。另一方面，编辑学研究者在进行编辑家研究时，应该严肃、认真地做科学的追求，实事求是地挖掘材料，澄清事实。肯定编辑劳动的创造性并不是硬要从著作家的碗里抢得一羹半碗以饱腹饥。这是目前的编辑出版界和编辑学界都要认真思考的问题。

也许人们难以想到，“在某些方面，珀金斯对他的职业未必合适；他的拼写很糟，标点也自行其是；至于阅读，按他自己的话来说，慢得像一老牛”⑦。这又是一个矛盾，这样的缺点发生在赫赫有名的“美国编辑界的元老”身上，显得多么的不和谐。一想到他竟然编辑出版过获得诺贝尔文学奖的著作，深度加工整理过沃尔夫的《时代与河流》，更不免增添了几分神秘色彩。

无独有偶，龙世辉也有过类似的佳话。龙世辉编辑《林海雪原》时，把注意力集中放在情节的修改和语句的修饰上，对错别字放松了，结果在校样上遗下一百多处错，校对科的同志一一挑出来，刷了满墙的大字报，还对他一鞠躬说：“龙大编辑，您这样发稿，我们没法校对。”粉碎“四人帮”后，他经手发稿冷杉的小说《这一家》。作品发表后，语言研究所的一位朋友给他挑出语法上的毛病几十处，有的地方细细推敲起来，错得非常可笑。龙世辉少年时博闻强识，1952

年毕业于辅仁大学中文系,后又是中央文学研究所第一期第二班学员,有30多年编龄,其中有5年在北京语言学院搞语言研究和词典编辑工作,无论从哪一方面说都是够资格的编辑。然而,矛盾就是这样既对立又统一地存在着。这一矛盾又如何解析呢?

编辑工作本身就是一个充满各种对立因素的矛盾集合体,是集简单劳动与创造性劳动、智力劳动与非智力劳动的综合性劳动。过去我们蔑视编辑工作的创造性,当然片面,但是,回避编辑劳动中的许多技术性工作,也不符合编辑工作的实际。正如珀金斯所说:"出版社的编辑工作可能是世界上所有工作中最单调、最艰苦、最令人激动、最令人恼怒的工作。""编辑百分之九十的时间所履行的职责是任何一个办公室的勤杂工也能干得好的,但是,每个月有一次,或者半年有一次,契机出现了,没有他人,而只有你能够处理。这个时刻就用得着你所受过的全部教育和你的一切经历,以及你生活里所有的思考。"⑧龙世辉1984年在呼和浩特讲学,讲《文学编辑工作中的几个具体问题》时,首先讲"编辑与错别字",其次讲"编辑与常识",然后才讲"编辑与作家"。《编辑与作家》一节中,也指出:"编辑帮助作家改正作品中的错别字,改正作品中的情节、细节和语言文字上可能有的错误,做好文字的清洁工作,提供技术性服务,这是一种帮助,是必不可少的,而且是大量的、经常的。"⑨这与珀金斯的观点暗合。

编辑劳动的综合性决定了从事编辑劳动的编辑者是"一构多功"的文化主体,是集中了多种角色的文化角色丛。杂家、把关人、书稿工艺师、"园丁"、"助产士"等不同的角色名称就分别描述了编辑以及编辑工作的一个方面。由于一个编辑作为个体的众多的角色之间在行为规范上要求不同,就很容易导致角色间的冲突。编辑往往在担任不同的文化角色时表现出相互对立的人格来。珀金斯、龙世辉的这种矛盾的现象就是例子。作为"园丁",他们慧眼识珠,发现了沃尔夫、菲茨杰拉德、陈国凯、古华等作家;作为把关人,他们远见卓识,决不会让好作品有遗珠之憾,也决不让坏作品有混珠之叹;可作为书稿工艺师的文字编辑,他们又有“大行不顾细谨”的粗心大意,造成了本可以避免的错误。这本可以不足挂齿,但外国的出版体制解决了这一矛盾,值得我国出版部门借鉴。日本、英、美等国的出版社把组稿编辑和文字编辑区分开来,组稿编辑决定选题、组稿、约稿事宜,文字编辑负责文字加工、校对等技术性工作。有的出版社甚至只有组稿编辑,文字编辑依靠社外人员。这样,发生在龙世辉、珀金斯身上的矛盾就一分为二了。这种成功的经验值得借鉴。

可见,简单劳动与创造性劳动共存在编辑家身上,东西方皆然。蔑视编辑学和编辑工作的创造性当然片面,但反其道行之,回避编辑工作中很多技术性的简单劳动,也未免偏颇。

龙世辉在笔者最近向他提起珀金斯以前,对他的“同伴”一无所知。显然,这一平行再现的出版文化现象,我们可以大胆地排除影响再现的可能,他们虽然类似再现于具有不同的文化背景、不同的价值观念的东方和西方,但都同样表现了编辑家相同的高尚品格。在他们身上,简单的技术劳动和高度的艺术创造共处一身。在编辑学研究上的我们也应该在世界文化的广阔背景中开展中外编辑家、中外编辑工作的比较研究,以更好地总结编辑工作规律。这里异中求同的简单比较所得的结论对我们讨论编辑学和青年编辑的培养都是有益的启示。

注释:

①③④⑤⑥⑦⑧　斯科特·伯格《天才的编辑》,第5、190、185、4、1、2、1页。

②　见《新花》1988年第1期。

⑨　见《编辑学与编辑业务》第340页,1984年呼和浩特印。

原载《河南大学学报》1989年第3期

龙世辉及其编辑实践

李　频

在内蒙古社会科学院1984年内部出版的《编辑学与编辑业务》一书中，收有龙世辉的两篇讲演录，即《关于文学编辑工作中的几个具体问题》、《文学编辑的基本素质》。文末的“作者介绍”中说：“龙世辉，男，59岁，湖南省武冈县人。1952年辅仁大学中文系毕业。中央文学研究所第一期第二班学员。长期从事文学编辑工作。曾任人民文学出版社编辑，《当代》杂志编辑部副主任，现为作家出版社副总编辑。编辑出版过《林海雪原》、《三家巷》、《清江壮歌》、《前驱》、《代价》、《将军吟》、《芙蓉镇》等长篇小说。”初读此书是在1987年，我正在攻读编辑学硕士学位。第一次的神交

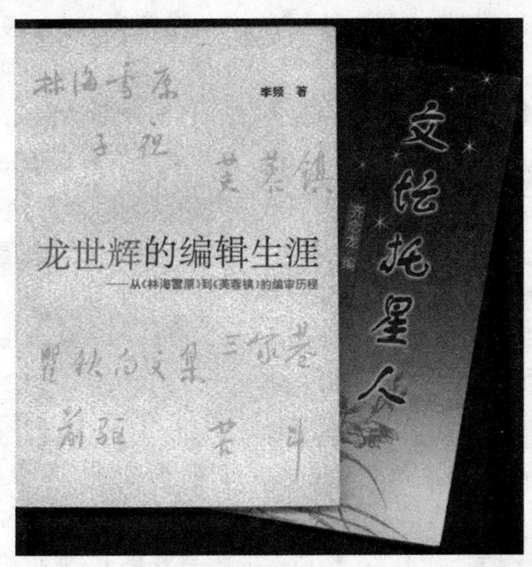

研究龙世辉编辑思想的学术著作

就令我倾倒，龙世辉的编辑历程给我留下了深刻的印象，我决定把他作为我的研究对象。我清醒地认识到，除了热烈的感性崇拜外，更多的需要冷静的理性思考，严谨而实事求是的研究态度。怀着这一初衷，我开始了与龙世辉的交往。同时，怀着对研究文学编辑理论和中国当代文学编辑史的向往，我把龙世辉及龙世辉现象作为一个切入口，在思索着，探求着。

一　历史的见证人

毫不夸张地说，龙世辉的工作历程伴随着一部中国当代文学编辑史。人民文学出版社社史是中国当代文学编辑史的核心部分。龙世辉自从工作以后，一直扎根于人民文学出版社，他在文学编辑工作中的显赫成绩是人民文学出版社整体繁荣的一个组成部分，他的荣辱浮沉与人民文学出版社乃至整个国家的文学出版机构的人事变动、编辑出版方针的变化、规模调整有关。更何况在龙世辉编辑的100多种文学作品中，《林海雪原》、《将军吟》、《芙蓉镇》等都是中国当代文学史中具有代表性的作品。因此，从历史的眼光来看，龙世辉的文学编辑工作，尤其是他编辑出版的一些重要的代表性作品，是中国当代文学编辑史的一个组成部分。

笔者曾和龙世辉谈起中国当代文学编辑历史的发展。他滔滔不绝，比起导师给我们讲的学位课程要生动丰富得多。翔实的材料，真实的细节，具体的时间，乃至当时情境，都让人叹服他精细的思维与惊人的记忆力，当你由衷地表示赞佩时，他又以学者的矜持平淡地说："这没什么，都是亲身经历的。"

龙世辉身处国家最高文学出版机构，在接触了解全国大作家、优秀作品方面，既得地利之便，又有人和优势。在著名文学理论家、编辑家冯雪峰、王任叔、楼适夷的领导栽培下，龙世辉得以在这一沃土上茁壮成长。但这些仅仅是外部条件。决定龙世辉编辑成就的最后因素是他自身的主体因素。正是因为龙世辉有一定的创造能力和开拓精神,机遇和成绩才时时光顾他。

1952 年,龙世辉从北京辅仁大学中文系毕业后又以优异的成绩被选拔进丁玲主持的“中央文学研究所”,在萧殷、张天翼、李又然等文艺前辈的指导下,深研文学理论,同时开始文学创作。1953 毕业后分配到人民文学出版社,临别之际,担任班主任的徐刚特意赠诗为念:

不要像一只鸟
扑拉拉地飞过去
没有留下任何影子
让那些和你在一起过的人
留给他深远的怀念

诗的希冀与馈赠,在龙世辉转化为诗意的人生。由振羽起飞到展翅高翔,龙世辉展现的是鹰的雄姿,而不是鸟的形象。进社后,他先在书稿整理科工作,既培养了业务能力,又先后编辑出版了《五月的矿山》、《瞿秋白文集》等作品。1957 年,他成功地编辑出版了《林海雪原》,树立了自己编辑生涯的第一块里程碑。文革十年中,我国的文学编辑出版工作处于瘫痪状态,龙世辉在1973 ~ 1978 年谋生于北京语言学院。粉碎四人帮后,他刚刚调回人民文学出版社,板凳还未坐热,韦君宜就叫他出差广州处理繁难稿件《人民》(后易名为《历史的回声》,由中国青年出版社出版)。后来又让他担任当代文学编辑室小说南组副组长,这是冰雪解冻后的第一个春天,虽是寒意料峭,但他分明感受到融融暖意。他来不及诉说十年间的人情冷暖,世态炎凉,来不及休整那颗疲惫的心,就投入了紧张的工作。组稿、审稿、看稿,繁重的工作负担下,他也觉疲倦,但内心兴奋快慰。他成功地编辑出版了《代价》、《芙蓉镇》、

《将军吟》等新时期文学的代表性作品，跃上了自己编辑生涯的又一座高峰，不仅他自己引为骄傲，编辑界同人也传为佳话。

1979 年，《当代》杂志创刊，初出的几期小说方面较弱。1981 年，人民文学出版社社委会决定调龙世辉去《当代》编辑部。韦君宜亲自交代他两项任务："一是打小说的翻身仗，二是把人文社的老编辑作风带过去。"几多信任、几多考验啊！他不负厚望，以火样的工作热情激发同志们的干劲，以严谨认真的编辑作风为青年编辑树立了楷模。《当代》终于横空出世，驰骋文坛，被群众誉为"四大名旦"中的"正旦"，受到上级表扬。他编辑出版的《这里通向世界》、《心祭》等中短篇小说备受读者欢迎。半年后他也提为副主任。

1983 年，中国作家协会恢复了作家出版社，领导又想起了龙世辉。他又告别《当代》升任作家出版社副总编辑，披挂上阵，领导一个出版社的业务工作，主持出版了《当代小说文库》、《文学新星丛书》、《作家参考丛书》等。

龙世辉属于新中国培养的第一代文学编辑家，从普通编辑到副总编，他顺利地走完了一个编辑家在工作岗位上的全部历程。"副总编"当然不是他的精神归宿，但终究是一个编辑家事业的高峰和终点。他的升沉起落是我国当代文学编辑出版大潮所激起的一朵小浪花。一滴水能反映出太阳的光辉，从龙世辉的整体编辑活动中可以窥见中国当代文学编辑总体概貌之一斑。作为历史的见证人，他的存在具有典型意义。

二　专业的文学编辑家

美国天才的编辑家珀金斯说，他"希望成为一个蹲在大将军肩头的小矮子，建议他该做些什么，不该做些什么，而自己却不引起他人的任何注意"（《天才的编辑》第 1 页，陕西人民出版社 1987 年第 1 版）。龙世辉集作家编辑家于一体，是"巨人"与"小矮子"

的奇妙结合，当然内涵与珀金斯所说略有区别。编辑一般只是“小矮子”，龙世辉却在小矮子的岗位上默默地耕耘了30年，居然得以升华，成为编辑界的“巨人”。作为有才能和有雄心，而且有可能成为“大将军”作家的龙世辉，却偏偏枯萎成一个作家中“小矮子”。在这里，巨人、大将军与小矮子不仅仅是两种不同的社会角色，对于龙世辉来说，完成这样落差很大的角色转换的过程，是自觉的，也是艰难痛苦的。

论才华、学识，龙世辉完全有可能成为大作家。少年时代接受家学渊源，受到严格的家庭教育，他博闻强记，古典文学修养很深。在大学和文学研究所期间都曾显露创作才能。他少年时代经历过抗日的烽烟，青年时代又曾二进黄埔军校，有较丰富的社会阅历，一直酝酿构思着初具规模的长篇小说创作，但是繁忙的编辑工作占据了他绝大部分的时间和精力，优良的编辑素养使他不忍置案头数以百千计的稿件于不顾，而潜心进行创作。到处奔波，不断发现新人，不断推出新作品的编辑职业习惯也使他难以从容写作。无奈，他只好把自己的创作一次又一次地向后拖延，而利用点滴的休息时间写作寓言、小说、散文和评论等豆腐干似的小篇章，借以宣泄自己的创作冲动。1979年，他获得了难得的一个月创作假，一口气写了两篇短篇小说和五则寓言。《寓言五则》在《当代》发表后，北京人民广播电台配乐广播了一年多，产生了广泛的影响。更多的时间，他把自己的创作才能贡献在所编辑的作品中，与作者规划调整故事情节，修改文字，以己之长补作者之短。帮助作者创作成功是他的最大心愿，他也借以获得自我价值实现的慰藉与满足，而这其中熔铸了多么可贵的自我牺牲精神。龙世辉业余写评论几十篇，小说散文一二十篇，《龙世辉寓言集》作为他几十年来结集出版的第一个集子，以其意味隽永常为人所称道。这些创作成绩若比起他文学编辑工作中取得的丰硕成果来，实在有小矮子与巨人的悬殊，他的编辑成就在中国当代文学编辑史上占有一定的地位。

龙世辉初进人民文学出版社时，当时的副社长、副总编辑楼适夷勉励他说："好好工作吧，读者不会忘记你的。"联系中国出版文化的历史与现实，从这美好的祝愿中总能品味出难以下咽的酸涩。长期以来，中国的出版文化都以作家和创作劳动为本位，而编辑及其创造性的编辑劳动却难以得到应有的价值肯定，"编辑无学"的阴影更使编辑丧失了主体地位。在这种文化氛围里，人们注目的是大作家式的编辑。就因为龙世辉"巨人"与"小矮子"二位一体，人们看到的只是他"小矮子"的侧面，而对他"巨人"的一面却熟视无睹。如果说从小矮子到巨人、从大将军到小矮子的角色转换是龙世辉的自觉追求，那么，因小矮子的形象而淡化他巨人的身影，实在是旁人和后人的视差。

在中国当代编辑史上矗立着很多编辑大家，鲁迅、茅盾、叶圣陶等知名作家的编辑实践已引起了编辑学研究界的重视。这类编辑家有其类型特点。其一，茅盾、叶圣陶固然以主编《小说月报》开始他们显赫的文化活动，但随着时间的发展推移，他们事业的重心也有所转移，尽管身兼编辑工作，但也多少沦为副业。有的知名作家插足编辑出版界，更是近乎客串，或是临时性的谋生需要。其二，这类编辑家是以他们的文学创作、思想建树等非编辑活动奠定了他们的社会地位与文化功绩。这种类型的编辑家的编辑实践活动自然有它的特点值得研究，但如果研究的视角专注于此而不旁及其它，就只会加重"编辑无学"的悲哀。同时，像赵家璧、秦兆阳、龙世辉等编辑家，编辑工作是他们的职业和借以谋生的手段，也是他们孜孜不倦的事业追求，他们把编辑工作视为一项人类文化工程，自觉地发挥他们的创造性潜力，构筑了一座又一座丰碑。他们也曾利用业余时间涉足文学创作，但那是以编辑工作为核心，为基础的才能培养和能力训练，是他们借以更好地搞好编辑工作的手段。赵家璧也曾翻译、创作，但他在中国现代文化史上的最大功绩还在于他主编了《一角丛书》、《中国新文学大系》，开创了中国编辑史上出版体裁的新纪元。秦兆阳也曾被封以小说家、文艺理论家的称号，但在笔者看来，他主编《人民文学》、《当代》的编辑功绩，更在他的小说创作和建树现实主义文学理论之上。《龙世辉寓言集》的责任编辑汪晓军在《编辑后记》中说："龙世辉这个名字，于我虽还陌生，但是一当把这个名字同我儿童少年时代几本印象深刻的书联系起来，便教我倍感亲切。……因此，对龙世辉以及龙世辉这一代老编辑，我非常敬重。"

专业的编辑家，事业的编辑家，不管是哪一种称谓，这类编辑家自有他们的类型特点。他们有自己独特的编辑成就，同样是作为编辑家，他们有更为典范的编辑角色意识和更为典型的编辑角色扮演。编辑学界应矫正自己的视力，认真研究他们。

三 面对秋天的沉思

龙世辉是新中国第一代文学编辑家的杰出代表，在他身上，在他的编辑实践活动中，既有他的个性，也反映了一代编辑家的共性和他们的群体特征。因此，在中国当代出版文化的宏观视野中审视，龙世辉也就超越了龙世辉个体的意义，成为值得深究的"龙世辉现象"。在"龙世辉现象"里，如果作纵横联系的多维考察，就可以发现中国当代文学编辑中一些普遍性的东西。《林海雪原》和《芙蓉镇》是龙世辉编辑活动中的两座丰碑，其各自的编辑方式、方法就有显著的区别，透露出中国当代文学编辑工作的历史变迁。在《林海雪原》的编辑工作中，龙世辉的创造性劳动主要表现在对原稿的深度加工中；而在编辑《芙蓉镇》时，他的创造性劳动表现在中途审稿的创作激励、人物增添的创作引导等方面。前者是在50年代全国文学作者知识水准偏低的文化背景下较为普遍的文学编辑现象，赵树理编辑《说说唱唱》、秦兆阳编辑《人民文学》都有相近的类似的编辑工作处理；后者则明显地带有80年代的文化色彩，是作者文学创作水平较高、创作意识增强的文化背景下，编创关系更为和谐、融洽的科学选择。龙世辉迅速成长为一个成熟的文学编辑，是他在具体的编辑实践中锻炼的结果，是一个知识水平较高的大学生的社会化过程。他没有在校对科工作过，这在他的能力结构中留下了永远的遗憾。再如帮助作者深度加工稿件，是他编辑工作的一大特点，他的体验是丰富的，既有成功的喜悦，也有揠苗助长的深刻教训。这些都值得深入细致地分析探讨。拘于篇幅，本文只描述他的晚年心态，以思考中国当代出版文化中的一两个问题。

"我这一代编辑，基本上被浪费了，对文艺，对后人，无所奉献，但这不能怪我们这一辈人无能，更不是不尽心尽力，辛苦了一辈子，回首往事，不禁凄然！我已退出编坛，不再过问有关编辑的任何事情，它不曾留给我哪怕是瞬间的美好回忆。工作历程走完，生命犹存，我还需要奋勇前进。"1988年3月龙世辉告别副总编辑岗位后跟笔者说了这一番话。

细细品味龙世辉其人其言，不难看出在这位具有30多年编龄的老编辑家身上，笼罩着一种难以言表的失落感。那高大结实的身躯内隐含着"欲说还休"的心灵创伤。处于中国当代文化空间中，历史注定了他苦难的编辑历程和悲剧性的命运，几乎每一项较大的编辑成就都必须付出沉重的代价。苦辣酸涩的经验教训，步履维艰的苦难历程是晚年分配到的四室一厅住房难以宽慰的（尽管在住房紧张的京都这最令人羡慕），筚路蓝缕、以启山林的编辑成就与艰辛，也不是职称"编审"二字所能蕴含得尽的。因此，龙世辉和龙世辉们的失落感，不是当代人普通的形而下的物质利益的缺失，而纯粹是形而上的精神世界的忧伤，是编辑立体价值得不到社会完全肯定所引起的灵魂的焦虑与骚动，是那种精神有所追求而又无所归宿的苦闷，是追求文学编辑的精神家园而又发现其空空荡荡的悲哀。从这个意义上说，龙世辉的自我评价不是一个老者对自己前半生的唠叨絮语，而是对整个一代编辑家真诚的反思。当年，对文学编辑事业的追求是真诚的，执著的；现在，回首往事，严肃地反思历史，同样是真诚的，深刻得近乎尖刻。那深广的幽怨诉诸轻松的语句，娓娓道来，折射出历尽沧桑后思想的沉淀，痛定思痛后感情的结晶。

如今，告别了使他热情澎湃、使他兴奋激昂、也使他痛苦辛酸的编坛，龙世辉心中固然有老马恋槽的缠绵与回味，但更多的还是摆脱重负后的轻松和自由支配自己的欣喜。压抑了30多年的创作欲望可以痛痛快快、酣畅淋漓地倾吐了，苦辣酸甜的编坛沧桑可以诉之于笔墨。可是伏案疾书之余，有意无意地抚摸着两鬓白发，却无端地涌起难言的惆怅。他终于明白，30多年来一直萦绕于怀的那团挥不去的东西，便是那个少年梦——作家梦。清爽的感觉使他制订了写作计划，虽不能说是雄心勃勃，确也能鼓舞人心。但他已感到，时间、精力和健康，过去的信心和追求能否真的尽情做到艺术的倾吐……

在中国现当代出版文化空间里，一个历经沧桑的老编辑产生“三十功名尘与土，八千里路云和月，白了少年头，空悲切”的感慨是可以理解的。然而，一个成绩斐然的老编辑家需要重做作家来界定他在社会上的文化地位，对于老编辑家来说，未免太残酷太悲凉。它固然反映了编辑家主体意识的丰富，创作才能的高强，但终究是不公平的，是编辑家对一时扭转不了的社会时尚的迁就。

我真诚地祝愿龙世辉早日实现他的少年梦。我更真诚地祝愿在未来的出版文化圈中，未来的龙世辉们能够果断地放弃这种多少有点无可奈何的选择，要做作家梦也不要在秉烛之明的时候。编辑家应该就是编辑家！

原载《编辑之友》1991年第3期

深刻的记忆

——悼念文学编辑家龙世辉同志

章仲锷

当我8月30日早晨从呼伦贝尔草原赶回北京，走进八宝山陵园的追悼会场，伫立在龙世辉同志的遗像前时，不由得一阵悲恸，眼泪簌簌流了下来。遗像极为传神，正是你生前那副豪爽亲切、谈笑风生的模样。老龙啊，我在心里呼唤着。我们相处一场，我对你的遗嘱十分理解，你坚决不让人们同你的遗体告别，你要最后给亲人和同志留下美好的印象，而不是那受尽痛苦折磨的病容。你临终豪情犹在啊！

我和老龙是同乡，都是湖南籍的文学编辑。在一个单位工作，曾前后打过10年交道，又做过3年的近邻（同一单元，他位三层，我位一层）。朝夕相见，办公桌相接，傍晚散步时是同伴，闲来打扑克是对家，"侃"起来又是辩论的对手。闭上眼便能想起他的音容笑貌。更为有意思的是，我从《十月》调到《当代》，开始当编辑，后来又接他的班担任编辑部副主任；其后他去了作家出版社，而我又在1988年初调到作家出版社，又是接他的职任副总编。他是我的领导，是同行中的前辈，是过从甚密的朋友，也是我们钦佩和值得学习的编辑家。一时间许多往事又涌现出来。

从年龄上老龙比我大一茬，编龄几乎长我一倍，经验丰富，但从不以前辈自居，非常平易近人。记得我刚到《当代》时，他拿来一部名人的稿子让我提出意见，其实他是已经看过并有了判断的。我读后同他的看法不谋而合，他很高兴。几次下来，关系似乎近了一层。后来他对我说：原以为你年轻些，观点会有距离，看来我们还谈得拢。现在细想起来，这是因为我们都是建国后成长受教育并踏上文学岗位的，都崇尚现实主义，推重切近生活和时代的作品的缘故。老龙生活朴实，不事浮华，反映在工作作风上也很严谨，案头功夫相当过硬。他平时签署稿签和编辑加工都用毛笔，字迹工整，一丝不苟，卷面非常整洁，这是我始终自叹弗如而又赞羡不已的。我平时不大修边幅，惟独对稿子要求较严，还算细心，未始不是受了老龙的影响和教益。

作为文学编辑，个人都会有所偏爱，但不能偏废，应该兼收并蓄，广纳博采，发掘佳作，提掖新人。老龙在编辑岗位 40 年，经他组稿、责编和终审的书稿不下 200 部(篇)，其中不少是名篇佳作，举其荦荦大端者，如《林海雪原》、《三家巷》、《苦斗》、《前驱》、《清江壮歌》等；党的十一届三中全会以后，作为新时期文学创作成就的标志“第一届茅盾文学奖”有两部湘籍作家的获奖长篇小说《芙蓉镇》和《将军吟》，都同老龙有关，他是尽了编辑和推荐之劳的，可见其眼光、功力和心胸。

说到举荐新人，50 年代的例子我只是听别人提起。浩然的第一部短篇小说集送到人民文学出版社，当时有位青年编辑要退稿，是老龙看后力主留下才得以出版的。我到《当代》后，老龙临调走时交给我一部中篇小说，告知我作者是个小青年、个体户，稿子已经同作者谈过让他改了一次。我读后觉得题材新鲜，写得很纯情，有文采，便又让作者磨了两遍，后来发表在《当代》上，并被改编为电视剧上映。这篇小说名为《空中小姐》，作者名字叫王朔。至今王朔提起来还忘不了老龙对他的最初发现。

调至作家出版社后，老龙光荣地加入了中国共产党，了却多年来的心愿，干劲很足。他负责一编室(纯文学作品这部分)的稿件终审，主持和推出了很有号召力的“文学新星丛书”和“当代小说文库”。前者收入的是文学新人的处女集，每辑 5 种；后者是当代有分量的长篇小说佳作。我接手时“新星”已出版了 4 辑，包括当时引人注目的阿城、莫言、刘索拉、何立伟、残雪、马原、洪峰等人的集子。其中,有些如阿城的《棋王》、何立伟的《小城无故事》,老龙很赞赏,有的作品他并不喜欢。他曾对我说:残雪的《天堂里的对话》,说老实话,有几篇我实在没看懂,但我还是同意签发了。它也代表一种风格和时尚嘛。同样的,"文库"不乏名人名作,但也推出了像赵玄的《红月亮》和阮海彪的《死是容易的》这些新人的长篇处女作。在我离开作家出版社时,"新星"已出到9辑,我秉承老龙的初衷,不仅收进获全国奖的作者的集子,也有某些现代表现手法的作品。"文库"也由7种增加到15种。如今,这两种丛书都在读者和作者心目中产生了较大的影响,老龙当初参与始创擘划功不可没,而他作为杰出的文学编辑家的胸襟和工作态度,更给我们留下了深刻的记忆。

老龙是全国知名的编审级的大编辑,工作上严肃认真,为人却开朗直爽,无半点架子。喜欢说笑,群众关系极好。他从过军,下过乡,进过"五七"干校,经历坎坷,生活上适应能力很强。在这点上我远不及他。他常笑我书生气太重,说"百无一用是书生"。我也就老实不客气地在这方面倚重他。因为位于上下楼,有时煤气灶出了毛病,门锁转动不灵,甚至罐头瓶打不开都找他。他总是笑吟吟地提着工具匣来帮忙,事后也甚为得意。如果夸他能干,他便会滔滔不绝,不无夸张地说起他的经历和"得意之笔",当然决非编了什么好书,而是讲他当年曾经是大学的"球星",自幼得过真传,是"武术高手"之类,于是在一片哄笑,说他"吹牛"的友好气氛中结束。我现在回想起来,他的话虽然半真半假,但他性格的耿直旷达,他的嫉恶如仇,爱憎分明,那是异常鲜明的。他有我们湖南人通常那股倔劲,又是侗族,更增加了几许刚烈之气。据我所知,他在同事中是有爱管闲事、打抱不平的美名的,年轻时还同人动过拳头。他在《当代》上发过一篇题名《小柳》的短篇,说的是一位看似柔弱会武术的女孩,怎样在公共汽车上制服了一个欺侮人的小流氓。我总觉得那像写他自己的亲身经历,虽然我问他时,他笑而不语。这在他是不多见的。

他退居二线后,分到了一套很不错的房子,搬走了,见面的机会也就少了。有时候还常来老宿舍楼走走,闲聊一番。1990 年底他住院前最后一次来我家,是听说我被免职后心情不快,特意来安慰我的。当时我已发现他面容憔悴,咳嗽不止,劝他少抽烟,多保重;他却鼓励我振作起来,凡事看开,莫生闲气。我们又讨论起他离职后倾全力写的小说,也是他惟一的带有自叙性质的长篇著作。我无保留地谈了对这部小说得失的看法,他很重视,认真地听取着并表示一定要把它改出来。这部小说印证了他平时讲起的他那带有传奇色彩的经历,特别是有关编辑生涯的叙述,使我倍感亲切。但我一直为它担心,倒不是对作品的艺术质量,而是对这样的纯文学之作,在当前出版市场商品化的情况下,会有哪家出版社肯接受并保证印数达到起印线呢?虽然老龙在出版界辛勤劳动了一辈子,为他人编了那么多书,而且是位副总编辑。

不久,就传来他病重住院的消息。我去看望他时,他已形销骨立,衰颓不堪。谢素台大姐告诉我们说,已确诊是肺癌,但他自己尚不知情,仍坚信会很快好起来。甚至后来他还亲自打电话给我,口气很乐观,说医生是误诊,不要相信传言,他得的是肺气肿,不久就将出院。我唯唯答应着,心里说不出是什么滋味。老龙是热爱生活和他的事业的。他终年才 65 岁,天不假以时日,夫复何言!

望着你栩栩如生的遗像,我想到了你艰难而又坚实的一生。我是编辑,我尊敬你辛勤为人作嫁的编辑生涯;我有幸两次接过你传递过来的接力棒,深感到它的分量和责任。但我也同你一样,乐此不疲,乐在其中。写到这里,我想到《当代》主编、著名老作家秦兆阳题给我的一首诗:“磨稿亿万言,常流欢喜泪,休云编者痴,我识其中味。”其实,这用来表彰老龙——我的同乡、同行,我的师友、同志,是最恰当不过的。

原载《湖南文学》1991 年第 12 期

只为他人作嫁衣

——回忆著名编辑家龙世辉

杨匡满

妻子告诉我:谢老师刚来过电话。她指的是谢素台,《安娜·卡列尼娜》的中译者、著名编辑家龙世辉的夫人。

我赶忙给谢素台回电。谢素台希望我能写一篇纪念龙世辉的文章,并说相信我能写好,因为我该是最了解龙世辉的。我答应了,那是不容推辞的。但我同时感到茫然若失。那么多年的零乱的记忆和纷繁的感情组合成一个混沌的画面,只有得到沉淀之后才能来整理。我觉得,不熟的人不好写,太熟的人也不好写。

两年前四月的一个星期天,黄埔同学会第 19 期学员在京聚会,地点就在龙世辉家里。19 期学员除了躺在医院走不动的,都到了,一共 21 人,将三间房子挤了个水泄不通。这些当年的抗日热血青年一个个还是身板挺直,正襟危坐,慷慨回首往事。按说我是晚辈,没资格参与这样的集会的,可那天主人特地邀请了我,他们希望通过我向报界披露一点黄埔学子的声音。那一天的午餐也体现了军人风格:由谢素台和另一位"黄埔太太"为每人准备了一份啤酒、面包和炸鸡腿。还记得那一天是倒春寒,风很大很冷。

没想到我的文章还未动笔,便被怀疑得了肝癌而要做多种多样的检查,一时间我脑子里是一片空白。

龙世辉听说我病了,5 月 2 日那天骑了 40 分钟自行车来看我。

我记得,他并没说多少通常的安慰话,更多的是以他对生死的达观来感染我。“了不起真是那个病,又怎么样？我老龙来送你!”

他说,前一阵医生也怀疑他是肺癌,查来查去那几天是很难受的。“结果排除了,原来是一段气管有些弯曲,片子都拍不清楚。所以,尤其是这几天,我劝你要把握好自己的情绪,该干什么就干什么。”

说到这里,龙世辉婉转地提到,黄埔同学问他文章是否见报了,见我这个样子,他也不好催我。那年鲍昌肝癌住院,一个作者去看他,不敢再提请他写序的事。鲍昌却主动说,过两天我就给你文章。鲍昌果然践诺,可不久便去世了。

临去,老龙留下一袋刚上市的草莓,劝我多吃。他是从不给自己买水果的。我留他吃饭,我说:“我在你家吃了无数次了,你就这一次陪陪我。”他说:“我从不在外面吃饭,是因为家里要靠我做饭。”

他骑上那辆旧车的时候,我突然发现他比以前清瘦多了。

以后的一周是我等待“判决”的日子,我不仅完成了那篇写黄埔同学聚会的通讯,还为华侨出版公司的一本纪实文学集写了序,又写了一组诗《拒绝死亡》。我不能不承认,是老龙的话触动了我。

对我的怀疑是真的解除了。如今回想起来,对龙世辉的怀疑排除得过于草率。也就是八个月以后吧,龙世辉被协和医院确诊为肺癌晚期,而且是最凶险的小细胞未分化肺癌。他从不住院,一住竟出不来了。

我和妻子一起去协和医院看他。谢素台在走廊里对我们说:“只对他说是大面积肺炎,已经控制住了。”三四个月未见,龙世辉一下子苍老了十年。因为化疗,头发一下子变得花白和稀少。我克制着心中的悲哀,只说些外边的见闻。可龙世辉主动说:“医生不跟我说实话,可这么个治疗法,我还不懂吗？我跟医生说,你就老实告诉我,我也好安排时间。我这样的人还怕死吗?死也是正常年龄了!”

一个月后我再次去看他,发现他气色好多了。他带几分得意地告诉我:“我的体重增加了四斤,连医生都觉得惊讶。不过还得两个疗程才能出院。”我由衷地钦佩他的毅力,心想他不愧是一条好汉,或许能闯过这一关。十四五岁时他闯过一次生死关:那时他在湘西老家,高烧十天不退,人已昏迷和抽搐。他妈妈说,这孩子怕是没救了。找了附近唯一的老中医,老中医也说,怕是没救了,只有一个办法可以试试:雇两个壮汉到一里外的凉水井轮流不断地挑水往他身上泼。他妈妈照着试了,几小时后,他高烧退了,奇迹般地活了下来而且活得十分壮实。

想起龙世辉这一段传奇故事,真有信心期待下一个故事出现。

龙世辉听说我妻子因妊娠反应太厉害而住院,便要我不要再去看他。“我是垂死的人,你要去迎接新生的人。”

夏天到来的时候他转院了,并且来过两次电话。我听得出他依然是底气十足,便没有在意,准备等我从黑龙江出差回来再去看他。他还是那句老话:你不要来。

就这样,等到我八月中旬从北大荒回来,竟再也见不着他了。我知道他反对遗体告别,“我样子那么难看,别让大家难过了”。他遗嘱里会有这一条的。

作为一个文学界数得着的老编辑,应该说老龙没什么可遗憾的。《林海雪原》、《青春之歌》、《芙蓉镇》、《将军吟》、《代价》等一批可以在文学史上整段整段记述的长篇,都曾倾注着老龙的心血,有的还是他花几个月时间逐句逐段改出来的。或许可以这样说:当今中国文坛大部分著名的小说家,无不得到过老龙的哪怕是一点一滴的帮助。

八宝山公墓的礼堂,里里外外都挂满了花圈和挽联。冯牧、冯骥才、蒋子龙、张贤亮、从维熙、张锲、曲波、牛汉、玛拉沁夫……似乎是一张中国作家“非常”代表大会的名单，这张名单簇拥着这位为人作嫁衣裳40年的无名英雄的遗像。

按说，作家都应该是驾驭语言艺术的专家。实际上有的是，有的不是。确有些作家有虚构情节即编故事的能力，却缺乏文学的基本功；也有的作家知识面偏窄或缺乏提炼生活的经验。一个好编辑的作用便是高屋建瓴地审视并向作家提出修改意见，直到亲自动笔帮助作家调整结构，修改病句，甚至订正错别字。

这也便是抽着劣质烟，喝着酽茶，每每伏案到深夜的龙世辉40年呕心沥血的生涯。

作家们感激他，知情的读者更感激他。可以说，只有在他的组织、修改下才有了今天的《林海雪原》。《青春之歌》也曾被一家出版社“退修”而使作者一度情绪低落，老龙和另外两位编辑硬是把稿子要来，老龙提了热情的意见并终于促成它问世。40年来由他接生的文学“婴儿”怕该数以百计。当然，也有的作家忘了他也忘了自己是如何成名的，老龙对此只对我说过一句轻描淡写的话：感激他的人大都起先把他作为老师继而把他作为朋友。于是，老龙的案头床头终年堆着求他看、催他看、甚至“命令”他看的大部头书稿，以致老龙的烟越抽越凶，茶越喝越浓，咳嗽的声音也变得粗重。

他的家里三天两头断不了有作者来。知道他爱喝酒的，给他带瓶酒来，老龙自然管饭。进饭店进不起，老龙也无此习惯。于是买只鸡买斤肉，总是老龙自己下厨房，猛火快炒，连烧菜也体现了一个人的性格。再佐以辣椒和臭干熏肉，便是龙式便宴的特点。这大概与他有四分之一的侗族血统有关。兴味高时他还自己兑制麦饭石玫瑰茄饮料，加上糖招待不进烟酒的客人，他自己是从不沾糖的。我也曾把这多半是归我喝的饮料称之为“龙氏可乐”。

老龙对自己的烹调技术始终感觉良好，食客却大多不敢恭维。但人们还是习惯于到老龙家里小聚，或者就是路过老龙家顺便

“撮”一顿,因为老龙习惯于留朋友吃饭,甚至是留初识的作者吃饭。而朋友或作者也习惯老龙创造的坦率、自然与真诚的氛围。在他的饭桌上你可以什么都不顾忌,什么都可以讲,包括你的隐私。或许老龙真能帮你排解难言之忧。

这种对作者的热情与对稿子的热情是同样的。在《当代》杂志编辑部里不时可以听到老龙的大嗓门,那大概就是老龙在“吹”某一部稿子了。读到一部好稿子他便不能克制,这种作为一个编辑的感情的投入是难得的。一个好编辑应当先“热”,才能有所发现,待到具体加工时再“冷”再细致一点。这后一点老龙同样做得不比人差,可前一点某些编辑就做不到,给作者迎头一副冷面孔,有潜力的作者也就跑了。

曾经有温小钰、汪浙成的一部写大龄青年爱情问题的中篇寄来,老龙读后便叫:“这样的稿子,领导如果不发,我便自杀!”同事均大笑,笑老龙说的太重太邪乎,可老龙这份为好文章两肋插刀的热肠又谁能有呢?

曾经有位部队作家的一部国际题材的报告文学寄来,我作为责任编辑不到一天便签了肯定的意见,老龙读后同样大加赞赏。可由于另一位编辑过于冷静与小心,作者把稿子抽回在别处发表并引起了轰动,此后一提起这事老龙便气得要骂娘。

不少类似的故事在作家群中流传,难怪蒋子龙评论说:这才是老龙的性格。

老龙是《当代》杂志创业时的“元老”之一。他在那里的三年是《当代》的全盛时期。他 55 岁了,按当时人民文学出版社的规定不再任行政职务。他提议由年轻得多的同志接任,提了四个名字均未获采纳,于是他当即表示离开《当代》。不久,他出任了作家出版社副总编辑,直到退休。

“我是个粗人,我本该去打仗的,吃编辑这碗饭纯属偶然。”老龙不止一次这样跟我说。

黄埔19期生，正是抗战最艰难时招收的。有的青年步行上千里路前来报考，学校也迁到了山沟里。青年们无不卧薪尝胆，准备着与日寇的最后一搏。

老龙还是湖南分校里那期学生中的小头儿，自然是各项军事训练科目名列前茅。他最得意的是唯有他敢于与曾在日本留学的教官对劈刺。然而，一场大病剥夺了他上疆场的机会，他不得不回老家养病。而这时，军校19期学生开往湘贵交界处与日寇浴血苦战，这也是抗日战争中最后一次战役。待到老龙归队，形势陡转，日寇投降，无仗可打了。老龙说，如果他那时不病，或许就没有现在的老龙了，因为同学中生还的很少。

自然可以去打内战，但老龙不愿意。他脱了军装——天之骄子空军的军装。不打仗想升官发财也可以，对他说来唾手可得，他的姐夫是国民党少壮派高级将领。但老龙犟得很，他考上了辅仁大学，当了一名穷学生，啃书本，睡双层床，到校门口吃猪油渣喝血汤打牙祭，过得津津有味。北平和平解放之前，北平警备司令部受他姐夫之托，派人给他送南飞的机票。他考虑了一下，推辞了。或许可以这样问：如果他接受了机票呢？如果中国文坛根本就没有过这位无私的编辑？的确，这样的事情既不好推理也不好假想。我只能说，一个人的偶然行为（对老龙说是必然）常常能影响一段历史。如果从这个意义上来评价老龙对中国文坛的功绩，怕是恰当的。

没有从武是个遗憾。于是老龙爱“吹”他的体格，爱吹他的徒手搏斗，以后又爱吹他的球技。他说他当排球队长时曾扣球将对方一个球员扣倒在地上半分钟岔不过气来。这大概也是一种心理上的补充吧。

细细回忆起来，老龙恰恰没在自己的文学能力上吹过。甚至可以说，有时他还有一点自谦自卑，说自己没才能，只能帮帮别人。他对于古典文学和传统的现实主义手法，可以说驾轻就熟；对于这些年新起的诸如现代诗派、魔幻现实主义、意识流之类,他感陌生但并不排斥,散步或串门时他也不耻于向年轻同志请教。我想并不是所有编辑都有这种艺术上的兼容精神的。可以这样说,老龙是在一个清贫的时代选择了一个清贫的职业,他的大半生是在简朴甚至是拮据中度过的。他的父亲解放初被错杀,30 年后才获平反。他是长子要赡养母亲,他是长兄要抚养弟妹,他还要尽父亲的义务。他的稿费不多朋友却很多。饥饿的时候,他进过小饭馆,为的是捞两碗不花钱的稠面汤;可别人送他的一个鸡蛋他却慷慨地分了同屋人一半。这些今天看来可怜可笑的细节当年还真是天方夜谭般美丽。

也就是这十来年,老龙开始过得比较轻松一点,也添了一点二、三流的家具。他也做了几回黄金梦,梦想自己做了百万富翁之后拿出钱来赞助女排(他是个彻头彻尾的排球迷),还梦想买一栋楼办一家出版社给文学界朋友出书。他说到这些设想时总加大嗓门,似乎明天就可以举行新闻发布会。

突然有一年,这个黄金梦居然有了一个清晰的轮廓:那是他去香港见从台湾专程来的姐姐。几十年的隔绝,观念自然很不相同了,但姐弟那份感情总还很深。临别,姐姐告诉他,她和姐夫临离开大陆前在湘西老家的某处埋有二三十根金条,现在打算把这笔财产送给他,如果能找到的话。

拿着姐姐的字据,老龙着实激动地筹划了好一阵,主要是拿这笔钱做什么。不过他最后的决定既不是赞助体育也不是买楼,而是捐给中国作家协会。因为马上要成立中华文学基金会。老龙的此番豪情惊动了他的湘西老乡、贺龙元帅的长女贺捷生以及贺捷生的丈夫、武警政委李振军,一封信写到湖南省委书记毛致用那里。于是,武警出动保驾老龙衣锦还乡,根据老龙姐姐提供的示意图连夜挖掘。

挖掘结果是空手而归。当年兵荒马乱,土匪盗贼,连老屋都难辨认了。看来,黄金是早被人掘去了。空欢喜一场,老龙依然如常。书稿和作者是他最大的财富,几十条“黄鱼”算什么?或许老龙的最大遗憾是没能看到他自己的自传体长篇小说的出版。老龙替别人改了一辈子小说,退休之后,62 岁之后才有时间来写自己的小说。他那根长长的生命之烛,一直在照耀别人,等到照耀自己时,只剩下短短的一截了。

我有幸做了这部小说的第一读者。给我的印象是:老龙在营造氛围、描写细节、驾驭人物语言方面,确实精到地体现了一个编辑家的功底。掩卷之后,我又似乎不满足,似乎他有些为自身的经历所局限,而未能在传统的文学手法上多一点突破。但我感到这是不能苛求于老龙的,待到他能静下来,以自己生命所剩无几的热力,接连一年半时间,通常伏案笔耕至午夜,才得以完成这部 30 万字的巨著。老龙的健康状况急剧下降,这是最重要的原因。

我想无论是作家或读者都会有兴趣从他的书中了解这位编辑家的一生的。

其实老龙早已不仅是一位编辑家。他的寓言作品被选进多种版本的寓言、童话集,被选进《中国新文艺大系》,曾获得全国寓言创作一等奖。然而这些作品,是他用为别人作嫁衣裳的一点点空闲,他生命的五十分之一、一百分之一的时间写出来的。他完全可以多用十倍的时间自己来写,那又将怎样呢?

他去世前两年,才出版了他在世时唯一的著作:《龙世辉寓言集》。很薄的一本,连书脊都看不大清楚。但我相信它的分量很重,会留下来,经得起时间和读者的检验。有的人凭着活动能力或“赞助”一年能出好几本书,倒未必能给读者留下什么。

老龙也有追悔莫及的,那便是抽烟。他是直到进了医院,医生把谢素台叫出去说老龙病情严重,老龙这才开始戒了烟,并且劝别人也别抽烟。

老龙生前喜欢蓝色。这是一种豁达的色彩,海洋和天空都是蓝色。他说:“我什么都经历了,没什么可留恋的了。”他要重新成为大自然的元素。火化的那一天,天空正是一片蔚蓝。老龙可以瞑目了!

1992 年 7 月,北京大热

原载 1992 年 11 月 28 日《光明日报》,选自龙世辉《编余随笔》,人民文学出版社 1995 年,本文是作者为该书写的序

他像一团火

鲁之洛

他终生只是一名编辑。四十多年编辑生涯,为他人作嫁衣,勤勤恳恳,鞠躬尽瘁。

做编辑做到他这地步,只能用“出类拔萃”的成语来形容了。且不说他那一大串国家级出版社的编辑、编辑组长、副总编辑、编审等如雷贯耳的职务、职称,单说编辑成果,就足以令人钦佩不已了。在我国当代文学中享有盛名的《林海雪原》、《三家巷》、《芙蓉镇》、《将军吟》、《代价》都是他付出心血编出来的。从这些作品在我国当代文学中所占的地位和分量,是可估量出他对当代文学的贡献的。

他,龙世辉,是编辑行列中的巨人,更是我仰视的偶像。

我俩是忘年交。在 27 年交往中,他留给我的印象始终是一位热情、真挚、亲切的良师益友。我们在一起是无话不谈的。他的谈话尖锐、深刻,显示知识的渊博,同时又常常流露孩稚的天真。

因敬着他,便也觉得他十分高远。不曾想他的一封信,一下子便把我们之间的距离拉近了。那时我才二十七八,刚把第一部长篇小说《帆》的初稿寄到作家出版社上海分社。他的信是来要这

部书稿的。单“人民文学出版社”的牌子和大编辑龙世辉的名字，就够使我受宠若惊了。更何况信写得那么亲切、贴心。他称我为“小老弟”。告诉我他也是武冈人。他为家乡出了一位青年作家感到欣慰。他期望着能为我出一本书。就这样，我俩便成了书信往来的亲密朋友。一年之后，那场政治大动乱开始了，《帆》的书稿被造反派从上海调回在千人大会上焚毁，我和老龙的通信也终止了。

10 年之后，开始了清平世界，我又收到老龙的来信。如火热情，充溢字里行间。他所受的苦难更甚于我，却不曾提及一字，满纸豪言集中为两句话：现在你该放手写了，我要给你出书。他的信，又一次把我的创作热情激发起来了。我在写中、短篇和散文的同时，又开始酝酿长篇。1980 年春，我去长沙参加省四次文代会，在报到处听说龙世辉来了，十分激动。我们书信相交 15 年，还不曾会过面。我迫不及待地想去见他，不想他却寻我来了。两只手刚握上，他就大喊大叫：“你就是鲁之洛？小老弟，你正风华正茂呀！快写快写吧，写好了交给我给你出版。只要合我的标准，我就叫你登上全国、登上世界文坛。”他说话就是这么赤裸裸地将心扉敞开，无遮无掩，纯真率直得吓人。他这话火一般地把我俩之间的心墙彻底毁了，使我俩没有了年龄、地位、教养的差距，完全成了无猜无忌的知交。

这年深秋，我因拜访大作家丁玲来到北京，也去人民文学出版社现代文学南组的编辑室看望了老龙。那时老龙正潜心帮助古华加工以后荣获首届茅盾奖的长篇小说《芙蓉镇》。我看到摆在案头抄写工整的稿纸上，许多地方加上密密麻麻秀娟的字迹，那是老龙的字迹。古华喟然叹道：“老鲁，你不知道，我写得好苦呀！”老龙高声地说：“你知道吗，这书一出，你古华就不是现在的古华了！”看到他很忙，我想告辞。古华说：“龙老师专为你买了酒，说就只请你一人。”老龙听罢，笑着从桌旁拿出一瓶酒来说：“这瓶红星二锅头是专为你准备的。这玩意儿可不容易弄到手呀,我是请一位作者开后门才弄来的。”这夜里,在北京一个记不清名儿的胡同里的小四合院中的一间挤满书柜的小屋里,我俩且谈且饮了足足 4 个小时。才从闭塞的武冈走出不久的我,对他许多新观点惊诧不已,也接受不了。我也是很直,又有不趋时附势的个性,就免不了反驳,于是乎,整个谈话中都有我极不客气的抬扛。一直争论到 10 时,我怕赶不上公共车,才起身告辞。老龙宽容地说:“争争也好,我不勉强你接受我的观点,只请记着明年给我一部长篇。”他执意要把我送出胡同,一对年轻男女在路中央搂着吻着。老龙在女孩背上拍了两下,风趣地说:“丫头,往边靠靠,让我的客人过路。”那两位仍在哼哼唧唧却也真朝旁边移了移。待走到胡同口后,我忍不住笑了,说:“老龙呀,你真是个顽皮的大孩子。”他也开心地笑了。

第二年,老龙果然一封接一封信催问书稿。那时正筹办《新花》杂志,干事的就刘志坚和我两个人,实在挤不出时间写。1982 年春节刚过,我便与王以平同志一道,躲到绥宁县的李西桥,用 7 天时间匆匆为长篇小说《龚大汉和他的漂亮老婆》拉起了一个七八万字的架子,准备回到邵阳后再补充、丰满。谁知自出席全国军事题材创作会议后,先后去了沈阳部队、广州部队采访、写作,那七八万字的长篇架子一直搁在抽屉里。1984 年夏,我去青海部队采访之后从拉萨飞到成都,四川文艺出版社的社长、著名作家王火同志个人掏腰包请我们吃西餐。这是我第一次吃西餐。王火在教我如何使用刀叉的同时,问到我的长篇创作情况,我谈到这个长篇架子。他极简略地问了一下故事梗概后说:“把这部稿子给我们吧!”这时我想起了老龙,忙要解释。王火同志没让我说出来。他是我特喜欢、特尊敬的一位长者,既有书生般的秀雅,又有武士般的果断。他说:“定了定了,两个月后把稿子寄给我们怎么样?”我回到邵阳后,王火同志又来信催稿,且确定经验丰富、热情负责的老编辑吴若萍同志担任责任编辑。我只得挤时间写作。1985 年 2 月,《龚大汉和他的漂亮老婆》终于完稿了,在寄给四川文艺出版社之前,我写信给老龙告诉事情始末,请求他谅解。这一次他拖了很久才回信,平和的言词中,透出了严厉的责怪。我猜得出他在接到我的信后是大光了一回火的。但他还是原谅了我,且约我再写一部新的给他。于是,我在完成《鸡冠子上漫游记》的出版和电视剧《在那遥远的地方》的写作后,便开始我的第四部长篇《你别想安宁》的写作。1986 年元月动笔,到 4 月,写了 14 万字,还有 7 万多字没写完。这时,《在那遥远的地方》剧组的导演、主要演员已集中在青海省的格尔木,催我速去对剧本做最后一次修改后开机。我只得匆匆而行。我想先让老龙看看这部未完稿,便绕道北京。这时老龙已调作家出版社任副总编。我把稿子给了他,并约定从青海返回后来听意见。他当时手头有几部长篇在终审,很愁是否能在半个月后践约。我也担心从西北返回后要在北京停留。谁知 4 天之后,我去青海的车票还没弄到手,他却找我来了,说:"你的稿子我看了。昨晚半夜了,睡不着,便把你的稿子打开,一看就被吸引住了,到今上午,全看完了。可以,就这个样子,我们也能出了。不过,我是要你走向世界,如果 7 万字就结束,就感到头重脚轻,很不够。你还要展开,起码写 50 万字。记住,就这个架子,写 50 万字给我。"我好振奋地携着这份稿子赶到格尔木,为了赶回邵阳改长篇,不惜在高度缺氧的高原开通夜,以玩命的劲头,在一天一夜里重写了电视剧本,并获通过,然后火速返回。然而,不断加重的行政事务工作,使打烂 14 万字的结构重写 50 万字的计划成泡影,拖到 1987 年初,我对获得专门写作时间的意愿完全绝望了,便用一个月的业余时间,匆匆写完最后 7 万多字,将稿子交给了湖南文艺出版社。这事理所当然地又受到了老龙的责怪。他在信中对我的"急躁"表示不满,对我的"循规蹈矩"表示不可理解。他说,你的东西都有一定的高度,只要耐心地听听我的话,再往高跃跃,你就不是现在的你了。我深感抱愧,愧对了他的热心,愧对了他的期望。我也对自己的苦衷作了一番申述。他又一次表示了宽容,再次嘱我一定把最好的长篇给他。他知道我有一个写武冈一百年的多部曲计划。也知道我已与一家出版社有初步预约。但他希望能得到这样一部富有史诗意向的书稿。一年过去了,我还没有得到写作的机会。他耐不住了,在信中流露十分伤感的情绪。他说:"我多么希望能亲手为你编一本书。我快要退下来了,但愿能在退下来之前得兑此愿。"

1989年,我为改编一部电影剧本的邀约去了北京。这时,老龙已从总编的职务上退下来了。他在家里设宴款待我,一次又一次。我每次在他家喝酒,都是他亲自下厨,从不让他的夫人、著名翻译家谢素台女士插手。他口里责她什么也不会干,私下里又带着钦佩的语气对我说:"别看老太太默不吱声,可有学问啦,精通几国语言,译著不少。她译的《安娜·卡列尼娜》译笔多美呀!"其时他正为自己一部仅6万字的寓言集的出版感到苦闷。他是写寓言的高手,所发表的寓言大部分都在北京人民广播电台配乐广播过。可是,这位为中国当代文学出版事业做过出色大贡献的名老编辑自己的作品,却无法出版。他是在几家出版社退稿之后向我流露怨言的。我也深表气愤,竟不知天高地厚地说:"把稿子交给我。我设法给你找出版社。"他说:"本该我给你编书,现在倒叫你为我出书了,好意思吗?"在我的反复要求下,他才把书稿给了我。我把这部寓言创作之精品交给了一家由自己的好友当权的出版社,又反复求了几位编辑朋友,整整拖了一年多,仍然以"难有销路"的理由未能出版。最后还是甘肃的一位既热心又有点实权的同志把稿子要去出版了。在他苦于自己的小册子难以出版之时,却雄心勃发,开始了一部以武冈为背景的自传长篇的写作。于对饮之时,他不止一次问到我的大部头动笔没有。我说那是我真正创作的开始,原来发表出版的二百多万字只是练笔而已,所以,什么时候能专业写作，我就什么时候开始写大部头。他说："我已开始写了，我自信能写好。"我也毫不谦虚地说："写武冈，你肯定写我不赢。"或许是这话重重刺激了他，使他不惜身体地投入写作。我有晨跑习惯。我住的招待所恰在他的住房旁边。几乎每个早晨跑步时，我都能看到他窗口亮着的灯光。以后，在他的来信中，也都谈到自己的写作，且大都是创作的苦恼，似乎他在写作过程中遇到过难题，似乎他对自己的写作并不曾得意，这是一反他固有的自信性格的。但他的决心是大的，总是强调一句话："当了一辈子编辑，该有一本自己写的真正的书。"好一句充满着辛酸的话。

1990 年秋，他希望能在北京会会我。其时，康濯同志正在病中，也在信中强烈表示希望我能去，我却苦于忙和本不应有的障碍而未能成行。1991 年，我下乡搞社教，到农村不久，得到康老病逝的讣告，深为未能在他病中到京探望而愧悔。不久后，又得到老龙重病、希望能见见我的信息。接着又有老龙的学生致函催促。5 月，我排除了人为的干扰毅然北上。人民文学出版社社长、著名鲁迅研究专家陈早春同志陪我一道去医院看望老龙。正仰在躺椅上读书的老龙见我们到来，欣喜异常，忙起身接待。看上去他精神极好，目光炯炯，只是面色苍白了点，因放射治疗头发全部脱落。他性格未改，虎威尚在，仍然是大声大气滔滔不绝地说话："小老弟，你别看我这个样，这是自然规律。你不要笑，迟早你也有这一天，谁都跑不掉，谁也无法逞强。"又说，"你要吸取我的教训，不要以为现在身强力壮，不爱惜身体，到时候反悔也晚了。"还说，"我不会死的，我还要写，还要跟你老弟比一比。别的我没有什么可遗憾的，只遗憾我没能给你出一本书。这首先得怨你自己。不过也好，表现了武冈汉子的硬气！"他对自己抗击癌细胞的能力充满自信，说，"癌有什么可怕的？原来医生瞒着我，说是肺炎。几天后，连我的死对头都到医院看我来了，就明白了：肯定是患了绝症。我对他说：你不必宽容我，我会战胜癌的！"从医院出来，早春同志悄悄告诉我：医院早通知组织上了，他是晚期肺癌，没有多久了。而我却不肯相信，不肯相信这如火般的生命会瞬息熄灭。一直到现在，在他离去整整半年的现在，在我的心灵深处，仍然闪耀着他那如火的生命之光，而且会永远、永远……

原载《新花》1992 年第 1 期

良师益友龙世辉

单学鹏

1991 年 8 月 29 日傍晚，我突然接到一封快信；快信嘛，必有"快事"，便急忙打开了。不看快信则已，一看快信我两眼发直，继而泪水模糊了双眼……

良师益友龙世辉同志病故了。这一晴天霹雳，把我冷不丁打懵了。家里人忽然见我泪流满面，都焦急地围过来问发生了什么事？我吭吭哧哧地说："北京老龙没啦！"

龙世辉同志在搬到团结湖之前，我每次进京必到他家里看他。因为我住的招待所就在他住的楼下地下室，进招待所一定得从他住的楼门前经过。我到他家，他总要亲自下手，弄两三个别具一格的菜，痛饮一场，闲聊一气，其豪爽性格，从每一句话中都能体察出来。"老单，"他说，"我对你没有别的所求，等我死后，你给我发份唁电来就行了！"我说："能这么简单吗，是不是得来'奔丧'？""没必要，没必要，大老远的跑啥，一封唁电几块钱，也就够朋友一场的啦！——我这是真话，万万不要跑来呀！"我笑着，望着他认真的面孔，他禁不住也爽朗地笑起来，雄豪的身影和声音便是真真切切的龙世辉同志！

如今，玩笑话变成真的了，让我怎能不揪心拉肺地难受呢！我最后一次跟老龙见面，是在《当代》副主编朱盛昌同志的办公室。他是到《当代》串门的，也可以说是“回娘家”。——龙世辉同志原在人民文学出版社《当代》工作，后调作家出版社任副总编辑。——他和朱盛昌同志开着玩笑聊天，我坐在一边傻笑，偶尔也插上一两句笑话，三个人聊得非常开心。老龙虽已退休，但精神仍十分旺盛，出口的声音仍然似铜钟，给人的感觉没有半点老的迹象。朱盛昌同志问老龙在干什么，龙世辉同志笑而不答，后来才说：“总得干点事啊！”时间不长，我和老龙一起走出人民文学出版社，他从车棚取出自行车，说：“老单，晚上到家喝酒怎么样？”我说：我不能喝酒，这你是知道的；现在见了你，我就不去家里啦！他爽快地说：“好，下次。”他说着爽快地跨上自行车，我望着他的身影，一直到他汇入车流之中。这便成了我与龙世辉同志的最后诀别……

我与龙世辉同志，是 1981 年盛夏在北戴河结识的。过去我虽数次去人民文学出版社，但因他是小说南组的编辑，没有机会和他相交。这一年，出版社在北戴河租了几张床位，编辑们轮着在那里休息几天。而我正好在秦皇岛港深入生活。一天我去那里看望熟识的同志，杨匡满同志把我介绍给老龙。于是，我们坐在凉台上聊了起来。我首先向他扯起北戴河和山海关的自然景观，他说这些地方大都还没有去呢。忽然，他问我现在写什么？我说：刚写了个中篇，还没结尾，也还没有名字……他说：你快把尾结上，先拿给我看看！可我又怎么好意思呢？因为我知道，人民文学出版社的编辑们，难得有机会出来休息几天，七八万字的中篇小说交给他，几天的休息时间就得报销进去，我真的有点于心不忍哪！我说：“等您休假完了，我给您送到北京去吧！”老龙很干脆地说：“不用，拿来吧！”就作者而言，这当然是个极好的机遇，千求都不可得，我回去将作品的结尾写完，厚厚的一沓稿子便到了老龙的手里。

后来我才得知，老龙为这部小说，两天哪里也没去，别的同志外出玩了,他留在住地看稿子。当时就使我非常感动。他把稿子看完之后,脸上显出兴奋的光彩,说:"不错,基础很好,自然还需要修改,不过现在先不改,先拿给秦兆阳同志看看,随后把意见集中起来一块改!"他是个爽利人,说得干脆干得麻利,为这部小说立刻给秦兆阳同志写了信,刚好第二天杨匡满同志返京,便以急稿的形式带给了《当代》主编秦兆阳同志。老龙本来是在这里休息的,可他为一个不认识作者的作品,竟如此认真负责,不惜放弃自己的休息和活动,来尽最大努力成全别人的作品,一位老编辑的崇高形象一下站立在我的面前!这之后我才知道,老龙编辑的书何止百种?他编辑的书,有的已成为文学名著,可他也曾为此下过"地狱",但他从不讲这些往事,往事还是我从别人的口中了解到的……

老龙对书稿要求之严格,是了解他的作者都知道的。而对我这篇作品的"定音",似乎有点超常的宽容,这便给了我极大地鼓舞,对改好这部作品产生了强劲的信心和力量。据说,"大作家"的作品,在他手上否定的也不少。所以人们说我是幸运者,作品第一眼就被老龙看上,十二分难得。这部作品经老龙敲定之后,经秦兆阳同志和孟伟哉同志协助修改,终于以《这里通向世界》的篇名在《当代》头条发表,并获得了《当代》文学奖。从这之后,我才算真正结识了龙世辉同志,同时以师长和朋友的双重关系交往。每次我们谈天,总是离不开文学;我认真地听,他认真地讲,使我每一回都有新的收获。

我每次到他家去,见我很喜欢书架上的书,他总是大方地说:喜欢哪本拿哪本!可我深知他爱书如命,怎么肯轻易动他的书呢?不过我每一回去,总要从他那儿带出一两本书。从这件事便可看出,他大方得够可以了。不过,当我说想交给他一篇稿子的时候,他会立刻严肃起来,沉思片刻才说:稿子拿来可以,但质量必须超过《这里通向世界》,要不就别拿来!这就是说,在老龙那里,吃饭喝酒可以,拿他心爱的书也行,唯独稿子质量低了没商量!再以后,老龙离开人民文学出版社,调至作家出版社,负责长篇小说的终审。他曾说:老单,拿一部好一点的长篇来吧,要不我退休就没机会为你服务喽!我虽满心欢喜地答应了,但一直没有勇气把稿子交到他手中,使我失去一个极好的提高自己的机会。当我在别的出版社出了书送给他时,他总是乐呵呵地用手掂量着说:怎么样,分量如何?我只能这么回答:太轻了,不敢往你这里拿……每到这时,他便开怀地哈哈大笑,说:“看把你吓的,连稿子都不敢往我这拿啦?——从维熙同志不是说让你拿一部长篇来吗,你怎么就不拿来呢?”从维熙同志确实说过,让我拿一部长篇书稿给作家出版社,我也答应了。可我每当把作品写出来,都感到很不满意,送书稿的勇气也就自然消失了。如今想来太遗憾,我要是有一部长篇小说稿由老龙成全,这对提高自己该多么有益呀!老龙,你走得太匆忙,怎么就不肯等一等我的长篇小说稿呢?

老龙搬到团结湖新址以后,我竟一次也没有到他家去。他得病那一段时间,我几乎没有进过北京城,所以对老龙的情况一无所知。同时,他埋头写长篇小说的事,过去他也没有透露只言片语,可他终于把长篇小说写出来了,这是何等的决心和毅力呀!老龙,你毕竟留下了“遗产”,你的书出版还有问题吗?你一生为别人作嫁衣,按理“别人”也该给你作一件嫁衣了,否则就天理难容了!

老龙的豪爽性格,给我留下极深的印象。正因为他有此性格,讲话声音洪亮,工作起来干净利落,决无拖泥带水一说,同时对谁都真诚相待,内心深处决不藏掖第二种意思。特别是对待稿子,好便是好,赖也不会隐瞒自己的看法,含含糊糊的事他是办不来的。据说,由于他的这种性格,一些人对他很不理解,甚至说他不好接近;实际并非如此,交往一两次你就会发现,他是个正义感很强、极有热心肠的人,对朋友绝对是两肋插刀,答应下的事跑断腿也去办。据我观察,他的这种性格,越到老年表现得越突出,有时竟像孩子似的天真;谁到他家去,他会把最好的烟、最好的酒、最好的食品拿给你，而且总是嫌你胃太小，把他摆出来的东西全装进你的肚皮他才高兴。

——这就是老龙，不如此就不是老龙了。

我望着讣告，回想着这一切，泪水一直没有断。我有些恨自己，老龙搬到团结湖新居之后，为什么就没有去看看他呢？用忙来搪塞是说不过去的，自己又有什么时候不忙呢？我也曾想，待自己写出好一点的长篇，他退休之后交他成全；我还想，待我把南戴河的房子盖成之后，每年盛夏请他到那里洗海澡，该是十分惬意的。可他走得如此匆忙，竟没等我千辛万苦地把房子盖成！如今，经百曲千折，房子已经盖起来，马上就可以进住了，然而他竟提前远走他乡，再也进住不了我盖的房子了，怎么能不叫人痛心异常呢？这也怨我，没本事三下五去二地将住处盖好，让他在远行之前住进去。每每想起我就深感有愧。因为我们曾商量过，每年夏天在海边找个住处，半天游泳半天聊天；忙了大半生之后，晚年尽情地宽松一下，岂不是人生一大乐事？可是，老龙啊，你竟等不及了，就这么无声无息地提前走了！

老龙，你生前曾几次讲，你仙逝之后不让我往北京跑，发一份唁电你就满足了。我只好遵从你的遗言，晚上 10 点多钟到邮电局发了唁电。你可知，我是滴着泪水写的电文啊！老龙！老龙！你在那个世界里也要保重啊！

1992 年 8 月老龙逝世一周年时

原载《凡人随笔》，花山文艺出版社

龙世辉，我的恩师

蒋振邦

"寝息何时忘，沉忧为盈积"，每每忆及已故的我的恩师、生前任作家出版社副总编的著名的编辑家龙世辉先生，我会情不自禁地悲从心头起，"生死两茫茫"、"无处话凄凉"之感，油然而生。

我只有用笨拙的笔记述我与他的一段看似平凡的交往，作为我对恩师龙世辉先生的永不忘却的纪念。

80年代初，龙世辉先生在《当代》编辑部工作期间，正值中国文学创作热潮澎湃之时，《当代》又是全国闻名遐迩、读者瞩目的大刊物。在日以麻袋计量的邮件中，编辑们要翻阅可用之稿件，其工作量可想而知。而我在不惑之年，毫不知天高地厚，于1982年秋天，将我的中篇小说处女作《歇后语及其作者》，寄给了《当代》。显然，这篇小说的标题让人会觉得更像一篇论文。而龙世辉先生根本不知道我是何许人也，但他却从大量的来稿中一眼看中，并推荐给编辑部朱盛昌主任，经朱盛昌同志又交由秦兆阳与孟伟哉二位德高望重的总编辑拍板，刊发于1983年《当代》第5期头条位置。小说题目也由龙先生费心改为《在沿河村里》。当我后来得知小说这一发表过程，我的感激之情可想而知，渴盼见到恩师龙世辉先生的心情更加迫切。

1984年初，《当代》编辑部邀我进京改稿。那时，龙世辉先生已升调作家出版社任副总编辑。在我的住宿安顿下来之后，就迫不及待地到沙滩北街龙先生任职的作家出版社去拜访，我这是第一次见到了他。龙先生中等身材，衣着朴素，留个平头，双目有神，而发色灰白，给人一种历经风霜而依然挺拔的直感。他名声赫赫，却毫无"架子"，平易近人，态度诚恳，诚然是一位面慈心善的忠厚长者。刚打过招呼,就像老熟人一样,和我聊起来。他说,在他的想象中,我就是一位长期在农村工作,衣着显得土里土气的知识分子。要不然,怎会连农村读者都认为作者一定是他们中间的一员哩!当我虚心向他请教他对我的创作有何指导性意见时,他单刀直入,满怀热望地说:"一般来讲,作者要突破已达到的较高水平,是很艰难的,不能存侥幸心理。"他希望我好好总结经验,细心琢磨一下,看自己从哪里突破较为有利。事实证明,龙先生一语中的。我后来的创作,显得很困难,再也没有突破《在沿河村里》的写作水平。

1985 年 4 月,我又有机会来北京,正好住在和龙先生的家相邻的招待所里。一天晚上,我登门拜访。龙先生夫妇热情地接待了我。我扫视整个房间,看来居室并不宽敞,也没有什么新潮家具,而藏书却不少,这与其夫人谢素台先生也是文化人大有关系。而我显得太俗气,寒酸得很,只给龙先生带去我的小说在我们自治区获奖时发给的一件有装饰性台座的办公用的蘸笔。龙先生却高兴地说:"这个有纪念意义,我可以收下。"由于又来了一位湖南作家,我只能简要地向龙先生谈了自己的创作近况,并希望今后继续得到他的帮助。

由于龙先生的鼓励,我于 1985 年 5 月中旬,将我在出差西安路上修改过的一个中篇小说《乡村美容店》(后来发表时名为《样板女子》),寄给龙先生。在收到稿件后不久,5 月 20 日,龙先生复信一封。他先谈到编辑部在忙发稿,我的稿稍后才有时间看。接着写道:"这篇稿子的内容和立意都很好,但似嫌简单了一些,好像你没有写透,有匆忙的感觉。先回你一封信,觉得你着急。祝好。"话虽少,但确实说到了我心里,我真的有点着急,想借龙先生的"东风",早日实现创作上的新突破。龙先生说他已将稿子浏览了一遍,又将稿子送给编辑部征求意见,并告知我,"等他们看过,有什么意见我再告你"。时隔不久,于 6 月上旬,我又收到龙先生就这篇稿件的两页信纸的复信。龙先生先说明此稿不但他们编辑部看过，他又推荐给另一个编辑部看过。他这种尽心尽意，诚实守信的态度，使我大为感动。接着他谈了这篇稿子的优点："综合他们的意见和我的看法，此稿立意新，反映当前农村的新风貌、新变化。你所捕捉的主题是很有意义的。"接着，诚恳地指出不足，"农村这种'新'，比较城市又显得旧和过时，城市读者的新鲜感就不会那么强烈。"最后他满腔热情地说："这部稿子不能说已经失败，但确也存在一个深化的问题，希望你再思考，再创作。"

龙先生的一席肺腑之言，深入浅出将我小说的缺憾分析得很透，除了我更增一分感激之外，又看到了差距，促我奋进。

现在回想起来，我这个人真没有"自知之明"，在龙先生工作十分繁忙的岁月里，我还在不断地给他增加工作量，又先后送去过两个中篇小说。龙先生一如既往，仍然充当了第一读者的角色，然后又劳他送到有关编辑部，征求意见，而最后又由他将意见转达给我，并负责退还稿件于我。在这种稿件往还过程中，龙先生可贵的诲人不倦、古道热肠、诚实守信等品质，每次都深深感动着我，而龙先生亦十分谦虚谨慎，常常在信的结尾处写上"再一次感谢你支持"等语，使我倍感亲切，同时又感到愧疚尤深，没能让龙先生看到较为满意的作品。

从 1986 年 8 月开始，我应组织抽调到我区贫困山区西海固地区参加"讲师团"。第二年春天，我将近况去信告知龙先生。他十分高兴，很快回了一封信。他不但鼓励我，还谈到了自己对下乡的想法："如今下乡，不比从前，没有顾虑，真可以做到思想、工作双丰收，有的还有物质待遇。前年作协下乡人员，住房困难户可以提前分配住房，叫人垂涎。可惜，我老了，想去不能。"寥寥数语，真诚而又实在，让我感到亲切，同时也似乎触摸到龙先生那颗热血沸腾的心房。

作为相交多年的朋友，1987 年春天我给龙先生去信，提出我在作家出版社出小说集子的要求。龙先生不厌其烦地、耐心地给我解释。他实话实说,以诚相见,在信中说:“但现在出书,出版者首先得考虑赔赚问题。而中短集子除极走红的作家,一般都卖不出去,新华书店要的印数,最多几千本,有的基本几百本。印数不超过两万,就得赔钱。所以一般中短篇集很难考虑接收,除非作者和出版社有较深的关系。”接着他在分析了诸多因素之后,感叹道:“我说了这么一大堆废话,意在说明情况和难处,非不为也,不能也。希望得到你的谅解。”并给我出主意,建议我到有可能性的其他出版社试一试。如不行,就只好低就省级出版社了。在这封信的最后,他不无遗憾地告诉我:“我已年过六十,现在是‘超期服役’,可能明年退休,为作家们服务的日子不多了。但愿你创作丰收,能不断读到你的新作。”

面对龙先生一堆掏心窝子的大实话,一连串关怀备至的关照,和将要退休,再也不能为作家们服务的遗憾,我不但没有丝毫的泄气,反而肃然起敬,深深被他的高尚人品所感动。像他这样大有名气、成绩卓著的编辑家,竟然能和作者平等地推心置腹、相互交心、善言相告,作者咋能不信服呢!

龙先生曾在1984年10月13日的来信中说:“这次去银川,未能见到你,似觉有点遗憾,好在咱们神交已久,相信你不会忘记我的吧!”我与龙先生相交往近十年,老师的美好形象,早已铭刻在我的心头,我怎能会忘记呢?! 龙先生在天之灵有知,而让我遗憾终生的是当你在叹息再也不能为作家们服务的时刻,唯独不曾料到自己早已积劳成疾——天啊,你仅有66岁,在现今还属于老年人的黄金季节,却撒手人寰,过早地走了。你抛下了热爱你的,对你心存感激的几代作者,还有那几代一直钟爱你的读者。他们和我一样,将永远怀念你!

原载《编辑之友》2000年第1期

附:《龙世辉的编辑生涯》座谈会纪要

编者按:编辑学的学科建设,需要研究编辑理论、研究编辑历史、更需要研究编辑的现实状况。这里我们要着重提倡的是:对当代编辑个案进行深入研究,即对编辑活动的现状做调查,抓典型,解剖案例。这样的研究能够出新意、出特色、出成果。也便于出人才,找路子。李频在河南大学学报编辑部攻读编辑学研究生时,按照导师提出的研究当代编辑个案的调查提纲,赴京走访了几家出版社和资深的编辑家、出版家,收集了不少第一手资料。龙世辉编辑《林海雪原》、《芙蓉镇》等书的情况,当时就被选定为研究课题。先研究一个一个题目,写成一篇一篇论文。最后再加整理补充、修订,建构成书。这个座谈会谈论的是这本书,实际上则是对怎样深入开展编辑学研究所作的富有启示性的探讨。

时间:1993 年 6 月 25 日上午

地点:中华人民共和国新闻出版署九楼会议室

主持人:宋应离(河南大学出版社社长、教授)

参加座谈会人员:戴文葆、邵益文、林穗芳、吴道弘、郑伯农、阙道隆、房树民、杨匡满、杨牧之(新闻出版署图书司司长)、石家金(图书司图书管理处处长)、光明日报记者王衍诗、徐可,新闻出版报记者郭毅青、方敏,《龙世辉的编辑生涯》作者李频等。

座谈会之前,新上任的出版署署长于友先同志到会和大家一一握手,并发表了热情洋溢的讲话。

于友先署长说:我也是一个老编辑,但没有在座的各位资格老。过去出一本书很不容易,编辑对书稿的内容和文字都要反复推敲,现在似乎有一种情况,出一本书很容易,有的提出文责自负,作编辑的连标点符号都不管,形成无错不成书。在社会主义市场经济条件下,编辑出版工作如何搞要很好研究。通过这个座谈会,要把编辑工作好的传统发扬下去,努力提高编辑的素质,让出版工作走向世界。

主持人:我们河南大学出版社在新闻出版署、中国编辑学会的关怀支持下,今天邀请首都部分编辑、出版、文艺界知名专家到这里参加《龙世辉的编辑生涯》座谈会,借这个机会,我代表河南大学出版社向全体到会的同志表示衷心地感谢。

河南大学是一所有 81 年历史的老学校,现有师生一万人,坐落在七朝古都开封市。河南大学出版社成立于 1985 年 5 月,建社八年多来出书 1000 余种,大部分是学术著作和大专教材。这几年来在编辑出版中,我们把出版编辑学著作放在比较重要的地位。这是因为:一是随着我国出版事业的繁荣发展,出版战线出现了许多新情况、新问题,需要从理论上加以研究总结,以推动指导实践,促进出版事业健康发展;二是 1984 年以来,我国有十多所高校,设置了编辑专业,个别学校还招了编辑学硕士研究生,高层次的编辑专业教育已列入国家教育计划;这几年编辑学的研究也有新的进展,建立新的编辑专业学科,建立具有中国特色的编辑学已提到议事的日程。基于上述考虑,为了适应形势需要,1987 年以来,我们社陆续出版了《中国大学学报研究》、《编辑学通论》、《编辑社会学》、《中国古代编辑史论稿》、《中国近代编辑家评传》、《龙世辉的编辑生涯》、《鲁迅与编辑》七部编辑学著作。上述著作大部分是河南大学编辑学研究室的成果。这些著作的出版,受到出版界的好评,特别是《龙世辉的编辑生涯》出版后,引起较广泛的反响,为了进一步改进这方面的编辑出版工作,听取专家们对《龙世辉的编辑生涯》的意见,今天召开这个座谈会,希望大家畅所欲言,有啥说啥,下面就请各位发言。

邵益文(中国编辑学会常务副会长、中国出版科学研究所副所长、编审):

河南大学出版社这几年在编辑学研究方面出了不少书。这些书社会效益很好，但在经济上可能是负效益。在当前形势下，很不容易，这是应该感谢的，因为许多出版社做不到这一点。

编辑学研究在中国真正兴起，是在本世纪80年代初期。它是在改革开放大潮的鼓舞下，编辑出版界为了推动出版事业的迅速发展，关心编辑队伍的教育提高，在编辑业务研究已经取得相当成果的基础上发展起来的。迄今已发表论文千余篇，著作130多种，仅以“编辑学”命名的专著已有25种。还在一些高等学校开办了编辑学专业和研究生班。这些都为编辑学的进一步研究打下了基础。目前，虽然还不能说编辑学的学科理论体系已经形成，但这种理论体系的雏形已经开始呈现出来，它的轮廓已日趋清晰，这些成果的取得，首先当然是由于出版界和教育界的一些专家、学者共同努力的结果。

李频同志的《龙世辉的编辑生涯》一书正是这些成果中很有特色的一种。这本书的出版可以说是拔了两个头筹。一是由他人为一个普通编辑写“编辑生涯”，这是一种首创。写“编辑生涯”的书，总的说不多，大概也就十几种。它们大体上是两类情况，一类是编辑工作者自己写的工作体会、心得和回忆；一类是他人写著名编辑家的编辑活动，如写鲁迅、茅盾、叶圣陶、巴金、郑振铎等。至于由他人来写一个普通编辑的编辑生涯，文章可能有，专著似未尝闻也，恕我孤陋寡闻，李著应该是第一本。二是已有写“编辑生涯”的书，大多是纪实性的，有理论色彩的很少，把具体的编辑工作和编辑学联系起来，特别是从编辑学的角度来考察具体的编辑工作，从具体的编辑实践升华为编辑学理论的著作，还没有见到过，李著大概也是第一本。所以我说他拔了两个头筹。

李著从个案出发，通过一个编辑的实践活动来研究编辑学，很有好处。首先，他根据一个编辑的具体的实践活动，总结经验，上升到理论，把编辑的“术”与“学”结合起来，这种从具体实践经验开始研究理论的做法，符合从个别到一般的辩证法的规律。这样，个案多了，实践就丰富了，在这样基础上建立起来的理论，就会更加坚实，所以，李频同志的创作，给编辑学研究提出了一条新的路子，是可喜的。其次，以具体实践为依据，可以对编辑工作的性质、编辑的地位和作用，作出客观而合乎实际的评价。既不至于把编辑工作说得玄而又玄，也不会把编辑工作仅仅看成是雕虫小技；对编辑的地位和作用，也可以得出恰当的估计，既不至于把编辑看得高不可测，似乎编辑都是学者、文豪；反过来也不会把编辑看成可有可无，什么人都可以干的"剪刀加糨糊的干活"。编辑就是编辑，他是社会文化的设计师和工程师，他们有自己专门的理论和实践，编辑不一定都是学者、作家。但当一个合格的编辑不容易，要当一个好的编辑更难，编辑不一定能当学者、作家，学者、作家也不一定能当好编辑。可是反过来说，编辑干长了，书编多了，有了丰富的知识积累和生活积累，就有可能成为学者、作家，这是在实践中形成的，这种实例是非常多的。同时，也要明白，并不是每个老编辑最后都能是学者、作家，这种实例也是非常多的。所以，编辑学者化，编辑应该成为学者，作为要求，不是不可以提，因为，它确实有客观的条件和现实的可能性。但可能性不等于必然性，也就是并非每个编辑都能做到。编辑可以成为学者、作家，因为他有很有利的条件，但首先要把编辑工作做好。否则就不是由编辑成为学者、作家了。当然编辑的奋斗目标，不一定是学者、作家，也不能因为没有成为学者、作家，就认为编辑的地位就低了。编辑的奋斗目标，应该是成为一个好编辑，一个好编辑的地位、作用，决不会低于或小于学者、作家；一个学者、作家的地位、作用，也不一定高于、大于一个编辑，这里只好具体人具体分析了。

吴道弘（人民出版社副总编辑、中国编辑学会副会长、韬奋出版奖获得者、编审）：

我很高兴参加今天这个会，应该感谢河南大学出版社提供了这一机会，以讨论一本编辑家传记为中心，一定会涉及到编辑和编辑学的一些问题，因此意义就比较大了。刚才于友先署长的讲话，虽然很简短，但有启发。现在在经济大潮中，出版社怎么改革，编辑工作怎么做，通过今天的座谈也还是会有帮助的。

我认识龙世辉同志比较早。在50年代，我们都是小青年，大家写点书评文字。他在东四头条，我在东总布；他在人民文学出版社，我在人民出版社。1958年以后，都在一个大楼办公了。天天见面，可是谈话机会不多。我知道他搞文学编辑工作有很大成就，可是真正有所了解，还是在读了李频同志这本书以后，可见即使是天天见面的熟人，也并不真正了解的。

李频同志这本书写得很好。不但写了作为编辑家的龙世辉的一生编辑历程，而且通过龙世辉同志编辑生涯的发展脉络来展开编辑学的理论思考，这个指导思想是非常好的。就是说，要以编辑家的实践活动作为切入口，从而归纳出编辑学的若干原理和规律性认识。这种研究方法是值得提倡的。

80年代初以来，我国编辑学的研究进展很快也很有成绩。目前在一定程度上说，似乎有点难于深入，或者说是有点停滞了。其实，这或许是一种发展中学科的正常现象。在走过一段较快进展的路程以后，速度放慢些，可能正酝酿着新的发展阶段的开始。如果说，前一阶段编辑学研究和编辑史研究两者是在两条线上平行地发展着。那么，现在该是编辑史和编辑学的研究很好地相互推动、促进和影响，追求互补性。研究编辑学的要多注重编辑史的研究成果；研究编辑史的要多理解编辑学研究的成果。现在李频又前进了一步，他的这本书确实是从一个新的研究角度来开拓编辑学这个新的研究领域的。写得真挚感人，是很有成绩的。

作者关于编辑学的一些见解，闪烁在全书之中（本书第一章里比较集中）。我甚至想到，其中一些概括、鲜明的论点应该用黑体字来排印。比如，“一部文学作品史耸起了一部文学史的大厦，这是令人瞩目的文学现实，而一部当代文学作品史伴随着一部当代文学编辑史，却是被人遗忘的文化史实。”（本书第3页）“潜隐性是编辑工作的特征，潜隐地存在是编辑家的人生方式。”（本书第9页）等等。

在市场经济的条件下，出版社实行企业化经营管理。编辑的地位、价值究竟怎样，目前大家的认识恐怕不很一致，值得进一步研究，关于编辑的创造性劳动问题，本来是这几年编辑学研究中的共识，这本书里也反映出这一点。书中还有这样的思想，即编辑是伴随着作品问世而潜隐地存在。可是现在有一种论调，轻视编辑工作的审稿、加工，说成“提提意见”、“修修改改”的工作。这跟过去所谓“雕虫小技”的说法是一样的。可见，这本书里关于编辑价值的论述仍是有现实意义的。

编辑与作者是一种怎样的关系？是编辑学研究中的一个重要问题。我记得作家蒋子龙先生有过这样的话，他把一本书、一个作品的问世，比喻作水泥柱子，作者是水泥，编辑则是水泥柱里的钢筋（大意如此）。我觉得这个比喻是非常深刻的。秦兆阳先生写的序里也谈到，编辑“是甘当不出名的评论员，不要报酬的创作参谋，不计私利的辛勤园丁”。“发现了好作品，其乐无穷。发现了新作者，其乐无穷。所编的书刊受到读者欢迎，其乐无穷”。从本书的叙述中，就提供了这方面的具体例证。

这本书又讲到编辑的选择作用。我很同意从编辑的选择作用去说明编辑对于社会文化的贡献。龙世辉从《林海雪原》到《芙蓉镇》的编审历程，就说明了这一点。这就联系到编辑家的价值问题。作者李频同志提出，“编辑家的价值”与“编辑自身的价值”两个不同的概念，只是并没有展开论证。我以为这涉及编辑学的理论问题，从概念到内涵，究竟怎样表述比较科学、正确，还值得进一步的讨论。本书是一部评传，限于体例，对这个问题自然不可能用较多的篇幅。

书中有些用语，如“编辑主体意识”、“编辑角色意识”或“角色扮演”等，作者并不是作为严格的科学术语来使用的。如果能在严格意义上来使用若干学术用语，这样，术语的规范化，也会使这本书的理论色彩更浓些，总结的原理更科学化。

这本书的创作导向是好的。我想，从事文学编辑可以总结出这样一本书来。那么，从事社会科学的、科学技术的优秀编辑也很需要总结出这样的书。这里也牵涉到出版社要提供一些书稿历史资料和编辑工作记录的档案。因为没有这方面的档案材料，是很难开展研究的。

归纳地讲，这本书的出版，无论对于编辑家的传记写作，或编辑史研究、编辑学研究，都是有积极意义的。我衷心祝贺李频同志这本书的出版，也感谢河南大学出版社对编辑学研究事业的支持和贡献。希望有更多的编辑工作者能够读一读这本书，从中取得做好编辑工作的信心与力量，为搞好出版改革，提高图书质量，而不懈地努力。

郑伯农（《文艺报》总编辑、文艺评论家）：

《龙世辉的编辑生涯》是一本很有分量的书。这是我国当代文学编辑家的第一本评传。看到这本书后，有的同志打算在《文艺报》发一个简单书讯算了，我说不够，应该在《文艺报》头版重要位置，以较大的篇幅发表。所以《文艺报》今年1月16日头版发表了《河南出版我国第一本文学编辑家评传》。

今天开会研讨这本书，是很有意义的。龙世辉同志生前名声不大，但在文学编辑工作中，尤其是在《林海雪原》等有影响的作品的编辑、出版过程中起的作用很大。龙世辉同志的编辑态度、编辑工作精神是值得称道的。他一辈子默默耕耘，他不是不会写东西，但是更多的时间用在改稿等编辑工作中。龙世辉同志的精神是无私奉献的精神，他与作家的关系很好，作者来京，常常住在他家。常说编辑是为人作嫁，嫁衣是表面的，龙世辉做的编辑工作，不是嫁衣的问题,他对作者的人品、文品都产生了影响。

现在文艺界有点失衡,编辑品德、业务修养也有所滑坡,在宣传上还是重视歌星、影星,文学编辑家的地位和作用应该重视,在失衡的背景下提倡严肃性的东西,很有意义。龙世辉同志的精神值得年轻的编辑学习。

林穗芳(人民出版社编审、韬奋出版奖获得者):

河南大学是我国最早招收编辑学研究生的高等学府。作者李频同志还在那里攻读硕士课程的时候就选定了研究对象,并设法获得了大量的第一手材料。《龙世辉的编辑生涯》一书的写作、编辑、出版是成功的,也说明了河南大学办编辑学专业的成就。我近年看过不少博士论文,这本书的水平不在博士论文之下。

作者从文化学、传播学的角度,通过当代一位老编辑及所属的编辑群体的活动来研究编辑学,这个思路很好。研究编辑学,不仅题要选好,人也要选好。龙世辉从一个普通的编辑做起,当过编辑室主任,最后担任社副总编辑。在各级编辑岗位上积累了丰富的工作经验。在新中国的不同时期都编出了对全国有重大影响的优秀文学作品,因而所选的这个人物具有典型意义。本书生动地反映了这位杰出的编辑家的成长过程,书中不是戏剧性的情节,所讲的“编辑部的故事”全是真实的,读起来倍感亲切。不像有些书,写个人不讲缺点,这本书中,龙世辉的高尚品质和不足之处都加以评述,这就很有教育意义。作者引述黄伊对龙世辉的评价——“燃烧了自己,照亮了别人”,在更高的境界上体现了他的自我牺牲和专门利人的精神。书中对这种精神有血有肉的描述感人至深,使本书比一般的编辑理论著作具有更强烈的感染力。龙世辉早在1984年就讲过:“如果认为只有成为作家的编辑才是有出息、有能力的编辑,只能说是一种偏见。……编辑就是编辑。应该给他们冠上闪光的称号:编辑家!”书中对时俗的压力给龙世辉晚年带来的某种“悲剧性的命运”没有回避。他自己退休以后,急于写长篇,“怕长篇成为未完成的遗作”。我很赞同作者的观点,如果龙世辉把系统总结自己的编辑经历放在更优先的位置,会给后来的编辑学研究留下珍贵的财富。当代在世的专职编辑成为专著的研究对象,龙世辉恐怕是第一人,但这首先因为他是成就卓著的编辑家,而不是因为他是有潜力的作家,本书的出版提供了新的历史见证,说明现时对编辑的社会作用的认识已开始发生深刻的变化。

解放四十多年来,我国各个编辑出版领域都积累了大量的经验,很多老编辑都在,自己“奋笔直书”有顾虑,弄不好怕人家说“从不出场的人物”在自我表现。许多出版社都有一套书稿档案保管制度,档案库中珍藏的历史资料和老编辑头脑中的活资料需要有青年同志来发掘。本书这个写作方式比较好,这样可以加深对潜隐性的编辑劳动的了解。通过作者的写作提纲和初稿,同编辑修改意见作具体比较,就可以使社会更多了解一部部优秀的作品是怎样来到世间的。本书主要写文学编辑,希望从此为开端,今后会有研究科技编辑、社科编辑生涯的专著问世。我对文学编辑工作了解很肤浅,通过这本书学到了不少东西。据了解,一些大学讲编辑专业课的教师苦于找不到教学需要的实用教材,例如编辑对书稿的修改意见和退稿信等编辑应用文如何写法在出版物中就难得看到。本书包含了这些方面的内容,为编辑学教学也提供了可借鉴的资料。

这本书讲述了编辑实践中常遇到的一些普遍性问题,很多方面提高到了理论的高度。例如图书再版就是一个值得重视的问题。介绍科学进步的著作和一般工具书再版时内容需要不断更新。反映某一个历史时代前进,已经得到社会公认的文学名著,则与此不同,作者认为再版时不宜提倡较大幅度的修改,而应该肯定文学作品的历史形态的存在价值,这种观点无疑有助于我们提高认识。

图片少是我国出版的图书普遍存在的一个问题。假如书中能附上龙世辉的照片,效果会更好。

戴文葆(三联书店编审、韬奋出版奖获得者、中国编辑学会顾问):

我很钦佩河南大学出版社肯出版《龙世辉的编辑生涯》,这是要赔钱的呀!我又很感谢河南大学出版社还要为李频同志这一著作举办一次研讨会,这更是要破费的呀!这都和现时流行的拜金主义不协调。我与龙世辉同志本来同在一个大院子里工作,由于干活的类别不同,到呼和浩特与乌兰察布大草原上才成为朋友。今天在这里开这样隆重的会,我本有点犹豫,考虑来不来参加,因为我内心有一点困惑。我常在想,如果世辉同志健在,他将怎样处理稿件,怎样对待出版社的工作呢?质朴耿直的他,他将能说什么呢?我又有什么可说呢?

既然来了,说两点感想:

第一点,谈谈河南大学与河南大学出版社。河南大学是出编辑人才的高等学校,我国当代著名学者、大编辑家邓拓同志,就是河大的学生。邓拓同志在学术上、在新闻工作中的贡献,毋庸我说;他的人品也是我们这些后生的楷模。历史新时期以来,河南大学是国内著名的研究编辑学的理论基地之一。河大最早招收了编辑学研究生,学报常常发表编辑学论文。河大的老师们在切实进行研究,河南大学出版社不断出版他们的研究成果,引起各方面注意,在编辑学研究方面真正做出了成绩。这几年,大学里的编辑专业遭遇很大困难,有的已停止招生;有的来信说:“丝尽蚕僵,还得干。”河南的同志,在教学、研究和出版等方面,仍在艰苦奋斗,不说空话,做出实绩,怎不令人钦佩呢?

第二点,谈谈《龙世辉的编辑生涯》这本书,对我们编辑工作者有教育和鞭策作用。感谢作者李频同志,他选择一个编辑的一生做写作研究的题目,要知道,编辑这一行在看重身份的情势下是微不足道的。李频同志辛勤搜集资料,调查访问,分析评估,却写出厚厚的一本18万字的书来,河南大学出版社又肯替他出版,目下很少人愿干这种傻事了!全书十二章,十一章讲的都是编辑工作的理论与实践。书名上虽无“学”字，实在是一本编辑学著作。我多年盼望严谨的作者对编辑学问题作些个案研讨，发表案例汇编（Case book）之类专题撰述。李频同志不声不响地在提出成果，令人感谢！尤其是龙世辉同志，他的严肃认真的工作态度，读稿只注重质量，不光看作者姓名。编辑读稿后要讲真话，把个人意见提供复审、终审的同志参考。为了《五月的矿山》，冯雪峰前辈训斥龙世辉同志是有原故的，而年轻的龙世辉讲真话是理当如此的。编辑看稿，实事求是，但也不得不作些妥协，不应将己见强加于人。现时有人想引导我们到市场上去找编辑工作的“魂”。我想，在公平、公正的市场上竞争，不含权钱因素，那么，市场竞争首先应该是质量竞争。龙世辉同志坚持质量要求，是编辑工作者的学术良心的体现，是我们这些编辑至今还应奉为“最高指示”的。世辉同志往矣，我们这些后死者，读了河南大学出版社印行的李频的《龙世辉的编辑生涯》，今天如何做事做人呢？人各有志，要捞钱的尽管去捞吧；在编辑岗位上我们要怎样自律自重呢？

谢谢河大出版社领导，谢谢青年有为的作者！愿世辉同志在天之灵督促我们老老实实当个编辑，正确把握人民群众的时代要求，促进学术文化的发展。

阙道隆（中国青年出版社原总编辑、编审、中国编辑学会副会长）：

首先要感谢李频同志撰写了我国第一本编辑家的评传，感谢河南大学出版社出版了我国第一本编辑家的评传。历史上有许多著名的编辑家，但他们主要是以其他文化领域的成就而闻名于世的。他们首先是思想家、文学家、史学家，等等，然后才是编辑家。这本书的传主龙世辉的情况不同，他的成就，他的贡献，主要在编辑工作方面，他把自己的一生献给了编辑出版事业，因而他更有代表性，代表了今天奋战在出版战线上的成千上万的普通编辑。这本书第一次为职业编辑、专职编辑立传，是一部开拓性的作品。

我想，这本书可以在三个方面发挥作用：

一、指导当前的编辑实践。现在,由于经济体制转轨和深化出版改革,编辑工作的外部环境和要求,和龙世辉工作的年代相比,已经发生了很大变化。但不管情况怎样变化,编辑人员都要认真履行自己的职责,都要认真做好编辑工作。龙世辉在这方面树立了一个榜样。他忠于职守,兢兢业业,认真地做好审稿、加工等各个环节的工作。他的敬业精神和奉献精神,今天仍然是需要大力宣传、大力提倡的。

二、促进编辑学的研究活动。编辑学的研究要以编辑实践为基础,要收集整理丰富的材料,包括编辑史的研究和编辑活动的个案研究。如研究一个人、一个社、一个刊物编辑活动的历史和经验,从中得出规律性的认识。

这本书在这方面开拓了新的研究思路和研究领域。它既是评传,又是具体生动的编辑学。例如,编辑工作的选择功能、优化功能,就在这本书中得到了充分而具体的体现。

三、帮助社会了解编辑工作。现在,社会上许多人并不了解编辑工作,认为书和文章是作者写的,由工人印制就行了,编辑工作可有可无;或者认为编辑只要帮助作者涂涂改改就行了,不需要花很大的功夫。看了这本评传,就可以具体了解一本书是怎样出版的。许多作品,包括获茅盾奖的作品,没有编辑的发现、组织和评价,没有编辑的具体帮助,是不可能顺利出版的。有的作品是编辑花费大量劳动加工修改才能出版的。因此编辑工作不是可有可无,而是文化创造、文化传播过程中不可缺少的环节。

总之,这是一本具有多方面价值的好书。它主要写龙世辉的编辑生涯,同时也写了他的领导和同事们。我认为这样写比较好。因为编辑工作是一种集体性的劳动,特别是书籍的编辑过程比较长,往往有多人参加编辑工作。如实地写每一个人的工作和贡献,才能反映出历史的真实面貌。

关于可以进一步研究的问题我想到两点,提出来供作者参考:

一、以什么样的价值标准写编辑的评传。我以为应该按照编辑的价值去写。一个编辑人员在编辑工作中做出了贡献,他就实现了自己的人生价值,他就应该感到无愧无悔。这本书写龙世辉的晚年,有一种苦涩味和失落感。考其原因是作者和传主都以作家的价值去评价龙世辉。其实编辑家就是编辑家,不必用作家的价值去评价编辑家的价值。龙世辉的失落感在这本评传中不必大笔渲染。

二、"传"与"学"如何结合:我认为应该以"传"为主,"学"从"传"出。总的说来,在这本书中两者是结合得比较好的。也有不足之处:一是龙世辉的编辑经验缺乏画龙点睛地提炼和理论升华;二是作者有时借龙世辉的编辑活动,发挥自己的编辑学见解,使人略有生硬之感。

房树民(作家出版社副总编辑、作家):

龙世辉同志是一位杰出的文学编辑。我是 1985 年调入作家出版社以后才与他相识共事的。龙世辉同志生前曾打算写点《回忆录》,但没来得及写就逝世了。人民文学出版社、作家出版社、中国作家协会熟悉他的同志很多,但至今看到记述他在编辑岗位上如何工作并取得成就的文章不多。这样一位老编辑很可能从此湮灭了。40 年来他到底干了什么,也许以后永远无人知道,这实在可惜,也很悲凉。但李频同志完成了一件很有意义的工作,写出了《龙世辉的编辑生涯》,而且完成得很好。我看了这本书,很高兴、很成功。这本书联系龙世辉一生的编辑生涯,对他杰出的编辑成就作了理性的总结,总结得很好。这本书对死者是一个告慰,对他生前的朋友也是一种鼓励和鞭策。

龙世辉同志全身心地投入编辑工作,只讲给予,只做奉献,从没有向任何人索取任何东西的想法。他唯一的目的是把作者推出来,把作品推出来。老龙一生遵循应有的编辑道德,是一位具有比较完美的编辑素质的编辑家。此外,我认为他本来也可以成为一位不错的作家，与他交往的人都知道，他绝不是一个干巴巴的、枯燥无味的人，而是一个感情比较充沛的、有鲜明个性的人物，加上知识的广博，他具备着作家应有的气质；但他没有向那方面发展，而把一生的时间、精力和才干都贡献给了编辑工作。直到退休以后，直到生命的最后阶段，他才写出早就酝酿的一部长篇小说。这部长篇取名《蓝光》，即将由作家出版社出版。

李频同志这本书的内容中似乎也提到了编辑素质的问题，我认为这个问题很重要。龙世辉同志那一代的编辑除了具备较好的文学、文字的基本功和扎实的基础知识外，还具有较强的社会责任感和使命感。这些好的素质应保持、发扬。但时代、环境毕竟已发生并继续在发生巨大变化，新的编辑也要适应时代环境的变化更好地完善自身，除具备前代编辑那些好的基本素质外，还应不断扩大和更新自己的知识结构，还得改变过去死等一部书稿的状况，主动扩大信息量，研究图书市场的快速变化，及时为作者与读者之间搭好桥梁。我希望李频这样研究编辑工作的年轻同志如有兴趣，对新出现的这类问题也予以关注。

杨匡满（作家、《华声报》副总编辑）：

1988 年，我在龙世辉同志家中见到李频同志，知道他在收集有关龙世辉编辑生涯的材料，我当时以为是写一篇毕业论文，但能就龙世辉的编辑实践写论文，我觉得已是很不错的了。年初看到出的《龙世辉的编辑生涯》，才知道是写成一本书，这使我感到惊喜。在当前追求金钱，追求财富最时髦的时候，河南大学能出这样的好书，当然是赔钱的，我不由得肃然起敬。

我也干了 30 年的编辑工作。编辑的职责是发现人才，把作者推出去。体育界有个说法，称教练是托举明星。一个运动员有启蒙教练，也有促其成名的高级教练。小学、中学老师是作者的启蒙教练，编辑就是作者的高级教练。编辑工作的历史很久了，但编辑学还刚刚起步。我想，编辑、出版部门要好好保存重要书稿档案，以便于编辑学的深入研究。我曾写过长篇报告文学《命运》。为这部作品的定稿，人民文学出版社的领导严文井、韦君宜、秦兆阳、屠岸、李曙光、孟伟哉，几乎个个看了一遍，在原稿上有许多人不同的批语，都是很精彩的，很值得从编辑学角度研究的。可不知底稿还在否，如果丢失了真是很可惜的。我也曾经编过一位诗人的诗集，从上万行来稿中选了几十首短诗，几乎每一首我都改过。但不知原稿还在否，那都是很珍贵的。

在50年代，有些作家很有生活，但文字水平太差，书稿几乎是由编辑改出来的。有的甚至就是由作者口述，编辑整理出版的。这在50年代是很普遍的历史现象：出名的是工农兵作者，编辑的功劳再大，哪怕一多半是他写的，也不能署名。用今天知识产权的眼光看，本应该是两个人的名字××口述，××整理。我想今后这样的事不会再有了。

我还觉得，编辑可以走编辑兼作家的路，这在欧洲极普遍，没有专业作家，作家总是在报刊有一份工作。编辑写作，能体味写作的甘苦，同作者谈意见也有更多的发言权。我特别怀念《文艺报》的编辑生活，《文艺报》的领导同志张光年、冯牧、侯金镜都鼓励编辑写作，成为作家、评论家。编辑实际上也就是评论家，他是最早对作品的优劣、成败给予评价的。《文艺报》的领导鼓励编辑把好稿子留在本报发表，《文艺报》的编辑以后成为评论家、成为中国作协会员的比例最多。编辑和写作和成才是不应该对立的。

李频（《龙世辉的编辑生涯》一书作者）：

首先，我衷心感谢各位先生光临今天的座谈会。感谢各位对我的习作批评指正，为我今后的研究引路导航。我感情单纯、知识单薄地写了《龙世辉的编辑生涯》。应该说，在座的各位专家能抽暇读这本小书，已是我的荣幸了。先生们给予了此书其实难副的过高评价，还提出了详尽而中肯的建设性意见。这是我永生难忘的。我想，这种关怀与爱护同时也是老一辈编辑学家对年轻的编辑学研究者的鼓励与希望。我个人有志于研究编辑学,今天听了各位先生的话,很受教益,也增强了信心。我一定排除困难,再继续钻研,以不辜负先生们的厚爱。先生们所指出的《龙世辉的编辑生涯》中的缺点,我也将利用今后再版的机会尽力修订改正。

再次感谢先生们光临今天的会议。再次感谢先生们的教导。

主持人:专家们发表了很好的意见,很多地方谈得很深刻,对改进我们的编辑出版工作,具有重要的指导意义。今天天气很热,大家在百忙中参加这个座谈会,再一次向大家表示感谢。

注释:

《龙世辉的编辑生涯》,作者:李频,序:秦兆阳,责任编辑:张如法,封面设计:张守义,河南大学出版社 1992 年 10 月出版。李频,1962 年生,湖南新化县人,1982 年毕业于邵阳师专中文科,1986 年考入河南大学为编辑专业研究生,1989 年获文学硕士学位。

原载《河南大学学报》1993 年第 5 期

存　目

龙世辉　《编余随笔》

人民文学出版社 1995 年

李　频　《龙世辉的编辑生涯——从〈林海雪原〉到〈芙蓉镇〉的编审历程》

河南大学出版社 1992 年

齐念龙编　《文坛托星人》

敦煌文艺出版社 2003 年

后　记

多方查阅，广为收寻，历时七年，《20 世纪中国著名编辑出版家研究资料汇辑》与读者见面了。

编纂这部书是我们内心积存已久的夙愿。

已经过去的 20 世纪，在中国历史上是极不寻常的年代。其间，政治风云变幻，跌宕起伏；出版战线，新旧交替，错综复杂。在长达一百多年的历史进程中，持久不息的出版活动，孕育造就了一代又一代高举出版圣火，相互传承接力，在艰难中“创榛辟莽”的一批著名编辑出版家。一部编辑出版史，在某种意义上说就是一批著名编辑出版家选择、积累、传播人类优秀文化的历史。这些杰出的人物是推动出版事业前进的强大力量，是影响出版业最活跃的因子。诚如列宁说的：“全部历史本来由个人活动构成，而社会科学的任务在于解释这些活动。”（《列宁全集》第 1 卷第 375 页，人民出版社 1963 年版）本书选入的部分著名编辑出版家，尽管他们所处的时代不同，经历各异，思想风貌不一，但是他们的一个共同点是以编辑出版工作为己任，为民族和国家的命运着想，为社会的进步不懈努力。正是他们不断地推动我国近现代出版事业的繁荣与发展。他们不愧是社会文明的建设者，优秀文化的积累者，先进文化的传播者，民族素质的培育者。他们在编辑出版工作中表现出的严谨治学态度，默默无闻的无私奉献精神，认真负责精益求精的工作态度，非凡的创新业绩，在出版界不仅功勋卓著，显赫一时，而且将因长久留给人们有益的遗教而彪炳史册。以当代人的眼光，运用历史唯物主义观点，客观地、历史地总结他们编辑出版工作的经验，彰显他们的业绩，做到"总结规律，借鉴历史，树立典范，指导当今，教育后人"，这正是我们编纂这部书的初衷和愿望。

改革开放以来，伴随着我国出版事业的发展，一门新兴的学科——编辑学崛起，编辑出版专业在我国部分高校相继建立，学科和教材建设的任务甚为紧迫。促进学科建设，适应教学工作需要，也是我们编纂这套资料汇辑的基本用意之一。

编纂这样一部书对我们来说是一种尝试。可以说是任务繁重，困难重重。经费的拮据，资料的匮乏，杂事的困扰，使这项工作只能在时断时续中进行。所幸的是在编辑过程中得到了各方面的支持与帮助。河南大学出版社一贯热心致力于编辑学著作的出版，社领导不吝投入较大人力财力支持本书的出版；众多作者热情奉献自己的论著，鼎力相助，积极配合；著名编辑出版家王益、王仿子、戴文葆、吴道弘、方厚枢、汪家熔、周常林，青年学者章宏伟、李频等都对本书的编辑出版提出了诸多建设性的意见。特别是戴文葆、吴道弘先生拨冗为本书写序题词，令我们感动。不少出版单位，如人民出版社、人民文学出版社、商务印书馆、中华书局、中国青年出版社和许多专业报刊都对本书的出版给予支持。河南大学图书馆、北京印刷学院中国编辑研究资料中心，在查阅资料方面提供了许多方便。北京印刷学院在经济上给予有力支持，河南大学出版社的各位责任编辑冒酷暑为出版本书精心审稿，靳开川、马龙以及河南大学新闻与传播学院的研究生贾金利、郭小霞、赵楠、王一如等在资料的收集和书稿校对方面付出了不少心血。需要说明的是本书在编辑过程中曾吸收了《中国大百科全书》、《中国出版百科全书》（许力以主编，书海出版社 1997 年出版）、《中国现代编辑学辞典》（孙树松、林从主编，黑龙江人民出版社 1991 年出版）中的有关成果。当此本书出版之际，特向上述所有关心支持本书的单位和个人表示衷心的谢意。

编纂这部书是在繁忙的教学、编辑工作之余进行的。尽管七年来我们夜思日作，艰辛备尝，从不倦怠，犹如爬山一样，不停顿地挪动脚步尽力而为，但限于我们自身的水平和能力，本书的编纂还存在很多不尽如人意的地方，我们恳切希望同行专家批评指正。

编者　2005 年 9 月于河南大学